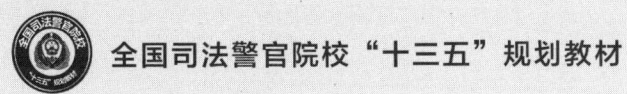全国司法警官院校"十三五"规划教材

罪犯心理矫正

ZUIFAN XINLI JIAOZHENG

U0756218

王 威 宇

主编

中国政法大学出版社

2017·北京

图书在版编目（CIP）数据

罪犯心理矫正/王威宇主编. —北京：中国政法大学出版社，2017.4（2021.7重印）
ISBN 978-7-5620-7404-5

Ⅰ.①罪… Ⅱ.①王… Ⅲ.①犯罪心理学－研究 Ⅳ.①D917.2

中国版本图书馆CIP数据核字(2017)第062404号

出 版 者	中国政法大学出版社
地　　址	北京市海淀区西土城路 25 号
邮寄地址	北京 100088 信箱 8034 分箱　邮编 100088
网　　址	http://www.cuplpress.com (网络实名：中国政法大学出版社)
电　　话	010-58908586(编辑部) 58908334(邮购部)
编辑邮箱	zhengfadch@126.com
承　　印	固安华明印业有限公司
开　　本	720mm×960mm　　1/16
印　　张	22.75
字　　数	370 千字
版　　次	2017 年 4 月第 1 版
印　　次	2021 年 7 月第 2 次印刷
定　　价	49.00 元

罪犯心理矫正

主　编： 王威宇

参编人员：（以撰写章节先后为序）

王威宇　姚秀莲　黄通勇

李　隽　姚　峰　刘倍贝

师玮玮　王彩霞　李树英

　　《罪犯心理矫正》是以罪犯心理形成以及对罪犯不良心理矫正等方面为内容，为学习和训练罪犯心理矫正的技能而编写的刑事执行类教材。通过本课程的学习，学生将获得有关罪犯心理的基本知识，了解罪犯心理并且掌握矫正其不良心理的基本方法与技能，能在我国的监狱、社区矫正机构中对罪犯开展基本的心理咨询与罪犯教育活动。

　　《罪犯心理矫正》从罪犯、罪犯心理、罪犯心理矫正基本概念入手，主要围绕罪犯在监狱里的改造过程中常见的心理问题展开分析，重点从时间、不同犯罪类型、不同群体以及心理危机等方面来介绍基本知识及对罪犯心理问题进行识别并进行矫正的实训操作。本着从领会知识到实训操作的思路，先让学生掌握一些基本知识——主要有罪犯心理的概念，罪犯心理的形成、发展与变化，罪犯心理的评估等；接着从不同的角度来剖析罪犯心理的不同表现，并重点展示罪犯不良的心理，进行有针对性的矫正训练。特别是在涉及有心理障碍、心理危机，属于不同类型、处于不同时期的罪犯心理方面的内容时，我们在每个开始部分先介绍案例，使读者有一个直观感受，更好地理解理论知识，更容易地体会到加强罪犯心理健康教育与矫正工作的必要性，从而运用罪犯矫正的理论在实际工作中教育和矫正罪犯的思想和行为，更好地进行监管改造工作。

　　《罪犯心理矫正》由王威宇主编。各章撰稿人为（以撰稿章节先后为序）：

王威宇（黑龙江司法警官职业学院）　　第一章、第十一章、第十三章、十四章、第十五章

姚秀莲（内蒙古司法警校）　　　　　　第二章

黄通勇（四川司法警官职业学院）　　　第三章、第四章

李　隽（河南司法警官职业学院）　　　第五章、第六章

姚　峰（安徽警官职业学院）　　　　　第七章

刘倍贝（河北司法警官职业学院）　　　第八章

师玮玮（河南司法警官职业学院）　　　第九章

王彩霞（内蒙古司法警校）　　　　　　第十章

李树英（新疆兵团警官高等专科学校）　第十二章

目　录
CONTENTS

第一章

罪犯心理矫正概述

重点问题

1. 罪犯心理矫正的概念。
2. 罪犯心理形成的过程。
3. 罪犯心理的发展与变化的形式。

■ 导入案例

罪犯情况：宋某，男，15岁，初三学生。某未成年犯管教所服刑人员。

8月23日，宋某13岁的弟弟和11岁的妹妹失踪。宋某父母悲痛欲绝，宋某也伤心哭泣。后宋某父母报警，警察经侦查发现：在一荒凉的坟地里，一男一女两个孩童的尸体横卧在土坑里，均窒息而死，经辨认为宋某的弟弟和妹妹。公安人员经过周密的调查和排查，将目标锁定在宋某身上。经过讯问，宋某交代了自己以和弟弟妹妹去山上玩活人游戏为借口将弟弟和妹妹骗到荒山活埋的犯罪事实。

分析诊断：宋某交代其杀害弟弟和妹妹的原因是他认为杀了他们两个，父母就可以集中精力培养自己，自己就能够上大学了。父亲曾说过谁考上大学就供谁念书。针对宋某的心理进行分析，发现他对遭遇挫折过分敏感；对侮辱和伤害不能宽容，长期耿耿于怀；多疑、嫉妒、以自我为中心；总感觉受压制、被迫害。按照CCMP-Ⅲ（《中国精神障碍诊断标准》第3版），识别人格障碍及其分类，宋某属于偏执性人格障碍。

犯罪心理分析：宋某一心想考上大学，然而父母希望他考中专，并且说谁考上大学就供谁念书，考不上的就要回家干活挣钱供考上的读书。这样，弟弟和妹妹就成了宋某潜意识里的对手，除掉他们的恶念一直占据着他的心灵。对宋某的犯罪不能简单地用"自私"来解释，他有更深刻的心理变化过程：

1. 个性心理品质的变化。不良个性心理品质越来越突出，宋某经常言行不一，曾经常说谎、多疑，容易将别人的中性或友好行为误解为敌意或轻视。

2. 心理倾向变化。极端利己。

3. 行为上的变化。学习和生活中经常弄虚作假、进行掩饰等。

回归心理分析：经过 SCL-90 量表，即精神卫生自评量表测定，发现宋某在"偏执"一项得分值较高，比正常值高 60% 以上，而且"敌对"和"人际关系"分值也偏高。经过心理矫正，可以使其逐渐克服多疑敏感、固执、高度不安全感和以自我为中心的人格缺陷，完善自我，回归到正常的健康心理状态。

矫正对策与成效：对偏执性人格障碍的矫正主要有：认知提高法，即在相互信任的基础上向他们全面介绍其人格障碍的性质、特点、危害以及纠正方法，使其自觉、自愿要求改变自身人格缺陷。交友训练法，鼓励他们在交友中学会信任别人，消除不安感。自我疗法，即帮助他们分析自己的非理性观念，并对这些观念进行改造，去除其极端偏激的成分。敌意纠正训练法，即通过微笑、尊重、提醒等方法克服敌意、对抗情绪。经过多次矫正，宋某的偏执性人格障碍已经基本消除。

第一节　罪犯心理矫正的概念

罪犯心理矫正是一种以人为本，体现人性化理念的改造罪犯的重要手段；它不只是一种科学的改造手段，更是一种全新的行刑理念。罪犯心理矫正既是罪犯改造体系的重要组成部分，也是一个监管改造工作者应当具备的职业技能。罪犯心理矫正通过改变罪犯的认知、情绪和行为，完善他们的人格，使他们更好地适应社会，不再重新犯罪。

一、罪犯心理矫正的相关概念

（一）犯罪、犯罪嫌疑人、被告人、罪犯的概念

1. 犯罪的概念

犯罪是指具有刑事责任的人实施了侵犯刑法分则中所保护的法益的行为。

即具有社会危害性、刑事违法性、应受惩罚性的行为。

《刑法》第13条规定："一切危害国家主权、领土完整和安全，分裂国家、颠覆人民民主专政的政权和推翻社会主义制度，破坏社会秩序和经济秩序，侵犯国有财产或者劳动群众集体所有的财产，侵犯公民私人所有的财产，侵犯公民的人身权利、民主权利和其他权利，以及其他危害社会的行为，依照法律应当受刑罚处罚的，都是犯罪，但是情节显著轻微危害不大的，不认为是犯罪。"

2. 犯罪嫌疑人的概念

因涉嫌犯罪而受到刑事追诉的人在被人民检察院提起公诉前的称谓。在刑事案件的侦查阶段和审查起诉阶段，被追诉刑事责任的人只是具有犯罪嫌疑，受到有关机关的侦查和审查，但尚未被正式起诉，因而被称为"犯罪嫌疑人"，简称"疑犯"。

3. 被告人的概念

因涉嫌犯罪而受到刑事追诉的人，经过审查起诉，人民检察院以正式的起诉书将其诉至人民法院后，以及在整个审判活动过程中，已是名副其实的被告人。另外，在自诉案件中，因自诉人向人民法院提起诉讼后直接启动审判程序，故此类案件一经人民法院受理，被自诉人起诉的人即成为被告人。

4. 罪犯的概念

罪犯有一般意义和法律意义之分。一般意义上的罪犯是指有犯罪行为的人。法律意义上的罪犯是指实施了我国法律所明文规定的犯罪行为，而被人民法院判处一定的刑罚并交付执行的自然人。未经过审判对任何人都不得确定有罪。只有经过人民法院审理之后，被发生法律效力的裁判确定为有罪的，才成为罪犯。我国监狱学所研究的罪犯具有以下几个基本特征：

（1）必须是达到刑事责任年龄、具有刑事责任能力的自然人。

（2）必须是实施了法律明文规定为犯罪的行为。

（3）必须被人民法院依法判处死刑缓期二年执行、无期徒刑、有期徒刑等剥夺自由的刑罚。

（4）必须由监狱机关执行刑罚、实施惩罚和改造措施。

（5）罪犯在监狱行刑法律关系中，是承担一定义务又享有一定权利的自然人。

罪犯的法律身份的消除以释放为标志。释放是监狱对罪犯刑罚执行的结束。罪犯从释放之日起恢复人身自由。释放包括刑满释放、裁定释放和特赦释放。刑满释放最为常见。特赦释放不常见。

2015 年 8 月 29 日国家主席习近平签署主席特赦令，根据十二届全国人大常委会第十六次会议通过的全国人大常委会《关于特赦部分服刑罪犯的决定》，对参加过抗日战争、解放战争等四类服刑罪犯实行特赦。这是新中国在成立以来第八次、也是改革开放以来第一次实行特赦，距离上一次特赦已有四十年，是实施《宪法》规定的特赦制度、贯彻全面依法治国和体现人道主义精神的新实践，具有重大政治意义和法治意义。

根据主席特赦令，对依据 2015 年 1 月 1 日前人民法院作出的生效判决正在服刑，释放后不具有现实社会危险性的四类罪犯实行特赦：一是参加过中国人民抗日战争、中国人民解放战争的；二是中华人民共和国成立以后，参加过保卫国家主权、安全和领土完整对外作战的，但犯贪污受贿犯罪，故意杀人、强奸、抢劫、绑架、放火、爆炸、投放危险物质或者有组织的暴力性犯罪，黑社会性质的组织犯罪，危害国家安全犯罪，恐怖活动犯罪的，有组织犯罪的主犯以及累犯除外；三是年满 75 周岁、身体严重残疾且生活不能自理的；四是犯罪的时候不满 18 周岁，被判处 3 年以下有期徒刑或者剩余刑期在 1 年以下的，但犯故意杀人、强奸等严重暴力性犯罪，恐怖活动犯罪，贩卖毒品犯罪的除外。

经人民法院依法裁定，全国共特赦服刑罪犯 31 527 人。其中，第一类罪犯 50 人，第二类罪犯 1428 人，第三类罪犯 122 人，第四类罪犯 29 927 人。

（二）矫正、罪犯心理、罪犯心理矫正的概念

近代以来，社会对罪犯的态度发生了巨大的转变，已经从最初的惩罚和威慑转到改造和矫正上来。行为矫正并不是目的，欲使罪犯改恶从善，真正要矫正的是罪犯的心理。矫正机构的犯罪预防功能一直受到社会管理者的重视，监狱管理人员积极地借鉴心理学、教育学、精神医学和社会学等理论，逐渐地掌握了多种具体的矫正技术，其中以心理学理论为基础的矫正技术最为矫正实践者和研究者所重视。近年来很多国家的监狱机构吸纳了专业的心理学家来帮助或直接从事犯人的矫正工作，他们后来就成了服务于监狱的矫正心理学家。在西方国家，涉及罪犯心理与矫正问题的研究已经有 100 多年的历史了。这类研究是在人类社会刑罚思想不断进步、监狱行刑制度和观念发生变革、对犯罪人进行改造或者治疗观念产生和发展的背景下出现的。目

前，西方国家监狱关于罪犯心理矫正的实践和探索已经非常普遍了。与这一领域有关的学科名称多种多样，如"监狱心理学"（psychology inprison）、"监禁心理学"（psychology of imprisonment）、"矫正心理学"（correctional psychology）等。在美国，监狱和矫正机构是从第一次世界大战之后开始雇用心理学家的，发展到今天，美国的矫正心理学家已经成为一种拥有从业标准的特殊职业。1946 年英国也设置了服务于监狱机构的矫正心理学家。在中国，虽然到目前为止，犯人心理矫正工作尚未形成有体系、有影响的矫正心理学理论。但是，监狱管理者越来越积极地吸取心理学理论知识服务于矫正实践，与此同时心理学家对犯罪人心理矫正的研究兴趣也日益浓厚。我国矫正心理学作为一门学科的建立，是从 20 世纪 80 年代初开始的，主要是源于当时青少年犯罪日益严重的现实需要和各方面对运用心理学原理改造违法犯罪人员的重视。虽然学科建立只有 20 多年的历史，但由于国家重视、矫正系统的迫切需要以及心理学近年来在国内的快速发展，矫正心理学相关著作相继出版，相关的研究呈现出蓬勃生机。与此有关的名称主要有"罪犯改造心理学""罪犯心理学""罪犯心理矫正"等。

1. 矫正的含义

矫正是指通过监禁隔离、感化、心理治疗等手段，使罪犯的心理、行为、习惯等得到更新，逐步适应社会生活，成功重返社会的过程。这一观点首先是由西方国家提出来的，并成为西方监狱制度的通用概念，有的用它代替国家的行刑制度。如由美国心理学博士罗伯特·J. 威克斯等编写的《各国矫正制度》中即持此观点。在我国也常常把通过思想教育、心理治疗、行为训练、生产劳动等方法，逐步纠正罪犯原有的犯罪心理、不良品德和行为、生活习惯，称之为矫正。

2. 罪犯心理的含义

了解罪犯心理是矫正罪犯心理的基础。罪犯心理是指罪犯在服刑期间的特殊心理现象，它基本是由常态心理、犯罪心理、服刑心理等多种心理有机结合而成。

（1）常态心理。罪犯的一部分心理状态是正常人的心理状态，它和其他公民的心理相同或者相似。按马斯洛的理论，个体成长发展的内在力量是动机。而动机由多种不同性质的需要所组成，各种需要之间，又有先后顺序与高低层次之分；每一层次的需要与满足，将决定个体人格发展的境界或程度。

马斯洛认为，人类的需要是分层次的，由低到高。它们是：生理需求、安全需求、社交需求、尊重需求、自我实现需求。罪犯也有这些基本的心理需要，这也是罪犯接受监管改造，改恶向善的心理基础。

（2）犯罪心理。犯罪心理，是指影响和支配行为人实施犯罪行为的各种心理活动或心理因素的总称。犯罪心理是犯罪行为的内在动因和支配力量，犯罪行为是犯罪心理的外部表现。有些犯罪心理不会因为罪犯入狱服刑而自然消失，而是在服刑的过程中延续下来，成为罪犯心理构成的一部分。

（3）服刑心理。服刑心理是指罪犯被判决执行刑罚以后在服刑过程中产生的心理。比如：痛苦、恐惧、悔恨等。罪犯的服刑心理不是一成不变的，会随着服刑阶段的改变和一些事件的发生而改变。

人的心理和行为是可以改变的，罪犯同样如此。当人的改变必须以刑罚为前提时，更表明被改变者是一个需要帮助的人。改变的目的是帮助罪犯重塑人格，回归正常的社会生活。当然，任何改变最终都是自我的改变，是一种个体内在的心理历程。罪犯在犯罪之前，也曾经是合法的公民。他们因为对社会不满或者在原生家庭心理受过创伤，形成了偏激、压抑的情绪和反社会的人格，这些不良情绪没有得到及时有效的疏导和宣泄，从而导致他们将这些不良情绪和认知转化成了严重的犯罪行为，触犯法律，成为罪犯。当然，并不是把这些危害社会和伤害他人的犯罪人送到监狱服刑任务就完成了，监狱和社会还要对其进行再社会化，进行教化和改造，在人格、认知、行为等多方面对他们进行矫正。矫正者的任务就是了解和促进这一心理历程，帮助罪犯自我改变和发展，走向健康的人生。

3. 罪犯心理矫正含义

罪犯心理矫正是指系统运用心理学的理论和技术方法，矫正罪犯的不良心理结构或心理障碍，改造罪犯心理机构，完善其人格的心理教育活动。在这里我们要避免罪犯将罪犯心理矫正和罪犯心理测试、心理咨询、心理健康教育等同起来。

一些罪犯认为心理测试就是心理咨询，感觉做完测试卷后，没效果；有些罪犯认为去心理咨询就是"脑子不好"，去咨询会遭同犯嘲笑；有些罪犯认为去心理咨询不能说实话，咨询员不可信；有些罪犯认为心理咨询应该要替他们"办点实事"；有些罪犯认为去心理咨询就和打针一样，立竿见影，把希望都寄托在咨询员身上，自己不愿去反思，去努力；有些罪犯认为心理咨询只是用嘴说说，不会有作用等。所以，心理测量的准确度如何，心理咨询与治疗的效果如何，都依赖于罪犯对自己心理的正确认识，及对这项工作的了解程度。而对罪犯的心理健康教育本身也可以提高罪犯的自我调节能力，起到预防心理疾病的作用，因此心理知识宣传与教育应是监狱罪犯心理矫正的一个重点工作和长期工作。当然，这种改变要以尊重罪犯，建立矫正双方相互信赖关系为必要条件。在心理矫正中，不论是通过心理测验间接地推测罪犯的心理，还是通过咨询、治疗促使罪犯自我面对问题，如果没有罪犯的真诚配合，任何高明的心理专家都无能为力。那么，怎样才能获得罪犯的配合呢？唯有矫正者的爱心和以这种爱心为基础的对罪犯的尊重。在对罪犯的心理矫正过程中，矫正工作者既要严格遵循平等交友、为来访罪犯保守秘密等原则，又要善于运用关注、倾听、支持等技术，还要真正做到耐心、细心和诚心。然而，对罪犯没有真正确立"恨其罪，爱其人"观念的矫正者，又怎能和罪犯平等相待？怎能耐心倾听并关注来访罪犯？矫正罪犯要以罪犯自我面对问题为目标。内因是变化的根据，外因是变化的条件，尽管罪犯认知、情绪和行为的改变，离不开矫正者的专业工作，但是矫正者的作用只是"授之以渔"，而不是"授之以鱼"，所以，在矫正关系中，矫正者只是扮演着"助动者"的角色，而罪犯才是改变自己的真正主宰。让罪犯主宰自己的矫正命运，不仅揭示了罪犯心理矫正的内在机制，而且充分体现了心理矫正制度的人性化特点。心理矫正以相信罪犯自己能够面对引发异常心理的问题为认识的基础，也正是在这一基础上，矫正者才能够与罪犯建立起平等的相互信赖关系，并进行真诚、深入的交流和沟通。也正是在这一过程中，罪犯从矫正者那里获得了大量的新的信息。而这些新的信息又促使罪犯反思问题，寻找问题的根源，重新选择解决问题的方式和方法。随着求助的心理问题的解决，罪犯获得了解决类似问题的方法。如果今后再遇到类似的问题，罪犯自己也就可以从容面对，不致再引发心理问题。所以，心理矫正的过程是促进罪犯成长的过程，也是培养罪犯适应社会能力的过程。矫正罪犯要以矫正人员改变自己为条件。在对罪犯的矫正工作中，矫正者主要运用专业的沟通技能影响罪犯，然而，这些沟通的语言技巧是无法与一个人的认知、情感等心理因素相分离的。当矫正者不能客观评价自己的能力，不能科学地认识罪犯，甚至对罪犯抱有偏见时，就会难以掌握这些沟通技巧，即使掌握了也难以对罪犯发挥积极的影响。因此，要想改变别人，先要改变自己，自己改变了，别人也会在你的激发和鼓励下发生改变。罪犯因自己的犯罪而受到刑罚的惩罚，惩罚体现的是一种正义，它虽然也是促使罪犯改变的一种外在力量，但只有当罪犯能够真正体会其正义时，这种外在力量才能够转化为罪犯改变的内在力量。由此，矫正者并不能单纯借助刑罚的威慑，使罪犯产生改变的动机，唯有通过科学、文明和公正执法，让其感受到刑罚的正义性和行刑的人道性，才能激发罪犯改变的内在动力。"爱心—尊重—信赖—沟通—改变"，构成了矫正罪犯的丰富内涵。

第二节　罪犯心理的形成及表现

【案例】邱兴华杀人案

邱兴华，男，生于1959年，初中文化，陕西省石泉县农民。2006年7月16日，邱兴华在陕西省汉阴县平梁镇凤凰山山顶上的铁瓦殿庙杀死10人，遇害者包括寺庙住持及管理香火事务人员6名以及香客4名，9男1女，年龄最大的63岁，最小的年仅13岁。10名受害人的致命伤口大都在头部，系斧头类利器所伤。死者中担任道观住持的熊万成双眼被割，心、肺被掏出，且被下锅炒熟，切成片放在盘中，其余死者则尸身完整。邱兴华二审被判死刑，在安康江北河岸边被执行枪决。

一、罪犯心理的形成

罪犯心理是后天形成的。罪犯心理始于犯罪心理，是罪犯个性心理品质的逐步变化的个性心理倾向性，是决定一个人态度和活动的倾向性、选择性、积极性的诱因系统。罪犯心理来源于越来越突出的不良的个性心理品质，理解倾向变化，极端的利己，行为上的变化。罪犯在服刑前就已经具备了一定的反社会性，这是罪犯的一种共同特性，其原因也是多方面共同作用形成的。有社会的、原生家庭的、生活环境的、工作环境的、支持系统的，以及罪犯自身的认知等多方面原因。这些原因对社会每个人的心理认知都有重要的影响，如果其中一个出现了问题很容易导致心理问题的发生甚至导致犯罪。邱兴华的犯罪过程就体现了这种心理变化的轨迹。

根据弗洛伊德的理论，先从邱兴华的童年分析：邱自幼丧父，母亲是间歇性精神病。童年是一个人成长生活过程中社会化最为关键的基础阶段，邱兴华的犯罪与其童年经历紧密相连，这样的家庭背景绝对是其不良心理形成的重要原因。丧失父爱，不能感受母爱的温暖，从小生活在担惊受怕的日子里，必然导致其幼小的心灵中形成了低信任感、自卑、向外（或向内）攻击的性格特征，这些也许在平时生活中没有显现出来。比如其哥哥邱兴富说道："大部分情况下，特别是在外人面前，邱兴华很少发脾气，受到欺负时，尽管心里恼火，却一般不会外露。"但是歪曲、变态的心理会逐渐形成，并潜伏在人的内心深处，一旦足够量的刺激出现，这样的"潜意识"就会浮出冰面。当成熟的犯罪心理形成时，不良心理体验会一起迸发出来，如果情境允许，就会表现在行动上。在看守所里，邱兴华对警方说，他在一夜间残忍地连杀10人的理由，竟是因为熊万成"摸了他媳妇一下"。后来他又说，他承认自己没拿到证据，但他坚定地认为这是事实。在没有足够证据的情况下，妄下判断，并认为就是事实，这样小的一个刺激量就成了邱兴华杀人犯罪的导火索、催化剂。邱兴华由于童年的不幸遭遇加上后来生活上的不如意，周围环境对他的排斥，逐步歪曲了他正常心理。邱兴华自己曾说，自己频频地搬家，是因为所处的邻居不好。他搬了六次家，如此频繁地搬家，不是因为工作或生活的原因，而就是因为与邻居关系处理不好，这就值得我们深思，究竟是邻居有问题还是他本人不易与人相处呢？在与别人相处的过程中，邱兴华选择的是逃避而不是直接、正确地去面对，当无法逃避时，就会选择其它过激的方法来处理。在平常生活中，由于种种生活压力所迫，邱兴华又不会运用一定的宣泄方法来排解，因此冲动性、报复性、攻击性心理特征逐渐形成，为后期犯罪心理的"成熟"积蓄了可怕的能量。

据邱兴华的妻子何再凤讲述，从2005年下半年开始，她就开始感觉到邱兴华有些古怪。他心神不定，坐立不安，经常无缘无故地发火，抱怨何再凤瞧不起他。而就在2005年下半年，邱兴华承包的一处土方工程，因为事故赔偿了一名受伤工人4000块钱，导致这一年几乎没有收入。邱兴华的情绪由此跌入谷底，他晚上经常一个人闷头抽烟，一坐就是一通宵。邱兴华的古怪也渐渐升级，他开始有了奇怪的想法：两个女儿不是他亲生的，因为她们走路的姿势与他不像。一些微不足道的小事也会成为夫妻吵架的理由。吵完或打完后，邱兴华有时会反省，向家人道歉。然而他似乎无法控制自己，不久之后，同样的事情又会发生。这些现象都表明，潜伏在邱兴华潜意识中的原始冲动已经受不住意识阀的控制开始活跃，多疑、报复等心理状态和暴力性的行为现象已经开始频繁出现。这就好比地震的前期征兆频繁出现一样，预示着后面地震的即将到来。事实也正证明了这一点，邱兴华的心理防线终于在2006年7月16日凌晨"地震"了。邱兴华运用斧头类利器猛击10名受害人的头部，顿时血肉横飞，现场惨不忍睹。

以邱兴华的犯罪过程为例，我们可以对一个人犯罪过程简述如下，首先是犯罪心理的逐步形成，在犯罪动机的驱动下，当出现一定量的刺激后，而情境又符合犯罪实施时，犯罪就开始了，这四种因素缺一不可（过失犯罪除外），即使是激情犯罪也离不开这四种因素的相互"配合"和作用。

以上四种因素是相互关联、相互制约、相互影响的。犯罪行为的最终实施，必须是四种因素"搭配"的结果，是四种因素"组合"的结果。

犯罪心理的形成是犯罪实施的前提因素，是犯罪动机形成的基础，没有犯罪心理就没有犯罪的发生。犯罪动机促进犯罪心理的进一步加深，是犯罪行为实施的内驱力。伤害、杀人类犯罪的报复欲，盗窃、抢劫类犯罪的物欲，强奸类犯罪的淫欲等都是犯罪行为实施的内驱力；刺激量是犯罪是否被实施的重要因素，是否有足够量的刺激量将直接决定犯罪是否被实施，当然这里的"足够量"是可变量，不可定量化，有人可能会因为一句话而杀人，有人可能会因为一块钱而杀人，屡见不鲜，不一而足；适当的情境是犯罪实施的关键因素，适当的情境会促使犯罪心理成熟，犯罪动机膨胀，从而促使犯罪行为实施，比如本案，邱兴华选取的犯罪情境是深夜，这样环境就很适合他实施犯罪，在看到他的仇人都已经睡着时，他的报复欲立刻膨胀，仇人相见，分外眼红，从而实施犯罪，试想如果是在白天可能就不会酿成如此大祸。

这四种因素的搭配和组合是动态的。在这里从主客观方面粗分为两类：

（1）成熟的犯罪心理，强烈的犯罪动机，只需较弱的刺激量和一般的情境，就能实施犯罪，这种犯罪类型随意性较大，较难控制，且恶性程度较大，一旦时机成熟，刺激出现，情境吻合，犯罪就会实施。邱兴华就应属于这一类型。邱兴华的心理扭曲程度应该是相当严重的，否则，这样一个小小的刺激不会导致其犯下如此滔天大罪。

（2）较强的刺激量和较为合适的情境，会引发犯罪心理尚不成熟者和较弱犯罪动机者实施犯罪。激情犯罪就属此类。比如，一名犯罪嫌疑人在看到大量现金被放置在没人看守的屋中时，就会心生歹意，会实施盗窃或抢劫。

从这种主客观动态搭配体系中，我们可以看到，犯罪的刺激量和情境对于我们个体来说是无法探制的，要预防犯罪，就要从预防犯罪心理的形成和树立正确的人生观和世界观，培养良好的欲望方面来着手。特别是心理健康方面是应当重视的一个重要方面。

从"邱兴华案"来看，他的犯罪具有一定的必然性，不良心理长期累积，心理负能量空前膨胀，无法得到正常的宣泄，最终导致犯罪。邱兴华犯罪的目的只是报复，他并不存在物欲，因此其犯罪的根源是心理问题。如果他能够有一个正常途径来宣泄心中的郁闷，也许就不会有"7·16"汉阴特大杀人案的发生了。

二、罪犯心理的构成

罪犯心理是由常态心理、犯罪心理、刑罚心理等多种心理有机结合而成的。

(一) 常态心理

心理学家亚伯拉罕·马斯洛认为，人会受到多种需求的激励，人的需求是有层次的。他在1943年出版的《人类激励理论》一书中，提出了"需求层次理论"，将人类需求大致分为生理需求、安全需求、交往需求、尊重需求、自我实现、自我超越六种需求（第六种需求是马斯洛在晚年提出的），它们是由低级到高级逐级形成和发展的。

罪犯的心理是守法公民和罪犯特殊心理的结合，因此正常的心理需要、情感、自尊、尊重，甚至是自我实现等需要在罪犯的心理中也是存在的。这也是罪犯接受监管改造，改恶从善的心理基础。因此，干警开展心理矫正工作，关注罪犯心理健康，既有助于降低重新犯罪的比率，也有助于我国行刑与国际行刑趋势相接轨。

(二) 犯罪心理

罪犯过去积累的心理问题、不切实际的欲望、错误的精神需求、可恶的行为习惯中等都不会随着服刑而消失，而是会在服刑的过程中延续下去，还会和其他罪犯交叉感染、互相影响，成为罪犯心理的重要组成部分。

(三) 刑罚心理

刑罚心理是罪犯被判决执行刑罚后在服刑过程中产生的心理。诸如怨恨心理、恐惧心理、抑郁心理、强迫心理、躁狂心理等。常见的特点如下：

（1）焦虑、抑郁、恐怖情绪普遍存在，情绪低落，痛苦、害怕。容易紧张和激动，不愿意做事，缺乏动力。

（2）强迫心理明显：反复思考一些不属于自己的想法，感到苦闷，但又不得不思考，严重可能导致强迫症。

（3）躯体化症状明显：可能出现腰疼、睡眠不足、精力下降、活动减慢、肌肉酸痛等情况。

（4）人际关系敏感、敌对明显：感到别人不理解和认可自己，不相信别人而且容易与人争吵。严重的可能发展成偏执型、反社会型人格障碍。

三、罪犯的普遍心理

服刑人员进入监狱后往往因为环境的改变和自身的心理压力，产生许多心理问题，使服刑人员很难适应监狱生活，不利于监狱改造工作的进行，也不利于服刑人员回归社会后的生活的适应。有研究表明，服刑人员有心理问题，特别是严重的心理问题，和其出狱后重新犯罪有很大的关系。所以，服刑人员在服刑时和出狱后有心理问题都是十分有害的。目前我国服刑人员的心理健康状况不容乐观，服刑人员中很多心理不健康，其中部分服刑人员有较重的心理障碍，这类服刑人员往往人际关系恶劣，行为冲动偏激，易出现不服从改造、抗拒抵触和自伤自残的情况，不利于监狱稳定和改造环境的建设。有反社会人格型的服刑人员如果没有经过矫正就回归社会，会成为危害社会稳定的一个重大隐患。另外，我国罪犯改造的政策目标是将罪犯再社会化，使其成为一个身心全面健康的社会人，能够健康地回归社会。所以，对服刑人员进行心理矫正十分必要，并且十分紧迫。但是目前我国心理矫正系统还不完善，存在着将心理矫正等同于品德教育、专业队伍素质不高、适用对象不充分、缺少可操作的方法等问题。总体而言，罪犯的普遍心理存在以下几种：

（一）否认罪行心理

这一类罪犯从进入监狱服刑开始，始终坚持自己没有犯罪，甚至他们知道自己的行为是违法的，也不认为自己有罪。这些罪犯往往只在意外界因素使自己作出违法行为，而不考虑个人的主观意识，一味地否定自己的罪行。这些罪犯蛮不讲理，利用各种手段，软磨硬泡，就是要坚持与监管民警站在对立面。有时，在监狱组织的认罪活动过程中，有些罪犯可能是被形势所逼，不得不在表面上承认自己认罪了，他们嘴上喊着"认罪伏法，加速改造，遵规守纪，服从管教"的口号，但是活动结束后，他们还是像之前一样，保持着坚决不认罪的态度。他们无论自己的刑期是多长时间，哪怕有的只是判了一两年也要闹，然而他们这种行为只是在耽误自己，他们心中这种对立情绪越积越多，永远不能正视自己的错误，直至他们在狱中再次犯罪，面对加刑等处罚。这一类的罪犯在监狱中不占少数，并且他们有一个共同的特点：都不是第一次进监狱服刑。

（二）认定判决不公心理

有这种心理的罪犯能够认识到自己的行为是违法的，也能接受自己服刑的事实，唯一让他们不能接受的是自己刑期的长短。这类罪犯认为自己的罪行确实危害到了社会或者他人，但是不应该判那么长的刑期，认为法院对自己的判罚过重。这一类罪犯往往想到的是自己做的事不是什么大事，但是他们却没有站在被害者的角度去看待这个问题，因为他们的行为有可能会毁了被害者的一生。比如，罪犯张某，因拐卖儿童犯贩卖人口罪，被判有期徒刑11年，他认为这并不是什么大事儿，但是他没有想过他的这一种行为可能会间接毁了两个家庭的幸福。这一类罪犯大多为刚刚成年并且有完全行为能力，可以负完全刑事责任的人，他们大多文化程度较低，没有受过良好的教育，在人生观、价值观、爱情观形成的关键时期却触犯了法律，在同龄人都享受着生活的快乐时他们却成了罪犯，因此，他们无法接受自己的刑期，认为判罚过重。

（三）身份错位心理

这一种心理存在于罪犯服刑期间的各个阶段。大多犯罪入监之前在社会中过着无拘无束的日子，进入监狱后，由于监规纪律条条框框的制约，使他们时常怀念起之前的生活情景；还有，第一次进监狱的人，他们会跟一些犯人接触，通过交谈了解到那些老犯人之前在外面的生活，随即他们会想到自己以前的生活，随着时间的变化，整个人的思想就会产生变化，脑海里只想外面的世界是怎么样的，而不考虑改造的现实生活是怎么样的。另外，新犯在入监之后跟老犯人聊天的时候，他们有可能从其他人那得到犯罪的手法，久而久之他们就会从单一的犯罪人变成"复杂"的犯罪人、严重威胁监管秩序。

（四）渴望自由心理

这一类罪犯在改造过程中不断地寻找自由。在监狱中，自由是被禁锢的，这里指的自由不是单纯的人身自由，而是指以下几个方面的"自由"：一是思想自由，罪犯在改造过程中不想着监规监纪而是经常会回想起入监之前在外面的生活，从而引发"无限联想"；二是行动自由，在监狱中，罪犯的一言一行都被纪律约束着，同时被监管干警监督着，有些罪犯比较特殊，他们总想摆脱条例的束缚，逃出干警的视线，但还不是脱逃，只是想不受拘束的干点违纪的事情；三是劳动自由，每名罪犯都要完成一定量的改造任务，而有些罪犯则通过装病或者其他方式来逃避劳动，从而获得"自由"；四是人身自由，这种自由是对罪犯来说最想要的自由，但也是后果最严重的一种自由——脱逃。

（五）好逸恶劳心理

这一类罪犯在当前改造形势下是占大多数的，这种心理也是罪犯心理中最典型的一种。勤劳是中华民族的传统美德，但是随着时代在进步、科技在发展，人们的劳动能力有明显下降，当然这里面也包括在改造期间的服刑人员。当前形势下在监狱服刑的罪犯大部分还是劳动人民的后代，但是已经不传承劳动人民的勤劳了，他们大多不学无术，没受过高等教育，文化水平太低，于是他们开始做些有损道德，损人不利己的事儿。当前我国监狱实行的是监狱自主产业政策，自负盈亏，提倡劳动与改造相结合，以改造带动劳动，以劳动推动改造。现在监狱中有不少罪犯成天游手好闲，无所事事，处处钻空子，躲避劳动。但是在监狱中，好逸恶劳这种心理也不是每个人都一样的，下面把这种心理分成三种形式：第一种情况，刚刚入监的罪犯对于劳动改造毫无概念，所以他们不会表现出想不想干活，但是经过监管干警讲述之后，他们应该可以看清自己改造的方向了，但是也有少部分不想参加劳动；第二种情况，一些犯罪在改造期间每天浑浑噩噩，荒诞度日，对改造任务不重视，软磨硬泡，拖拖拉拉，表面上答应得好，其实就是在混迹度日；第三种情况比较严重，一些罪犯就是不想劳动，甚至宁可自伤自残也不愿参加劳动。

（六）重复犯罪心理

这一类罪犯可以分成两种情况：一种是短刑犯，在监狱中没有尝到苦头，思想和行动还没有改造彻底就刑满释放，他们对于之前所犯下的罪行没有正确的认识，根本不在乎，因此，本就游手好闲的他们在出狱后还是要干起"老本行"；另外一种是家庭特别困难，无亲人照顾的罪犯，比起在监外可能最基本的温饱都解决不了的生活，狱中"供吃供喝"的生活才是最好的生活。因此，在出狱后，他们只能够选择再次犯罪，以确保温饱问题可以解决。

四、罪犯普遍心理的原因

罪犯心理现状不是罪犯一开始就有的，而是在监狱这个大环境中改造后逐渐产生的，而影响罪犯心理现状产生的因素有许多种，以下列出几种普遍存在的影响因素：

（一）个人主观因素

个人主观因素是影响罪犯心理形成的最重要因素，它由罪犯的主观意识操控，主要体现在对于内在条件与外在事物的反映，逐渐形成的一种态度或者持续的情绪。多数罪犯由于刑期的长短或者罪行的种类等原因会产生许多不良的心理因素，这些不良情绪堆积在一起，久而久之得不到正确的疏导，就会使罪犯形成变态罪犯心理。这几种主要心理因素有：

1. 自卑、孤独心理

入监后由于环境变化，多数罪犯缺乏信心，感觉自己各方面能力在下降，对服刑改造力不从心，认为其他人比自己强，容易自卑，怕人瞧不起，产生强烈的孤独感。例如，罪犯王某，27 岁，因犯盗窃和故意伤害被判处 6 年有期徒刑，该犯性格较为内向，平日不爱与同犯沟通，入狱半年多几乎未与同犯有任何交流，甚至同寝室罪犯都不了解他的个人情况，并且该犯整天没精打采，改造心态有些消极。经与其谈话后得知该犯父母双双务农，家中经济条件不好，他入狱后总感觉自己没有钱，年龄小，又是新来的，担心老犯会欺负他，因此不愿与人沟通交流，时间一长便形成了自卑的心理。

2. 焦虑、恐惧心理

罪犯刚入狱时，由于对监禁环境陌生，从而产生恐慌和畏惧心理，怕监管干警，怕老犯欺辱打骂，怕自己难以适应等，表现为神经高度紧张不安、烦躁、焦虑、抑郁、迷惘、不知所措、胆小害怕、战战兢兢。例如，罪犯李某，23 岁，因犯强奸罪，被判处有期徒刑 3 年 6 个月。该犯整天低着头，很少抬头看人，嘴里还时不时嘟囔几句，听到什么大的声响身体就会有轻微颤抖。原来该犯在看守所时，由于所犯罪行，经常被其他人鄙视、被人欺负，来到监狱之后，看到形形色色的罪犯，他更加担心会被欺负，所以焦虑、恐惧心理日趋加重。

3. 痛苦、怨恨心理

这种心理往往出现在过失犯身上，他们知道自己的行为触犯了法律，危害了社会和他人的人身安全或合法财产，也确实对自己的行为抱有悔意，但是他们又认为自己不应受到如此惩罚，属于轻刑重判。这种心理突出表现为容易产生怨恨情绪，易发怒或迁怒于他人，经常无缘由的与同犯发生争吵甚至大打出手。例如，罪犯齐某，45岁，因犯过失杀人罪，被判处6年有期徒刑。该犯属于过失犯，他承认杀了人，毁了别人家庭的同时自己也付出了惨重代价，但当他想起自己的刑期时就会认为刑罚过重，随即产生不满情绪，当不满情绪累积到极点时就会爆发，他经常无故与犯人争吵、打架。这就是一个典型事例。

（二）家庭环境因素

任何人都想要一个温暖的家。罪犯也不例外，尤其当他们身在高墙囹圄之内，对家庭、亲情的渴望就更为强烈。因此，家庭环境因素也是影响罪犯心理一个重要因素，主要表现在以下几个方面：

1. 怀念亲情

随着入监日久，罪犯逐渐对监禁有所了解，面对改造前途内心普遍表现出兴奋的情绪；但也常常忧虑在关押期间家中的父母、爱人、孩子等亲人在家如何生活，其表现为整天愁眉苦脸，顾虑重重，寝食不安，情绪变化无常，一旦有什么关于家里的风吹草动，他们就会胡思乱想，影响改造。例如，罪犯宋某，39岁，因犯盗窃罪被判4年有期徒刑。该犯性格比较外向，刚入监时喜欢与人沟通、交谈，后来，宋某越来越沉默，劳动时总是心不在焉，劳动状态越来越差。原来，宋某家中有一妻子，宋某每个月的几次亲情电话基本都是给妻子打，后来有几次打电话没人接通，宋某非常着急，经过询问父母得知其妻子为赚钱供孩子上学，在夜店打工。之后，宋某每天都挂念着家里，担心妻子在外打工会不会挨欺负，孩子上学怎么样，导致改造状态低迷。

2. 缺乏关爱

对于一些刚刚成年，有完全行为能力的年轻罪犯，家人的关爱对于他们脆弱的心灵是尤为重要的。但是有的罪犯由于家庭原因，得不到心灵上的关怀，致使不相信有谁会爱护他们，深感人们讨厌和歧视自己，社会冷酷无情，从而丧失改造信心，情绪消沉，觉得前途渺茫。表现为精神麻木，少言寡语，有时拒绝进食与劳动。例如，罪犯梁某，28岁，因犯抢劫罪被判处14年有期徒刑。该犯性格怪僻，脾气暴躁，经常顶撞干警或者与同犯打架，多次被送至高戒监区集训矫正，但屡教不改。后经询问得知，陈某系家中独子，父母在其很小的时候便离异了，陈某被判给其父亲，后一直由其父亲抚养长大，这期间其母亲很少去看他，这对其幼小的心灵是一个巨大的打击。陈某长大后因为父亲的疏于管理，走上了歧途，在狱中，陈某曾多次想联系其母，其母却不予同意，陈某逐渐对生活失去希望，认为自己的亲生母亲都对自己这样，别人更不可能对他好，因此消极改造。

3. 家庭变故

对于大多数罪犯来讲，有一个稳固的家庭对他们的改造是具有推动性作用的，而拥有一个健全的家庭更是重中之重。有许多罪犯坚持改造的唯一动力就源于家庭。但是世事难料，亲人离世、婚姻破裂等家庭的变动都将影响着罪犯的改造。面对这些变故，有的人可以应对，有的人却无法面对，他们会表现出精神萎靡不振，甚至自暴自弃。例如，罪犯邓某，37 岁，因犯盗窃罪被判处 9 年有期徒刑。该犯家中有父母、妻子和一儿一女，本是很幸福的家庭，杨某的改造很有利，但是在他入狱的第 3 年，妻子提出要和他离婚，这对于他来讲可以算是晴天霹雳，从此，杨某便每日愁眉苦脸，改造状态异常消极。这是属于家庭变故的典型案例。

（三）监狱环境因素

监狱是罪犯进行刑罚执行的唯一场所，监狱的环境因素对于罪犯心理形成的影响是最根本的，罪犯只有在监狱环境下才会做出种种心理反应以及行为活动。监狱环境对于罪犯心理形成的影响因素主要表现在以下几个方面：

1. 监狱环境封闭

有些罪犯原先在社会上过惯了自由自在的生活，入监后处在完全封闭的环境当中，面对严格的要求和管制，内心普遍会感到压抑。进而回想起之前在外面的生活，对自由的渴望越发强烈，消极怠工，更有甚者会萌生出脱逃的心理想法。例如，罪犯张某，因犯强奸罪被判处 9 年有期徒刑，对于在外散漫成性的他，这是无法面对的，因此，渴望自由和好逸恶劳的心理就在他身上产生并发展了。

2. 监管制度严格

监狱作为国家刑罚执行机关，要依照法律制定行之有效的监管制度，同时要求罪犯对监规纪律绝对服从。但是入监后，多数罪犯本能地抵触监禁的法规纪律，特别是累犯和重犯。他们迷恋过去的犯罪生活，对改造抱抵制、反抗态度，觉得生活没有希望。表现为情绪失落甚至绝望、态度蛮横强硬，常常抵制监管，抗拒改造。例如，罪犯李某，因犯诈骗罪被判处 11 年有期徒刑。李某这已经是第三次坐牢了，监狱对于李某已经是再熟悉不过了，但是由于监管制度的日渐规范化，李某已经不能像以前那样随便，只能服从管理，因此情绪有些失落，有时表现为消极怠工。

3. 改造任务繁重

当前，我国监狱坚持的方针是"坚持教育与惩罚相结合，劳动与改造相结合"。这就表明在接受教育感化的同时，罪犯也负有劳动的义务。对于罪犯的劳动，监狱按照罪犯的日常表现进行考核，并以记分制对其进行减刑评定，但是相应的劳动改造的任务量是非常大的，这就使一些平日好吃懒做、思想仍停留在对监外社会花天酒地回忆中的罪犯非常不适应。于是他们表现出"表里不一"，即警官在现场时，绝大部分罪犯都能按照规定和要求去做，而一旦警官离开现场后，则立刻判若两人，或起哄，或搞小动作等。例如，罪犯张某，41 岁，因犯非法持有毒品，被判处 8 年有期徒刑。该犯为人处世非常圆滑，经常钻监管空档，做违纪的事儿。该犯在社会上有一些钱和地位，因此每天花天酒地，但是在监狱里要服从别人的安排，进行劳动改造，这对于他来讲非常不适应，但碍于监规纪律，又不能抗拒改造，只好当着干警的面是一个样，背着干警又是一个样，这种做法属于典型的好逸恶劳行为。

针对罪犯心理存在的这些状态和原因，监狱干警应该明确罪犯的心理矫正目标，使罪犯的不健康的问题心理得以矫正。

第三节　罪犯心理矫正的目标和意义

一、罪犯心理矫正的目标

（一）适应监狱环境

对于一些第一次入狱的罪犯来讲，从合法公民变成接受刑罚的罪犯，这在心理上是常人所无法承受的，并且在服刑期间他们的人身自由受到了限制，在刚刚进入监狱的那几天，罪犯身上会出现不适应监狱生活的现象，经常会出现一些比较严重的心理问题和情绪问题。此时就需要心理矫正人员来帮助这些罪犯及时解决这些心理上的问题，进而防止出现一些比较过激的行为。

（二）消除个人缺陷

俗话说："人非圣贤，孰能无过。"对于正常公民是如此，而对于罪犯这一特殊群体更是如此。罪犯在犯罪前或者犯罪中都存在着不同的个人缺陷，在监狱这种封闭的环境中如不克服这些缺陷，会在一定程度上影响到其个人的发展，甚至导致再犯罪行为的发生。因此，消除个人缺陷对于罪犯心理矫正工作及罪犯的改造前途尤为重要。其主要内容包括：

1. 增强自我了解

借助心理矫正行为，罪犯能够认识到自己的心理状况，并且针对自己的行为，比较清楚地解析其本质以及相应的产生原因，最终用正确的态度来认识自己过去所犯下的罪行。

2. 改变错误认识

帮助罪犯认知他们的行为是否合理，并相应提升其本身的认知能力。这样一来，不仅能够使罪犯非常清楚地认识到自己对整个社会以及他人的观念是否正确，还能够使罪犯在刑满以后更好地融入社会，能够树立一个正确的人生观、世界观和价值观，不会因为认知上的错误而再次犯罪。

3. 疏泄消极情绪

针对罪犯的行为要进行严格的疏导工作，使他们能够进一步消除这种紧张或是绝望的情绪，并渐渐恢复良好的情绪，并且应在整个过程当中帮助罪犯建立一个相对良好的情绪反应，使得这些罪犯能够较好地掌控自己的情绪，时刻保持一种比较清爽的状态。

4. 矫正不良习惯

对于很多犯罪的人们来说，大多数都会存在一些不良的行为习惯，而正是这些不良行为习惯使得他们犯下罪行，这些不良习惯也会因为罪犯在监狱服刑而自行改变，如果没有相应的矫正措施，在刑满释放以后，还会成为其生活当中的不利因素。因此，在整个心理矫正的行为当中，应针对罪犯可能存在的不良习惯进行矫正，使他们养成良好的行为习惯，并且相应地培养属于其自己的行为方式，进一步增强罪犯在每一种不利情况下的适应能力。

5. 发展自控能力

一部分罪犯的犯罪行为主要是出于冲动所带来的激情犯罪，社会上很多暴力犯罪就是犯罪行为人在强大的冲动情绪的带动下，完全脱离理性的控制所产生的。所以，当对罪犯进行心理矫正时，需着重提高罪犯的自控能力，使他们能够在面临一些强大的精神刺激时，保持应有的理性，避免再次做出情绪冲动的行为。

6. 改善人际关系

有一些罪犯之所以会犯罪，是因为人际关系处理得不好，这一因素也是诱发很多暴力犯罪的重要因素。这些人往往因为一些小的事情就激化矛盾，造成人际关系恶化，进一步酿成大祸。因此，在对罪犯进行心理矫正时要积极指导罪犯提高自己的人际交往能力，使他们能够维持较好的人际关系，尽可能不再出现因为人际关系处理不当所导致的犯罪行为。作为一个社会人，最主要也最基本的能力就是与人交往，因此，改善人际关系也是罪犯心理矫正工作中最为重要的内容之一。

7. 增强竞争意识

在罪犯的改造过程中，奖罚与激励是极为常见的。罪犯在完成改造任务的同时，会接受各种考核，如罪犯改造性质、罪犯改造积分等，这些考核的结果可以决定罪犯的减刑情况，因此，罪犯对于考核是比较重视的。在对罪犯的管理过程中，运用了思想政治教育中的内化与外化规律通过定性、定量、加分、扣分等方法，使罪犯形成竞争意识，让他们懂得只有努力改造，得高分才能够尽快减刑，从而体现在改造行为上。

8. 建立守法心理

守法心理，是一个人能够支配自己时刻遵守法律规定的重要因素，同时也是运用法律规范不断约束自己行为的一系列心理因素的有机结合。对罪犯而言，只有形成一个良好的守法心理以及健康心理，才能提高其自制力并且养成良好的行为习惯，进而对法律产生敬畏的心理，进一步避免触碰法律的底线，采用一种合法的手段和思维来保护自己的合理行为和合法权利。

（三）健全干预机制

危机干预，其实就是对出现心理危机的一些罪犯进行的具有针对性的预防和疏导工作。这里所说的"危机"，其实就是指一些罪犯意识到自己所拥有的资源以及自己所掌握的应对机制可能已经没有办法解决面前的困难的时候所产生的一种心理现象。换言之，危机其实只是罪犯个人的一种认识行为，并且这种认识的正确与否难以确认，却会使罪犯产生一种不安的情绪。对罪犯的危机干预其实就是有针对性地进行疏导，这其中最主要的内容就是帮助罪犯解决一些其所面临的心理危机，再采用一些措施来使得罪犯能够安然度过这一次心理危机。对于危机干预而言，也可以算是一种比较直接的咨询方式，因此，当工作人员开始干预的时候，一般都会是针对一些比较具体的危机，而不是一些比较抽象的态度或观念的转变。假如是后者的话，那么就是罪犯的心理障碍。对于正处于危机状态下的罪犯其心理状态在危机出现前后往往都是健康的。因此，心理危机出现的时间比较短，一旦危机消失以后，罪犯比较混乱的状态也会随之消失不见。

二、心理矫正对服刑人员的重要意义

心理矫正是监狱机关运用心理学原理，采用心理咨询以及心理治疗的方法和技术，帮助服刑人员克服心理障碍和服刑期间出现的心理问题，促进罪犯心理素质的良性转化，以稳定狱内改造秩序，使罪犯健康回归社会。

（一）对服刑人员的心理矫正工作是保障服刑人员人权的需要

保障服刑人员的人权是法治文明社会的要求，作为人权中最基本的一项健康权也是应该受到保障的，心理健康与生理健康一样要受到保护。

（二）对服刑人员的心理矫正工作是提高教育改造质量的需要

心理矫正工作的根本目的是使服刑人员适应监狱环境，消除导致个人犯罪或者再次犯罪的人格缺陷，使其心理健康，认知正常，行为符合社会评判标准。

（三）对服刑人员心理矫正工作是国际行刑趋势的需要

目前，国际行刑趋势已由"报应性司法"向"恢复性司法"转移。恢复性司法的核心问题之一即"恢复原状"。恢复原状的意思主要指服刑人员在接受惩罚后，身心状态要恢复到健康的状态。而通过各种研究表明，服刑人员有心理问题或者有严重心理创伤与其重新犯罪间存在着较高的相关性。

因此，开展罪犯心理矫正工作，对于服刑人员心理健康的关注，既有助于降低重新犯罪的比率，也有助于我国与国际行刑趋势相接轨。

第四节 罪犯心理矫正的任务和原则

一、罪犯心理矫正的任务

（一）揭示罪犯心理现象

罪犯心理现象是矫正活动的核心，必须要把其发生发展演变和结构等弄清楚，以提高矫正活动的针对性。

（二）研究罪犯心理规律

罪犯心理规律使其发展的本质的必然的稳定的联系，研究和揭示罪犯心理规律可以把握罪犯心理的发展的因果联系，辩证轨迹和发展取向，以提高矫正活动的针对性和科学性。

（三）研究罪犯心理矫正的对策

明晰了罪犯心理的心理现象，把握了罪犯心理的规律，就需要进而研究有效的矫正措施，进行对症矫正，以提高矫正活动的可操作性。

（四）研究罪犯心理矫正的途径

明确了罪犯心理的现象和规律，又知道了应采取的对策，还需要研究如何实施的问题。因此，还要研究罪犯心理矫正的原则和途径，并遵循这些原则和途径，把矫正活动付诸实施，努力取得成效，以提高罪犯心理矫正活动的实效性。

二、罪犯进行心理矫正主要原则

（一）罪犯心理矫正应遵循服务于改造的原则

我国监狱的一切工作都是以"改造人"为宗旨的，罪犯心理矫正工作也不例外。罪犯心理矫正工作就是为了适应我国监狱改造罪犯的实际需要，作为进一步提高我国监管改造质量的一项措施的需要而开展的。心理矫正虽然侧重于罪犯心理的调适和人格的完善，使罪犯逐步养成良好的心理品质，但是它更进一步的作用还在于为罪犯犯罪思想的改造和犯罪恶习的矫正创造了基本的心理条件。开展罪犯心理矫正工作不是对改造罪犯思想这一优良传统的否定，也不意味着抛弃原有罪犯改造的工作特色，而是为了配合对罪犯的管理教育和劳动等改造手段，在新形势下增加一种新的改造手段。

（二）罪犯心理矫正应遵循整体性原则

罪犯的心理是一个有多种因素有机结合的整体，对罪犯心理的矫正中应该坚持整体性原则。对罪犯的心理问题不能简单地就事论事，要针对其人格特点，从社会背景、文化传统、监狱环境、家庭环境因素等多方面分析考查，把握罪犯的各种心理因素，并抓住主要矛盾，这样才能找准症结所在，以便"对症下药"。此外，坚持整体性原则还要求把罪犯心理矫正工作本身看作一个有机的整体，不仅要充分利用监狱内各种有利于罪犯矫正的因素，还要善于挖掘和利用社会力量，形成一个有效的矫正环境，促进罪犯的心理矫正。这是社会发展的必然趋势，也是我国社会治安综合治理的客观要求。

（三）罪犯心理矫正应遵循客观性原则

罪犯心理的发展变化是有规律可循的，而且这种规律是客观存在的，不以任何组织任何人的意志为转移的，我们应该认识、遵循并且利用这种心理变化的规律，决不能无视和违背它。否则，就会造成不良后果。因此，罪犯心理矫正必须遵循心理转化的客观规律，不能急于求成，始终坚持客观性原则。

（四）罪犯心理矫正应遵循启发自觉的原则

罪犯心理矫正的工作人员要善于激发罪犯自我改造的积极性、主动性。因为罪犯心理转化从根本上讲，要依靠其内在的矛盾运动。外在的矫正力量只有通过罪犯的内因才能发挥作用。因此，罪犯心理矫正工作应该把工作重点放在启发自觉上，设法发现并壮大罪犯的常态心理因素和闪光点，使其心理向良性方向转变，接受心理矫正工作人员提出的要求和目标，产生内在的心理矛盾和动机斗争。

（五）罪犯心理矫正应遵循身心统一的原则

辩证唯物主义认为，人的大脑、躯体等生理因素既是心理产生的物质前提，也是对心理的发展起到了影响作用。在罪犯心理矫正的过程中，我们既要对罪犯出现的心理问题进行科学的诊断和治疗，也要重视某些脑部和躯体疾患对罪犯心理的影响，把心理治疗和生理治疗有机结合起来，针对罪犯的具体情况，采取灵活多样的矫正方法，切不可用统一的模式简单化处理问题。

此外，对罪犯心理矫正一定要坚持中国特色，要从我国罪犯改造的实际出发，在调查、统计、测试、问卷等实践中要坚持中国特色，制定和创建有中国特色的心理矫正工作体系和技术体系。

第五节　罪犯心理矫正的方法和步骤

一、罪犯心理矫正的方法

罪犯心理矫正的方法有多种，我们必须建立一套适合我国监狱的实际情况和罪犯特点的方法体系，主要方法如下：

（一）感化法

感化法就是以情感为突破口，通过矫正工作人员的真情实感和模范行为去关心、帮助、感染和启发罪犯，达到心理相容，从而实现对罪犯的心理矫正。感化法的运用以实行科学、文明的管理为基础，即实行人道主义政策，尊重罪犯的人格和法定的权利，关心其生活和人身安全，使他们在身体健康的条件下，文明的气氛中，整洁的环境里进行劳动和学习。感化法还要求矫正人员满腔热情地对待罪犯，帮助他们解决一些合理而可能解决的实际问题，并对他们进行前途教育，使他们在希望中、在体会未来的快乐中得到矫正。因此，一方面要对他们关怀爱护，动之以情，从人格上尊重他们，情感上感化他们；另一方面，要给予他们充分的信任，提高其自我教育自我约束的能力。

（二）说理法

说理法就是借助口头言语或文字，通过摆事实讲道理，使罪犯明辨是非善恶，接受正确的道理，形成正确的道德观念和法制观念。运用说理法要力戒空洞的说教，要做到循循善诱，允许罪犯申辩或提出不同意见，帮助罪犯提高认识，了解自己的行为对社会和他人的危害，培养他们的责任感，使他们在回归社会以后承担起对家庭、社会和他人的责任；提高罪犯的道德意识和法律意识，使其明白什么事情可以做，什么事情不能做，努力增强控制自己行为的能力。同时，还要善于在集体中利用榜样和舆论的作用帮助罪犯提高分辨是非和判断善恶的能力。

（三）行为训练法

行为训练法的主要作用，在于对罪犯进行意志品质的磨炼和良好行为习惯的养成。首先，培养罪犯的心理意志品质，培养他们经得起各种困难，挫折和诱因干扰的坚强意志，克服其盲目冒险、独断专行、顽固执拗等不良的意志品质；其次，通过严格监督管理，矫正罪犯不良的需要结构，使原有的不良行为习惯受到抑制，同时引导他们把对道德和法制的认识以及情感体验落实到行动上，养成并巩固良好的行为习惯，这是矫正罪犯不良心理的必要条件和关键所在。

（四）激励法

心理学实验表明：经过激励的行为与未经激励的行为效果大不相同，前者表现得主动自觉，富有成效，而后者表现得消极被动，收效甚微。激励是一门艺术，它要求矫正工作人员具有敏锐的观察力、明确的目标、诚恳的态度、娴熟的技巧。将罪犯的自信心和自尊心激发出来，是激励法的关键所在。为此，要唤醒他们过去取得成功经验的记忆和对成功的向往，并鼓励他们为成功积极创造条件。在具体的操作实践中，矫正工作人员要密切观察罪犯身心的潜力，并且鼓励他们开发出这些心理潜能。

（五）宣泄法

人在受到外界强烈不良刺激时，容易产生极度悲痛或愤怒等情绪，这种情绪有如人体内的毒素，若长期积压就会抑郁成疾，造成不良的后果，应当采取适当的方法使之排泄出去。宣泄法，是指矫正人员通过一定的方式，将积聚在罪犯心理上的种种不良的感受排出体外的方法。在具体的运用过程中，矫正人员可以根据需要把心理咨询室或治疗室设置为宣泄场所，让罪犯尽情倾诉自己的烦恼与悲痛，或者干脆痛哭一场等。现代医学研究表明，哭泣不仅可以减轻心理的悲痛情绪，还有利于生理健康，它可以通过眼泪排出人体内因为过分悲伤而产生的有害物质。

（六）药物治疗法

对罪犯在服刑过程中出现的较为严重的精神疾病，除了进行一般的心理矫正外，还要进行药物治疗。例如，对一些患有神经症、精神发育不全、精神分裂症、癫痫症、妄想性精神病的罪犯，必须进行药物治疗，严重者可考虑送精神病院治疗或允许其保外就医。

（七）心理学专门技术法

犯罪心理矫正的专门性技术方法丰富多样，主要有精神分析、行为治疗和心理咨询三项技术。

1. 精神分析疗法

精神分析疗法是依据弗洛伊德的精神分析理论展开的心理治疗。精神分析理论认为，人的意识由表及里，由意识、潜意识和无意识构成。与之相应，人的个性心理也由本我、自我和超我构成。异常行为，包括犯罪行为，就是由于本我过强，本我被过度压抑产生焦虑而爆发的自罚或外罚行为。治疗的原则有两条：一是满足，即适当满足其本能欲望，减缓攻击行为；二是升华，使本能欲望的运行朝着有利于社会的方向发展。

运用精神分析疗法，一是为了使被治疗者对自身形成变态人格和攻击性行为的原因有所认识；二是通过精神分析来治疗、减轻患者的情绪困扰。根据精神分析理论，患者的心理症结是深藏在潜意识之中的，通过精神分析，可以促使患者潜意识内的困扰逐渐表面化，上升为其意识层的活动内容。当患者对受困扰的问题有了清醒地认识之后，便会自觉地加以控制，从而达到治疗的效果。犯罪人所实施的犯罪行为，有些的确是受到了潜意识内情绪冲突的影响。因此，对犯罪人内心予以疏导，使其感觉压抑的事物表面化，就可以对症施治，从而矫正其犯罪行为。

精神分析疗法的主要技术有：

（1）自由联想。即要求罪犯在放松、安详和舒适的状态下，把积压在心中的苦闷、不安、愤懑或迷惑不解的问题都说出来，想到什么就说什么，不加选择，也不必有什么顾虑。通过自由联想，可以暴露潜意识的内容，有的犯罪人甚至会退回到童年早期状态，从而对治疗者产生情感上的依赖。治疗者如果加以正确的引导和解释，并能使患者接受，便可以达到矫正人格的目的。

（2）梦的分析。弗洛伊德认为，人的梦可以反映其潜意识活动的内容，通过对患者能够回忆起的梦境进行分析，找出与其情绪困扰有关的内容，然后向患者作出合理的、现实的、有意义的解释，使患者能觉察其心理疾病的原因所在，从而产生治疗效果。

2. 行为疗法

行为疗法的理论基础是学习心理学。学习心理学认为，除了与生俱来的先天性行为外，人的所有行为都是经过后天的学习而得来的。人的行为是心理活动的外在表现形式，通过人的行为可以了解人的心理活动，同样通过矫正人的行为，也可以矫正其不良心理。行为疗法就是运用条件反射的原理，从而改变原有的不良行为方式的治疗方法。行为疗法具体可分为：

（1）系统脱敏法。心理研究表明，松弛与紧张是相互排斥的。通过引导患者缓慢地暴露出导致焦虑的情景，以放松的心理状态来对抗焦虑的情绪，从而逐渐摆脱焦虑的方法，就是系统脱敏法。具体包括以下几个步骤：

放松训练：让患者在安静的环境里尽量舒适地坐着，然后让其按指导的要求闭上眼睛做几次深呼吸，再做肌肉紧张与放松训练，指导患者寻找放松的感觉，并体验与保持这种感觉。将困难情境按由弱到强的方式排序：系统脱敏就是让患者在放松状态下逐步接近以往难以应付的敏感情境，以逐渐消除敏感症状。

实施脱敏：有两种脱敏途径，一种是想象脱敏，即在放松的状态下想象自己处于较低水平的敏感情境中并克服这种情境，然后逐步过渡到最严重的敏感情境，感到能彻底放松为止；另一种是现实脱敏，即在现实的环境中进行训练，先由心理医生协助，然后自己独立面对敏感情境，也是按照由浅入深的顺序进行。

（2）厌恶疗法。厌恶疗法是一种利用对抗性条件反射的原理进行的行为治疗。把令人厌恶的刺激，如电击、责骂等，与患者的不良行为结合起来，形成一个新的条件反射，用来对抗原有的不良行为，进而消除这种行为。例如，对嗜烟酗酒者，在烟酒中加进呕吐药品或异味，使其对烟酒产生厌恶感，从而实现戒烟戒酒的目的。

（3）操作疗法。它是以斯金纳的操作性条件作用理论作为基础而建立起来的治疗方法。当出现良好行为时，就给予肯定性评价和奖励，使自发行为被强化成为经常性的自学行为。当出现不良行为时，就给予否定评价和惩罚，使这种自觉行为受阻抑，变为渐歇性的、偶发性的行为而逐渐消退。

3. 心理咨询

心理咨询是指运用疏导、鼓励、指导等方法给来访者以帮助、教育的一种活动，其目的是帮助来访者解决心理的困惑，增强对心理冲突和心理创伤所导致的心理问题、疾病的防卫能力，以预防和减轻心理疾患，保持身心健康，完善自我人格。它与心理治疗有密切的关系，但又有明显的差别。心理咨询的对象既包括轻度的精神疾病患者，又包括正常人，而心理治疗则仅适用于有心理障碍者。目前我国监狱系统已较为普遍地对罪犯开展心理咨询活动，接待犯人的来访，回答他们提出的心理困扰和心理卫生方面的问题。当心理咨询不能完全解决问题或发现来访者存在着心理障碍时，就应采取心理治疗的方法。

二、罪犯心理矫正的步骤

罪犯心理矫正的实施，从宏观上可以分为三个步骤，即"诊断""治疗"和"质量评估"。

（一）罪犯心理诊断

罪犯心理诊断是心理矫正的基础性工作。它通过对罪犯的生活史调查、行为观察、面谈、犯罪事实判断、心理测试等进行综合考察，掌握引起犯罪行为的社会心理缺陷的总体情况和罪犯犯罪心理的特殊性，为进一步开展对罪犯的心理矫正提供依据。罪犯心理诊断必须把着眼点放在努力收集广泛而真实的信息资料上，这是保证诊断精确性的唯一途径。诊断之后，应建立罪犯心理档案，反映诊断结论和矫正动态，拟定相应的心理矫正处遇方案。

（二）罪犯心理治疗

这里的"心理治疗"是一个广义的概念，它包括一些常规矫正手段、心理咨询和临床心理疗法。常规矫正手段主要是针对罪犯的社会心理缺陷，即人生观、价值观、道德观、法制观等社会心理倾向的异常或偏离，促进罪犯消除反社会心理，建立守法心理结构和良好的行为习惯；心理咨询主要是针对监狱中有心理问题的罪犯，帮助他们发现自己的问题及根源，挖掘其内在的潜能，改变其原有的认识结构和行为模式，从而提高对监狱生活的适应能力和应付各种困难、忍受各种挫折的能力；临床心理疗法主要有行为疗法、精神分析疗法、支持疗法、催眠疗法、暗示疗法、音乐疗法等，它主要是针对罪犯的各种心理障碍、行为障碍及各类精神疾患。临床心理治疗具有很强的专业性，必须由专业人员和经过培训的少数监狱干警施行，以防止造成精神伤害。

（三）罪犯心理矫正的质量评估

在罪犯心理矫正的过程中，要运用心理测验、模拟试验、评定、心理测量等方法，对罪犯犯罪心理与恶习的消除程度，守法心理与良好行为习惯的建立程度，进行定期或不定期的评估，以便及时反馈矫正效果，为调整矫正方案，采取更有针对性的矫正措施，提供客观依据。

■ 案例剖析

罪犯情况：宋某，男，15岁，初三学生。某未成年犯管教所服刑人员。8月23日，宋某13岁的弟弟和11岁的妹妹失踪。宋某父母悲痛欲绝，宋某也伤心哭泣。后宋某父母报警，警察经侦查发现一荒凉的坟地里，一男一女两个孩童的尸体横卧在土坑里，均窒息而死，经辨认为宋某的弟弟和妹妹。公安人员经过周密的调查和排查，将目标锁定在宋某身上。经过讯问，宋某交代了自己以和弟弟妹妹去山上玩活人游戏为借口将弟弟和妹妹骗到荒山活埋的犯罪事实。

分析诊断：宋某交代其杀害弟弟和妹妹的原因是他认为杀了他们两个，父母就可以集中精力培养自己，自己就能够上大学了。父亲曾说过谁考上大学就供谁念书。针对宋某的心理进行分析发现他对遭遇挫折过分敏感；对侮辱和伤害不能宽容，长期耿耿于怀；多疑、嫉妒、以自我为中心；总感觉受压制、被迫害。按照 CCMP-Ⅲ（《中国精神障碍诊断标准》第3版），识别人格障碍及其分类，宋某属于偏执性人格障碍。

请对宋某的犯罪心理进行分析，并思考相应的矫正对策。

✦**思考题**

1. 罪犯心理是如何形成的？又会如何发展？

2. 监狱行刑是如何影响罪犯心理的良性转化和发展的？

3. 监狱人民警察应该如何促进罪犯心理的良性转化？

第二章

罪犯心理矫正的历史和发展 ●

重点问题 ◀

1. 西方国家罪犯心理矫正的现状。
2. 我国罪犯心理矫正发展趋势。

监狱对罪犯进行心理测验、心理咨询和心理治疗，最早开始于西方国家。我国监狱的罪犯心理矫正工作目前还处于起步阶段。为了促进我国罪犯心理矫正的发展，我国广大的理论研究者和实务工作者一直都在致力于罪犯心理矫正的研究，以期通过借鉴和模仿西方国家的理论和方法、技术，探索出一套有中国特色的罪犯心理矫正理论体系和方法、技术。

第一节　西方国家罪犯心理矫正的历史与现状

一、西方国家罪犯心理矫正的历史

在西方国家，对罪犯进行改造或者治疗的理念由来已久。早在 1730 年，教皇克莱门特 11 世就在罗马建立了圣米歇尔教养院。这一设施是为收容 20 岁以下不可救药的青少年而修建的，在它的大门上铭刻着这样的词句："仅仅依靠惩罚来约束邪恶者是不够的，同时还必须运用劝善的戒律使其顿悟"。该教养院采用一种由沉默、工作和祈祷组成的方案，来表示苦行（一种对罪恶和过错表示忏悔的自惩行为），[1] 试图通过隔离和忏悔来改造犯罪人的信念。

---

〔1〕 ［美］克莱门斯·巴特勒斯：《罪犯矫正概述》，龙学群译，群众出版社 1987 年版，第 7 页。

空想社会主义者欧文认为，公民之所以犯罪，是因为德智体方面有缺陷，应当把他们送到社会建立的"德智体医院"进行治疗，治疗的方法就是教育和劳动。

18世纪中叶以后，西方犯罪学家、精神病学家、心理学家们纷纷开始重视、研究犯罪预防和矫正犯罪人等问题，从而产生了罪犯心理矫正的思想，对罪犯的心理治疗和心理矫正活动也逐渐增多起来。

（一）西方国家罪犯心理矫正的起源

1. 宗教思想的影响

17世纪中叶在英格兰和北美大陆兴起的一个基督教教派——贵格会，又称为"公谊会"。18世纪时，费城等地的贵格会教徒就在其教义的影响下，开始将通过独自忏悔达到悔悟改造的方法引入监狱领域，促成了监狱管理和罪犯改造中的"独居制"的产生，即让罪犯在隔离状态中通过严格的静默，对自己的罪行进行忏悔、苦修，从而达到改过自新的目的。可以说，利用宗教教诲影响犯罪人思想的做法，对于近代监狱制度和罪犯心理矫正活动的开展，都起到了重要的促进作用。19世纪60年代北美大陆的南北战争之后，贵格会教徒逐渐将视野从教犯人阅读《圣经》转向更多的改造活动，包括职业教育计划，多名罪犯一起进行的艺术活动、集体劳动等。[1]

2. 犯罪学家的观点

中世纪欧洲的宗教统治者和世俗统治者都借助于"神的意志"来规范人们的行为和思维方式，刑罚思想也具有浓厚的神学色彩。18世纪欧洲大陆的启蒙运动诞生了犯罪古典学派。其主要代表人物有意大利犯罪学家贝卡利亚和英国著名的哲学家、法学家边沁，他们深刻揭露了旧的刑事司法制度的蒙昧主义本质，在解释犯罪原因方面，提出了"自由意志论"，认为一个人实施犯罪完全是其自由意志选择的结果。在预防犯罪方面，提出了"心理强制论"，认为人有权衡利弊的本性，他知道实施犯罪后可以得到精神、财产或肉体等方面的快感，也知道因为犯罪将会受到惩罚的痛苦。法律对犯罪行为进行的处罚给犯罪人带来的痛苦要大于其实施犯罪所带来的快乐，才能起到预防犯罪的作用。古典派犯罪学家的理论对当时的刑事立法和刑事司法都产生了深远影响，它不再用超自然的力量而是用人们本身的因素来解释犯罪行为，

---

〔1〕　吴宗宪编著：《国外罪犯心理矫治》，中国轻工业出版社2004年版，第9页。

特别是通过改变犯罪人的思想预防犯罪的观点，促进了对罪犯进行心理矫正思想的产生。

19世纪中叶以后，社会上的犯罪现象越来越严重，人们开始质疑古典学派的理论对预防犯罪的作用。随着现代自然科学的兴起与发展以及孔德实证主义哲学在研究社会问题方面的重要影响，19世纪末意大利的实证派犯罪学应运而生。其代表人物菲利认为，犯罪的根源是犯罪人有人格缺陷，适用刑罚应当像医生对待病人一样，必须消除病根，把犯罪人低下的人格改善为良好的人格。他倡导对不同人格的罪犯采取不同方法进行矫正，他说："同样的犯罪，从人类学和社会学方面说，由于犯罪的原因不同，对各种人格的罪犯则需要采取不同的治疗方案。"[1]把犯罪人比作具有不同人格缺陷的"病人"，以及对不同人格的罪犯需采取不同矫正方案的观点，都有力地推动了罪犯心理矫正理论的发展，同时为监狱领域的医学模式提供了理论基础。[2]

医学模式认为，犯罪行为是由心理因素和生物因素引起的，如果能够识别出这些导致犯罪的因素，就可以像医生对待病人一样下诊断、开处方，就能成功地矫正犯罪人。美国的全国监狱协会通过了一份《1870年原则宣言》，将医学模式正式引入监狱领域。1876年在纽约建成使用的埃尔麦拉教养院，是第一个使用医学模式的刑罚机构，由美国刑罚改革家泽布伦·里德·布罗克韦管理——他把教养院称为"改造医院"。埃尔麦拉教养院从新新监狱和奥本监狱调来一些难管的犯人，对其中一些比较顺从的犯人进行个别化的诊断和治疗。20世纪20年代，美国联邦监狱局在其所属的监狱中普遍采用了医学模式。医学模式的理念和具体方法都对罪犯心理矫正产生深远的影响，现代罪犯心理矫正活动的基本观念和各个环节上都可以看到医学模式的影子。

3. 心理学家、精神病学家的贡献

19世纪，心理学和犯罪心理学的独立与发展，对建立和巩固自由刑产生了重要的影响，心理学对犯罪原因及其对策的深入研究促进了行刑制度的进一步变革。心理学家的研究兴趣从犯罪自由意志转移到对犯罪原因的分析，由偏向犯罪行为到注重犯罪人身心素质，从而为结束刑罚的残酷性，为推行

---

〔1〕 ［意］菲利：《实证派犯罪学》，郭建安译，中国政法大学出版社1987年版，第40页。

〔2〕 对于犯罪心理矫正的医学模式的来源与发展，人们有两种观点：一种观点认为监狱领域的医学模式是从医学学科中借鉴过来的，是治疗疾病的方法在对待犯人中的应用；另一种观点认为，监狱领域的医学模式发展与犯罪实证学派密切相关。

犯罪预防及监禁的人道主义待遇提供了依据。值得注意的是，当时研究犯罪和罪犯心理的许多学者，如《犯罪心理学纲要》的作者埃宾（德国）以及被称为犯罪心理学奠基人的龙勃罗梭（意大利），原先都是精神病学家，他们所采用的实证研究方法和取得的临床研究成果与经验，为以后罪犯心理矫正的确立和发展从思想和实践上奠定了基础。[1]

19 世纪末，奥地利精神病学家、心理学家弗洛伊德创立了精神分析理论。

1915 年，弗洛伊德在"由于罪恶感而犯罪的人"一文中，初次应用精神分析学的观点解释犯罪问题，为犯罪学中精神分析学流派的形成奠定了基础。由他在自己所从事的临床治疗工作中逐步发展起来的精神分析学说以及有关的治疗方法，是心理治疗领域最初的完整理论体系和工作方法。而心理治疗的产生和 20 世纪初兴起的心理咨询、心理测量一起，为罪犯心理矫正的产生奠定了理论与方法上的基础。

在精神分析理论看来，违法犯罪者的犯罪行为与心理缺陷之间存在着一种因果关系。心理缺陷主要表现为犯人对恐惧、紧张、不愉快等没有形成健全的忍受力，他们没有学会放弃欲望，人际关系肤浅，对他人缺乏信任感，还缺少为别人着想的能力，特别是强烈的自卑感与狂妄自大的感觉并存，等等。弗洛伊德特别强调早期人格影响的重要性，这一点对分析犯罪人犯罪心理的形成历程有直接帮助。通过分析犯罪人的过去经历尤其是创伤性经历，了解犯罪人潜意识的心理冲突，有助于对其犯罪心理进行更有效的矫正，预防其重新犯罪。

奥地利精神病学家阿德勒认为，犯罪的原因与犯罪人在三大生活领域即友谊、职业和爱情领域的失败有关。他们没有好友，至多只有同流合污的朋友，他们不能与正常社会的一般人为友，大多数罪犯是不学无术、无一技之长的人，他们认为工作很辛苦，不能像其他人一样与困难搏斗，缺乏合作精神。他们没有美好的爱情生活，对他们来说，性生活是征服，是占有。其最根本的问题是缺乏社会兴趣和合作意识。所以，预防犯罪的途径就是找出罪犯在儿童时期所遭受的合作障碍。[2]

美国心理学家马斯洛强调，邪恶、犯罪的出现是由于缺乏安全、友谊、

---

[1] 阮浩："罪犯心理矫正比较研究"，载夏宗素、朱济民主编：《中外监狱制度比较研究》，法律出版社 2001 年版，第 279 页。

[2] 刘邦慧主编：《犯罪心理学》，科学出版社 2004 年版，第 36 页。

归属、尊重等"心理维生素"而造成的。如果提供可以获得"心理维生素"的环境，邪恶、犯罪行为是可以矫正的。显而易见，这种主张是要从道德上来改变犯罪心理，使内心建立起对他人的尊重，对他人的爱等道德原则。[1]

美国著名心理学家柯尔伯格也同样致力于对犯罪人道德认知的研究。1973年，柯尔伯格等人在"青少年犯罪人中的道德判断"一文中指出，少年犯罪人表现出道德发展迟缓现象，他们的道德成熟度低于守法少年。除此之外，研究者还发现，道德发展与犯罪行为之间的关系似乎与犯罪类型有关。熟虑性犯罪，即抢劫、盗窃的累犯道德认知水平较低；而轻率性犯罪，即不涉及物质利益的、伤害型的累犯道德认知水平并不一定低。

19世纪末20世纪初，西方国家受到犯罪浪潮的严重困扰，重新犯罪率居高不下，一些人尝试应用新兴起的心理学的方法矫正犯罪人，试图找到改造犯罪人、降低重新犯罪率的新途径。许多心理学家、精神病学家在这方面进行了大量的探索。例如，美国精神病学家威廉·希利于1909年在芝加哥建立了世界上第一个儿童指导诊所，开展对有犯罪行为的儿童的矫正工作，产生了很大影响。瑞士精神分析学家奥古斯特·艾希霍恩将精神分析学说应用于矫正违法犯罪少年和罪犯，取得了很大的成功，他于1918年创立了教育违法犯罪少年的专门机构。1924年，英国精神病学家马克斯威尔·琼斯对恐怖分子使用行为疗法进行矫正，取得了显著效果，此后心理治疗逐渐在罪犯矫正领域流行开来，并且得到较大发展。与传统的罪犯处置方法相比，采用心理学方法对罪犯进行矫正后，重新犯罪率似乎有所下降，有大量接受心理矫正后不再进行犯罪行为的例子。[2]

（二）西方国家罪犯心理矫正的发展

20世纪50年代以来，西方国家的刑罚理念和行刑制度出现教育化、个别化、技术化的变革，心理咨询和心理治疗的理论、技术不断进步，极大地促进了监狱内罪犯心理矫正工作的迅猛发展。在美国各州和联邦矫正机构中，1958年只有23名专职的精神病学家、67名专职的心理学家，1992年雇佣的专职心理学家达1144名，1995年初即增加到1656名。2000年6月，美国联邦司法部司法统计局对美国各州矫正机构中的罪犯心理学服务情况进行调查，

---

〔1〕 邱国梁：《犯罪心理学的理论与应用研究》，群众出版社2005年版，第87页。

〔2〕 吴宗宪编著：《国外罪犯心理矫治》，中国轻工业出版社2004年版，第27页。

结果发现，在全美 1558 所州立矫正机构中，有 1394 所矫正机构开展了某种或者几种形式的犯人心理学服务工作，占总数的 91.8%。[1]

从西方发达国家罪犯心理矫正工作的开展情况来看，主要有以下几个突出的特点：

第一，对罪犯开展心理矫正工作的机构并不仅限于监狱和看守所，还包括一些专门的医疗机构，如收押患有疾病的罪犯的"医疗监狱"和收治在犯罪时患有精神病或审判时精神病发作的人员的精神病院。此外，西方国家有大量在社会上执行非监禁刑的罪犯，社区矫正机构为他们提供心理学服务，开展心理矫正活动。

第二，开展罪犯心理矫正的目的在于帮助罪犯适应监狱环境；改变罪犯的认知结构，使其形成正确的人生观和价值观；矫正不良行为习惯；加强自我控制能力；帮助罪犯学会建立和维持良好的人际关系；帮助疏导或引导罪犯正确宣泄消极情绪；治疗罪犯在服刑期间发生的轻度精神病；对罪犯进行心理危机干预等。

第三，在进行罪犯心理矫正活动中，重视尊重和保护罪犯权利。西方国家普遍承认罪犯享有获得心理健康治疗权和拒绝心理健康治疗权，并且对开展矫正活动的一些细节问题在法律中作出明确规定，如美国的《加州法规汇编》规定："应当告知所有被监禁在本州矫正系统的人，他们可以获得心理健康服务。""如果矫正人员不事先获得犯人的知情后同意，不得对犯人采取任何形式的休克疗法。""在考虑将罪犯或者假释犯安置到精神病院时，应当根据刑法典的规定告知他们有权举行听证会。"

目前，我国社会主义法治理念逐渐深入人心，在监狱内推广罪犯心理矫正这种针对特殊法律地位和身份的人进行的特殊活动，有必要借鉴西方国家的经验做法，尽快完善相关立法规制，加强罪犯权利保护。

第四，在西方国家，监狱行政管理人员和看守人员不参与罪犯心理矫正工作，而是由专门的矫正人员从事这项工作。这类人员中既有监狱的专职人员，如任职于监狱系统行政管理部门或具体矫正机构的人员；也有兼职人员，大多数是社会上相关机构的专业人员通过订立合同为监狱内的罪犯提供心理学服务。既有专业人员，即心理学家、精神病学家、社会学家等，也有非专

---

〔1〕 吴宗宪编著：《国外罪犯心理矫治》，中国轻工业出版社 2004 年版，第 10~11 页。

业人员，他们经过一定的培训，在罪犯心理矫正活动中承担一些辅助性工作。

二、西方国家罪犯心理矫正的现状

在西方国家，罪犯心理矫正只是矫正机构全部工作的一部分，并不是解决犯罪问题的灵丹妙药，也有一部分人对罪犯心理矫正的效果曾进行否定性的评价。尽管如此，近期以来特别是 20 世纪 80 年代中期以后的资料表明，越来越多的人对这项工作及其效果还是持肯定、乐观态度的，这在一定程度上促进了罪犯心理矫正实际工作的开展和理论研究的深化。

在过去很长一段时间内，罪犯心理矫正的各学派之间的争论十分激烈，他们强调自家的理论观点及方法，否认和排斥其他学派的理论观点及方法技术。然而近年来，开始出现了各种理论与方法兼容并蓄的整合倾向，这种整合倾向突出体现在折中主义治疗的兴起上。这种整合倾向的出现，源于没有哪一种理论和方法适用于所有罪犯的各种心理问题。同时，各种心理治疗中都存在影响治疗成败的共同因素，例如罪犯认知的改变、情绪情感的调整和行为的矫正等。

综上所述，西方国家的罪犯心理矫正从最初较单一的方法和理论，发展到现在的百家争鸣，从各自坚持单一理论学派的"分"的状态，到现在多种理论方法兼容并蓄的"合"的倾向，表明了这一领域中实事求是地对待理论和方法的态度。而这种新的发展趋势及其所反映的求实态度必将导致对罪犯心理矫正理论及方法的科学研究取得进一步的发展。

第二节 我国罪犯心理矫正的产生与发展

中国监狱系统的罪犯心理矫正工作思想渊源悠久，新中国成立后，积累了许多改造罪犯的成功经验。但是，中国监狱系统的罪犯心理矫正工作是从 20 世纪 80 年代末才开始起步的。随着国家对罪犯心理矫正工作重视程度的提升，目前，其已经在全国各省（直辖市、自治区）的监狱系统广泛地开展起来，并取得了很大成就，其科学性和有效性已得到理论界的认同和实践的验证。

一、我国罪犯改造的思想源流

在我国古代，对罪犯进行思想教化的观念几乎是与监狱同时产生的。中国最早的监狱——圜土，是一种用土筑成圆形围墙的监狱。据《周礼·秋官·大司寇》记载"以圜土聚教罢民"，[1]可以看出，西周时就有对集中在圜土中的罪犯进行教化使其向善的规定。此后，一直在封建社会中占统治地位的儒家思想主张"德主刑辅""先教后刑"，使以伦理道德矫正罪犯的思想一直沿袭下来。中国监狱学的奠基者、清末法学家沈家本提出监狱除了"明刑""弼教"两大功能外，还应该具有"感化教诲"的功能。

董康在读完沈家本编录的《监狱访问录》后，将西方监狱主要行刑目的和功能概括为"感化"，但他认为此非西方所独有。于是，他遍查我国古代监狱的行刑目的后，得出"寻绎此说，可以见古人设狱之宗旨，非以苦人、辱人、将以感化人也"[2]的结论。他还提倡设立公立学校，对16岁以下的少年犯实行强迫感化教育。沈家本邀请日本学者小河滋次郎代为起草的《大清监狱律草案》，最大限度地采纳了西方各国先进的行刑思想和制度，体现了近代监狱先进的教育行刑理念和感化教育的宗旨。如第28条规定：丧失精神、有不能保全性命的可能、妇女怀孕7月以及有传染病者"得不令入监"；第33条规定：收监时"应专注意保全本人廉耻心"；第36条规定：杂居拘禁须斟酌犯人的性格、年龄、犯罪性质，区别监房及工地。"丧失精神""性格""廉耻心"这些与心理学相关联的词语的出现，表明当时已经开始重视罪犯的心理问题。[3]

新中国的老一辈革命家十分重视思考和探索罪犯思想改造问题，其中"毛泽东改造罪犯理论"的形成和发展，为建立具有中国特色的罪犯心理矫正工作奠定了思想基础。

二、我国罪犯心理矫正的产生与发展过程

新中国成立后，我国监狱工作取得了显著的成效，其中一个重要原因，

---

〔1〕 李甲孚：《中国监狱法制史》，台湾商务印书馆1984年版，第30页。

〔2〕 （清）沈家本："监狱访问录序"，载（清）沈家本：《寄簃文存》（卷六），中华书局1976年版。

〔3〕 张安民：《心雅集》，中国文史出版社2007年版，第173页。

是广大监狱人民警察一直在自觉或不自觉地运用着心理学的原理和方法改造罪犯，并积累了许多宝贵的经验。20 世纪 80 年代以来，随着改革开放的不断深入和国际国内形势的变化，罪犯的构成也发生了很大变化，出现了许多新特点。因此，我国的监管改造工作在政策和方法上作了重大调整，逐步推进了分押分管分教、双百分考核等一系列新措施。同时，随着我国犯罪率第四、五次高潮的出现，监狱在押罪犯数量猛增，监狱对罪犯改造工作的要求越来越高，加之心理学知识的日益普及，罪犯心理矫正工作逐渐得到人们的广泛重视和认可。

1981 年 8 月召开的全国第八次劳改工作会议，明确提出要用心理学等科学知识改造罪犯，掀起了监狱人民警察学习心理学知识的高潮，促进了心理学知识在改造领域的运用。罪犯心理矫正工作就是在这种背景下应运而生的。

1985 年，全国监狱系统的一些有识之士开始运用心理测验量表对服刑罪犯进行测量和研究。1987 年，上海市少年犯管教所率先在未成年犯中开设心理诊所，开展心理测量和心理咨询工作。1989 年召开的全国监管改造工作会议提出，罪犯教育改造要解决心理缺陷和心理障碍问题，要开展心理咨询活动，要建立罪犯心理矫正工作制度。此后，罪犯心理矫正工作很快在上海、北京、山东、辽宁、黑龙江、河北等地广泛开展起来。1994 年底，司法部将开展心理咨询和心理测验正式列为现代化文明监狱的验收标准。作为现代化文明监狱必备条件之一的罪犯心理矫正工作，引起各级领导的高度重视，从而推动了罪犯心理矫正工作向纵深发展。2003 年司法部颁布的《监狱教育改造工作规定》（司法部第 79 号令）第七章中设置了"心理矫正"的内容，就监狱罪犯改造中心理矫正的运用方法、原则、工作人员的设置等方面进行了规定。2007 年司法部发布的《教育改造罪犯纲要》中明确要求发挥心理矫正对罪犯心理的调适、干预作用，对罪犯要普遍开展心理测验，要了解和掌握罪犯的心理特征和行为倾向。[1]

第三节 我国罪犯心理矫正发展趋势分析

进入新世纪，伴随着国家改革进程的不断加快，监狱体制改革也拉开了

---

〔1〕 参见司法部《教育改造罪犯纲要》（2007 年）。

序幕，我国监狱工作正朝着法治化、科学化方向稳步发展。罪犯心理矫正工作尽管目前还存在一些问题，但由于它符合监狱工作改革发展的总体趋势，因此，可以预测，它在监管改造工作中的地位和作用将不断得到提升。

一、在改造地位上，我国罪犯心理矫正将不断提高

从总体上看，我国罪犯心理矫正工作目前还处于零散、自发和被动发展的状态。虽然多数地区和单位已经开始启动工作，但多数都流于形式，没有开展实质性的工作。造成这一现象的最重要的原因是对罪犯心理矫正工作的现实意义和迫切性认识不足。有相当一部分人认为这项工作对监狱的监管改造作用不大或根本没有作用。由于思想认识不到位，相关人员在实际工作中对罪犯心理矫正要么不予重视，走走形式应付检查；要么不予配合，消极对待，最终导致这项工作的停滞不前。

对罪犯进行心理矫正体现了刑罚人文化的精神，顺应了刑罚理念和现代社会对人性的关注，是人类社会文明进步的标志。目前，无论罪犯心理矫正工作的地位如何，它在罪犯改造中的积极作用已经得到社会各界的认可，在监狱改造系统中已经突显出不可替代的地位。随着社会的进步和发展，监狱管理制度的逐步健全，矫正机构的不断完善，配套设施的相继齐全，罪犯心理矫正的地位必然会得到提高。

二、在理论指导上，我国罪犯心理矫正将朝着本土化方向发展

罪犯心理矫正本土化，是指伴随社会的发展，罪犯心理矫正将沿着我国特色理论指导思想铺设的道路逐步呈现出中国化的特点。我国的罪犯心理矫正理论形成较晚，并散发着西方国家特有的气息，这与我国的实际国情不相吻合，甚至与我国传统的价值观相冲突。因此，根据我国的传统文化背景和社会价值观，探讨与之相适应的理论指导思想，推进我国罪犯心理矫正理论与实践的本土化是大势所趋。只有经过本土化的过程，我国的罪犯心理矫正在理论和方法上才会扎根于中国社会，成为改造罪犯的有效方法，也只有经过本土化过程，才能使罪犯心理矫正形成具有我国特色的理论框架、研究方法和知识体系。

我国罪犯心理矫正主要包括以下内容：

第一，对罪犯心理矫正的理论和方法要加以适当的调整和改造，逐步建

立和运用有中国特色的罪犯心理矫正理论体系和方法、技术。

第二，对我国传统医学中有关身心疾病和心病心治的宝贵遗产要加以继承和弘扬。

第三，要总结和应用我国监狱几十年来改造罪犯的成功经验，使之与心理矫正工作相互补充。

三、在主体支持上，我国罪犯心理矫正队伍将逐渐专业化

我国的罪犯心理矫正主体主要是监狱管理人员，其能力和水平与罪犯心理矫正的要求相差甚远，这是制约整个心理矫正工作向纵深发展的瓶颈，是这项工作长期处于低水平的根本原因。目前，各监狱选派民警参加心理培训课程学习，考取心理咨询师证书。另外，近几年，我国学习心理学的人越来越多，这将为罪犯心理矫正的专业队伍建设提供基础。鉴于心理矫正工作专业性强、责任重大，监狱在选拔从业人员时必须要把握好以下三点：首先，要热爱心理矫正工作，责任心强。其次，要有健全的人格、有一定的学习能力和反思能力以及移情能力。最后，要具备心理矫正的专业知识和技能。

四、在矫正技术上，我国罪犯心理矫正工作在逐渐科学化

在我国的罪犯心理矫正实践中，广大从业人员经过不断探索，已经摸索出一些有效的方法和技术手段，如利用《中国罪犯心理测试个性分测验》（COPA-PI）对罪犯个性进行评估，运用"四步心理矫正法"对罪犯进行咨询和治疗，建立个体咨询室、宣泄室以及音乐治疗室等疏泄和调节罪犯不良情绪等。

对不同心理治疗流派的方法和技术能够做到选择性的应用。例如：精神分析学派的理论和技术重在挖掘来访者的无意识心理和早年经验，通过自由联想、释梦、分析来访者的抗拒和移情以及解释等方法，使来访者的无意识冲突意识化，使其从中领悟心理疾病的原因，增强自我的力量，战胜心理疾病。行为疗法常用来治疗罪犯的不良行为习惯，比如吸毒、口吃、某些性变态行为等。人本治疗法以当事人为中心，重视当事人的人格尊严，将心理治疗的过程视为治疗者为当事人设置的一种自我成长的教育机会。认知疗法注重改变罪犯的深层观念。

五、在实施内容上，我国罪犯心理矫正将走向更加规范化的轨道

罪犯心理矫正规范化，是指按照有关规定和基于实践的需要而形成的统一标准或准则，去组织引导、协调、约束罪犯心理矫正活动的方式和过程。在本土化理论思想指导和技术水平提高的基础上，我国罪犯心理矫正在内容的实施上会越来越规范化。

首先，罪犯心理矫正的规范化要有统一的标准。国家有关部门要以法规性文件或行政命令等形式颁布标准，对我国的罪犯心理矫正工作进行约束力，各监狱必须统一遵照执行，力争达到其标准要求。其次，罪犯心理矫正的规范化，是基于实践的需要和心理学职业行为的要求。罪犯心理矫正工作要发展，要更好地发挥作用，必须实现规范化。不仅如此，也必须加强这项工作的标准化、科学化，不断提高矫正工作的质量和水平，更好地为改造罪犯服务。

随着罪犯心理矫正规章制度不断完善，机构设置日益合理，心理健康教育、心理咨询、心理治疗、危机干预处理等方法、手段逐步全面落实，我国的罪犯心理矫正必将全面实现规范化管理。

延伸阅读

心理治疗与矫正处遇

心理治疗与行为矫正相对，共同归属于心理矫正这一上位概念，行为矫正也被称为行为改变或行为治疗，是根据条件反射的原理和社会学理论改正患者不良行为的一种技术，或采取正负强化的奖惩方式，或采取榜样示范的方式。心理治疗又称精神治疗，是指应用心理学的理论与方法治疗病人心理疾病的过程，具体是指用语言、符号等对患者的心理或精神施加影响，使其情绪、人格或行为方面的症状发生改变，以恢复心理健康的各种治疗方法。心理治疗被称为狭义的心理矫正。而在西方国家监狱系统内普遍使用的罪犯心理矫正的内涵是十分丰富的，是法律心理学和监狱学共同的研究对象，不仅包括行为矫正，同时也包括与意识形态的改变相联系的矫正教育；不仅包括医学意义上的心理治疗，也包括社会学意义上的矫正治疗。

矫正处遇包括改变犯罪思想、情感与行为，帮助犯罪人重新适应社会、

回归社会的一切活动，如心理咨询、犯罪心理矫正、人格障碍治疗、监狱劳动以及教育与职业训练等，与我国学术界沿用的"改造"含义相近。但西方的监狱学家不愿涉及罪犯的意识形态这一敏感的话题，唯恐违反"言论和信仰自由"的人权准则，而把罪犯反社会的意识形态的改变，交给监狱神职人员去完成，通过他们的教诲、宣传宗教教义，来劝导罪犯向善去恶。

思考题

1. 简述西方国家罪犯心理矫正的现状。
2. 简述罪犯心理矫正的发展趋势。

第三章

罪犯心理矫正体系与实施

重点问题

1. 罪犯心理矫正的内容体系。
2. 组织实施罪犯心理矫正过程中存在的问题。

第一节　罪犯心理矫正的现实体系

罪犯心理矫正的现实运作体系的建立，一方面要依据现代心理学的有关原理，另一方面又要反映我国罪犯改造工作的实际情况和现实需要，本着既有科学性、逻辑性，又便于实际操作的原则去进行。罪犯心理矫正的运作体系包括内容体系和工作体系两部分，下面分别进行阐述。

一、罪犯心理矫正的内容体系

（一）罪犯心理健康教育

对罪犯进行心理健康教育，是罪犯心理矫正的基础工作之一，它通过向罪犯宣传心理学、心理卫生和心理健康方面的基本知识，让罪犯学会认识自己、剖析自己、接纳自己，从而自觉调整心理状态，积极面对服刑改造生活，提高罪犯自我教育和接受改造的自觉性。

监狱的罪犯心理健康教育是面向全体罪犯进行的，内容主要包括：心理学、心理健康基础知识教育；认知模式、积极情感、意志力和生活方式优化教育；人格健全教育；自我意识教育；人际和谐教育等。对不同服刑阶段和不同类型的罪犯，心理健康教育的内容应有不同侧重。

罪犯心理健康教育多采取集体教育的方式，其具体方法应当从改造工作和罪犯的实际情况出发，灵活多样。常用的方法有：正规的课堂教育；利用传播媒介（如广播、电视、黑板报、小报等）开展宣传教育；开展专题讲座；环境教育；罪犯的自我教育等。

1. 开展拓展性心理健康教育

拓宽心理健康教育的形式和内涵，努力提升罪犯接受罪犯接受心理健康教育的主动性和积极性。

（1）普及心理保健操。创作《感恩的心》《从头再来》《步步高》以及《相亲相爱》等多套心理保健操，在监狱推广，组织罪犯每天练习，使其成为舒缓罪犯情绪、提升罪犯心理健康水平的重要载体。同时，定期组织罪犯开展心理保健操比赛，进一步增强罪犯参与学习、练习心理保健操的积极性。

（2）开展心理拓展训练。邀请当地社会大专院校知名心理学专家或教授到监狱，组织开展"破冰运动""定向运动""连还手""大风吹""齐眉棍""信任背摔""解开千千结""二绳渡河""盲人越野""脱胎换骨"等拓展项目，利用拓展活动中对自我能力的不断挑战，启发罪犯对自我意识进行反省，培养罪犯的团队合作精神，在潜移默化中提高罪犯的心理健康水平。

（3）编演心理剧。选取罪犯改造中有代表性和教育意义的典型个案，加工和编排成心理剧，组织罪犯参与排演和观看。如华东地区某监狱根据两名罪犯由于几次误会导致矛盾不断加深，最后同时受到处分，在民警调解时才得知真相的事例，编制出心理剧《误解》，组织罪犯观看时，很多罪犯当场表示自己曾经或正在遭遇类似情形，触动较大，很受启发。

2. 开展创新性健康教育

以心理健康指导中心规范化建设为载体，深入挖掘新技术、新载体中的心理健康教育载体。

（1）让罪犯"听到"心理健康。使用音乐治疗仪为情绪烦躁的罪犯播放轻柔舒缓的音乐，通过舒缓音乐的物理特性，以特定的频率、声音直接作用于罪犯大脑。音乐在使其得到对"美"的满足感的同时，会起到镇静、镇痛、降压及调节情绪的作用。为消沉抑郁的罪犯播放激昂奋进的音乐，改善罪犯的性情与情感，使罪犯在轻松愉快中体验到人类丰富多彩的情感，从中获得美的感受，以陶冶性情，激发情感。同时，利用监狱广播系统，每天给罪犯播放各种有益调节情绪、调整心态的音乐。如听《义勇军进行曲》《保卫黄河》等动人心魄的旋律，可以让罪犯的爱国主义情感油然而生，精神自然得到升华，重新唤起对生活的信心和对社会的责任感。《喜洋洋》《百鸟朝凤》《赛马》等欢快的乐曲，可使罪犯在绝望、低落的情绪中尽快恢复过来，驱散沮丧的情绪，唤起快乐的心情。

（2）使罪犯"看见"心理健康。以心理访谈节目的形式，邀请监狱内和社会心理学家与来访罪犯进行现场交流，在互动过程中传授心理健康知识。同时，通过推广有教育意义的各类心理电影、制作心理漫画宣传册等，着力增强其感性认识，使其能够"看见"心理健康。

（3）促罪犯"说出"心理健康。监狱定期摸排罪犯中存在的普遍心理障碍问题，以"如何适应环境""改善我的人际关系""如何远离冲动"等具体的心理困惑为主题，组织存在此类困惑的罪犯参加心理座谈会，进行"集体头脑风暴"，使每个参与者在畅所欲言中获得启发和变化，进一步提升罪犯自我的心理健康水平。

3. 开展针对性心理健康教育

各监狱根据罪犯心理需要，采取系统化和个性化、普及性和应时性等相结合的教育措施，强化监区罪犯心理健康知识教育。老残犯监区要针对老残犯心理特点重点开展心理动力教育，通过罪犯生命教育及心理动力激励，帮助老残犯学会积极正视现实，重建生活信心。对于新入监罪犯和即将刑满释放罪犯，针对其罪犯的不同群体心理特征，重点开展适应性心理健康教育，传授他们人际交往技能以及情绪调控技术，帮助他们学会迅速完成角色转换，化解不良心理问题。各监区对服刑中期罪犯要大力开展发展性心理教育，围绕自我成长和健康人格主题开展不同类型的教育。结合9月10日——"世界预防自杀日"和10月10日"世界精神卫生日"等特定日期开展抑郁、焦虑、精神疾病等心理疾患的识别和防范知识教育。监区普及性心理健康教育实行统一教材、课堂化教学，年度教学量需在60课时以上，罪犯心理健康知识考试合格率必须达95%以上。监区应时性心理健康教育应采取讲座、讨论、队前点评、辅导等多种形式个性化地开展。各监区心理辅导员应针对春节、端午、中秋等传统节日，高温季节以及季度呈报罪犯减刑、假释等特殊时段及时组织罪犯开展针对性集体心理健康教育。

（二）罪犯心理评估

对罪犯进行心理评估，是心理矫正工作的前提和基础，它是评估者根据心理测验的结果，加上其他多方面的资料，对被评估的罪犯个体或群体的心理特性作出有意义的解释和科学的价值判断过程。通过评估，能获得罪犯较为真实、准确、深层次的信息，为进一步开展咨询、治疗和重新犯罪的预测、预防提供依据。

罪犯心理评估是面向全体罪犯进行的，大致可分为入监评估和矫正效果评估两个方面。入监评估就是对新入监罪犯的个性特征、社会心理方面的缺陷及其他心理问题进行诊断的过程。通过评估，建立罪犯心理档案，制定矫正计划，为进一步实施矫正打下基础。矫正效果评估又分为阶段性评估和后期评估，前者是对服刑一定阶段罪犯的矫正成效进行不定期的评价，为改进矫正计划提供依据；后者是对服刑后期即将出狱的罪犯进行综合性的心理评价，为重新犯罪的心理预测、预防及社会帮教提供依据。

罪犯心理评估是一项十分复杂的工作，评估方法也很多，既要对罪犯进行心理测验，又要进行行为观察、日常考核，还要对测验、观察、考核的结果进行综合分析与判断。

监狱可以以心理评估为"支撑点"全面排查罪犯心理隐患：

1. 抓罪犯入监心理评估

运用症状自测量表（SCL-90）对所有罪犯进行测试，甄别罪犯近期的心理健康状况，对其中症状明显的罪犯，结合焦虑量表（SAS）、抑郁量表（SDS）以及明尼苏达多项人格问卷（MMPI）进行测试对比，进一步进行疑病、抑郁、癔病、精神病态等评估，排查出心理不健康的罪犯。运用中国罪犯个性分测验（COPA-PI）和艾森克个性问卷（EPQ）对罪犯进行测试，进一步甄别罪犯个性有无缺陷。同时，运用人身危险性监测表（RW）对入监新犯全面进行人身危险性评估，结合面谈及相关资料，确定出重点人头。在全面评估的基础上，对新入监罪犯的关押等级、岗位安排、管教措施、是否排列为重点人头等提出明确的建议。对入监评估中心理隐患较多的罪犯，专门制作交接材料进行书面交接，确保对这部分罪犯无缝交接、全程关注。

2. 抓顽固犯、危险犯等重点人头心理评估

制定《关于进一步加强罪犯心理评估工作的通知》等文件，规范罪犯心理评估工作程序，严格罪犯心理评估结果的反馈，落实对评估结果的运用，全面掌握顽固犯、危险犯等重点人头的心理动态和人生危险性。定期对排查出来的顽固犯、危险犯等重点人头，通过 COPA-PI、MMPI、RW 等相关量表

进行测试，并根据其成长经历、家庭教育及在校情况、家庭基本情况、遗传病史、重大疾病史、犯罪经历以及入监后适应情况等进行结构性面谈，对其心理状况进行系统地、全面地评估，为教育矫正提供依据，并制定出有针对性的管理和教育措施。

3. 抓罪犯出监心理评估

通过中国罪犯个性分测试（COPA-PI）和心理行为认知（XRX 或 WRX）量表，对出监罪犯的心理状况进行测试，并将测试结果与其入监和改造过程中的测试情况进行对比，查看罪犯犯因性因素的改善情况，并结合现实表现等情况对罪犯作出全面评估。同时，通过《刑罚体验简评表》（AT）和《重新犯罪预测简评表》（CX）等评估工具，综合罪犯犯因性问题改善情况，预测重新犯罪的可能性，并出具回归保护意见书，为地方安置帮教部门进一步教育提供参考。

（三）罪犯心理咨询

罪犯心理咨询，就是运用心理学的知识和原理，帮助来访罪犯发现自己的问题及其根源；从而挖掘其自身潜在的能力，改变原有的认知结构和行为模式，以提高对改造生活的适应性和应付各种事件的能力，起到促进矫正的作用。

罪犯心理咨询的内容十分广泛，涉及罪犯在改造过程中的各种问题引起的心理困惑，如学习问题、交往问题、劳动问题、家庭问题、职业问题、适应问题、心理健康问题、回归社会问题等。罪犯心理咨询在形式上与社会一般意义的心理咨询相比，既有相同之处，也有自身的特殊性，必须考虑监狱特殊的环境条件和改造罪犯的特殊需要。目前，常采取的咨询形式主要有：门诊咨询、团体咨询、电话咨询、书信咨询、现场咨询和宣传咨询等。

罪犯心理咨询虽然是罪犯心理矫正工作的组成部分，但它对罪犯教育尤其是对罪犯思想教育工作具有极大的促进作用，通过罪犯心理咨询，还可以及时发现罪犯群体中的消极因素和个别罪犯存在的心理危机，起到预防突发事件的作用。

监狱应进行注重实效的心理咨询多措并举，着力提升心理咨询实效。积极打造咨询特色，开展"配对"咨询，使罪犯可以自选心理咨询师并进行长期跟踪咨询。开展"点师"咨询，使罪犯可以跨监区自选心理咨询师开展个别心理咨询。开展"微咨询"，使监狱罪犯心理健康中心和监区心理辅导员可以在罪犯"劳动、生活、学习"三大现场解答罪犯的应时性心理问题。开展团体咨询，监狱罪犯心理健康中心和监区心理辅导员及时评估分析罪犯群体特征，对不同罪犯群体共性心理问题开展分类团体心理辅导。

（四）罪犯心理治疗

犯心理治疗，就是应用临床心理学和精神医学的理论和技术，由专业人员在与被治疗罪犯之间建立一种职业关系的基础上，通过语言、表情、文字、动作等媒介，消除或缓解罪犯的各种心理障碍和异常行为，促使罪犯恢复心理健康，重塑健全人格的过程。

罪犯心理治疗主要适用于那些适应不良的、患有各种心身疾病和形成不良癖好的罪犯，目的是帮助他们解除心理疾病、消除不良行为、增强自我控制和社会适应能力，重塑健全人格。

与心理咨询相比，心理治疗是一项专业性、技术性更强的工作，虽然它只适用于少数患有心理疾病的罪犯，但它在整个罪犯心理矫正内容体系中的重要性和复杂性是不容忽视的。从目前我国监狱的实际情况看，由于人员和条件的限制，开展专业性的心理治疗还存在诸多困难和局限性，应积极争取社会机构的介入。

（五）罪犯心理预测和心理危机干预

罪犯心理预测，就是运用心理科学的原理与技术，依据有关资料，对罪犯个体或群体的心理发展变化过程、趋势及重新犯罪的可能性所作的科学估量和推断。通过心理预测，能够随时把握罪犯心理发展变化的状态和方向，了解罪犯心理问题的性质和程度，通报罪犯重新违法犯罪的可能性，以便进行及时的预防或干预。

罪犯心理危机干预，是指在发现征兆与诊断预测的基础上，所进行的心理诱导、危机调停和劝解等措施，以缓解心理冲突，平息焦虑，防止其演变为严重的精神疾病和突发事故的发生。监狱中很多恶性案件都是由罪犯心理危机爆发而又未能及时发现、采取预防措施引起的，因此，进行心理危机干预，对防止监狱内事故的发生具有重要意义。

监狱罪犯心理健康中心和监区心理辅导站应对顽危犯、限减犯等重点罪犯主动出击，召开监狱罪犯心理健康中心和监区心理辅导站重点罪犯干预讨论会，分组制定干预方案，及时实施心理危机干预。

二、罪犯心理矫正的工作体系

开展罪犯心理矫正工作，必须建立完备的工作体系，以利于进行有效的决策、参谋、执行、监督、管理、反馈等，保证工作的有序运转。根据我国监狱系统的实际情况，从现实与未来的角度综合考虑，我国罪犯心理矫正的工作体系应由以下几部分组成。

（一）成立全国罪犯心理矫正研究与指导中心

成立全国罪犯心理矫正研究与指导中心，需要由司法部统一安排，在司法行政系统的高等院校或研究机构，抽调专门的教学、研究人员组成，可适当吸收实际部门的业务骨干作为兼职研究人员。该中心的主要任务是：

（1）开展罪犯心理矫正理论与技术方面重要课题的调查研究。

（2）开展对基层心理矫正专业人员的培训工作，特别是监狱系统心理咨询师的培训工作。

（3）做好基层心理矫正实践的技术指导工作。

（4）组织开展全国性的学术研讨和经验交流活动。

（二）省（市、自治区）成立罪犯心理矫正工作指导中心

该中心设在省（市、自治区）监狱管理局，成员由监狱管理局有关领导、专家组成，可在国内、省内聘请心理学专家担任顾问。该中心的主要职能是：对全省（市、自治区）各监狱的心理矫正工作提供理论和政策上的指导；制定省（市、自治区）罪犯心理矫正工作的计划；组织全省（市、自治区）范围内的业务培训、经验交流；组织和协调全省（市、自治区）的罪犯心理矫正工作并有计划地进行学术研讨。

（三）监狱成立罪犯心理矫正室或者罪犯心理健康指导中心

心理矫正室是开展罪犯心理矫正工作的具体执行机构，一般应配备3~5名具有本科以上学历、有一定矫正工作经验、有较强的科研能力、热爱心理矫正工作的监狱人民警察。他们首先要经过专业培训，获得心理咨询员（师）资格后，方能上岗。罪犯心理矫正室的职责主要有：

（1）制定符合本单位实际的心理矫正工作制度。

（2）根据省罪犯心理矫正工作指导中心的总体安排，制定本单位的矫正工作计划。

（3）在本监狱范围内开展对罪犯的心理健康教育、心理评估、心理咨询

与治疗、心理预测和心理危机干预等各项工作。

（4）建立并不断完善全监狱罪犯的心理档案。

（5）对监区（分监区）从事心理矫正工作的辅导员进行业务培训和指导。

（6）对罪犯心理互助组的成员（罪犯）进行集中培训与管理。

（7）协调各监区（分监区）之间的业务关系，组织经验交流。

（8）定期举办本监狱范围内的心理矫正理论研讨会。

（9）对疑难个案进行集体会诊，研究矫正措施。

（10）对本监狱心理矫正工作的成效及经验教训及时进行总结，定期向省罪犯心理矫正工作指导中心汇报。

（四）监区（分监区）成立罪犯心理矫正辅导站

辅导站要配备1~2名经过专门培训的监狱人民警察作辅导员，其职责主要有：

（1）向罪犯进行经常性的宣传教育，鼓励罪犯去接受心理帮助。

（2）协助矫正室对罪犯进行心理评估和心理健康教育，提出对罪犯心理档案的修改和补充意见。

（3）深入罪犯群体之中，及时发现罪犯中的心理异常者，并与矫正室取得联系。

（4）为监狱心理矫正室提供有关罪犯各方面的信息资料。

（五）建立"同伴辅导员"队伍

曾经有一段时间，许多监狱心理矫正工作体系将最基层建在"罪犯心理联络员"一级，有些省份，出于依法直接管理的工作要求考虑，废除了这一层级。事实上，心理矫正工作体系的完整性不能缺少同伴辅导员的作用，因为"朋辈心理辅导"的作用非常大。在监狱，我们可以用"同伴辅导员"的名称来代替"罪犯心理联络员"这一传统称呼，不必为适应某些政治要求而抛弃实用而专业的东西。事实证明，近几年来，大学院校成功实现危机干预的个案中，大多数企图自杀者并非是由教师或心理辅导员发现的，而是被他的同伴即"朋辈"所发现并报告的，朋辈辅导员的先行介入，可以为危机干预的准备和成功实施取得宝贵的时间或收集更多的当事人资讯，为制定针对性、有效性强的干预方案打好基础。由于朋辈辅导员生活学习在同伴当中，因此，对周围同伴的思想情绪行为的把握最为直接、最为及时，对处境的感受理解也较为准确。因此，同伴辅导员反映的情况非常很重要。同伴辅导员的建设，应在专业培训和激励方面下功夫，并有道德及纪律要求约束。专业培训方面，主要任务是：如何发现周围同伴的心理危机；如何实施力所能及的帮助，做好同伴的思想稳定工作；如何处置发生在同伴中的突发事件，学会几种救援手段及报警方法；进行朋辈交流知识培训，指导他们建立起友好、互相支持的人际关系环境，以好人缘、好思想、好心态来开展朋辈工作；以一定的管理及奖励措施来调动他们的积极性；每个监舍中应有一名同伴辅导员。

以上五个部分构成了一个具有一定层次和特定结构的功能系统。只有各个部分的功能都得到正常展现，上下一贯，紧密配合，才能做到有序运转，系统的总体功能才能得到最好的发挥。

第二节　罪犯心理矫正的现实模式

所谓模式，是指某种事物的标准形式或使人可以照着做的标准式。模式是某种事物发展到一定阶段的成熟化产物，一旦形成，就对事物的发展起着规定、约束和规范的作用。我国监狱的罪犯心理矫正工作至今只经历了十几年的时间，与"三大改造手段"相比尚属于新生事物，尚未形成一套成熟的模式。目前在实践中，下面几种模式比较有代表性。

一、发展模式

发展模式是以健康心理为导向，帮助罪犯挖掘心理潜力，注重提高罪犯自我意识和生活质量的矫正模式。发展模式将罪犯的很多心理问题不看作疾病而看作正常发展状态的偏差或偏离，将罪犯的一些适应性问题，比如妻子提出离婚感到烦恼和痛苦、与他犯的人际矛盾、对劳动和狱内生活的不适应等，看作是罪犯与其特殊身份和特殊环境相互作用的正常反应。所以，发展模式不将罪犯当作病人看待，信任他们，充分挖掘他们战胜自身心理问题的潜力、能量和资源，帮助他们自己战胜自己。

在发展模式的运作中，矫正专业人员因持发展的、健康的观点认识和对待罪犯，而更容易以平等的身份与罪犯建立良好的咨访关系，这些人员非常注重尊重罪犯的人格，倾听罪犯的诉说；矫正工作者虽然也有诊断意识，但绝不会随意给罪犯贴上一个"某某疾病"的标签，从而给罪犯造成人为的负担；矫正工作者虽然也给罪犯以适当的指导和解释，但注重将这种指导和解释建立在充分倾听、与罪犯讨论以及罪犯能够领悟的基础上，而绝不会将自己装扮成一个专家、医生或教师、父母的身份，强行向罪犯灌输自己的理论、看法和价值观念；在发展模式中，矫正工作者注重发挥罪犯的主体和主角作用，并为罪犯发挥这种作用搭建舞台、创造环境、设置条件，而不是自己当演员、主角，将罪犯当观众、配角，矫正工作者不会占据咨询和治疗的大部分时间，让罪犯只有听的份而没有倾诉的机会和时间。

发展模式的矫正效果着眼于罪犯偏离的回归、心理免疫力的增加和自我人格的成长，着眼于以后罪犯运用较高的自我尊重、客观的自我认识和良好的心态为人处世、生活工作。

因此，发展模式的运作方式基本遵循：普及心理健康知识→增加罪犯自我认识能力并产生寻求帮助的自觉性→发展性心理咨询→使罪犯提高自尊、自信，获得人格成长。这个运作方式体现了对罪犯人格的充分尊重，如不会轻易说他有"病"，不会认为他"有病"而强迫他进行咨询，不会让他感觉到因心理上的问题而低人一等。

二、医疗模式

医疗模式是指以病理为导向，矫正专业人员作为医生和专家的角色，把罪犯视为病人，注重对病人心理疾病的诊断和分析，在此基础上制定和实施治疗方案，直到病人病情有所转机或痊愈的过程。

医疗模式与发展模式的重大区别突出地表现在治疗者和来访罪犯的关系上，发展模式中咨询员或治疗师与来访罪犯的关系是平等、友好、尊重的关系，而在医疗模式中，医生与病犯在权利拥有上是不平等的关系，医生是主动的、主事的，甚至是主宰的，诊断和各项医疗措施完全由医生做主，不需要与病犯商量；而病犯则相对处于被动的、相对无助的状态。在医疗模式中，医生也给病犯提出建议，但这种建议是命令或嘱咐，病犯要执行医生的嘱托，无条件地服从医生的决定。

一般来讲，精神科医生大多遵循医疗模式，心理咨询员大多遵循发展模式，但因为国内咨询员的培训教程和培训师资大多倾向于医疗模式，持病理学导向，因即便是非精神科出身的监狱心理咨询员也经常不自觉地遵循医疗模式，不自觉地将来访罪犯当作病人，把自己当作心理医生，在诊断、咨询和解释的过程中，比较喜欢用"症状""病因"等医学用语。在医疗模式中，也存在互相参与型的方式，医生与来访罪犯共同参与对心理疾病的治疗，医生是参谋，与病犯商量共同作出决定或提供咨询意见，让病犯自己帮助自己，双方权利平等，尤其适合在智力、学历、年龄和生活经验等方面都与医生相似、希望自己了解病情并参与治疗的罪犯。如果医生受过心理治疗的良好训练，具备体察和通情的能力，即使采用医疗模式，也同样能够实现对病犯人格的尊重和积极的倾听。

三、改造模式

改造模式是目前监狱心理矫正中的常见模式，它将心理咨询、法制教育、思想教育融为一体，属于广义的心理矫正范畴，可以是心理矫正专业人员深入到对罪犯的教育改造工作中去，也可以由监区指导员和从事教育改造工作的人员完成。心理矫正的改造模式以心理辅导和思想教育为主导，以咨询、谈话、教导为主要方式，与罪犯谈话或进行心理咨询的目的，主要在于摸清罪犯的心理状况和思想脉搏，以便有针对性地对其进行矫正和改造，从而达到维护狱内安全、提高改造质量的最终目的。最近几年，由于监狱押犯构成的不断变化，新时期押犯监管改造难度的增加，以及对改造质量要求的不断提高，促使不少监狱人民警察学习心理学和心理矫正知识，客观上促进了这一模式的形成、发展和普及。

心理矫正的改造模式将心理矫正视为监管改造的手段和工具，从监狱和警察想的出发点以及所取得的成绩看，应该说是收效很大。但是，如前所述，心理矫正与思想教育在性质、理论基础、双方关系、操作方法以及具体目标等方面都有着截然的不同，个性、情绪方面的障碍与思想和意识形态方面的问题属于不同的领域，这一点已形成共识。改造模式将这两种性质不同的事物掺杂在一起，有可能在一定程度上限制罪犯心理矫正这一新生事物的专业化发展。

在目前我国监狱心理矫正工作的初创时期，在心理学专业人员缺乏的情况下，采用这种改造模式应该说是一种现实的选择，它既能调动监狱人民警察自觉运用心理学知识改造罪犯的积极性，又能发挥我国监狱对罪犯进行思想改造的优势使教育改造工作出现新的突破。

四、全员训导模式

所谓全员训导模式，是指全体监狱人民警察投身罪犯心理矫正工作，着眼于对罪犯的心理训练和发展指导，要求监狱人民警察全员提高改造工作的心理策略水平，在罪犯服刑期间和所有改造场合，全面负起对罪犯全员的心理训导责任，科学地将心理训练和发展指导活动融入日常的改造工作中来。这种模式被提出者认为是我国罪犯心理矫正改革的最终目标，模式的提出主要是为了克服目前心理矫正工作的局限性：一是少数监狱人民警察矫正少数罪犯；二是心理辅导局限于专业训练室内。

全员训导模式主张将传统经验与心理训导相结合，在日常生活和平凡小事上，对罪犯进行文化渗透、潜移默化的影响，逐渐转化罪犯的立场和观点。应该说，这种模式或许可以作为一种理想模式，但是其实现的前提是每一位监狱人民警察在作为执法者、管理者、教育者的同时，还是一名心理学专业人员。显然，就目前来看，这种模式实现起来还相当困难，还需要一个漫长的过程。

在以上介绍的四种模式中，"治疗模式"属于狭义的矫正模式，专业性强，难度较大，主要由专业人员从事矫正工作，其目的直接着眼于罪犯心理疾病的缓解和消除，以及罪犯人格的成长。"改造模式"和"全员训导模式"主要由经过一定培养训练的监狱人民警察从事矫正工作，实际上是心理学在监狱工作中的运用，其目的是运用心理矫正的原理和方法推进监狱安全服务。"发展模式"属于准广义的心理矫正模式，这根据心理学原理和方法的要求，结合我国监狱工作实际，提出的一种较为理想又比较容易实现的模式。

在实际运用中，从心理矫正规范化和专业化的角度讲，对大多数有一定心理问题的普通罪犯，提倡运用发展模式；对有心理障碍和精神疾病的罪犯在运用医疗模式的同时，也提倡利用发展模式中尊重病犯人格、挖掘病犯潜能的思想；至于广大监狱人民警察学习心理学和心理矫正知识，并在改造实践中运用，探索出一些有实际效能的心理矫正工作模式，是值得提倡和鼓励的，但需要进一步规范化、专业化。

第三节　罪犯心理矫正的组织实施

心理矫正对我国罪犯改造工作而言，还是一项新的工作。由于它自身的科学性、规范性和严密性，要求在具体实施过程中，必须遵循严格的程序，制定周密的计划，进行科学的管理，并注意及时总结和提高。心理矫正对服刑人员教育改造有很重要的作用，但是要想使心理矫正工作稳定高效地进行，必须把心理矫正工作与入监教育、个别教育、生产劳动等相结合，这样才能使得监狱心理矫正工作更加人性化，管理更加文明化，服刑人员才能更加积极改造，获得新生。监狱应当运用科学的心理矫正手段，巧妙地把握心理矫正工作"七个结合"，科学合理的开展罪犯心理矫正工作。

一、心理矫正工作要与入监教育工作相结合

入监教育工作是监狱对服刑人员进行的一种适应性和应知性教育过程。服刑人员初次投监后，自我归类为弱势群体，他们会出现弱势心理现象。在新的环境中反映出心灵脆弱与困境，有些服刑人员会产生悲观、消极情绪，对民警执法态度不认同，还有些服刑人员对环境产生陌生感和恐惧感，甚至破罐破摔等负面情绪，进而采取一些行为严重影响自身的心理健康。我们通过入监教育，可以让服刑人员放弃不切实际和不正当的需求，通过了解监狱的改造、生产状况消除对监狱的陌生感；尽快适应学习及生活，消除对监狱和民警的戒备心理，从而让他们有一个心理过渡期及缓冲期；熟知党的劳教工作方针、指导思想、政策及基本任务，从而完成认清自我、升华思想、改正恶习的任务。但是在这个过程中，会遇到很多困难，因为这个时期是个别服刑人员情绪反常、消极悲观、易怒易攻击等反改造行为的凸显高峰期，也是服刑人员能否顺利完成心理改造的关键期。他们因为突然的生活改变及自身以前的一些心理障碍，会一时难以接受监狱改造这样的事实，不能以平常心及正确的态度面对接下来的生活。因此，在入监教育中应该把抚平服刑人员多变的情绪，让其正确勇敢面对现实作为重点。另外，心理矫正工作是一个长期漫长的改造工作，为了使得以后的矫正工作有良好的基础及可参考资料，在服刑人员服刑心理状态的调查中需了解服刑人员的身体健康状况（有无脑损伤和神经系统病史），然后了解省籍、职业、年龄、文化程度、犯罪类

型、原判刑期的构成情况。在此基础上，通过运用明尼苏达多项人格测验、艾森克人格问卷量表对其心理、个性、性格进行科学的测验，作出准确的心理评估，并根据基本情况及测验结果制定一个基本的矫正书面计划书，为每个服刑人员建立好心理健康档案。

二、心理矫正工作要与个别教育及集体教育工作相结合

个别教育具有针对性强、解决问题迅速及时的优点，它可以根据每个人的心理特点和个性特点进行"因人施教"的教育，在转化服刑人员的价值观、思想及矫正其不良行为中发挥着重大作用。但因为服刑人员的自身生活经历、个性心理差异，心理隐蔽性的强弱、健康状况及潜在的一些危险因素短时间难以被暴露，特别那些"多进宫"的人员，有些已经形成行为孤僻怪异、灵魂扭曲的障碍心理，因此在关注服刑人员的服刑现状时，应根据不同心理特征和表现恰当地运用心理矫正技术，并对个体进行干预，提高他们的心理健康水平，消除其不合理情绪，及时矫正服刑人员自身的心理问题和障碍，这无疑对心理矫正工作是个良好的补充。如个别服刑人员因心灵脆弱在改造中变得慵懒，容易悲观、平时沉默寡言，抗挫折能力弱，一般不轻易暴露自己的内心，容易自伤或自残，不愿向民警讲真话，容易走向极端，使得民警很难了解他的情况和内心想法。针对这些情况要从其内心深处找原因，把握其产生极端情绪的真正原因，科学认识、积极引导，并对其进行解除恐惧心理的心理行为强化训练和行为干预，大力开展个别教育。有时同一宿舍或同一监区的服刑人员会相互影响产生相同的思想动态，这时应根据心理联络员提供的信息，对他们进行集体教育。

三、心理矫正工作要与生产劳动相结合

在当前的条件下，劳动仍然是教育改造的主要手段之一。对服刑人员而言，一定的矫正性劳动能够矫正他们的许多恶习，帮助形成正确的认知和行为方式。在具体实践的过程中，如不能正确认识和对待劳动本身及劳动中存在的许多问题，心理问题就容易产生。这些问题往往包括对劳动中条件差、任务重、时间长等表示不满和怨恨，劳动现场随时可能因为各种因素引发服刑人员打架斗殴等突发事件。除认真向服刑人员讲明劳动的价值、解决其劳动过程中实际存在的各种问题外，心理矫正工作在此必将发挥应有的作用。

服刑人员中很多属于兴奋型的气质，心理状态不稳定，自我心理平衡能力低下，对事情缺乏全面的分析，处理问题多于片面性和主观臆断性，在碰到批评或挫折时，情绪变化激烈，易于冲动。这就要求管教干警在处理劳动现场的争端时，不仅要做到公开、公正，而且要关注当事者的精神和心理状态，在讲清道理、明辨利害的同时一旦发现其处于冲动状态，即能够熟练地运用心理学的某些原理，说服当事者；可以借助具体事实，分析其有害心理的由来，帮助他们分析行为的利弊，最后达到由"欲望控制服刑人员"转变为"服刑人员控制欲望"的目的，使他们能以正确的心态面对劳动，处理争执，真正发挥劳动所具有的矫正功能。

四、心理矫正工作要与解决实际问题相结合

服刑人员的心理问题主要是由实际问题引发的，解决服刑人员的后顾之忧，才能有效地杜绝服刑人员的心理问题。因此，监狱应当根据服刑人员的实际问题，在狱内，要为其塑造健康的心理；在狱外，更要倾力帮助他们解决实际困难，提供适当的社会帮助：对于家庭困难的帮助办理社会保障，对于孩子就学困难的帮助解决就学问题，对于即将出狱的给予就业指导等。将服刑人员心理健康教育纳入教育总体规划，根据他们心理、生理特点，结合年龄、文化程度等实际情况，创新运用心理漫画、情景剧等多种形式，缓解服刑人员的改造压力；同时，监狱还需帮助服刑人员度过社会歧视关和就业谋生关。只有不断夯实硬件基础，提升软件实力，才能使心理矫正更规范、扎实地开展。具体做法如下：

1. 加强硬件设施建设

建立服刑人员心理健康指导中心功能室，其中包括预约等候室、中央控制室、团体辅导室、心理测评与档案室、个体咨询室、网络咨询室；同时建立音养室、宣泄室、生物反馈室与沙盘治疗室。

2. 加强工作机制建设

通过不断完善制度建设，夯实心理健康教育基础。

（1）建立罪犯心理咨询工作月例会制度。每月定期召开罪犯心理咨询工作月例会，通报当月各监区心理咨询工作开展情况、罪犯中个性问题和群体性、倾向性问题，并开展针对性的研讨活动。

（2）建立心理矫正工作制度体系。制定并出台《心理咨询及心理咨询工

作人员守则》等工作制度，把心理矫正工作内容列入监狱年度工作责任制考核，有力推进罪犯心理矫正工作的开展。

（3）实行顽危犯会诊制度。结合新时期监狱教育改造工作要求，定期召开由监狱分管领导、相关部门召开的顽危犯会诊会议，不仅为监狱民警提供互相学习、共同提高的工作平台，推动个别教育工作深入发展，而且能实现监狱人民警察优势教育资源利用最大化。

（4）建立罪犯心理危机干预制度。结合监管安全工作需要，确定心理危机干预的内容和对象，采用面对面、家庭干预和社会干预等方式，对罪犯开展心理危机干预，通过采取心理疏导、危机调停等措施，缓解罪犯心理冲突，防止发生突发事件或发展成严重精神疾病。

3. 加强监狱心理矫正工作管理平台建设

建设心理矫正管理系统，构筑心理咨询工作的高速网络平台，实现心理矫正工作的标准化、规范化和网络信息化的管理模式。

（1）全面建立罪犯心理健康档案。管理系统采用光标智能读卡阅卷的方式，用软件自动生成电子数据，可提高工作效率和准确度，更有利于各项数据的永久保存，监狱对罪犯建立的心理档案能够更加科学、快速、有效地反映出每名服刑人员的心理、行为特征及改造表现，使全监民警能准确地了解所管理服刑人员的个性特点、心理健康状况，为民警进行针对性管理、教育和矫正提供了科学依据。

（2）利用网络加强对心理咨询民警的管理与考核。建立以服刑人员心理健康指导中心为指导，以各监区、警区为主体，以罪犯同伴辅导员为基础的心理咨询网络，使心理咨询工作顺利进行。

（3）健全监区心理矫正多元激励机制。监狱强化业务激励，定期对监区心理辅导员进行心理矫正业务培训或外送参加学术研讨以及社会上有资质培训机构定期培训。同时，对监区心理辅导员给监区罪犯开设的心理教育专题讲座、举办团体心理辅导以及心理咨询的工作给予一定的物质补助。进一步激发兼职心理矫正人员的工作热情，强化协管激励对在监区心理矫正活动中表现积极，及时协助民警制止和化解心理危机的罪犯同伴辅导员，严格依照计分考核办法，给予适当的专项奖励分激励。强化综合激励，将监区心理矫正工作纳入监狱排头兵考核，作为监区创优、创先人才选拔任用的重要指标，监狱每年开展优秀心理辅导站、优秀民警心理辅导员以及罪犯优秀心理信息员评比活动，对优秀监区心理辅导员优先提名省级管教标兵（或能手），优先竞争上岗监狱科（监区）领导岗位。

（4）建立监区罪犯心理防控联动机制。推行罪犯心理动态评估分析，罪犯同伴辅导员每周向监区心理辅导站报告小组罪犯心理信息；监区民警心理辅导员在监区狱情分析会上通报本监区罪犯心理动向，分析危险行为苗头，提出心理预测及应对策略。心理矫正职能部门挂钩专职心理咨询师，每月及时给监区提供专业指导和建议，并联合监区心理辅导员综合分析该监区罪犯心理动态状况，通过分析罪犯犯罪史、行为习惯结合面谈和心理测试等方式，对监区罪犯心理状况进行综合评估，对监区有心理问题的罪犯进行分类归档，确定一般心理问题、严重心理问题、神经症性心理问题、人格障碍疑似精神疾病等不同危险等级。推行心理危机预警干预。监区对存在自伤、自残、自杀、行凶等极端心理倾向的罪犯，心理辅导站严格依照危机发现、评估确认、预警发出、危机干预和善后处置等流程环节，联合监狱心理健康指导中心，及时落实管控干预措施，确保心理危机干预成功。

（5）建立以服刑人员心理健康指导中心与以监区为核心的心理矫正工作网络。与各监区、刑执各科室进行连接，将矫正中心、各监区、刑执各科室的局部工作变成整体协作。通过自动化测试、远程咨询、远程测试、信息上报、领导查询等各项系统功能，实现服刑人员心理健康指导中心与监区之间、心理咨询师与教育干事之间、日常事务与个人事物之间的协同管理，更加有效地规范工作流程，提高信息应用水平，简化管理，加强沟通，提升工作效率。

（6）机构科学化设置。监狱必须根据单位实际以及押犯特点，在反复调研的基础上，在各监区建立心理辅导站，推行一区一站监区心理矫正工作模式。监狱要积极超前谋划，筹集专项资金在每个监区设置罪犯心理辅导站，心理辅导站站长由监区主管改造领导担任，成员包括职能科室挂钩专职心理咨询师及监区心理辅导员，各心理辅导站配备民警心理辅导员2~4人。同时，在罪犯中以监舍为单位设置罪犯同伴辅导员，每个监舍中应有一名同伴辅导员，着力"建构中心（指监狱服刑人员心理健康指导中心）辐射、监区主导、全员参与、上下联动"的监狱监区心理矫正格局。

4. 加强社会资源的整合

学校、机关和社会团体与监狱建立长期帮扶关系。虽然在不遗余力地帮助服刑人员加强改造，但监狱民警仍然表示，监狱的力量是微薄的，要让服刑人员真正"新生"，还需要社会上更多力量的支持。

5. 加强心理健康教育

以"和谐改造从健康心理开始"为主题，积极开展以"八个一"为主要内容的心理健康教育活动，即举办一次心理健康教育专题讲座和团体心理辅导活动；每天播放一档心理健康教育类节目；监区每月组织开展一次亲情进监帮教活动；推广情绪动态晴雨表制度，每月形成心理健康状况分析报告；举办一期心理健康操培训班；以警区为单位每月开展一次心理健康操比赛；对各监区分管教育的领导、教育干事、包组民警和心理联络员进行一次团体心理辅导培训；各监区每天开展一次心理拓展游戏。"八个一"活动的开展，进一步提高了全体服刑人员的心理健康水平和自我调适能力。

6. 加强罪犯改造质量评估体系建设

（1）建立罪犯入监评估制度和工作流程。在罪犯入监之初，对所有入监新犯进行心理测试。由监狱组织对其进行危险程度、恶性程度、改造难度评估，提出关押和改造的建议，监区根据该建议制定出个体教育改造方案，并确定管理民警。

（2）建立罪犯教育矫正期的评估工作流程。管理民警在了解、熟悉罪犯入监评估材料的基础上，根据监狱评估中心制定的评估内容和要求，围绕遵纪守法意识、思想道德意识、心理健康水平、就业能力、社会适应能力、文化水平六个方面 28 项因子，对每一名被管理的罪犯每季度实施定期改造评估。

（3）建立罪犯出监评估制度和工作流程。在罪犯刑释前的 3 个月内，根据监狱出监综合评估工作方案，综合罪犯在服刑期间的考核奖惩、教育矫正期的评估结果、心理测试等情况，从遵纪守法意识、思想道德意识、心理健康水平、就业能力、社会适应能力、文化水平等六个方面，就社会适应性和重新犯罪倾向对罪犯进行综合评估，提交综合评估报告、回归管理保护建议书和帮教安置建议书，通过司法厅信息平台将相关信息传送至罪犯原户籍所在地的司法行政机关，为帮教安置、管理控制提供依据。

五、心理矫正工作要与社会心理医学机构工作相结合

随着社会的进步和科学的发展，人的心理问题也变得异常复杂，特别是失去了自由、被限制了行为的服刑人员的心理疾病也逐渐地多样化和深层次化，如果不能及时地给予治疗，任其发展下去，可能就会造成意想不到的后果。但是，现有的干警掌握的是一些最基本的心理学知识，不具备心理医疗技术和能力。因此，提高教育挽救质量，加强监狱与社会心理医学机构合作，实行监狱心理矫正工作与社会联办制度显得尤为重要。

（1）邀请有关专家、学者来监狱进行心理知识讲座、团体心理辅导等。

（2）选择本地有实力的医院或心理医生在监狱内设立心理门诊，开展心理咨询、心理治疗工作。

（3）邀请心理学专家来监狱为服刑人员的心理疾病进行会诊和治疗。心理学专业人士的加盟，有效地解除服刑人员心理疾病的困扰，做好服刑人员心理矫正工作，为监狱增强教育挽救工作的有效性和针对性提供重要指导。

六、心理矫正工作与人才培养和专业化队伍建设的结合

要顺利开展心理矫正工作，人的因素是第一位的，除了依靠广大监狱人民警察的主动配合和积极参与之外，更重要的是配备一支素质较高的专业队伍来具体实施这项工作。当然，我们可以从社会上聘请一部分专家来协助和指导工作，根据我国罪犯改造工作的实际情况，心理矫正工作的具体执行与操作，主要应当由监狱人民警察来完成。由于这项工作在专业性方面的特殊要求，必须从管教民警队伍中进行认真挑选，并要进行重点培养。监狱及其上级部门积极搭建活动载体，创造利于培养专家队伍的环境。

第一，搭建专业经验交流的平台，创设学术氛围如成立监狱学会心理矫正专业委员、监狱心理咨询师协会、定期举办学术研讨会、矫正技术展示会在 OA 网建立矫正工作论坛等，培养本单位、本系统的学术带头人，由点而面，催生监狱心理学家。

第二，监狱管理部门要为心理矫正人员参与专业活动创造条件，提供机会，组织他们参加行业协会（心理学术机构）及其活动，参加业务活动，发表科研论文，扩大理论研究实践视野，提升自身素养。要以具体的奖励措施鼓励他们勤奋探索，不断提高自身的专业兴趣，使专业人员以学术荣誉感、行家认同感，产生一批有社会影响力的监狱心理专家。

第三，鼓励心理咨询师参与社会公益活动，在对外的心理援助方面增长自己的才干，利用专业技能为社会公众服务，增强监狱咨询师对社会的影响力，

树立监狱民警为人民服务的文明形象。

第四，建设和强化心理矫正团队。团队建设的意义在于团队具有目标导向功能、凝聚功能、激励功能、控制功能四大功能。组建和强化心理矫正团队建设，它最大的意义所在就是能充分发挥和调动团队所有成员的集体智慧，提升团队成员的凝聚力，为共同的目标一起努力、一起思考，集合团队成员间的优秀点子，取长补短，通过集体的努力来完成同一个目标。这有利于提升罪犯心理矫正工作的水平，提高罪犯改造质量。

七、心理矫正工作要与提升罪犯自我矫正效能相结合

综合利用监狱、监区不同教育载体，丰富罪犯自我矫正内容，助推罪犯学会自我矫正。监狱、监区心理辅导员每日上午、下午定时组织罪犯做心理保健操；每周组织罪犯收听"心海航行""放飞心灵"等狱内心理广播站播放的心理问题专讲；每月开展读小报、评小报、网络焦点话题讨论；每季度收看"心路导航""我新飞翔"等狱内心理电视节目；每年开展心理图片展、心理剧创作表演、心理健康征文等活动，全方位挖掘罪犯自我矫正潜能，营造罪犯互帮互助氛围。同时，心理辅导员定期开展罪犯心理信息员相关培训，罪犯心理信息员及时汇报罪犯心理问题，及时发现、制止并疏导罪犯异常行为，进一步前移罪犯"心防"工程，将罪犯自杀、行凶等监管安全隐患消灭在萌芽状态，全力维护监狱监管秩序持续稳定。

延伸阅读

四川省资阳强制隔离戒毒所推行戒毒导师制，以戒治需求为方向，服务于执法的需要、病人的需要、受害者的需要，对戒毒人员进行专业化、个别化、人性化的戒治辅导，这是一种新型戒治模式和队伍管理机制。

"戒毒导师制"，即每一名戒毒人员都有一位具备专业资格的戒毒导师负责全程戒治辅导。戒毒导师制实践运行的关键在于唤起戒毒动机、陪伴成长和后续服务，主要体现在，始终强化主动戒毒理念，注重发挥戒毒人员主观能动性，贯穿循证戒治理念，提升了戒治科学性，着力构建新型警戒关系，有利于形成戒毒合力，戒毒人员回归社会后各期各段操守率明显高于以往同期水平。戒毒导师制之所以在系统内得以推广，特点在于：一是对戒毒导师

准入资格限定，二是逐级动态晋升制有利于激发队伍活力，三是高级目标激发了民警追求社会价值的高尚情操，四是注重提升导师理论水平，形成了部分资料库。戒毒导师的工作职责有8项，主要包括制作戒治档案、帮助制定戒毒计划、制定辅导方案、全过程的指导、适时调整指导内容、回归指导、戒毒经验交流总结等。对戒毒人员戒治生活的具体指导内容又分为5项日常指导和10项系统指导，包括覆盖教育矫正、康复训练、习艺劳动、心理辅导、回归训练、行为养成、社会关系等各方面。

资阳所将戒毒导师的作用定位于指导和服务：指导戒毒人员发挥主观能动性，积极主动地投入戒治生活。戒毒人员根据个人喜好或需要，自主选择戒毒导师。从唤起戒毒动机入手，戒毒人员在导师帮助下自行制订和调整戒毒计划，主动参加拒毒训练，养成正确的行为习惯和价值追求。在制定戒毒计划和戒毒方案时，导师针对不同戒毒人员不同时期的个别性问题，结合戒毒人员个体的身体、心理、体能、人格等差异，量化评估、综合分析，获得双方同意后方可实施戒毒计划。不同戒毒人员的戒毒计划和戒毒方案不同，同一戒毒人员不同时期的戒毒方案也不尽相同，做到因人施策，对症下药。推行戒毒导师制至今，所内违规违纪率下降48%，探访率上升36%；戒毒人员身心认知度提高21%，拒毒能力提高13%；失联人数下降35%，当面回访率提高15%，85%的戒毒人员建议引入更多、更有效的医治措施。

基于此，罪犯心理矫正工作是否可以借鉴，形成心理导师制。这或将利于罪犯心理矫正工作服务于执法的需要、服刑人员的需要，对心理矫正员进行专业化、个别化、人性化的心理矫正工作，成为一种新型矫正模式和队伍管理机制。

✦ 思考题

1. 谈谈你对罪犯心理矫正内容体系的看法。
2. 谈谈监狱在组织实施罪犯心理矫正过程中存在的问题和创新的举措。

第四章

罪犯不良改造心理及矫正

重点问题 ✕

1. 罪犯改造心理与服刑态度。
2. 罪犯不良改造心理与动机识别。
3. 罪犯不良改造心理的矫正方法。

■ 案例导入

罪犯张某，曾是一家大型医药公司的团委书记。他先后伙同他人盗窃医药公司的名贵中药材十几次，药材总价值达十万元，被依法判处死刑缓刑二年执行。

在狱中，罪犯张某的服刑表现反复，曾多次受到表扬与奖励，又屡犯监规纪律。他总觉得自己盗窃的是国有资产，对个人的危害不大，认为法院的量刑太重了，感到失落、悲观，改造消极。在获知妻子与家人关系僵化，父亲又受到处分时，他更是万念俱灰，多次伺机自杀。他所在分监区长是威望颇高的"个别教育能手"。分监区长对他循循善诱，并积极帮助其家庭化解矛盾纠纷，使他解除了思想顾虑，打开了心结，还千方百计地发挥他的写作特长，使其改造由消极转向积极，被改判为有期徒刑18年，他曾先后多次被评为优秀撰稿人，获"改造积极分子"称号。后一心想着要专门从事文字工作，他不出工，不参加学习，甚至还顶撞监狱人民警察。对此，分监区长并没有惩罚他，而是采用了"冷处理"和耐心疏导的方法，使其认识了错误，增强了角色和规范意识，他又重新接受改造，获得两年半的减刑。

第一节　罪犯改造心理与服刑态度分析

一、罪犯改造心理

罪犯改造心理，是指罪犯在服刑改造过程中心理发展变化的规律及其相关因素。研究罪犯改造心理，就是要揭示罪犯在服刑过程中心理转化的规律以及与服刑态度之间的联系。

二、罪犯服刑态度的含义与形成

（一）罪犯服刑态度的含义

罪犯服刑态度是指罪犯对服刑改造这一特定活动所持有的相对稳定的、持久的评价和心理倾向。理解罪犯服刑态度需要注意以下四点：①服刑态度是罪犯对服刑活动的一种特殊心理反应。服刑态度的主体就是罪犯这一特定个体，而主体所指向的客体则是服刑这一特定的活动。这一活动具有明确的限定，它包括了与服刑有关的一切事物、制度、观念和人，而非罪犯主体之外的一切对象。服刑态度就是罪犯对服刑活动这一刺激对象反应时所产生的一种心理状态，它表现了罪犯这一主体与服刑活动这一客体之间的关系。②服刑态度的构成具有一定的结构。罪犯服刑态度由多种成分组成，各成分间相互联系、相互制约，并形成一定的结构。③服刑态度是一种相对稳定的、较为持久的评价和心理反应倾向。服刑态度首先是一种评价，是一种主观的东西。心理反应倾向可以有多种表现形态，可以是瞬间的、短暂的，也可以是长时的、持久的。罪犯的服刑态度一旦形成便会持续一段时间而不改变，具有相对的稳定性和持久性。④服刑态度是一种内化了的特殊心理过程。罪犯服刑态度不能被观察，具有内隐性，是在其他心理过程的基础上对认识、情感和动机等各种过程的配置，相互间有着制约关系，由经验组合而成。服刑态度作为一种心理反应倾向，含有不同的内容，其中有以认知和情感为主要内容的动机倾向。

（二）罪犯服刑态度的形成

罪犯服刑态度是在罪犯服刑生活中形成的，它主要通过以下途径与方式：

1. 服刑环境的刺激

服刑环境主要是通过监狱硬件环境和软件环境的相互作用来影响罪犯服刑态度。监狱的硬件环境主要包括监狱的高墙、电网、武装警戒及禁闭室等，这些因素会对罪犯产生极强的威慑作用，使罪犯服刑态度趋于肯定或积极。监狱的软件环境主要包括监狱法律法规、监区规范、监狱亚文化、监狱矫正手段特别是监狱人民警察的素质及教育管理水平等，这类因素对罪犯服刑态度的形成起着决定性的作用，其中既有强制力的影响，又有宣传说服教育等潜移默化式的影响。

服刑环境对罪犯服刑态度的影响具有选择性，使罪犯个体在特定的环境中更多地接受有利于矫正的信息刺激，迫使罪犯产生肯定的、积极的服刑态度，转变否定的、消极的服刑态度。同时，服刑环境对罪犯的影响是持久的、不间断的。此外，与服刑环境密切相关的大社会环境也可能会对罪犯服刑态度及其转变产生一定的影响和作用，如社会对犯罪及犯罪人所持的态度，社会及公民对罪犯刑满释放回归社会后的认识和评价等，这类影响和作用虽然大多是间接的、次要的，却不容忽视。

监狱法律、规范对罪犯服刑态度的形成具有强大的不容抗拒的影响和作用，它会作为一种强刺激，直接作用于罪犯的认知、情感和行为倾向，对罪犯的外在行为具有极为重要的约束力，迫使罪犯在巨大的压力和威慑力的作用下，不得不服从于改造活动，对服刑活动持肯定的和接受的态度。监狱规范的科学性、合理性的程度也会影响罪犯服刑态度的形成与转变。尤其是在罪犯入监的初期阶段，这种影响则更为重要。

2. 罪犯家庭的影响

家庭对每个个体都至关重要，对于受到刑罚处罚、身在监狱中的罪犯个体而言其意义尤为重大，罪犯从物质到精神、从外在到内心对家庭的依赖感和依恋感都更为强烈。家庭成员对罪犯的态度尤其是其被判刑入监后的态度会直接或间接地影响罪犯在狱内的服刑态度及其转变。例如，有的家庭对罪犯不嫌弃、不抛弃，抱着关心、帮助的态度，这可能会增强罪犯积极服刑改造的决心和信心，从而对罪犯服刑态度的转变起到积极的影响作用。相反，若家庭成员对罪犯怨恨、嫌弃，持不管不问的态度，罪犯便可能会产生消极、否定的服刑态度。

3. 罪犯群体成员间的模仿与学习

罪犯群体成员对服刑持有何种态度会对罪犯个体的服刑态度起到一定的影响。一方面，罪犯群体成员间如有相近的犯罪经历和经验、同样的刑罚处罚：类似的价值观和人生观以及人格缺陷等诸多相似性，就使得罪犯个体的服刑态度更容易和群体成员接近。另一方面，共同的服刑生活，相同的环境和刺激，一样地接受改造，类似的问题和想法等，也使得罪犯个体的服刑态度更易与群体成员保持一致。罪犯个体主要是通过观察、模仿学习等方式来习得罪犯群体成员的态度。

罪犯的参照群体是罪犯在价值取向上认同的群体。这种群体会为罪犯提供评判标准。通常情况下，罪犯的参照群体也就是罪犯自身所属的群体，但有时罪犯所属的群体也并非是其参照群体，其参照群体可能是一个与自己密切相关的、自己熟悉的、自己认可的一个群体。罪犯在参照群体中的身份、地位和关系程度对其自我价值会产生重要的影响。一是参照群体的规范、态度会形成群体压力，迫使罪犯屈从于压力而产生与其成员相一致的态度；二是罪犯会通过观察、模仿学习群体成员的态度来满足自己内心的种种需要，使自己的服刑态度与参照群体的服刑态度相同或相似。

4. 改造认知和评价的引导

罪犯在入监伊始，对自身受到的刑罚处罚这一客观事实的认识和评价，特别是对法院的量刑的看法和评判会对罪犯的服刑态度起到极为重要的影响作用。倘若罪犯认为自己理应受到法律制裁，罪不可恕，人民法院对自己适用刑罚及量刑公正、合理、适当、罪刑相符，就会对服刑持接受、认可和配合的积极肯定态度，相反如若罪犯认为法律不公、量刑不当、罪刑不符，就会形成对服刑生活的拒绝、排斥、抵触或假服从的消极否定态度。

罪犯对改造活动的认知、信念和目标也会影响罪犯服刑态度的形成。倘若罪犯认为监狱就是使自己成为合格守法公民的场所，并认为自己通过改造活动可以成为一个新人，对回归社会后的生活又抱有信心，就会形成较为积极的服刑态度。相反，如果罪犯认为监狱就是单纯惩罚罪犯的地方，自己只能是慢慢地"熬刑期"，他也就会形成消极的服刑态度。

5. 原有经验的内部参照

罪犯的原有经验会影响罪犯服刑态度的形成。首先，罪犯原有犯罪经历的长短，犯罪经验的多少会影响罪犯的服刑态度。其次，罪犯尤其是不止一次受到法律惩罚的罪犯，以往在看守所、劳动教养所或监狱生活的经验特别是由经验所引起的各种情绪后果会直接影响罪犯服刑态度的形成。再次，罪犯原有的对法律法规、自身的犯罪行为、刑罚处罚及相关机关和人员的态度特点也会对罪犯的服刑态度起到一定的影响和作用。最后，罪犯的经验还会通过泛化等方式影响罪犯的服刑态度。例如，罪犯在看守所中所形成的对公安机关或人民警察的看法和评价，会直接影响罪犯对监狱机关及监狱人民警察的态度。

罪犯的原有经验主要是通过内在参照比较的作用来形成罪犯服刑态度的。一方面，每种知觉都以经验的形式积累于内部；另一方面，过去的经验事实又会成为对新经验进行比较的标准。经过这种比较，如果发现新、旧经验大同小异，那么，过去的看法、头脑中的事实就会立即浮现出来，影响对当前事实或事件的看法；如果发现不相同，过去的看法、经验会从另外一个不同的角度影响当前的看法。

6. 奖惩强化

在引起罪犯服刑态度转变的诸多因素中，其影响和作用也有主次、大小之分，有些因素会对罪犯的态度转变起到重要的影响和作用。例如，监狱对罪犯的奖励（如减刑、表扬、物质奖励等）与惩罚（如禁闭等）会直接影响罪犯需要的满足与否，且与罪犯的切身利益密切相关，因为其具有导向性和功利性的特点，所以会直接影响罪犯服刑态度的形成。监狱的奖励制度及监狱警察对罪犯适用奖惩的公正性、合理性和适时性会对罪犯服刑态度的形成具有极大的影响。同时，对罪犯服刑态度本身的正、负强化，也会通过直接作用或替代强化的作用影响罪犯，使罪犯趋向增加积极、肯定的服刑态度，减少消极、否定的服刑态度，进而促使罪犯服刑态度的形成。

（三）罪犯服刑态度的转变

罪犯服刑态度的转变过程实质上也就是罪犯的再社会化过程。罪犯服刑态度的转变是指罪犯已形成的态度，在接受某些信息或教育说服等改造刺激后，所引起的相应变化和不同程度的改变。一般而言，大多是指从消极态度向积极态度的转变。

罪犯服刑态度的转变往往需要经历较长的时间，通常可分为以下三个阶段：

1. 依从

依从又可称为服从，是指罪犯出于某种外在压力，为获得某种奖励（如表扬、减刑等）或避免受到惩罚（如禁闭等），而按照监狱要求以及监区规范或监狱人民警察的意志，转变自己的服刑态度或采取表面顺从的行为。其服从多为被迫的、表面的、权宜性的，而非心甘情愿的。当外在压力、监狱规范和奖惩消失时，这种顺从行为也就立刻终止。依从阶段是罪犯服刑态度转变的起始阶段，也是最为表层的转变。例如，一名罪犯为了获得减刑，争取早日出监，就会表现出与监区规范相一致以及与监狱人民警察的要求相符的认罪伏法、积极进行劳动改造的行为，但民警在场或不在场，其服刑态度和行为表现会判若两人。需要注意的是，由于罪犯心理上具有保持认知一致性的需要，长期的被迫服从形成习惯后，就会逐步地转变为自愿服从，并最终导致整个服刑态度结构性的变化。

2. 同化

同化是指罪犯的自我同一性与他人或群体存在着依赖关系，或者是自己情感上存在着与别人或群体的密切关系，从而接受他人或群体的某些观念、态度及行为方式或监狱规范、要求，并希望与之一致。在这一阶段，罪犯的服刑态度不再是表面的、被迫的，而是会认同某个人或群体，同时采取一种与他人或群体相一致的服刑态度或是改造行为。其特点表现为：自愿的、非表面的，有较为明显的情感成分参与。例如，一名罪犯因认同于自己所隶属的改造集体及行为规范，认同于自己的"罪犯"角色，他就会使自己的服刑态度与其他罪犯的态度相一致，将自己融入改造集体中，这时罪犯新的服刑态度还没有同自身全部的服刑态度相融合。但长期的认同也终将导致罪犯整个服刑态度发生根本性的变化。同化能否实现主要取决于罪犯个体所认同的团体或个人是否具有较强的吸引力。

3. 内化

内化是指罪犯获得新的认知信念，并以这种信念评判自己的价值时所产生的完全的态度转变。内化性的态度转变也是罪犯新的价值观的获得，这意味着罪犯真正相信他人（主要监狱人民警察或其他矫正者）的观点和思想，并将这些观点和思想完全纳入自己的思想体系中，成为自己服刑态度的有机组成成分。其特征主要表现为：深层次的、独立的、稳定的和持久的。这是罪犯服刑态度转变的最后阶段。例如，一名罪犯当其服刑态度达到内化阶段，就会从内心深处知罪、认罪并改罪，无论什么时候，何种地点，监狱人民警察是否在场，其都会自觉自愿地服从管教、积极改造。

第二节　罪犯不良改造心理与动机识别

一、罪犯改造动机的特点

罪犯改造动机，是指在罪犯某种需要基础上产生的，推动罪犯实施某种性质的改造行为以达到一定改造目的的内部动力。罪犯改造动机具有以下特点：

（一）改造动机的复杂性

罪犯的改造动机不是单一的，而是复杂的、多样的，是多种动机的矛盾复合体。它既是罪犯多种需要的综合反映，也是罪犯内心矛盾冲突的反映。如在某些积极改造的罪犯内心深处，也程度不同地隐藏着"既要使监狱民警满意，又不能得罪其他罪犯""留恋犯罪生活"等消极的改造动机，不过势头较弱，未能占据主导地位；在抗拒改造的罪犯心理上，也可能包含着某些积极因素，如存在"某队长对我好，他值班时我不给他找麻烦"的动机，在某队长值班时，果然不闹事。在表现一般的罪犯中，更是充满着多种动机的矛盾斗争。

（二）改造动机的广阔性

罪犯的改造动机涉及不同的领域和内容。虽然其核心是个人改造前途，但辐射的范围较宽。例如，既有经济方面的动机（如为获得超产奖而学技术，同时也掌握一种谋生本领），也有政治方面的动机（如拥护或反对党的改造政策）；既有法律上的考虑（如畏惧加刑，争取减刑等），也有道德上的权衡（如虽想破罐破摔，又唯恐对不起亲人的规劝）；既有考虑个人利益、前途方面的动机，也有关心改造集体荣誉和国家利益的动机等。

（三）改造动机的差异性

改造动机的差异性主要表现在五个方面：一是不同刑期、不同罪类、不同处遇罪犯的改造动机存在着一定差异。如，重刑犯与轻刑犯的改造动机存在差异，"多进宫"罪犯与"初进宫"罪犯的改造动机不尽相同，严管犯与宽管犯的改造动机有一定区别；二是罪犯改造动机在选择性上的差异。由于不同罪犯对改造形成不同的认识，因而产生不同的改造动机并有不同的改造表现；三是罪犯改造动机在强度上的差异。不同的罪犯具有不同的人格特点以及在监管环境、教育力度、劳动强度等方面存在一定差异，因而不同罪犯的改造动机的强度不一样。例如，具有积极改造动机的罪犯，其积极改造的程度不同；同样是抗拒改造的罪犯，其严重程度也存在着差异；四是罪犯改造动机稳定性的差异。人的某种动机产生之后，不是一成不变的，在主体内外各种因素影响下，会出现一定的发展变化。如果罪犯的意志薄弱、控制力差，其改造动机的坚持性就较差，即使形成了积极改造动机，也不会保持长久，很容易发生动机的转变，出现反复。只有那些具有良好意志品质、自我控制能力较好的罪犯，一旦产生了积极改造动机，才能长久保持，并持续表现出稳定、一贯的积极改造行为；五是罪犯改造动机层次性的差异。罪犯的改造动机虽然复杂多样，但具有一定的层次性。在罪犯的改造动机中，既有起决定作用的主导动机，又有起次要作用的辅助动机（例如主导动机是"争取减刑奖励"，同时也有"学技术"等辅助动机）；既有短近动机，又有长远动机（例如短近动机是"给主管监狱民警留下好印象"，长远动机是"做一个对社会有益的人"）；既有生存性、功利性动机，也有精神动力（自尊、自我实现、赎罪）的推动；此外，许多罪犯的正确动机与错误动机相互斗争，此消彼长，交替出现，也显示出一定的层次性。

（四）生存性、功利性改造动机的普遍性

对于大多数罪犯来说，生存性改造动机往往是支配其改造行为的主要动力。所谓生存性改造动机，是指由罪犯的生理需要和安全需要（主要是温饱、自身安全、性的需要等）引起的改造动机。在生存性动机支配下产生的改造行为，其目的往往是吃饱、吃好、住好以及自身安全有保障等。如初入监的罪犯为了人身安全不受到伤害，在趋利避害的本能驱使下而积极改造。

此外，具有功利性改造动机的罪犯也较多，功利性改造动机是指罪犯为了得到实际利益或实惠而积极改造的内在动力。在功利心理支配下，罪犯往往只以行为结果是否对自己有利来决定行动。所有的罪犯，特别是重刑犯、死缓犯，都会为了改善生活、改善处遇而积极改造。功利心理是人的一种本能，随着市场经济的发展，连社会上自由公民的功利心理都越来越强，因自私本能恶性膨胀而犯罪的罪犯的功利心理增强就在所难免。在社会道德和法律的约束下，个人的需要以社会允许的方式得以满足，这便是功利心理的体现。因此，罪犯在功利性动机支配下积极改造既实惠又无可非议。

但是，从监狱机关改造人的工作目标来看，如果罪犯自始至终都是在生存性、功利性动机支配下产生积极改造行为，这类罪犯就没有真正被改造好，没有实现对人格的重塑，他们回归社会后，在外界诱惑的作用下很可能会重新犯罪。

二、罪犯改造动机的表现与识别

罪犯改造动机同人的其他行为动机一样，也来源于罪犯改造的需要，它所推动的改造行为，正是为了达到一定的改造目的，从而使罪犯的需要得到满足。因此，罪犯的需要不同，产生的改造动机就会有所不同，所推动的改造行为、达到的改造目的就会存在一定差异。

罪犯改造动机的表现是复杂多样的，但为了研究方便，可以按照一定的标准对它进行类型划分。例如，按稳定性的不同，可把改造动机分为长远动机和短期动机；按所起作用的不同，可把改造动机分为主导动机和辅助动机；按积极性的不同，可把改造动机分为积极改造动机、表面改造动机、混刑度日动机和抗拒改造动机。下面重点分析根据积极性的不同所划分的四种罪犯改造动机的表现特征与识别。

（一）积极改造动机的表现与识别

积极改造动机是推动罪犯自觉主动地产生积极改造行为的内部动力。这种改造动机是在罪犯形成改恶向善的需要的基础上产生的，它是监狱机关最希望罪犯产生的改造动机。这种动机并不是每一个罪犯都有的，也不是罪犯刚入狱就可以产生的，它是罪犯入狱后，在各种改造措施对其产生一定作用之后，才逐渐形成和发展起来的。

积极改造动机的首要表现特征是罪犯能认罪服判。因为只有当罪犯对自己的罪行有了深刻的认识，痛恨自己的过去，悔恨自己给他人和国家造成的损失，并产生改变旧我的强烈愿望时，他才能真正认识到，在监狱中服刑，不仅是接受惩罚的过程，也是监狱机关帮助他重新塑造自我的过程，因而才能自觉按照各种监管改造措施的要求去做，并始终朝早日成为新人的方向努力。当然，罪犯产生了改恶向善的需要只为形成积极改造动机提供了内在动力，同时监狱机关还要为罪犯创造一个有利于其积极改造的良好外部环境，并确立对其有吸引力的改造目标予以强化，这样，三种力量共同作用才能使罪犯的积极改造动机真正产生，并激发罪犯的积极改造行为。因此，是否认罪服判，可作为识别罪犯是否建立了积极改造动机的主要标准。

积极改造动机对罪犯的改造行为能产生积极的作用。具有积极改造动机的罪犯，在学习、劳动和生活等各方面都有积极的表现，也成为识别的重要指标。他们能模范地遵守监规纪律，积极配合监狱人民警察的工作，他们不仅争取早日新生的愿望迫切，而且会通过积极有效的行动使愿望离现实越来越近。

（二）表面改造动机的表现与识别

表面改造动机是推动罪犯为了达到某种个人目的而产生积极改造行为的内部动力。这种动机从表面上看是带有积极性的，而且它所推动的改造行为也是积极改造的行为，但它与积极改造动机有本质的区别。这种动机并非来自于改恶向善的需要，只是外界压力太大或改造目标太具诱惑力，罪犯为了自身安全或满足自己的功利心才产生的改造动机。例如新入监的罪犯，为了尽快融入监狱生活，获得主管监狱人民警察的好感，往往会在这种改造动机的推动下积极改造；某些罪犯为了达到通过减刑、假释等方式使自己早点离开监狱以便尽快实现报复他人的目的，也会在表面改造动机的推动下"积极"改造。

表面改造动机具有一定的普遍性。特别是在市场经济条件下，对经济利益的刻意追求对罪犯产生的影响，使其功利心理加重，在改造中表现为急功近利，只要对自己有好处的事就会去做。因此，在表面改造动机推动下产生的改造行为，只是一种虚假的积极行为，它对罪犯可能很实惠，但却不能从根本上改造罪犯。具有表面改造动机的罪犯，往往有一定的对付改造的经验，其表现特征是：他们只有在监狱人民警察面前才会表现得非常积极，因而，其积极改造行为只是在做样子，只要能得到奖励或监狱人民警察的赏识，就算达到目的了，有时会出现"当面一套、背后一套"的情形，即监狱警察在与不在表现不一，甚至表现出判若两人的情况。对这类改造动机的识别，要特别加强观察与考察，必要时可设置"耳目"来观察。

（三）混刑度日改造动机的表现与识别

混刑度日改造动机是推动罪犯产生既不积极、也不消极的改造行为的内部动力。这种改造动机的产生，主要有三种情况：①罪犯无改造自己的内在要求，而且认为在监狱中衣食有保障，与在家没有太大区别，没有必要为了早点回家而积极改造；②罪犯虽有改造自己的内在要求，但强度不大，而且外在的支持其改造的力量较弱，一旦遇到困难就会失去信心而放弃积极改造的努力；③刑期因素的影响，刑期过长者，觉得减少点刑期也解决不了大问题，仍然要在监狱中度过漫长的岁月；刑期短者，觉得减刑的期望较小，即使积极改造，也可能是白费力气，还不如轻轻松松地度过刑期为好。

在混刑度日动机的推动下，罪犯在改造中的表现是：不求有功，但求无过，除能平安、轻松地度过刑期外，别无他求。其表现特征就是既不积极，也不消极，少数表现为"大错不犯、小错不断"。混刑度日是许多罪犯的改造动机及表现。

（四）抗拒改造动机的表现与识别

抗拒改造动机是推动罪犯产生消极的、拒绝接受改造行为的内部动力。这种动机是监狱机关最不希望产生的。这种动机的产生，主要是因为罪犯没有改造自己的内在要求，甚至是拒绝改变自己，而且改造目标对其没有吸引力，再加上外界要求他改造自己的压力太大而无法承受。此外，也有极少数罪犯认为自己无药可救，从而自暴自弃，破罐子破摔，故意表现出拒绝改造的行为。在抗拒改造动机的作用下，罪犯不仅会表现出各种违反监规纪律的行为，甚至会故意制造事端，破坏正常的监管改造秩序，以达到某种不可告人的个人目的。

总之，不同类型的改造动机可以推动罪犯产生不同性质的改造行为与表现，而且每一个罪犯身上可能并非只有一种改造动机，在某一时期，可能会同时并存多种改造动机，但只有一种动机是主导动机，它对罪犯产生何种性质的改造行为与表现起决定作用。因此，监狱机关工作的目标就是：要使更多的罪犯产生积极改造动机并使之起到主导作用，使罪犯的表面改造动机向积极改造动机转变，激发混刑度日罪犯的改造热情，消除罪犯的抗拒改造动机。只有这样，我们的改造工作才能真正达到使罪犯改恶向善的目的。

三、罪犯不良改造动机的矫正

通过前述对罪犯改造动机及其表现的分析，可以明确后三类动机，即表面改造动机、混刑度日改造动机与抗拒改造动机属于不良改造动机。对罪犯的不良改造动机，可以从以下两方面进行矫正。

（一）激发罪犯改恶向善的需要

罪犯的需要是其改造动机产生的内在动力，因此，要矫正罪犯不良的改造动机，首先要促使罪犯产生改恶向善的需要。那么，如何激发罪犯改恶向善的需要呢？

1. 帮助罪犯正确认识其犯罪行为的性质

通过组织罪犯进行文化、法律、道德等方面知识的学习，在提高文化水平、增长法律知识、掌握道德规范的基础上，使罪犯深刻认识到其犯罪行为危害社会的恶劣性质，进而认罪服判。

2. 帮助罪犯对犯罪后果进行客观评价

这种评价不仅是站在罪犯自己的立场上，更重要的是，要使罪犯学会站在他人的立场上来对事物进行评判。监狱人民警察可以帮助罪犯分析这样一些问题，如"自己的犯罪对自己的益处和害处是什么""自己的犯罪给家人带来了什么""自己的犯罪给被害人带来了什么""如果我是被害人，遭受犯罪侵害的感受是什么"等。通过分析这些问题，既可以使罪犯对其犯罪后果产生一定程度的客观评判，也可以进一步加深罪犯对其犯罪危害性的认识。

3. 促使罪犯产生自我悔恨心理并萌生改变自己的愿望

对犯罪本质的正确认识可促使罪犯否定其犯罪行为，但是，仅仅否定其犯罪行为还不够，因为行为的主体是人，恶劣行为的产生与行为人的不良心理有密切关系。因此，监狱人民警察还要帮助罪犯在否定其犯罪行为的基础上，进一步认清其犯罪行为与其自身犯罪心理的关系，从而促使罪犯产生自我悔恨心理，并由恨自己进而产生改变自己的愿望。当罪犯憎恨那个犯罪的"旧我"，产生改变"旧我"、重塑"新我"的愿望时，其改恶向善的需要就形成了。改恶向善需要的形成，使罪犯积极改造动机的产生具有了内在动力。

激发罪犯改恶向善的需要，矫正罪犯的不良改造动机，有以下方法可供选择采用：①知识传授法。对认知水平低、知识较为贫乏的罪犯，通过课堂形式，向罪犯传授法律、道德、文化等知识，提高罪犯的法律常识、道德和文化水平，为罪犯的不良改造动机的矫正提供基础性认识。②集体互动法。组织不良认知大致相同的罪犯，由监狱警察设置有针对性的讨论课题，罪犯共同参与研讨，获得启发，以提高对事物的认识。监狱警察要注意发挥指向性作用，引导好讨论的方向。③自我批判法。引导罪犯对其不良人生经历进行反思，批判其错误的思想与行为，特别是对犯罪心理的挖掘与批判。④教育疏导法。绝大多数罪犯的自我反省能力较差，监狱人民警察要注意开展教育疏导，进行主动干预，对新收押罪犯及有继续不良心理表现的罪犯尤其如此。

（二）提供外部诱因条件

外部诱因是影响罪犯矫正不良改造动机的外部因素，其作用有两个方面。①有时能够促进罪犯产生改恶向善的需要，成为矫正罪犯不良改造动机的起因和"源泉动力"。例如，在罪犯家庭因素中，如果家庭关系稳定，家人不仅不歧视他，反而非常关心他，对他的改造情况非常关注，强烈期望他能改邪归正，并给予全力支持，这常常使罪犯产生悔罪、赎罪心理，或进一步强化罪犯的悔罪心理，从而转变其混刑度日的动机。②在多种因素作用之下，罪犯自身产生了改恶向善的需要，此时外部诱因成为矫正罪犯不良改造动机的条件，起到了"助推器"作用。即当罪犯自身产生了改恶向善的需要后，监狱机关应该为罪犯提供有利于其改造的环境，对罪犯提出一定的改造要求，建立多种多样的激励罪犯积极改造的措施；罪犯的亲人也要殷切期望他改好并以实际行动全力支持他；社会也要表现出对死不改悔者的拒绝。在这些外部诱因条件的作用下，罪犯改恶向善的需要就可以顺利转变为积极改造动机，从而实现不良改造动机的切实转化。

第三节　罪犯不良改造心理的矫正方法

一、罪犯不良服刑态度的矫正

罪犯服刑态度包括三种组成成分，即认知、情感和行为倾向。因此，对罪犯不良服刑态度的矫正，具体包括三个方面的内容，即罪犯不良认知的矫正、罪犯不良情感的矫正、罪犯不良行为倾向的矫正。对罪犯的认知、情感和行为倾向的矫正会对罪犯服刑态度的转变起到积极的影响作用。

（一）罪犯不良认知的矫正

认知因素对态度具有重要的影响作用，态度直接取决于认知因素中的价值观。个体的态度主要由两方面的认知因素决定，一方面是个体对行为结果的信念，另一方面是对这些信念的评价。罪犯的认知存在着种种的缺陷，如认识能力低下、怀疑一切、否定一切、思维偏激、以偏概全、不看本质、极端的利己主义等。因此，对罪犯认知的矫正也就成为促使罪犯服刑态度转变的基础。罪犯倘若自己的犯罪行为、刑罚处罚及自己的服刑生活抱有正确的认识和观念，并以正确的思维方式行事和处人，就会倾向于产生积极的服刑态度。

通常情况下，罪犯的认知是由许多因素构成的，具有一定的组织性，这种组织性会构成一种"头脑中的既定模式"或刻板印象，使罪犯倾向于按照刻板印象的轨道来认识、分析、评价和思考客观对象。这使得罪犯的认知并非是对一般事实的认知，而带有明显的偏见性质。大多数罪犯尤其是在入监初始阶段，由于以往直接或间接经验的影响，使得他们对服刑生活及相关的事物和人员持有片面的、消极的或错误的认知和评价。这种认知错误或偏差主要表现为以下几个方面：①对法律，对自己的犯罪行为及量刑的错误或片面认知，如认为法律是不公正的，自己的犯罪是社会、被害人所致，是身不由己，法院量刑不当、偏重等；②对监狱机关和监狱人民警察持有片面的错误认知，如有的罪犯认为监狱机关是黑暗的、监狱人民警察是不公正的等；③对服刑生活的错误认知，如认为监狱生活是恐怖的、阴暗的等；④对罪犯群体的偏差认知，认为在同类群体中，自己必然是越变越黑等；⑤对自我前途的认知不当，认为自己的未来生活是迷茫的、毫无希望的等。因此，对于罪犯上述种种错误的或扭曲的认知，必须通过事实的不断刺激及长期的教育矫正工作，方能使其改变旧的错误认知，建立起与旧知识、旧观念和旧思维不相一致的新信息、新观念和新思维，消除刻板印象，最终形成新的服刑态度。例如，一名走私罪犯原本认为自己走私，是替公民做好事，使大家买到了便宜的商品，不应得到法律的严惩，因而不认罪服判，对服刑抱消极抵触的态度，对此就可通过对其错误认知的矫正，使其改变服刑态度。

（二）罪犯不良情感的矫正

个体对事物或他人的态度与其情感密切相关，存在着一种曝光效应，也就是指个体对其他人或事物的态度随着接触次数的增加而变得更为积极的一种现象。这主要是因为情感因素在其中起到了重要作用，而且情感卷入的程度越深，则越有利于态度的转变。而且罪犯情感也会影响罪犯的认知，认知与情感的相互作用又会促成对态度的影响。罪犯的情感常常带有某种缺陷或障碍，主要表现为：①缺乏高级情感，如理智感、责任感、道德感、良心感和荣辱感等；②情感不稳定，遇有挫折极易灰心，产生自卑心理；取得成绩又会沾沾自喜，极易自负；③好恶颠倒、爱憎不明等。因此，通过对罪犯情感障碍的矫正，可以使罪犯形成正确、积极、向上的情感，如荣辱感、羞耻感、自信感、责任感、好恶感、同情心等，这些积极的情感会促使罪犯形成正确的、积极的服刑态度。例如，一名盗窃犯因厌恶劳动，进而对整个服刑生活持消极态度，对此可以通过培养罪犯对劳动的正确与积极情感，来消除厌烦感，逐渐培养喜爱感，并将其泛化到其他的服刑活动中，进而转变整个服刑态度。

（三）罪犯不良行为倾向的矫正

行为倾向作为一种准备状态，具有持续性和潜在性。它通常表现为一种意向、倾向或偏好。这种意向、倾向或偏好往往在其错误认知和情感障碍的影响下，存在着一些不良或消极特性，通常：表现为对待那些"做不做"或"如何做"的问题，往往是从"与己有利"的角度出发来加以解决。例如，对于艰苦的生产劳动，不少罪犯的行为倾向就是拈轻怕重、避重就轻、投机取巧、能躲就躲、能避就避等。对于监狱人民警察，则常常表现为趋炎附势、阳奉阴违、表里不一、当面一套、背后一套等。因此，对罪犯不良的、消极的行为倾向进行矫正，有利于罪犯形成积极的态度。此外，特别需要指出的是：对罪犯行为倾向的矫正也会促使罪犯情感和认知的矫正，而这三方面的相互影响、相互作用终将会影响罪犯服刑态度的彻底改变。

二、操作流程

对罪犯改造动机的鉴定与激励，服刑态度的鉴定与矫正，应当遵循以下操作流程：

（一）区分两类不同性质的罪犯改造动机与服刑态度

罪犯的改造动机与服刑态度都有积极与消极之分。区分两类不同性质的改造动机与服刑态度，是监狱人民警察首要的任务。具体方法有：

1. 量表测量分析法

这是一种以测验量表为工具对罪犯的改造动机与服刑态度进行测量分析的方法。量表既可以针对整个服刑活动，又可以针对某个改造活动或服刑活动的某一方面、某类对象而专门设计，它由若干问题组合而成，其方法是根据罪犯对这些问题的反应给予相应的分数，以此分数来代表这一罪犯对服刑生活所持有的动机、态度及其强弱。运用量表进行测验分析时应特别注意以下问题：①运用的量表应具有较高的可靠性和有效性；②对待测量量表一定要科学、严谨和慎重，要熟练掌握运用量表测量技术，应尽量避免过多应用。

2. 自由反应分析法

这是一种提出与罪犯改造动机、服刑态度相关的开放性的问题，让罪犯自由回答，分析测量人员不提供任何可能的答案，最后从这些语言性的资料结果中去分析、判断罪犯的改造动机与服刑态度的方法。例如，要考察罪犯对监狱人民警察的态度，可以设置一个"你眼中的监狱人民警察"的题目让罪犯在无任何限制的情况下作答。

3. 投射分析法

投射分析法指为罪犯提供一些情境、给予罪犯一定的刺激，让罪犯据此展开联想，通过对其联想内容进行分析来推测罪犯改造动机与服刑态度的方法。它是一种在罪犯不知不觉的状态下，把其内心深处的动机、态度通过其他对象投射出来的方法。投射分析法可以是让罪犯补充完整一个句子，也可以是让其叙述完一个没有结局的故事等。例如，可以通过让罪犯讲述某一生活事件（如妻子提出离婚）发生后的故事，以此来了解罪犯的改造动机与服刑态度。

4. 情境分析法

情境分析法指在某种活动情境或专门设置的情境下，考察罪犯在此情境中表现出的行为倾向，据此判断和分析其改造动机与服刑态度的方法。它是根据人们在某一类情境中所表现出的动机、持有的态度，在另一个类似情境中也将有类似的动机与态度的原则来加以设计和推定。例如，可以设计这样一个情境，干警因故离开了劳动现场，一些罪犯开始停工甚至有脱逃意向，这时有人怂恿某罪犯伺机越狱，在此情境中观察该罪犯的行为倾向，并由此可判断分析其真实的改造动机或服刑态度。

5. 行为观察分析法

行为观察分析法指通过观察罪犯的外显行为来推测罪犯的改造动机与服刑态度的方法。这种方法的运用原理主要源于在一般情况下，一个人的动机或态度决定了他的行为，动机、态度与行为具有一致性。对罪犯在日常服刑活动中的种种行为进行细心的观察，特别应在自然状态下，在罪犯未觉察的情况下实施观察，以此方能获得比较可靠的材料。此外，还需注意罪犯的行为与罪犯的改造动机或服刑态度间有时并非完全是一对一的简单关系，不能单凭外在表现的好坏来评判其改造动机或服刑态度积极与否，因此要结合其他方法配套使用，以避免得出错误的推断。

6. 谈话分析法

谈话分析法指监狱人民警察在预先设计好谈话内容的基础上，通过与罪犯面对面的、有针对性的谈话来获得分析资料的方法。对谈话内容要作精心准备，问什么要心中有数，不能信口开河，无的放矢。对罪犯的回答内容要鉴别真伪，有时可与观察资料或其他方法获得的资料进行对比、佐证。

（二）分层调节——积极改造动机与正确服刑态度的激励、不良改造动机与服刑态度的矫正

在前一步区分了两类不同性质的罪犯改造动机与服刑态度后，监狱人民警察应当开展分层调节，即对积极改造动机与正确服刑态度的激励和对不良改造动机与服刑态度的矫正。

对具有积极改造动机和正确服刑态度的罪犯，监狱人民警察要积极鼓励，可以采取口头的或书面的形式，努力树立其为改造的典型或榜样，成为其他罪犯学习的参照，从而树立其正气。如果出现被打击的情形，监狱人民警察必须采取有效的保护措施，给他们以坚定的支持。

对那些改造动机和服刑态度不良的罪犯，要制订有针对性的矫正方案，综合采取前述矫正方法与措施，并注意形成矫正工作合力，即监内各条块合力、监内与监外合力共同矫正罪犯的不良改造动机与服刑态度。

（三）效果鉴定与反馈

激励或矫正的效果怎样，需要进行鉴定。这样，鉴定指标的设置成为关键。鉴定指标可分为两类：①单项指标，如改造动机、服刑态度，甚至更具体的——认罪伏法或罪犯认知等方面的鉴定指标。需要注意的是，单项指标不一定是指一个考核项目，一般亦由多个考核项目构成，如罪犯改造积极性的考核项目可包括罪犯劳动积极性（劳动量完成情况）、罪犯学习积极性（到课率、学习成绩情况）等。②综合指标，这类指标是根据总体或最终改造目标来设置的，比如，根据罪犯需要矫正的犯罪心理情况来设置具体鉴定指标。

鉴定指标确定后，还需要明确具体考核项目。考核项目应当是可测量的，如前面提到的到课率、学习成绩情况、劳动完成情况等，可以进行量化考核。量化考核的过程和结果要有人监督，或交被考核人过目。

对考核项目进行综合后要形成对鉴定指标的效果评判，应当提供定性与

定量相结合的分析报告。只有定性的或只有定量的考核报告，都是不完整的。当然，最后的鉴定结果最好形成简洁的语言表述。

鉴定结果要与本人见面，最后结果要反馈于相关的监狱人民警察与罪犯本人。把考核结果反馈给罪犯，对他们亦具有一定的激励效应。

（四）后续调节与矫正措施

对罪犯考核项目的综合，或总体的效果鉴定结果出来后，其往往呈现为某方面的不足，此时后续的调节或矫正措施要跟上。进一步的矫正方案的实施，需要进行进一步的考核，如此形成循环。

（五）材料整理与归档

对上述各个操作步骤产生的材料，应当很好地进行整理，然后建立相应的档案。监狱人民警察要将自己对罪犯的激励与矫正过程努力形成书面材料，以便自己或他人日后进行提炼、总结，形成规律性的结果，为更好地开展罪犯教育矫正工作服务。

三、能力实训

能力实训的目的有以下四个：①深化学员对罪犯改造动机与服刑态度各知识点的认识，并使所学知识能与实际工作相结合；②通过实训掌握与罪犯的沟通技巧，提高学员逻辑思维能力和分析事物能力；③通过角色扮演，扩展知识面，体验咨询与被咨询过程；④巩固矫正不良改造动机与服刑态度的技能。

实训过程以学员为主，教师应加强针对性指导。

（一）实训项目一：罪犯改造动机与服刑态度的表现与识别

相关知识点：罪犯改造动机与罪犯服刑态度的概念、表现、识别方法。

提升能力：知识运用力、沟通能力、应变能力、逻辑思维能力。

实训场所：监狱。

实训方式：学员 2 人一组，通过谈话方式了解罪犯的改造动机与服刑态度。

实训过程设计：具体实训时，学员 2 人作分工，1 人询问罪犯相关问题，1 人记录罪犯对问题的回答，谈完一名罪犯，学员问问题与记录互换，再访谈另一名罪犯。

实训要求：①将谈话问题事先作一定设计；②做好记录的各项准备工作；

③每名学员完成一份谈话报告。

（二）实训项目二：罪犯不良改造动机的矫正

相关知识点：罪犯不良改造动机的表现、识别与矫正方法。

提升能力：教育矫正能力。

实训场所：校内模拟监狱或监狱。

实训方式：校内模拟监狱实训采用角色扮演法，一名学员扮演监狱人民警察，另一名学员扮演罪犯。监狱实训时，形式有两种：①学员2人、存在不良改造动机的罪犯1人构成一个实训组，采用谈话方式；②学员3~4人、实训指导教师1人、存在共同不良改造动机的罪犯4~5人构成一个实训组，采用集体互动方式。

实训过程设计：校内模拟监狱实训，案例可由教师提供，为调动学员积极性，亦可由学员查找；扮演罪犯的学员应穿囚服；一组学员实训时间控制在20分钟左右；学员应对整个教育矫正过程作对话台词设计。监狱实训，形式一要求2名学员作一定分工，一人询问并矫正罪犯的不良动机，一人记录罪犯对问题的回答与矫正过程；形式二要求开展团体咨询，按团体咨询的过程来开展矫正工作。

实训要求：①教师对实训内容、过程提出明确要求；②事先做好对参与实训罪犯的鉴定；③每名学员完成一份教育矫正报告。

（三）实训项目三：罪犯不良服刑态度的矫正

相关知识点：罪犯不良服刑态度的表现、识别与矫正方法。提升能力：教育矫正能力。

实训场所：校内模拟监狱或监狱。

实训方式：校内模拟监狱实训采用角色扮演法，一名学员扮演监狱人民警察，另一名学员扮演罪犯。监狱实训时，形式有两种：①学员2人、存在不良服刑态度的罪犯1人构成一个实训组，采用谈话方式；②学员3~4人、实训指导教师1人、存在共同不良服刑态度的罪犯4~5人构成一个实训组，采用集体互动方式。

实训过程设计：校内模拟监狱实训，案例可由教师提供，为调动学员积极性，亦可由学员查找；扮演罪犯的学员应穿囚服；一组学员实训时间控制在20分钟左右；学员应对整个教育矫正过程作对话台词设计。监狱实训，形式一要求2名学员作一定分工，一人询问并矫正罪犯的不良态度，一人记录罪犯对问题的回答与矫正过程；形式二要求开展团体咨询，可按团体咨询的程序来开展矫正工作。

实训要求：①教师对实训内容、过程提出明确要求；②事先做好对参与实训罪犯的鉴定；③每名学员完成一份教育矫正报告。

■ 案例剖析

2006年初，小强因抢劫罪、强奸罪被送到某省未成年犯管教所服刑。他初到管教所的时候，整天显得萎靡不振，对于8年的刑期，感觉遥遥无期。领导及分管民警多次主动找小强谈心交流，而前几次小强还是像刚来一样，沉默寡言，小心翼翼。为此领导专门对小强展开针对性的谈话，民警了解到他生在一个不完整的家庭，父亲为了赚钱养家，成天在外奔波，母亲在他很小的时候就离开了他，在谈话中小强提到最多的还是他的亲生母亲，在了解到小强的家庭情况后，民警与其母亲取得联系，并告知小强现在的情况，希望她能来未管所探视，小强母亲知道情况后非常的难过，且答应民警一定会去。而这一切，民警没有告诉小强，希望能给他一个意外的惊喜。2016年3月8日对小强来说注定是不平凡的一天，因为那天小强见到了10年未见面的母亲，小强终于被民警的耐心教导和细心关怀所感动，逐渐地向民警敞开心扉，主动向民警汇报改造思想，交流心得，渐渐融入于集体之中。在平时的改造中，小强在遵守各项监规的前提条件下，积极参加习艺劳动，并在民警的教导和帮助下，技能水平不断上升，不仅成了生产习艺能手，还热心帮助别人，积极参加一些体娱活动，小强也多次被评为"五好学员"等光荣称号，由于他的优异表现，被民警和其他服刑人员所认可，小强在2007年中、2008年底、2010年初获得了3次共3年减刑奖励。现在的小强即将刑满，走出监狱的大门。

✦ 思考题

1. 分析小强初到未成年犯管教所的心理和服刑态度。

2. 谈谈未成年犯管教所民警是如何对小强进行矫正的。

第五章

罪犯违规心理及矫正

1. 罪犯违规心理的概念与类型。
2. 常见的罪犯自杀、自残、诈病及其它违规心理的表现和识别及罪犯常见违规心理的矫正方法；掌握罪犯脱逃心理及其识别和矫正方法。
3. 又犯罪心理危险性的预测和矫正方法。

案例导入

罪犯郁某，因犯故意伤害罪依法判处有期徒刑 8 年。2008 年 1 月 15 日早上 6 点 30 分左右，郁某称自己肚子痛，说自己吃东西到肚子里去了。值班民警闻讯后，立即将郁某带至值班室询问，同时向其所在监组的同犯了解情况。在询问郁某的过程中，郁某一直称肚子痛，并承认自己吞食了异物，但不肯说出吞食了何物。后经民警耐心教育后，郁某说出自己吞食了两支笔，一支圆珠笔，一支钢笔。圆珠笔是其 1 月 14 日晚 6 点左右在 9 号监狱趁拿被子时在卫生间里吞食的；钢笔是其当晚 8 点 45 分左右收封后在 7 号间卫生间里吞食的。得知此情况后，分监区立即向监区进行了汇报，并带郁某到局总医院进行检查，经医院检查证实，郁某吞食了两支笔。

为有效地控制事态的发展，确保该犯的安全。根据《上海市监狱人民警察使用警戒具的试行规定》第 6 条第 4 款之规定，对郁某采取保护性上铐。根据《上海市监狱管理局罪犯禁闭处罚的试行规定》第 3 条第 4 款之规定，经分监区民警集体讨论决定，让罪犯郁某禁闭 15 天。按照计分考评办法对郁某的违纪行为给予扣计考评分 2 分。

第一节　罪犯违规心理概述

一、罪犯违规行为与违规心理的含义

罪犯违规行为有狭义与广义两种理解。狭义的罪犯违规行为，是指罪犯在服刑期间，违反监规纪律的言行。因此，它不仅包括程度严重的违规，如反抗管教、抗拒劳动、自杀等，而且还包括一般意义上的违规违纪，如不服从管理、经常完不成劳动任务、私藏现金等。广义的罪犯违规行为，除了罪犯在服刑期间的违规违纪言行外，还包括罪犯的又犯罪行为。属于狭义范围的违规可以运用监狱行政法规和规章制度予以制裁和处罚，而狱内又犯罪则需要报请人民法院给予刑法惩罚。本章研究范围限于前者。

在监狱学理论研究和罪犯教育矫正工作中，还有"罪犯抗拒改造"或"反改造行为"的概念与称谓。这与狭义的罪犯违规行为的概念呈现为交叉关系。罪犯抗拒改造或反改造，是指那些坚持犯罪立场、有意识地以各种不同的伎俩对抗刑罚与教育的罪犯的行为表现。从法律意义上讲，罪犯抗拒改造的行为可以分为两个层次：①一般违法性质的抗拒改造，如一贯地反抗管教和拒绝劳动等；②又犯罪性质的抗拒改造，如越狱脱逃、传授犯罪方法等。[1]因此，前一层次的抗改行为属于严重违规；后一层次的抗改行为则是又犯罪行为。

违规心理是支配罪犯违规行为的内在原因。它是在罪犯原有犯罪心理的基础上，对监狱的生活方式与规章制度不能适应所产生的不良心理倾向与状态。罪犯违规心理一般延续着原有的主观恶性与恶习，即引起犯罪的心理因素在违规心理形成中起重要作用。犯罪心理与对监禁环境的不适应及监狱不良因素共同影响，促使违规心理的产生、发展和外化，并最终形成违规倾向，引发违规行为。

二、罪犯违规的类型

由于罪犯违规心理的复杂多样，有反改造心理、非反改造心理，产生的

---

〔1〕　何为民主编：《罪犯改造心理学》，中国人民公安大学出版社 1997 年版，第 219 页。

行为无论是从行为上，还是从违规性质上，都不尽相同，主要分为以下几类：

（一）预谋性违规

这种违规是罪犯事先有一定目的、有一定准备的违规。少数罪犯特别是犯罪动机较深、行为习惯难改、长期生活在改造场所中，熟知监狱各项规范制度，但改造态度不端正，不思改造甚至是抵触改造。为了满足自身不正当的需求，往往采取种种不正当的手段，公开地或是隐蔽地，有目的地违规，轻者消极怠工，散布反改造言论，自伤自残。重者煽动闹事，进行暴力反抗，甚至是脱逃越狱，达到反改造目的。

（二）突发型违规

这类违规是罪犯并无违规预谋准备，只是因受突然发生的，对个人改造生活至关重要的情况或受环境、气氛条件刺激而引发的违规行为。这类违规行为没有目的、动机，多数是与人的情绪变化有直接联系。例如，激情状态下发生的违规行为、不良环境导致的违规行为等。

（三）习惯型违规

这类违规是经常的、重复的、习惯性违规。这种违规罪犯的主要表现是：大错不犯，小错不断，无视监狱纪律的约束，松散的行为习惯已成定型，明知故犯。

（四）境遇型违规

这类违规是指罪犯在接触到了诱发、促进违规行为发生的环境时，而引发的违规行为。这种违规行为的境遇作用是不容忽视的。换言之，若无此种处境，违规行为有可能不发生。例如，一些罪犯起哄、骚动时，就有另一些罪犯盲目从众。

（五）群体违规

这种违规是指三人以上发生的违规。它包括一般的群体违规，如违反监狱制度伙吃、伙喝等；还有一种比较严重的群体违规是形成狱内犯罪团伙进行抗改活动。

从以上分析不难看出，罪犯违规的类型多种多样，只有认识违规行为的心理特点，才能有效地控制罪犯违规行为。

三、罪犯违规的表现形式

罪犯违规心理和行为一般会是一致的，但不同的罪犯违规心理状态、生理特征和情境，使他们的违规行为呈现出各种不同的表现形式，归纳起来主要有以下四种：

（一）野蛮狂暴型

这类罪犯违规抗改的手段比较单一、明显，常常表现出亡命之徒作风，只图一时的行为发泄，不考虑行为后果。违规时气焰嚣张、态度恶劣，明目张胆地对党和国家的方针、政策进行言语攻击，有时还对其他犯人或监狱干警进行人身伤害性的行为攻击。其行为明显地表现出严重的违法性。这类罪犯大多较年轻，文化水平偏低，自我调控能力差，人格有某种缺陷，例如，性格粗野、情绪冲动，思维方式属简单型、偏执型、冒险型。

（二）虚伪狡诈型

这类罪犯违规时常常用表面顺从、花言巧语、伪善来掩饰其内心对刑罚惩罚，对政府、监狱机关、管教干部、其他犯人有对立甚至仇视的情绪。其行动诡秘、阴险，很少直接出面抗改，而是采取在罪犯中教唆、拉拢、煽动等伎俩，"借刀杀人"。一方面教唆其他犯人抗改，另一方面又有极好的自我保护本领，即一旦事情败露就又以揭发者的面目出现，企图逃避罪责。这类罪犯一般年龄较大、文化水平稍高或犯罪经历复杂，大多是犯罪团伙中的策划者、组织者。

（三）沉默孤僻型

这类罪犯违规比前两种形式显得"温和"些，不经常表现出攻击行为，也不轻易介入其他罪犯的公开违规活动。有的罪犯甚至长时间不说一句话，日常交往经常用手势表达，但对监狱机关的号召、监狱警察的管理教育常常无动于衷，以沉默来表示反抗。可能在自认为时机成熟时，会伺机进行严重抗改活动。例如，呼喊反动口号、劫持人员、破坏生产等。这类罪犯大多属于内向型性格，孤僻安静，喜怒不形于色，因而改造难度较大。

（四）颓废懒散型

这类罪犯的违规行为的特点是：在服刑的日常生活中拖沓、懒散、肮脏；在劳动中软磨硬泡、消极怠工，甚至用装病逃避劳动，表现出严重的好逸恶劳；对待他人态度上无论是来自监狱干警的教育还是周围罪犯的嘲笑，全都无动于衷。这类罪犯综合表现为缺乏自尊心和荣誉感，不思进取，消极麻木，破罐破摔。

四、罪犯违规心理的成因

（一）罪犯主体内因素

1. 原有不良心理的延续

罪犯原有不良心理的延续会直接引发罪犯的违规行为。例如，好逸恶劳的恶习，就会直接表现为服刑中的抗拒劳动。

2. 对判决与惩罚不服

这是因为罪犯把自己的犯罪和服刑中不良行为的原因归于外界，因而对法律的判决和监内的惩罚不服。于是用违规行为表示自己内心的不满。

3. 对前途悲观失望

罪犯违规与他们对自己未来前途的预测密切相关，当他们感到自己的未来一片灰暗时，就会悲观失望、万念俱灰，因而自暴自弃，不思悔改，心怀不满，直至违规。

4. 恶习太深或习惯性不良情绪

一些犯罪恶习较深的惯犯、累犯，或由于习惯性冲动导致的激情犯罪者，他们控制不了自己的恶习或冲动，因而常常违规。

5. 强烈的自我显示欲望

有些入监前在社会上称霸惯了的罪犯，服刑中仍想表现自己的"勇敢"和"英雄气概"，故意找茬顶撞干警，成了违规"能手"。

6. 能力因素

有些罪犯不是有意违规，而是能力太弱造成的。例如，感知、记忆、思维能力较差，或操作能力较弱，致使他们常常完不成劳动任务或者出次品。这种违规常常是过失违规。

7. 生理因素

罪犯违规与某些生理因素也有关。其一，身患疾病的罪犯，害怕在监狱治不好，或者因病程长而心理负担过重，情绪波动大，心态消极，易犯过失违规或被动违规。其二，体内某些生理因素异常，导致经常性情绪紧张或冲动而违规。其三，原发性或继发性精神障碍以及监禁性精神障碍的罪犯，易发生违规。其四，青少年罪犯由于体内的内分泌旺盛，生理心理发展不平衡，自我表现欲强烈，使他们易激惹、易违规或者被他犯利用而违规。

（二）主体外因素

1. 监狱警察因素

一是监狱管教干警素质不高、管教方法不当、奖惩不公等都会引起罪犯的违规行为。二是监狱警察怕管理的宽严度掌握不好，怕管严了激化矛盾，以及重视罪犯的劳动表现，轻视思想改造，这些都间接促进了罪犯违规心理的产生和违规行为的泛滥。

2. 群体交往矛盾或感染

罪犯生活在群体中，他们之间会经常发生矛盾冲突，当这种冲突严重时就会发生打架、斗殴等违规行为。此外，群体中的不良情绪、行为方式会相互感染，尤其是罪犯团伙中的相互教唆、受牢头狱霸的控制，都会导致罪犯违规行为的发生。

3. 社会消极因素的刺激

社会腐败现象和其他消极社会信息，使罪犯在服刑中感到心理失衡、压抑、迷茫和痛苦，这些负面情绪发展到一定程度就可能转化为违规心理和行为。

4. 家庭因素

其一，家庭对罪犯的态度。家庭对罪犯遗弃、冷漠的态度会使罪犯心灰意冷，自暴自弃，失去改造信心，因而违规。其二，家庭变故。亲人生病、配偶提出离婚等都可能突然引发罪犯违规。

第二节　罪犯违规心理的识别

一、罪犯违规心理

（一）罪犯自杀心理

1. 罪犯自杀概述

自杀是主体用一定的方法有意结束自己生命的一种行为。自杀的发生率，由于各国社会制度、文化、经济、宗教和社会风俗等情况的不同而差异很大。根据有关研究人员统计，中国大陆每年自杀死亡人数约 25 万，统计表明狱内罪犯自杀（包括未遂）发生的频率远高于社会。美国罪犯自杀率比普通人高50%。在英国，罪犯的自杀率比普通人高 4 倍。

2. 罪犯自杀心理的形成

罪犯自杀心理的形成，大致分为三个阶段：

（1）自杀心理的萌芽阶段。此阶段，罪犯会表达厌世情绪，语言上会流露出轻生的想法，行为反常，甚至对自杀方式、工具都有所考虑。其共同心理状态是陷入一种不能忍受的情感状态，首先表现为急性自杀危象或称高度危险致死期，一般持续仅数小时或数天、少数可达数月或数年。此阶段极易发生自杀，但如能警觉并给予正确的帮助和指导，使之从不能忍受的情感中摆脱出来，亦可使危象缓解或解除，但缓解后的 3 个月内仍是自杀易发生的时间。

（2）自杀心理的发展阶段。自杀心理的发展阶段即思想斗争反复期，此时罪犯的自杀心理极为复杂，其将围绕自杀与否进行全面考虑，既会留恋亲人和往事，也会顾虑自己的死亡给家庭带来不幸和社会不良影响。但进入此阶段的罪犯由于思想极端混乱，一旦自杀念头在思想上占了上风，则不能自拔，势必走上绝路。这时其将进一步根据具体情况考虑自杀的方式，自杀前要办些什么事，达到什么目的，父母、子女、配偶问题等。在言行方面，罪犯可能流露出泄气、悲观、失望甚至绝望的表现，对家人或熟悉的同犯可能用一定的方式含蓄地把自杀念头表达出来或交代后事，也可能向他人询问有关自杀的方法。但大部分自杀者抱着能被他人救助或阻止的幻想，甚至有边自杀边喊救命的案例。

（3）自杀心理的绝望与行为实施阶段。此时罪犯对他人的安慰、劝说均置之不理，头脑里唯一的想法就是要自杀，对认为要生前办理好的事设法办好，对自己的怨恨对象着手进行报复；并就地取材决定自杀的方式，准备好自杀的工具和选择适宜的自杀时间、地点。自杀者的遗书大多说明或暗示自杀的理由或死亡愿望，表现出较多的敌意、自责、内疚或决心，对生者使用特殊的称呼或进行教训，但多逻辑紊乱、缺少思维。

不过，由于每个罪犯的生活环境、文化程度、神经气质类型及所遇事件等具体情况的不同，不仅自杀心理的表现是千差万别的，而且自杀心理活动的三个阶段的时间长短亦可能相差甚大，还可能表现为无明显的阶段界限，也没有"一成不变的发展模式，呈现出自杀者心理过程和特征的复杂性"。[1]

---

[1] 钟继荣：《揭开自杀之谜》，中国检察出版社 2000 年版，第 27 页。

3. 罪犯自杀的原因

罪犯自杀心理的形成是罪犯犯罪心理与刑罚处罚、不良恶习与监狱客观环境矛盾斗争的结果，是罪犯不正当欲望被监狱环境制约后的绝望心理最集中的表现，也是罪犯求得自我心理解脱最消极的表现形式。罪犯自杀的原因有以下几方面：

（1）躲避罪恶感的心理折磨。这类罪犯入狱后，深感罪恶深重，认为如果自己存在，亲人和受害人的不幸和痛苦就不能消除，只有毁灭自己，才能使人们尽快地遗忘自己，同时，也只有毁灭自己，才能彻底摆脱罪恶感对自己心理的折磨。

（2）躲避严格的监禁生活。一些刑期长的罪犯，总是感到度日如年，因而悲观失望。一旦遇到某些外部刺激，特别是家庭变故、身体状况不良等，就想一死了之，以躲避长期监禁之苦。也有的罪犯由于养成好逸恶劳、好吃懒做的生活习惯，对狱内严格的日常管理和紧张的生活劳动产生了恐惧心理，在一定的偶然因素的刺激下，便选择了自杀来求得最后的解脱。

（3）躲避余罪被揭发或又犯罪的从重打击。这类罪犯很清楚真相大白后的后果，在绝望心理支配下可迅速形成自杀的心理内驱力。

从一些监狱发生的罪犯自杀事件的情况分析：自杀罪犯中 10 年以上的重刑犯占了大多数。这些自杀罪犯总的来看，社会联系和生活接济比较少，性格较为内向，在日常服刑生活中遭受的挫折较多，而他们承受挫折的能力又差，两者形成强烈反差。另外，少数罪犯企图以假自杀来对抗管理或者作为要挟监狱警察的手段而弄假成真。这完全是罪犯反社会心理同偶然因素共同作用的结果。

有研究者认为，罪犯自杀的原因主要是：悲观绝望，孤独，失望、恐惧与情感的虚空，畸形的自尊心，身体病残，意外打击，负罪过重，外在支持的缺失，为复仇和惩罚而自杀；余罪败露或重新犯罪，惧怕法律严惩，厌恶劳动、逃避惩罚、抗拒改造、不思悔改、情绪偏激而导致以生命作赌注；确有冤屈但告诉无门或久诉未果而生自杀念头；劳动、生活确有实际困难但得不到体谅和适当安排造成思想负担沉重，监狱警察工作方法简单以及处理问题上方法不当或耽误时机，或管教工作中出现疏忽和漏洞而导致罪犯寻短见等。[1]

---

〔1〕 参见黄兴瑞主编：《罪犯心理学》，金城出版社 2003 年版，第 261~263 页。

（二）罪犯自伤自残心理

1. 罪犯自伤自残概述

罪犯自伤自残是指狱内罪犯损坏身体器官或生理机能的行为。常见的有吞食异物、自损肢体、头撞墙、拍针、往身体某部位注射异物、切割静脉血管和绝食等。有时自残可能代表自杀未遂。

自伤自残者与自杀者的区别是：自杀者有结束自己生命的决心，而后者缺乏；自杀者虽有不同心态和原因，但死的念头是坚决的，自伤自残者往往是为了获得同情，发泄不满，表示抗议或达到某种目的而做出姿态；自杀者往往有严密的自杀计划和预谋，一般不至于被人发现，自伤自残者常在易被发现的场合实施或吞服小量而且来得及救治的药物或毒物；如在精神疾病上，自杀者多为抑郁症、精神分裂症、偏执性障碍、脑器质性精神障碍等重性精神病，而自伤自残者多为神经症、人格障碍、性变态等。

2. 罪犯自伤自残的原因

罪犯自伤自残按其心理动因可以分为情景性和功能性两种类型。

（1）情景性的自伤自残行为是罪犯无法摆脱外界强大心理压力而采取的一种消极的宣泄方式。如对完成劳动指标丧失信心而自伤自残，因受到监狱警察或其他管理教育人员的无端指责而自伤自残等。随着情景性因素的消失或外界环境的改善，罪犯对自伤自残行为感到后悔。这种自伤自残行为由于罪犯对行为的后果无意控制，会具有很强的冲动性。

（2）功能性的自伤自残行为，主要指罪犯惯用自伤自残手段来达到某些目的。随着监狱管理文明化程度和要求的提高，这类自伤自残行为有增加的趋势。罪犯采用自伤自残行为来达到迫使监狱人民警察让步，或者求得保外就医，以及在罪犯群体中扩大自己的影响力的目的。这些罪犯自伤自残的动机功能趋向独立化。表现为行为频繁，如吞食异物动手术达 10 多次；持续时间长，如绝食可以十几顿连续不进食。但有时他们也把握自伤自残行为的分寸，寻找机会下台阶。由于长期行为变态，心理会发生一定的扭曲；对自伤自残行为的克制性越来越差，生理痛觉趋于衰退和消失。

（三）罪犯诈病心理

在刑罚执行过程中，少数罪犯为了达到不同的目的，往往采取诈病的方式蒙蔽监狱警察。诈病是身体健康的罪犯，无病伪装有病，轻病诈称重病，是狱内罪犯逃避劳动改造惯用手段之一。诈病大致可以分为两种类型：一种是用一些不合乎常理的言行伪装成精神性或神经性疾病，另一种是用其他的一些手段伪装各种疾病的症状。

诈病罪犯的心理特点是：①从行为表现看，常常呈现为无病装病或小病装大病。②从动机而言，一是为了取得监狱警察的同情，获得轻松的劳动岗位；二是受好逸恶劳的恶习驱使，企图长期逃避劳动；三是为了取得保外就医的资格，从而逃避服刑生活；四是以此为借口取得外出就诊的机会，伺机实施脱逃犯罪。③从选择装病形式来看，伪装精神病的比较多。这些罪犯认为伪装其他疾病比较困难，需要有高体温，以及血象变化等病症，一经检查就能辨别真假。唯独装疯，真假难辨。④从诈病者的心理状态分价，诈病罪犯为了达到欺骗的目的，戒备心理很强，特别注意在大庭广众之下表现自己的病情"症状"，而独身一人时往往判若两人。他们在别人面前表现得比病人还像病人，但往往是欲盖弥彰。

（四）罪犯其他严重违规心理

1. 罪犯不服管教的心理

（1）罪犯不服管教的含义。不服管教是指罪犯拒不服从监狱警察的管理教育，抗拒改造的行为。根据罪犯不服管教时主观态度的情况，可以分为积极不作为和消极不作为两种；按作为时表现形态的不同，又可分为不理不睬、故意挑衅、公然顶撞等三种主要情形。

（2）影响罪犯不服管教心理形成的因素。罪犯不服管教行为的发生，起因主要来自罪犯不服管教的心理。罪犯产生不服管教心理的原因，除了前述影响罪犯违规心理的因素外，还有以下几个方面：

第一，严重的敌视心理或逆反心理。罪犯不服管教心理的形成，从根源上可以分为固有对抗和诱发对抗。前者来源于罪犯的敌视心理，后者来源于逆反心理。

所谓固有对抗，是由于罪犯已经形成的立场、观点与监狱机关对服刑者所提倡的目标不一致而产生的。它主要受罪犯已有的敌视心理的影响，即它是由于思想观念的反社会倾向而导致的严重的对立情绪，与监狱警察的工作特点或工作是否有失误无关。如信仰型罪犯由于在政治信仰方面与社会格格不入，在服刑过程中很自然地对监狱机关和监狱警察持敌视态度。

所谓诱发对抗，是由于监狱警察及其管教内容、方式不当，或者由于当时情景的某些特征，使罪犯对于应该接受的立场、观点持怀疑、厌烦、抵触等态度。这是由罪犯的逆反心理导致的，即由于罪犯对监狱的教育和约束在心理上产生的一种反向力量或反控制的意向活动所造成的。如某些监狱警察对罪犯思想教育时方法呆板，缺乏针对性，或硬性灌输，使罪犯产生逆反心理，诱发对抗。

第二，恶习太深，积重难返。许多罪犯不服管教是其原有恶习的继续。罪犯恶习是以往生活经历中多次重复而形成的无意识定向。恶习一旦形成，就显现出根深蒂固、积重难返的特点，即使在严格管制的条件下，仍然顽强地表现出来，使罪犯在监狱中对抗监狱警察，违犯监规纪律，破坏监管制度。这些违规常常表现为一种"情不自禁""不由自主"的行为，或者表现为一种自觉的意识因素的反抗。

第三，强烈的自我显示欲望。有些罪犯不服管教，主要是受强烈的自我显示欲望所驱使。他们妄图通过不服管教的抗改行为在罪犯中树立一个"敢于蔑视一切"的形象，并以对抗管教为荣。为了表现自己的"勇敢"和"英雄气概"，有时甚至故意找茬，顶撞监狱警察，受处理后也不皱眉头，下次再干，以此获得其他罪犯的称赞和自我心理上的满足。

（3）罪犯不服管教对策。在工作中遇到不服管教的罪犯，对当事警察来说是比较难堪的事。处理此类问题稍有不慎，便容易引发过激行为，导致事态失控，造成无法挽回的影响。具体需注意以下几点：

第一，镇服罪犯，控制局面。罪犯主要在两种场合发生不服管教行为：一是在公开场所，如劳动、学习、生活现场，罪犯集队点名会等；二是在监狱警察对罪犯进行个别教育时，如对违纪罪犯批评处理或谈话教育时。无论何种场合，一旦发生罪犯不服管教的行为，当事警察必须持严肃认真的态度，果断采取措施，予以当场制止，如严词训斥、口头警告、行为限制、环境隔离等，以控制局面。

第二，控制情绪，转移矛盾。当罪犯不服管教，口头警告无效时，监狱警察为防止矛盾激化，应及时调整教育策略和措施，尽量克制自己，平稳情绪，防止事态进一步扩大。此时可采用矛盾转移法予以解决。一是环境转移法，把不服管教的罪犯带至值班室、教育室等相对隔离的地方进行个别教育，给自己和罪犯一个心理缓冲的机会。那些自我显示欲强烈的罪犯，会因失去"表演"舞台而自动收敛不服管教的行为。二是主体回避法。如事发现场有其他监狱警察时，当事警察亦可适时回避，把事情交由其他监狱警察处理。对矛盾激化较为严重的冲突，也可交分监区领导处理，从而给罪犯一定的心理威慑。三是矛盾后移法。对不理不睬、消极改造的罪犯，当事监狱警察在现场口头警告无效而又不能中断其它工作时，可主动退让，把矛盾后移，回头再作处理，以免事态恶化，僵持不下。

第三，据实论理，循因施教。对不服管教罪犯的教育应重事实，讲道理，真正从有利于罪犯迷途知返、积极改造的目的出发，实施针对性的教育，切忌泛泛而谈。要向罪犯指明不服管教的行为可能对自己服刑及其家庭带来严重危害及后果，同时诚恳表明监狱警察的工作立场与态度以及希望罪犯达到的改造标准。引发罪犯不服管教的原因是多种多样的，监狱警察在谈话中应尽可能分析、判断清楚罪犯不服管教的原因，以便有的放矢。只有这样，才能使罪犯矫正事半功倍。

2. 罪犯拒绝劳动心理

监狱组织罪犯进行劳动生产，是执行刑罚、改造罪犯的一项重要活动。有劳动能力的罪犯拒不参加劳动，不仅是一种违法行为，而且影响其他罪犯的服刑改造，因此，监狱警察必须认真对待。

（1）罪犯拒绝劳动的原因。罪犯拒绝劳动的心理原因有：①敌视心理。罪犯有反社会倾向，对整个社会包括监狱机关都抱有敌视态度，常常通过拒绝劳动来表示内心的愤懑。②畏惧劳动心理。因好逸恶劳的恶习，又不思悔改，怕苦怕累，对劳动产生畏惧感。③悲观失望心理。由于刑期长，改造信心不足，而拒绝劳动。④不认罪服法。认为自己无罪或罪轻，不应受到刑事处罚而抗拒劳动。

罪犯拒绝劳动的环境原因有：①家庭变故，如配偶要离婚、恋爱对象要断交、父母子女无依靠等，导致情绪低落而拒绝劳动。②监狱警察在处理问题时方法不妥，使罪犯难以接受或者监狱警察分配劳动任务不合理而导致罪犯产生抗拒心理。③由于罪犯体力较弱或身患疾病难以承受监狱高强度的劳动，无可奈何之下拒绝劳动。

（2）对策。①对因好逸恶劳或敌视心理严重而抗拒劳动的罪犯，在反复进行耐心的说服教育仍然无效的情况下，要采取坚决有效的措施予以处理，如责令其写检讨书、开批评帮教会、考核扣分等，对仍拒不认错的可予禁闭反省。②对改造信心不足的罪犯，要做细心的思想工作。在严格管理的前提下，施以教育感化，给予一定的适应转化期，使之逐步树立改造信心，消除抵触抗拒心理。③对不服判决的罪犯，要向其说明人民法院的生效判决具有法律的强制力，必须不折不扣地执行。若对判决有异议，可通过正常途径行使申诉权，但在申诉期间不能中止履行罪犯的义务。对经教育后仍我行我素的可采取相应的强制措施。④发生了家庭变故的罪犯，要尽可能地提供帮助。如设法调解或劝说其配偶或恋爱对象改变态度，通过当地政府为其家庭解决一些实际困难等。⑤监狱警察在工作中要时刻牢记自己是代表国家行使管理教育罪犯的职权，因而处理问题要依法办事，公正无私，不意气用事。如确因监狱警察处置不当造成罪犯抗拒劳动，要知错必改。必要时，可让其他监狱警察出面继续做好善后工作，以有效化解矛盾。[1]

二、罪犯常见违规心理的识别

（一）罪犯自杀心理的识别

社会心理学家调查发现，大约2/3自杀成功者，并不是非自杀不可的，只是由于在自杀的前期和最后执行阶段自杀者没有得到应有的帮助，其他人没有采取防范措施才造成了无法挽回的结局。[2]因此对自杀者的预防干预有其重要意义。

如何准确评估自杀危机，提防罪犯自杀发生，是每位监狱警察所面临的一项紧迫的难题。有的罪犯自杀前会或多或少地留下些蛛丝马迹，有的则悄然无息、偷偷行事，有的是在已经采取了自杀措施后才被他人匆匆忙忙地带到监狱警察面前，因此给预防、救治自杀者带来了一定困难。

预防罪犯自杀的工作是一项十分细致而又艰苦的工作，根据自杀者的主客观条件，依据工作实践和具体案例，可以采取以下措施来干预和处置罪犯的自杀行为。

1. 关注自杀征候

大多数企图自杀的人，在前期的行为、言谈、情绪和生活背景方面存在一些特征。这些危险因素主要有：

A. 有自杀家族史；

B. 曾有自杀未遂史；

〔1〕 黄兴瑞主编：《罪犯心理学》，金城出版社2003年版，第271~275页。

〔2〕 高鸿鸣、刘金华编著：《中国实用心疗大全》，上海文化出版社1998年版，第216页。

C. 已经形成一个特别的自杀计划；

D. 最近经历了亲人去世、离婚等事件；

E. 其家庭因各种损失、遭人虐待、暴力等而失去稳定；

F. 本人陷入特别的创伤损失而难以自拔；

G. 是精神病患者；

H. 有药物和酒精滥用史；

I. 最近有躯体和心理创伤；

J. 有失败的医疗史；

K. 有抑郁症，或处于抑郁症的恢复期，或近期抑郁症住院；

L. 安排个人财产或在安排后事；

M. 有特别的行为或情绪特征改变，如冷漠、退缩、隔离、易激惹、恐慌、焦虑或社交、睡眠、饮食、学习、工作习惯的改变；

N. 有严重的绝望或无助感；

O. 陷于以前经历过的躯体、心理或性虐待的受伤情结中不能自拔；

P. 显示一种或多种深刻的情感特征，如愤怒、攻击性、孤独、内疚、敌意、悲伤或失望。

一名罪犯无论何时具备所列项目中 4~5 项危险因素，监狱警察都应认为这名罪犯正处在自杀的高危时期。

2. 发现自杀线索

深感矛盾或内心冲突的大多数欲自杀的罪犯，不仅会提供一些自杀的线索，而且可能以某种方式请求帮助。这些线索可能是言语的、行为的、处于某种状态或综合征的线索。①言语线索是指口头或书面表明的，如直接说"现在我想自杀"或非直接地说"我对任何人都没有用了"。②行为可以是诸如割腕等自伤行为，以此作为一种自杀"实践"或自杀方式。不过，这类行为线索比真正想死更说明在"寻求帮助"。③状况线索包括各种状况，如配偶死亡，离婚，难以忍受的躯体疼痛，不可治愈的晚期疾病，陷入亲人死亡的悲伤中或发生其它生活状况的急剧改变。④综合征线索包括各种想自杀的症状，如严重的抑郁症、孤独、绝望、依赖以及对生活的不满。

3. 注意求救信号

没有任何人百分之百想自杀，几乎所有想自杀的罪犯都会提供几种线索或求救信号。有些线索和寻求帮助的信号易于识别，有些却难以识别。即使是那些有强烈死亡愿望的罪犯，其内心也是非常矛盾而茫然的。他们的思维模式是非逻辑性的，所作的选择停留在非此即彼的思维模式上。他们只看到两种可能的选择：痛苦或死亡。每一个想自杀的罪犯都具有不同的特点，对监狱警察来说，无论是否存在强烈的死的愿望或绝望感并伴随自杀行为，都必须鉴别罪犯自杀意念的强度以及自杀危险的程度。评估罪犯自杀危险水平的传统方法是监区或分监区监狱警察召开犯情分析会，通过分析危险罪犯的思想状况来确定是否存在自杀危险。而对罪犯自杀危险水平评估更为有效的方法是采用"危机干预的分类评估表（THF）"。[1]通过对罪犯情感、认知、行为三方面作定性、定量分析，获得罪犯自杀危险性评价。

（二）罪犯自伤、自残的识别

自伤、自残是用毁坏身体的方式达到个体某种社会目的的行为。罪犯自伤、自残是一种逃避劳动或惩罚的行为。人都有保护自己，免受伤害的本能，而故意伤害自己身体是有悖常规的行为。罪犯自伤、自残从以下几个特征进行识别：

1. 残忍的性格

多数罪犯自伤、自残是为了逃避劳动，或以此为条件，求得利益和照顾，仅仅为了达到某种目的，就不惜折断肢体，毁坏器官。这些罪犯的内心是漠视生命和健康的。例如犯罪团伙的首领，过去在社会上就有通过断手指震住对方的成功经历，在监狱遇到挫折时，忍不住又"旧技重演"。

2. 意志退行

罪犯自残者不愿过吃苦的生活，在意志品质上，他们极端惧怕劳动，惧怕集体生活中的竞争和折磨。为了一时的目的，他们决然自残，具有突出的"怕苦、怕累、不怕疼、不怕死"的意志取向，心理和行为出现了明显的退行。

3. 认知偏执

有些罪犯采取自伤、自残行为源于他们顽固地认为法院的判决对自己不公，或者认为管教民警执法不公，有意识地整自己，在无法改变现状又无法解脱的情况下，为争一口气，转向自我攻击，以泄心中不满。

---

〔1〕〔美〕吉利兰、詹姆斯：《危机干预策略》，肖水源等译，中国轻工业出版社2000年版，第97~100页。

4. 情感失调

喜欢自伤、自残的罪犯大多应激反应过度，属于大喜大悲的人，内心敏感，同样的外界刺激，对他们产生的影响强烈而深远。他们不易从痛苦中解脱，一些罪犯还因此患上抑郁症。还有一些罪犯为减轻巨大的痛苦和烦恼，在外界力量过于强大时，将攻击的方向指向自身，自毁肢体，企图用肉体的痛苦来达到心理上的平衡。

（三）罪犯诈病的识别

1. 罪犯诈病常见表现形式

（1）运动机能方面，常见假装肢体瘫痪或感觉障碍，但肌张力正常，对刺激有反应；假装两手震颤，但抖动很做作而无规律；假装失音不能讲话，只能用手势或笔谈；假装癫痫，故意双目紧闭，手足乱舞，但意识清楚。

（2）感觉方面，常见伪称头痛、头晕，在人前呻吟或两手抱头，或假装恶心呕吐，夜盲、双目失明、耳聋等。

（3）内脏方面，常见假装患各种内脏疾病，经医疗检查正常。

2. 罪犯诈病的识别

（1）要详细询问罪犯病痛的症状，可让罪犯本人估计一下病痛的原因。据此分析其病症是否符合有关疾病的诊断标准，有无自相矛盾的地方。

（2）要将罪犯自入监以来的思想表现，身体健康状况，日常起居情况，家庭变化情况以及"犯病"后的心理、言行、神态气色等情况，提供给医务监狱警察作诊断的参考。

（3）细致地进行身体检查，并充分运用化验、X 光、心电图、B 超等医学检查手段，认真进行系统分析，从中找出蛛丝马迹。对于一些难以明确"诊断"的，不能轻易下结论，可采取布置耳目暗中观察、"假病"给安慰剂"假治"或"假病真治"等手段来揭穿其伪装。

（四）罪犯伪装精神病的识别

1. 罪犯伪装精神病的"症状"特点

（1）意识状态：佯装糊涂，认不清时间、地点、人物，但很注意观察周围环境变化，反应灵敏。

（2）言语思维：过于离奇，如装神弄鬼、呼天喊地，自称"神仙附体""才子转世"等。但在谈话时，其思维过程无障碍，无跳跃、紊乱现象，前后比较连贯。回答问题时会略加思考，内容显得刻板，回答后又会小心观察对方反应。

（3）动作姿态：动作夸张，挤眉弄眼，装醉汉，甚至吃大小便，故意承受一般人难以忍受的痛苦。

（4）情绪表现：佯装情绪激动，哭笑无常，焦虑恐惧等，缺乏精神分裂症病人情感淡漠的特征。

（5）病程特点：装病罪犯的病程长短不定，带有阵发性。他们往往胡闹一阵后作短暂休息以恢复精力，而且人多时"症状"明显，晚上和独居时"症状"消失。

2. 罪犯伪装精神病的鉴别

第一，鉴定前必须全面熟悉罪犯的以前经历、日常表现、个性特征、家庭状况和社会交往情况，如被鉴定人既往即有前科犯罪情况，亦应了解犯罪性质、过程和处理情况及处理后的精神状态表现。伪装精神病罪犯绝大多数过去精神正常，无精神病史。但也有少数罪犯曾有过精神不正常的历史，正好以此为借口，装作旧病复发。此时要综合其他情况作好辨别分析。罪犯伪装精神病总是要达到一定目的，有明显的伪装动机。如果对罪犯伪装的动机不能判明，而且其确有精神异常表现，不宜认定为伪装。

第二，鉴定人在对罪犯进行精神检查和分析鉴定结论时，不能像普通门诊看病一样单纯地按精神疾病症状生搬硬套，而应根据具体情况，结合监管工作灵活机动地进行检查，为此鉴定医师除应具有丰富的临床精神病学知识外，还要掌握一定的心理学，尤其是犯罪心理学方面的知识，以便全面分析其作案时和检查时的心理变化，做到发现疑点并及时揭穿。精神病患者的病程发展和症状组合有其自身规律，并不是由患者本身的意志所能决定的。许多精神病患者会有兴奋躁动、彻夜不眠、持续拒食等体力消耗很大的症状，是一般正常人无法伪装或难以持久的。

第三，在鉴定过程中，鉴定医师应与管教干警密切联系，取得他们的配合，共同做深入细致的调查研究和政治思想工作，在检查中发现罪犯有伪装迹象时应向其反复地交代政策，揭穿其伪装心理和伪装表现。如有一伪装案例，在开始检查时被鉴定人即表现出明显的不合作态度，连自己的姓名、年龄都说不清楚，再被追问几次后怕暴露马脚，干脆沉默不语或独语，使检查无法继续深入。后通过向干警了解得知，罪犯在来医院途中及在检查前说话还是很明白的，所以医师断定其有伪装表现，当即予以揭露，并请干警协助对其教育，指出伪装的危害，经反复交代政策后，终于消除了其伪装的动机和心理，其认真交代了伪装精神病的经过。

第四，认定其是否伪装时还应与拘禁性精神障碍相区别。监狱中比较常见的一种精神障碍是拘禁性精神障碍（或称拘禁反应）。拘禁反应可表现为许多不同形式。与伪装的区别在于，拘禁反应一旦形成后其症状表现是比较固定的，一般受环境的影响而改变，而伪装则是有目的性的，他们为了装得更像，往往模仿精神病人的一些言行，也有的受某些人的指点，过分地渲染或夸张某些症状，伪装精神病者有自知力，善于自我保护，精神病患者一般缺乏自知力，不会自我保护。所以在检查中如详细追问不难发现其症状矛盾百出，与真正的精神病症状相比有许多不合情理之处，其精神状态表现也常常因环境的变化而改变，如经详细调查和了解，是不难识别的。

第五，伪装精神病罪犯害怕检查时露出破绽，尽量回避检查，而且在检查时常常虚张声势，故意把一些极其简单的检查项目做错，如不会数简单的数目等。而精神病患者否认自己有病，或拒绝检查，或对检查抱无所谓态度，能坦然面对。

监狱警察可以根据上述标准进行初步的甄别，但是确诊精神病还是需要专业知识及相关检查，因此当监狱警察只是怀疑或者不能肯定自己的判断时，应当请精神科医生诊断。

第三节　罪犯违规心理的矫正方法

一、罪犯自杀的矫正方法

（一）进行角色认知教育，消除罪犯自杀的心理机制

一个社会化正常的人，对自己在社会上所扮演的角色和所处的社会地位，都会用一个恰当的社会行为标准来进行自我评价，同时，对他自己在人际关系中所扮演的角色以及他人对自己的看法和期待，也都会有一个相对正确的认识和判断，并针对自己的角色，实施与之相适应的角色行为。然而，罪犯对自身社会角色的认知和角色行为的实施与社会现实之间存在着严重脱节。在投入改造之前，他们超越角色的不良需求导致他们干出了违法犯罪之事。投入改造之后，他们基于原有的心理素质，不可能认知自己的角色，从而改

变原有的不良的行为、信念和心理定势。恰恰相反，他们往往在延续下来的不良行为和信念支配下，从事新的反改造活动。因此，对罪犯进行角色认知教育，可以提高罪犯的心理素质，促使其进行正确的评价和自我认识，对消除罪犯因超我角色行为不能实现而产生的自杀心理能起到积极作用。

（二）培养罪犯的自我意识，提高罪犯的认知能力

自我意识是指人对自己以及自己和周围事物关系的一种认识，也是人认识自己和对待自己的统一。罪犯之所以犯罪，大多是因为具有心理缺陷，不能够正确处理自己和周围事物的关系。我们可以通过对罪犯的教育，使其能够进行自我教育、自我体验、自我监督和自我控制；使其在平时的交际和交往过程中，通过认识他人，直接或间接地认识自己，进而改变自身的缺点，完善自身，让文化、思想和道德修养达到一个较高的水平；使其能够控制自己的思想、行为和情感，提高对外界事物的认识和分析能力。一旦罪犯具有了自我意识，就能够克服改造中遇到的困难和挫折，就不会产生或极少产生自杀心理。

（三）提高罪犯的适应能力

人生活在世界上，就是一个奋斗的过程，由于每个人成长的环境不同，对外界环境的适应能力也不一样。一般来说，在成长过程中经历的磨难越多，适应能力相应就越强，对生活充满信心的人，就容易适应各种环境。而对罪犯来说，自身的心理缺陷导致其意志力薄弱，尤其是大多罪犯在监外游手好闲，过惯了好逸恶劳的生活，其独立生活能力和对各种环境的适应能力极差。一旦入狱，艰苦的劳动和人身自由的限制，都会对他产生很大刺激，并对其消极的心理起到强化作用，使之感到前途渺茫，生活暗淡无光，失去生的勇气和信心，进而用自杀来解脱。所以，对罪犯进行适应能力的培养，增强其生活的勇气和信心是矫正罪犯自杀心理的重要方法。

（四）加强性格培养，增强罪犯自身的免疫力

由于存在自杀心理的罪犯大多属于或接近于忧虑型（内倾型）性格，因此，对其进行性格培养是十分必要的。我们必须在监内创造一个新的良性的影响源，对罪犯施加良性影响。对罪犯性格的培养可以从以下几个方面着手：①充分调动家庭因素，利用罪犯与家人的特殊关系和罪犯在家庭中所处的地位，必然会对罪犯性格的培养起到很大的刺激作用。②利用狱内特殊学校对罪犯实施教育，使罪犯的知识结构和道德修养再造化。通过对罪犯知识结构

的改变，提高其道德修养和自我控制能力，转变其性格特征。③运用劳动手段，加强罪犯对其性格的自我培养能力，使罪犯在劳动中增强耐力，逐步养成意志顽强，乐观向上，责任感、集体感、纪律性强，团结互助等性格特征，从而扭转自私、狭隘、偏激、悲观沉闷、散漫消极等不良性格。在管教干部的指导下，使他们按照社会主义生活方式和道德准则，有意识地进行自我性格的培养。④建设良好的罪犯群体，加强对罪犯个体的影响力，使罪犯在群体的交互感染中逐步地矫正过来。总的说来，培养罪犯良好的性格，会对罪犯的心理活动起到极大的刺激和限制作用，对一些消极的、恶性因素的影响起到排斥和免疫作用，进而促使罪犯的心理向良性方向发展。

（五）加强系统管理，消除罪犯自杀的条件

所谓对罪犯进行系统管理，就是对罪犯生活的全过程采取一系列的手段和措施进行控制。这些手段和措施主要有：①互监小组的管理。加强互监小组的管理，使其充分起到互相监督作用，使罪犯失去自杀时空条件。②药物管理，包括医疗药物管理和农场的农药管理。从罪犯自杀的情况来看，有相当一部分罪犯的自杀方式是喝农药或吃过量的药物，而加强对药物的管理就能对罪犯自杀行为的产生起到限制作用。③工具、生产设备的管理。有些罪犯的自杀是利用生产工具和生产设备而实施的，因此，加强对生产工具和生产设备的管理就可以堵住这方面的漏洞。系统管理的内容除了上述三点之外，还包括要严格按照各种规章制度，对罪犯真正做到 24 小时监管。总的来说，对罪犯做到了系统管理，可以对罪犯自杀行为的产生起到限制作用，使自杀行为失去时空、工具等前提条件。

（六）全面把握信息，及时加工处理

信息是我们把握罪犯心理变化的前提条件。对来自狱内的各种信息，都要及时地予以把握，同时要充分发挥狱内特情、耳目的作用，从各个方面和各个角度搜集来自各个渠道的信息，并对这些信息及时地进行加工处理，分析研究，综合概括，从而判断它的准确性和可能性，一旦有罪犯自杀的迹象和前兆，就要及时地采取相应的措施，以防止恶性案件的发生。

（七）抓住罪犯的内心矛盾，进行有针对性的教育，消除罪犯的自杀心理

在管教工作中，要抓住各种有利时机，对罪犯进行有针对性教育，罪犯自杀前都要进行激烈的思想斗争，要反复考虑和衡量，最后才会作出抉择。应充分抓住罪犯自杀前形成的对生与死摇摆不定的矛盾心理，展开攻势，给

他们讲明自杀的危害性及给本人、家庭带来的痛苦和损失，从而弱化罪犯的自杀心理，使之选择生的道路，复燃生的欲望，把自杀行为消灭在萌芽之中。

（八）提高干部素质，增强对罪犯自杀的预防和预测能力

不管罪犯自杀成功与否，监狱应当对其他罪犯开展自杀预防专题教育，以消除不良影响。对自杀未遂罪犯，除了要给予理解与心理支持外，还要参照控制自杀危险犯的措施采取相应的管理对策。能否对罪犯的自杀行为进行有效的预防，取决于管教干部的素质高低。作为一个合格的管教干部，不仅需要有丰富的知识和高度的责任感，还必须具有一定的工作能力，能够洞察罪犯的细致的变化，全面系统地分析罪犯中出现的各种问题，对问题所反映的信息进行科学的判断和推理，把握罪犯的心理发展方向。因此，提高监狱人民警察的素质，培养管教干部分析问题和解决问题的能力，也是我们预防罪犯自杀的一个重要措施。如果忽视了这一点，即使我们的制度再严密，管理计划再周全，也不可能真正执行下去，并产生真正的效力。[1]

二、罪犯自伤、自残的矫正方法

罪犯自伤、自残的矫正一定程度上可以参照罪犯自杀干预的某些措施。除此，还要针对罪犯自伤、自残的原因，区分情况，采取相应的办法。

（1）针对罪犯的情景性自伤自残，必须设法使其摆脱内在心理压力，如利用心理咨询或宣泄疗法，以及增加文体活动的数量和强度。而监狱警察真诚的关心与理解，是解决罪犯心理压力的有效途径之一。对那些承担过重的劳动任务而产生自伤、自残念头的罪犯，应适当调整其劳动量。如果是由于新入监，罪犯不适应劳动及环境，或者技术不熟练引起的，则要加强指导与技术辅导。如果是因为监狱警察或其他管理人员工作态度或方法不恰当引起的，则要正视，不能回避，必须纠正监狱警察或管理人员存在的问题。对自伤、自残罪犯存在的实际困难，要切实解决。

（2）罪犯的功能性自伤自残，是罪犯违规心理恶性发展的结果。监狱警察要表明态度，做针对性的批评教育，不能迁就。在自伤、自残罪犯心理趋向稳定后，监狱警察可以组织其他罪犯一起共同来分析其原因及目的，开展互帮互助活动，以共同提高思想认识。监狱警察在对自伤、自残罪犯的错误

---

〔1〕 马立骥主编：《罪犯心理与矫正》，中国政法大学出版社 2013 年版，第 77~79 页。

思想与心理进行批评教育后，还应当要求罪犯写反思材料，不能走过场。

（3）少数自伤、自残的罪犯存在边缘型人格障碍。这些罪犯还有进一步发展为自杀的可能。因此，在进行人格整合治疗或其他心理疗法的同时，注意防止其自杀行为的发生。

三、罪犯伪装精神病的矫正方法

罪犯伪装精神病是诈病的一种。虽然在监狱伪装精神病的罪犯不多，但是其危害较为严重，不可忽视。

对待精神异常的罪犯，首先应持"疑病从有"的态度。在未证实其诈病之前，都应将其当作精神病人来看待，及时加以疏导和进行药物治疗，并认真做好保监控制和情况记录，为甄别真伪精神病提供素材。如果不以科学的态度去对待这类罪犯，而是武断地认定其为诈病，并加以简单的训斥甚至采取惩罚措施，就可能加重罪犯的病情，促使罪犯产生自杀、逃跑、行凶等危险行为，会给监狱工作带来严重损害。

对认定为伪装精神病的罪犯，应当指出其诈病的实质，纠正其逃避惩罚和改造的错误动机。要加强正面教育，并按监狱有关规章制度处理，促使其诚实接受教育矫正。

第六章

罪犯又犯罪心理及矫正

重点问题

1. 罪犯又犯罪心理的概念。
2. 罪犯又犯罪心理形成的过程。
3. 罪犯又犯罪心理的矫正。

导入案例

罪犯刘某和张某分别因犯盗窃罪、抢劫罪在监狱服刑。到今年年初两人各有1年不到和2年多的余刑。今年4月，刘某和张某违反监狱管理规定，与同监区人员在监房内娱乐喧哗，民警巡查发现后当即要求他们停止娱乐、上交娱乐工具，但刘某不但不听，还挥拳殴打民警。4月底，张某因与同监区另一服刑人员孙某在劳动中发生口角，竟趁孙某午睡时，用电熨斗猛砸孙某头部，致其头部受伤后住院，后经法医鉴定为轻伤。刘某和张某被法院分别以破坏监管秩序罪和故意伤害罪定罪在原有余刑的基础上各被加刑1年6个月。

第一节 罪犯又犯罪心理概述

在监狱内服刑改造的罪犯实施犯罪行为不单单是一种应当受到刑罚处罚的又犯罪，更是严重扰乱正常监管改造秩序的行为。狱内又犯罪数量的多寡也是衡量监管改造质量的一项重要指标，是警示狱内监管安全的"晴雨表"。对于罪犯狱内又犯罪心理的研究和探讨，不仅有利于打击狱内犯罪、深化刑罚目的，而且更有助于加强对狱内犯罪的预防和控制，从而减少狱内又犯罪，维护监管安全和秩序，创设良好的改造氛围，提高改造质量。

一、又犯罪的概念

关于狱内犯罪问题目前运用较多的有"狱内重新犯罪""再犯罪"和"又犯罪"三种概念。我国《刑法》第 71 条规定："判决宣告以后，刑罚还没有执行完毕以前，被判决的犯罪分子又犯罪的，应当对新犯的罪作出判决，把前罪没有执行的刑罚和后罪所判处的刑罚，依照本法第 69 条的规定，决定执行的刑罚。"同时，我国《刑事诉讼法》第 262 条第 1 款规定："罪犯在服刑期间又犯罪的，或者发现了判决的时候所没有发现的罪行，由执行机关移送人民检察院处理。"我们认为，使用"又犯罪"这一概念更有法律依据。并将"又犯罪"定义为：正在接受服刑改造的罪犯，在监狱内再次实施符合刑法规定的应受处罚的犯罪行为。从以下四个方面对其进行界定：

第一，犯罪主体是正在接受惩罚和改造的罪犯。又犯罪的主体特指正在监狱服刑的罪犯，不包括假释、保外就医或将来拟实施的社区矫正类的罪犯。

第二，犯罪的地域是监狱等服刑场所。这里的监狱指狭义的监狱，即执行自由刑的场所——监狱和少管所。但这里的狱内又是相对广义的，它不仅包括监狱高墙、电网内的区域，也包括罪犯外出劳动和调动押解等时自然延伸出去的区域。如罪犯外出劳动的农田、劳务输出的场所等。

第三，犯罪行为的实施结果达到了一定的社会危害程度，属于我国《刑法》规定的犯罪范畴，且应当受到处罚。狱内犯罪同社会上的犯罪一样，都具有三大特征，即严重的社会危害性、刑事违法性和应受惩罚性。

第四，这里的又犯罪仅指犯罪中的一种，即专指被判处有期徒刑、无期徒刑和死刑缓刑二年执行的罪犯在监狱服刑期间的又犯罪。此外，狱内又犯罪的内容、种类与狱外犯罪或重新犯罪相比又有其特殊性。除狱内又犯罪中的凶杀、盗窃、强奸等犯罪类型与狱外犯罪有相似之处外，有不少犯罪类型是狱内又犯罪所特有的。例如，脱逃罪、破坏监管秩序罪、组织越狱罪、暴动越狱罪以及聚众持械劫狱罪等。

二、又犯罪的类型

又犯罪是特殊领域内的一种犯罪现象，因受到犯罪主体、空间范围和时间的限制，无论作案动机还是手段都受到很大的限制，又犯罪类型与社会上犯罪类型有较大区别。

根据《刑法》的规定，又犯罪有以下几种常见的类型：①逃脱案件。逃脱案件是狱内发案最多的一种犯罪类型，也是罪犯逃避首选。②狱内盗窃案件。③流氓性质的犯罪。如侮辱、猥亵妇女、传阅淫秽物品等。④狱内伤害杀人案件。⑤妨碍公务案件。如在押犯以暴力妨碍监狱干警执行公务，情节恶劣的。⑥诈骗犯罪案件。这是近几年来新出现的一种犯罪类型，作案人一般在入狱前具有一定的身份和地位，如涉黑和职务犯罪等，常常涉及到社会上一些单位或个人。⑦危害国家安全的犯罪。具体表现出来的有如下几种犯罪行为：抢夺枪支、车辆、挟持人质、制造凶杀、爆炸、放火、闹监、暴乱、投毒、盗窃、打架斗殴致人伤亡、集体逃脱等。

在实际工作中，又犯罪主要有逃脱、暴力行凶，本章节就狱内多发的逃脱心理和暴力行凶心理的预测及罪犯逃脱心理、盗窃心理、诈骗心理和暴力行凶心理的矫正方法作具体阐述。

三、罪犯又犯罪的心理特征

又犯罪古来有之，但在不同的历史条件、不同的社会性质下，又犯罪表现出不同的特点。当前社会的又犯罪有如下心理特征：

（一）怨恨心理

怨恨情绪是狱内又犯罪罪犯存在的一种普遍心理。有的罪犯对法律的惩处心存不满；有的对社会和家庭产生怨恨；还有的则对监狱服刑生活心怀愤恨等。比如，有的罪犯常把监狱人民警察的正常管理当成是"整人"或与自己过意不去，而在心中耿耿于怀，持消极抵触情绪，遇有犯罪不良诱因，极易产生犯罪动机。

（二）悲观心理

多数又犯罪罪犯的刑期较长，加上自卑心理的作用，常感到前途无望、忧虑、悲观。一些累犯更是感到被社会或家庭所遗弃，自己只能是"以犯罪为业，以监狱为家"。当罪犯处在一些生活事件的应激状态下，更是感到悲观甚至绝望。而罪犯一旦丧失了生活的信心和勇气，就会自甘沉沦甚至孤注一掷，引发犯罪行为。

（三）抗拒心理

多数狱内犯罪人由于原有犯罪心理或不良心理的影响，对监狱服刑生活往往会抱有较强的抗拒心理。这类人反社会心理较强，认识能力偏激或逆反心理较强。他们中的一些人蛮横无理，屡犯监规；有的攻击性强，争做牢头狱霸；有的公开顶撞监狱人民警察，态度嚣张等。抗拒心理的产生往往是狱内又犯罪动机萌生的前兆。

（四）欲求的极端性[1]

又犯罪罪犯均有较强的物欲或其它不良欲求，为了满足自己的欲求，常会置法律于不顾。在贪欲的作用下，对畸形生理需要或物质欲求的无休止的追求，使他们变得疯狂和残忍，进而产生又犯罪动机并付诸实施。

（五）自我控制能力差

又犯罪罪犯由于年龄较轻，文化程度较低，未婚的多，所以他们大多观念错误、是非不分、善恶不辨、情绪多变、好面子、爱逞强，行为缺乏理智、不计后果，缺乏外界约束力而无所顾忌，易受他人暗示，报复心理较强，意志力薄弱，自我控制力差。这些因素都易导致罪犯实施又犯罪行为。

四、罪犯又犯罪心理分析

罪犯入狱前之所以会实施犯罪行为而受到刑罚处罚，主要是由于其人格缺陷等诸多因素所构成的犯罪心理驱使所致。而这种犯罪心理或缺陷不会因罪犯受到刑罚处罚以及入狱服刑而自动得到矫正或消退。法律处罚本身也不可能消除犯罪行为。相反受到法律惩罚本身，对于罪犯而言就是一种最为严重的挫折，每个罪犯都会感受到不同程度的受挫感。对于惩罚和挫折，罪犯会表现出一种类似本能的反感、排斥、抵触和抗拒。这种抗拒心理可以是内隐的，也可以是外显的，而且其程度的深浅以及强度的大小，既受罪犯主体身心特点的影响，又随着外界刺激环境或诱因的变化而不断地变化着。监狱拘禁状态下的服刑生活，又使每个罪犯的欲求满足状况受到种种限制或剥夺。欲求受阻，必然会给罪犯带来不同程度的不良或消极的情绪情感反应，如焦虑、痛苦、孤独、压抑、忧郁和怨恨等。这种负性情绪或情感势必会更加强化罪犯的受挫感，犹如"雪上加霜"。心理学家多拉德（J. Dollard）认为："侵犯永远是

---

[1]　黎国智、马宝善主编：《犯罪行为控制论》，中国检察出版社 2002 年版，第 325 页。

挫折的一种后果";"侵犯行为的发生，总是以挫折的存在为条件的"。[1]当罪犯因挫折导致的抗拒心理和不良情绪情感等负性能量的积聚达到一定程度和强度时，在外界刺激或诱因的作用下，必然会爆发各类侵犯行为，其中最为严重的就是狱内又犯罪行为。

对于在改造环境作用下想要改恶向善的罪犯，特别是恶习较浅的初犯，其原有犯罪心理与现有向善心理之间也存在着激烈的矛盾斗争，这种冲突会使罪犯产生焦虑情绪。在焦虑情绪的作用下，出于自我防御需要，会出现相应的外在宣泄行为。而宣泄行为不可能是单一的、恒定的，其中滋生的失范效应也是客观存在的，这恰似"饥不择食"现象。饥不择食的结果就可能导致"物欲型"失范行为或"情欲型"失范行为。其中最为严重的失范行为就是狱内又犯罪行为；另外，一些罪犯的不良心理或犯罪心理甚至还会在监狱不良环境的作用下得到增强，如罪犯间的交叉感染与深度感染等，这也会强化罪犯原有的不良心理，产生又犯罪心理与行为。

对于犯罪主观恶性较深的累犯来说，由于人格缺陷的严重性和犯罪恶习的定型性，犯罪心理和犯罪行为已成一种自动化需要。又犯罪也就成为其犯罪习惯的一种自然表现结果。如一些盗窃累犯，其恶习甚至已成为一种癖好，一种人格障碍，即使自己主观上有改恶向善的愿望，却无法控制习惯的惯性作用。累犯的监狱服刑生活会因为以往的经验而变得适应起来，这是因为随着刑罚次数的增加，犯罪人对刑罚的"敏感阈"下降所致。因此，一些不思悔改的累犯，"身在监狱，心在外"，尽管受到多次的法律惩处和教育改造，但仍然恶习不改，与法律和改造相抗衡。只要这类罪犯的心理缺陷没有消除，动力定型不被打破，就会在故意或无意之中，在自觉或不自觉的条件下，自然而然地陷入狱内又犯罪的泥潭，并无法自拔。

从总体上看，罪犯在狱内的又犯罪心理对于每一个罪犯而言，在特定的环境和时间内，都不同程度地存在着，它们或多或少，或强或弱，或明或潜（如潜意识层面），或深或浅，或有意或无意。又犯罪心理的存在具有一定的不可避免性。有的罪犯由于良性自我的控制力较强，使这种犯罪心理处于压抑状态而不外显为行为；有的罪犯则由于外在客观环境的限制，例如无作案机会或条件使其无法实施实际的犯罪行为。只要存在着环境不良诱因的催化

---

〔1〕 金盛华、张杰：《当代社会心理学导论》，北京师范大学出版社 1997 年版，第 318 页。

作用，加上犯罪作案条件的具备，每个在狱内服刑的罪犯都有可能实施又犯罪行为。因而又犯罪心理的存在使得狱内又犯罪行为的发生，具有一定的必然性或不可避免性。

总之，又犯罪与监狱就似一对"刑事伙伴"，有监狱的存在，就有又犯罪的影子。罪犯又犯罪心理是又犯罪行为的内因，又犯罪行为是又犯罪心理的外显。而又犯罪心理和又犯罪行为存在的必然性促使我们对这一问题必须予以高度的警觉和重视，万不可掉以轻心。对于罪犯又犯罪心理的研究和探索也任重道远。

第二节 罪犯又犯罪心理的预测

一、罪犯逃脱心理的预测

因为罪犯脱逃心理是受其原有犯罪心理或人格缺陷的驱动而形成的，脱逃心理也必然会通过罪犯的情绪、言语和行为等方式表现出来。罪犯脱逃心理的外化与逃跑行为的实施需要一个过程，罪犯要做一定的心理、物质和技术准备等。所以，罪犯脱逃心理的预测应当是可能的。

（一）脱逃心理的预测方法

1. 量表测试法

此种方法就是通过运用人格测试量表、重新犯罪的测试量表以及人身危险性评估量表等，对罪犯的脱逃心理和行为的可能性加以估计或推断。

由于我国目前尚无专门性的罪犯脱逃测试量表，只能通过对罪犯人格量表的测试和再犯可能性的测试，以及人身危险性的评估来加以推定。因为罪犯的主观恶性大、人格缺陷深与罪犯的脱逃心理和行为存在着一定的相关性。如：反社会的意识、对法律的态度、自我的价值观、心理适应、人身危险性等，都可以成为影响罪犯脱逃行为的心理因素。

罪犯人格量表的测试除使用明尼苏达多项人格测试量表（MMPI）和卡特尔人格测试量表（16PE）以外，当前监狱正在试用的一种量表为中国罪犯心理测试个性分测验（COPA－PI）。[1]关于我国本土化的再犯预测量表，除我

---

[1] 章恩友主编：《罪犯心理矫治技术》，中国物价出版社2002年版，第184页。

国台湾地区学者张甘妹等编制了《再犯评估量表》外，上海市监狱管理局与华东政法大学现已共同编制出《刑释人员再犯预测量表》。南京大学预防犯罪研究所的人员最近也正在从事有关罪犯的人身危险性评估方面的研究。相信不久的将来我国会制定出测量罪犯脱逃心理的量表。

2. 心理综合诊断法

主要是通过观察、访谈和测试等多种方法，收集与逃脱心理与行为有关的罪犯个体信息，进行全面的综合分析与判断，建立心理档案，并对罪犯脱逃行为的可能性作出估计。

综合诊断罪犯的脱逃心理包括以下几个方面：一是人格特点。例如反社会或攻击性人格特点的罪犯脱逃的可能性大。二是成长史与犯罪史。累犯脱逃的可能性高。三是现实改造态度和表现。可将罪犯分为四种类型：积极型、中间型、落后型和抗拒型。落后型和抗拒型的罪犯脱逃的可能性较高。四是心理适应情况。心理不适应的罪犯发生脱逃的可能性强。五是参照群体的氛围和不良团伙情况。改造氛围差、加入不良团伙的罪犯脱逃概率高。六是狱内生活事件及自我应对方式。生活事件发生的频率大，心理影响强，自我应对方式较不良的罪犯脱逃的可能性大。七是罪犯的人际状况特别是其家庭情况（如是否常来探监）以及与他犯、监狱人民警察间的矛盾、冲突等，人际问题严重的罪犯脱逃的概率高等。

掌握罪犯的上述情况后，通过综合分析与诊断可以推测出罪犯脱逃心理的可能性的大小。并可依照脱逃心理的强度分为四种类型：①可能有脱逃心理；②有脱逃心理；③脱逃心理严重；④有脱逃危险（即将采取脱逃行为）。应将资料和诊断情况归入罪犯心理档案。

1. 异常行为预测法

此种方法就是通过对罪犯异常行为发生与否的观察和分析来推测其脱逃的可能性。

通常情况下，罪犯在产生脱逃行为前都会有激烈的内心冲突，使罪犯外显行为呈现出诸多异常表现。这些异常行为表现主要有以下几种：

（1）伪装改造积极。罪犯平常改造表现不积极，突然变得积极改造起来。这主要是为了骗取监狱人民警察的信任。

（2）准备资金和物资。罪犯脱逃需要现盘和相关物资。现金和物资的来源主要有三种：①接见或通信向亲属要；②盗窃；③向其他罪犯索要或兑换。

（3）掌握监狱人民警察的活动规律。罪犯若想脱逃成功，就需要避开监狱人民警察的监控视野。罪犯掌握监狱警察的活动规律后，可以寻找空隙，伺机脱逃。

（4）熟悉环境。罪犯在逃脱前常常要熟悉与逃脱相关的环境，主要包括：熟悉地形、观察警戒设施、打听交通状况、了解社会情况等。

除上述异常行为表现外，罪犯在言语、情绪和表情上也会出现一定的征兆。例如：有的罪犯平常快人快语却变得沉默寡言；有的罪犯情绪烦躁不安，吃不下饭，睡不好觉，面部气色难看等。

（二）脱逃心理预测应注意的问题

1. 预测的精确性

罪犯脱逃心理预测只能做到相对的准确，而不能做到绝对的精确。因为超前的反映绝不等同于现实反映，有着不可避免的局限性。预测也仅是一个在科学基础上近似的、大概的估计而非必然或绝对。此外，罪犯的脱逃心理也是在不断发展变化的，新情况和新变化都会影响罪犯的脱逃心理。所以，我们只能将罪犯脱逃心理的预测结果作为一种参考或参照，而不能作为绝对的依据或标准。

2. 预测的系统性与综合性

罪犯脱逃心理的诊断方法也属于一种直观预测。在所谓的直观预测的情况下，所说的不是科学方法，而是工作体制，这种体制是刑事司法机关、社会监督机关和执行刑事惩罚机关通过实际工作独立制定出来的。因此，我们应注意预测方法的综合运用，各取所长。

3. 不良标签的回避

从一定意义上讲，预测是对某一罪犯的一种评价，这就使其不得不接受种种不同的标志。倘若一个罪犯被预测其脱逃的可能性大，也就相应地被贴上了"不良"的标签。而不良标签的标定，会使罪犯的心理受到打击，影响其自尊的满足，甚至于一蹶不振，抱着"死猪不怕开水烫"或"活着干，死了算"的绝望心理，实施脱逃犯罪。因此，对预测结果应注意保密性，在预测过程中，应竭力避免让罪犯本人有所觉察。

二、罪犯暴力行凶的预测

通常情况下引发暴力的因素有下列几种：从生物学上来看，智力低下，内分泌失调，脑器质性疾病，精神病性特征引起的神经系统改变、疾病、药物、脑外伤等都可能使罪犯产生暴力倾向；从心理学上看，特殊的处境，某些功能性精神病，人格障碍等也可引起暴力行为；从社会学方面来看，家庭成员、同辈以及生活在周围的人群，行为处事的方式可能加大暴力倾向。另外，特殊的、现场的物理环境刺激如炎热的天气、拥挤、嘈杂、冲突以及缺乏交流也可引发暴力行为。当以上因素混杂在一起时，暴力倾向就大大加强了。

（一）人格特征评估

对人格特征的评估主要是识别罪犯是否具备暴力倾向。暴力行凶的罪犯具有的人格特征：认识水平低，是非不清；情绪不稳定，喜怒无常；情感冷酷，攻击性强；自我控制力差；虚荣好胜；自我为中心，偏激固执；缺乏同情心；心胸狭隘。

（二）人口统计特征评估

人口统计特征包括罪犯档案中列举的基本情况，其中对初次犯罪年龄，犯罪前科及次数，以前刑事犯罪的严重性，童年时期被虐待和被忽略的历史，药物成瘾、酒精依赖和吸毒史，以往的暴力攻击行为史等方面应格外加以重视。这属于评估的静态因素。

（三）精神健康状况评估

应对脑损伤、智力低下、思维与感觉是否正常、情绪成熟度等方面进行评估。

（四）行为方式评估

暴力行凶的罪犯行为方式的评估，主要是对矫正对象以前的暴力行为方式的评估。有研究显示，罪犯的自我报告、被捕记录、医院记录与罪犯未来的暴力行凶行为存在着很强的相关性。

第三节 罪犯又犯罪心理矫正方法

一、罪犯逃脱心理的矫正方法

从心理学角度分析，追求自由是不以人的主观意志为转移的人的基本需要，罪犯脱逃的本质就是追求自由，这也是符合人性的必然。监狱中的罪犯进行脱逃的行为，在很多情况下是一种正常的行为反应。只要条件允许，罪犯都有可能进行脱逃行为，通过脱逃改善生活条件，通过脱逃摆脱困境。通过对脱逃行为正常性的分析，有助于监狱民警预防和矫正罪犯的脱逃心理。

（一）树立正确的自由意识

罪犯入监后，其法律地位发生了变化，人身自由被剥夺，与社会、家庭隔离，于是向往"自由"，不甘身陷牢狱，希望摆脱监禁生活。尽管渴望自由是人之常情，但任何从监禁场所非法脱逃的行为，都是法律所禁止的犯罪行为。罪犯对自由的认识主要体现在：其一，对自由的期望：对自由的期望很高，当自由被剥夺时，其心理抗拒力量越大就越想脱逃。其二，对自由剥夺的威胁认识：有时候，个人的某种自由行为并未被剥夺，只是有可能被剥夺，即这种自由只是感觉受到了威胁，这时，人们也会产生心理抗拒且企图使自己保持这种自由。其三，认识自由的重要性程度：如果一项自由对自己越重要，则当这项自由被剥夺时，其心理抗拒力量就越大，脱逃可能越大。其四，是否会影响到其他自由：如果人们的某种自由被剥夺，还会影响到其他自由也被剥夺，其心理抗拒会更强。比如罪犯的人身自由被剥夺后，又担心与家庭成员分离会导致家庭破裂，婚姻这种自由也被剥夺，由此产生心理抗拒和脱逃行为。因此，矫正民警应当及时发现脱逃倾向，发现其早日出狱的核心需要，矫正错误的自由观，勉励罪犯通过积极改造，选择合法的途径获得自由。

（二）抑制脱逃心理的途径

1. 加强打击

在安全检查中发现有脱逃迹象并证据确凿的，要依法从严处理。对已脱逃的罪犯，要及时通知有关公安机关，并密切配合有关部门将脱逃犯尽快缉捕。对缉捕归案的监狱服刑逃犯，要依法追究其脱逃的刑事责任，并在监狱内公布人民法院的加刑判决，以威慑其他有脱逃心理的监狱服刑罪犯。对主动坦白交代脱逃动机和脱逃后自动归案的要依法从宽处理。通过宽严相济的处理措施，使多数监狱服刑罪犯受到教育，少数想脱逃的监狱服刑罪犯发生意志动摇，放弃脱逃的心理。

2. 强化脱逃风险教育

对于罪犯来说，脱逃的风险主要来自被发现或被抓获后再次受到刑罚惩罚的可能性，以及脱逃成功以后逃亡生涯的痛苦感受。通常决定再次受罚可能性的因素，包括替戒设施条件、监管严格程度、追捕率等。影响罪犯逃亡生活预期的因素，主要包括对他人逃亡经历的理解、出狱后正常生活来源的可靠程度、逃避追捕的方法、手段的自我信任度等情况。如果罪犯觉得脱逃被揭发或抓获的可能性很大，那么，罪犯就会因害怕担当过大风险，而放弃脱逃念头或中止实施脱逃行为。

3. 帮助建立良好的社会支持系统

勉励家庭成员及亲人经常规劝、忠告罪犯安心改造，打消可能形成的脱逃心理。

4. 落实各项监管罪犯的制度，加强日常管理

制度是根本保障。要加强制度建设，并严格按制度管理、约束罪犯的言行，严密看管服刑罪犯，防止"自由犯"等现象的出现。要特别重视在一些容易出现脱逃的环节，如押解、出监劳动、就医、探亲、会见等的制度建设，并严格按制度的内容和规定实施管理。

二、罪犯盗窃心理的矫正方法

对盗窃犯的矫正教育，一般包括思想道德教育、法律法规教育、劳动教育、职业技能教育等内容。从心理矫正的角度，根据盗窃型犯罪人的心理行为特点，应当注重以下几个方面：

（一）调整需要结构

盗窃犯罪人的"物质性动机高居首位"，这种物质性动机源于物质性需要或生理需要。在盗窃犯的需要结构中，较低层次的物质需要或生理需要占主导地位，支配着其他层次的需要。生理需要在其活动中的地位被无限夸大，物质欲望的满足成为其生活的唯一目的。而且，物质需要和动机的自我调控机制存在缺陷，即他们不善于或者因其错误的思想观念而不愿意调节自己的

需要层次和内容来适应环境要求，导致需要和欲望的极端发展、恶性膨胀，并与社会要求相背离。当客观条件和个人能力无法满足这种畸形的需要时，就会以非法的方式加以满足，从而产生偷盗行为。

因此，调整盗窃犯的需要结构是减弱他们的违法犯罪动机的关键环节。在矫正机构中，应培养和发展他们的社会性情感和社会性需要，如集体荣誉感、自尊心等。在改造集体中进行教育是发展盗窃犯社会性需要的有效手段。因为，个体在群体的压力下，会改变自己的态度、观点和标准，出现顺从和趋同于群体准则的倾向，形成积极的认同感和归属感，不再沉溺于低级的物质需要中，能自觉用纪律制度约束自己，避免不良行为。因此，对盗窃犯进行矫正的过程中，必须建立和培养健康的改造集体。树立明确的改造集体的目标，健全规范的管理制度，组织和培养正确的集体舆论和积极的改造骨干，同时还要科学管理矫正对象中的非正式集体。

（二）改变不良的认知结构

1. 指导盗窃犯认识盗窃行为的危害性

盗窃是以损害别人的利益为代价的危害行为，是一种不通过合法劳动谋生的手段。盗窃行为不仅违反社会伦理道德，而且是对社会和他人构成危害的违法犯罪行为。盗窃可耻，应受到舆论的谴责或法律的惩罚。

2. 指导盗窃犯控制其物质欲望

盗窃犯的基本犯罪动机，是想通过盗窃活动获取自己需要的物品或金钱，满足个人的物质欲望。但欲壑难填，如果物欲缺乏自我控制，盗窃行为成功后就会得到不断强化，物欲就会越来越强，膨胀的物欲和盗窃行为之间形成因果循环，盗窃行为不断发生。因此，引导盗窃犯控制自己的物质欲望是消减盗窃犯罪的根本途径之一。

3. 引导盗窃犯了解被害人的痛苦

盗窃犯不理解被害人的痛苦，或者对被害人的痛苦感觉麻木，是盗窃犯罪发生的原因之一。因此，要设法让盗窃犯深刻地认识盗窃犯罪被害人的痛苦，诱导盗窃犯"良心发现"，抑制自己的犯罪欲望，减少盗窃行为的发生。

4. 指导盗窃犯学习良好的生活方式和技能

一些不良的生活方式会诱发盗窃犯罪。例如，结交酒肉朋友；在虚荣心的驱使下摆阔斗富，与人攀比；沾染吸毒等恶习；养成好吃懒做的生活习惯等，这些都是产生盗窃犯罪的温床。指导盗窃犯消除这些不良的生活方式和习惯，形成良好的生活方式和技能，是消减盗窃犯罪的有效之路。

5. 运用集体讨论法，矫正"盗贼之道"

集体讨论法，是指通过让盗窃犯与其他矫正对象一起讨论盗窃犯罪，从而达到矫正目的的方法。进行集体讨论的目的是针对在社会上，特别是在盗窃者中间可能存在的一种盗窃亚文化。这种亚文化的重要内容是，把盗窃看成是和社会上的其他职业一样的谋生活动，不认为它们是违法犯罪行为；主张盗窃社会上的某些人员或者场所、机构的财物和金钱，例如，盗窃贪官污吏的财物；赞赏高超的盗窃技巧，推崇盗窃手段"高明"的盗窃者；鄙视某些卑劣的盗窃行为（例如，拿走主人的纪念品，盗窃病人的财物，拿走孩子们的存钱罐等），好像显得很有人情味，或者给孩子留下点好印象。这些盗窃亚文化构成了盗窃犯们的行为准则，即所谓的"盗亦有道"，一些盗窃犯的盗窃行为，可能就是根据这种亚文化进行的，因此，要矫正盗窃犯，就必须让他们充分认识这种亚文化的危害性，摆脱这种亚文化的影响。

（三）矫正不良行为

1. 自我控制法

盗窃犯的重要特征之一，是对盗窃冲动缺乏自我控制。因此，在心理矫正过程中对盗窃犯罪人进行自我控制训练是很有必要的。自我控制法，是指在矫正过程中，创造不同程度的有利于进行盗窃活动的情境，鼓励盗窃犯罪人在这种情境中通过自我控制约束自己不盗窃，并且对是否实施盗窃行为的情况给予负强化或正强化，以便增强盗窃犯罪。人的自我控制能力的矫正方法。在自我控制训练的过程中，还可以指导盗窃犯学习如何使自己远离容易诱发盗窃冲动的情境，在产生盗窃冲动时如何通过转移注意、自我提示等方法转移注意力和控制冲动性盗窃行为。这种方法对于那些机会诱发性盗窃犯更有针对性，也更有必要性。

2. 替代行为的自我强化法

替代行为的自我强化法，就是启发盗窃犯在遇到实施盗窃行为的合适机会时采取适当的行为反应，例如离开这种诱惑情境，心中默念一些警诫性的词语，想象进行盗窃行为可能产生的严重后果等，从而避免盗窃行为的发生，并进行自我奖励。通过这样的训练，逐渐摆脱盗窃机会的诱惑力，减少盗窃次数。

3. 厌恶疗法

厌恶疗法又称为"厌恶条件反射法""去条件反射法",这是指使用厌恶性或惩罚性刺激减少和消除不良行为习惯的行为矫正方法。这种方法其实是一种"以毒攻毒"的治疗方法,它用痛苦的条件刺激来代替不良行为可能产生的快感。每当矫正对象产生连续不良行为的欲望时,就呈现或使用会产生痛苦的条件刺激,使这些条件刺激产生的痛苦体验抵消不良行为可能产生的快感,从而逐渐消除个人的不良行为习惯。

用厌恶疗法对盗窃犯进行矫正时,治疗人员首先需要利用一些方法,有意识地诱发盗窃犯的盗窃欲望;当他们产生盗窃冲动时,就给予厌恶刺激,比如电击,使其产生不适和痛苦。通过反复进行这样的活动,使盗窃犯在盗窃欲望、冲动与痛苦体验之间形成条件反射,从而抑制盗窃行为的发生。另外,还可以进行想象性厌恶治疗或采用厌恶想象法,也就是在诱发或者产生盗窃冲动时,治疗人员可以指导盗窃犯想象如果实施盗窃行为可能产生的有害后果,如被抓住后遭受侮辱、打骂、刑法惩罚等,从而克制盗窃冲动。

4. 角色扮演

角色扮演也称为"角色训练",它是通过让犯罪人扮演现实生活中的不同角色,体验角色的感情,明确角色期待的内容,从而产生领悟和变化的一种心理治疗方法。用角色扮演法对盗窃犯进行心理矫正,其目的是通过角色扮演,让盗窃犯真切而深刻地体验盗窃行为带来的危害。这种危害主要是两个方面的:首先,对盗窃行为被害人的危害。盗窃了被害人的财物,给被害人造成不同程度的物质损失和心理痛苦。其次,对犯罪人本人的危害。盗窃犯在盗窃时情绪高度紧张,心理压力很大,担心自己的犯罪行为被别人发觉和受到惩罚。总之,可以通过创作心理剧,采用角色扮演方法,让盗窃犯饰演犯罪人、被害人、旁观者等不同的角色,了解和体验人们对盗窃行为的反应,认识盗窃行为的危害性,从而减少盗窃行为。

5. 系统脱敏法

系统脱敏法是按照对敏感事物的紧张程度,将刺激情境由弱到强、由小到大分成不同等级,然后逐步训练其心理承受力,增强对刺激情境的适应力,最后达到对敏感事物不产生"过敏"反应的方法。这种矫正方法主要适用于偷窃狂者和生活中焦虑紧张的盗窃犯。"偷窃狂"又称"偷窃癖",是在不能控制的、反复出现的偷窃冲动驱使下,偷窃并不需要也无多大价值的物品为特征的一种冲动控制障碍。偷窃狂者在偷窃行动前具有紧张感，在偷窃后又具有轻松感和悔恨感，有的甚至产生抑郁状态，但是到一定时候，又会产生不可抑制的偷窃冲动和偷窃行为，似乎有一定的周期性，在一般人口中，偷窃狂的发病率是0.6%，只有不到5%的小偷是属于偷窃狂，偷窃狂行为是一种异常的降低焦虑、释放紧张的行为。在矫正时，首先对盗窃狂者进行放松训练，然后把偷窃狂者安排在能够产生不同程度焦虑的情境之中，逐渐减弱敏感性，从而消除偷窃狂行为。

正常的盗窃犯也可以进行系统脱敏训练，盗窃犯自己生活中的焦虑和紧张情绪与盗窃行为有关。应当让他们学会自我放松和系统脱敏的一切技巧和方法，在以后的生活中，通过消除焦虑紧张情绪而减少盗窃行为。

三、罪犯诈骗心理的矫正方法

（一）认知改变

诈骗犯的智力水平相对较高，思维能力较强，在矫正过程中运用认知改变的方法，应当是可行的。诈骗犯普遍存在不合理的思维方式，存在着不负责任的"思维错误"，持有各种反社会价值观。例如，认为诈骗是无本万利的行业；诈骗是让人自愿掏钱，自己没有什么责任；诈骗不像抢劫那么严重，既不动刀也不流血，危害很轻；诈骗是自己谋生的手段；诈骗富人和贪官是应该的，不算犯罪；等等。

心理治疗中的认知疗法主要通过三种途径改变人们的认知：发展现存的信念和事实之间的矛盾；改变信念的建构系统；对认知加工过程中的不合逻辑之处达到领悟。在矫正诈骗犯时运用认知疗法，要求矫正工作者和矫正对象共同投入，可以个别治疗也可以集体治疗，矫正工作者可以指导诈骗犯改变他们的思维模式，使他们进行更加合理、负责的思考，也可以帮助他们用更有建设性的方式解决问题。在具体应用时主要按照两种模式进行：

1. 认知重构

认知干预的重点是转变信念、价值观和态度。典型的方法是合理情绪疗法和思维错误矫正技术。合理情绪疗法的目的在于帮助矫正对象认清其思想中的不合理信念，建立合乎逻辑、理性的信念，以减少个人的自我挫败感；思维错误矫正技术是通过矫正思维错误来建立合理思维模式的一种心理治疗方法。

2．认知技能

根据这种模式，认知干预的重点是改善矫正对象的思维过程，即推理的结果与形式。而不是推理的内容。

（二）行为矫正

使用行为矫正方法对诈骗犯进行矫正时，要识别那些助长诈骗行为的外部环境条件，然后没法改变这些条件。典型的行为矫正技术是正强化、负强化，下面我们重点谈谈正强化。

正强化，指增加某种行为反应出现频率的活动，通俗地说，就是奖励或奖赏。能够增加某种行为反应出现频率的刺激称为"正强化物"。对诈骗犯的正强化应该考虑四个因素：其一，选择要增加的行为，即需要强化什么行为，所选择的行为必须明确具体。例如，诈骗犯超额完成一天的劳动任务；综合评价改造质量时成绩优秀；真诚对待他犯和管教民警等。其二，选择强化物。即选择那些引起诈骗犯愉快体验的刺激物，奖励时应当考虑个人的需要、年龄、兴趣等。其三，恰当进行正强化。在活动之前，将活动计划告诉诈骗犯；强化时使用剥夺程序，即有时暂停强化，使诈骗犯得不到强化物，避免单调的强化而厌烦；强化要及时；给强化物时对诈骗犯的满意行为进行口头说明。其四，注意使用脱离计划。使用了 12 次左右的强化物时，如果诈骗犯的行为出现频率令人满意，就逐渐将具体的强化物改为抽象的社会性强化物来维持这种行为，如表扬或言语。此外，注意定期评估诈骗犯的行为。

（三）环境陶冶

通过建设健康和谐的自然环境或人文环境，潜移默化地对诈骗犯产生积极的影响，使他们在不知不觉中受到教育。例如，上海青浦监狱利用先进文化吸引诈骗犯，转移其注意，淡化其消极情绪，塑造其积极健康心理，取得了良好效果。吴某因诈骗罪被判 7 年 6 个月，入狱后又用剪刀把人扎成重伤，被加刑 5 年，移押到青浦监狱后，主管干警与他交流谈心，让他认识到，只要能拿起书本学进去，心里的苦闷和失落就会淡化。他拿起久违的书，用 3 年多时间通过了华东师范大学汉语言文学专业大专全部 13 门课程考试；是文化的力量洗刷了他有罪的灵魂。

四、罪犯暴力行凶心理的矫正方法

介绍可用于暴力犯罪人心理矫正的具体方法，在实践中往往需要因人而异。将多种方法按照一定程序结合使用，才能取得预期的效果。

（一）认知疗法

认知疗法强调一个人对一件事或经验的认知（或态度）能强有力地影响他的情绪与行为，错误的、不恰当的认知是消极情绪与行为产生的根源。因此，只有改变错误的认知，才能消除不当行为，使问题得以解决。对很多暴力行凶的罪犯来说，错误的认知与不正确的观念正是其消极情绪和冲动行为的根源，当然也是其犯罪的重要原因。因此，矫正暴力行凶罪犯的冲动行为和情绪的关键在于矫正其错误的认知及由此形成的错误观念。比如，暴力行凶的罪犯对于"哥们儿义气"和遵守法律之间的关系的不恰当看法，在日常生活中过于信奉暴力作用的观念，对于他人言行举止与自己的关系的不适当评价。帮助暴力行凶的罪犯重新构建新的认知结构，进而使之平复情绪并产生正确的行动。

在运用认知疗法矫正暴力行凶的罪犯时，重点是矫正错误的认知，并且还应该向暴力行凶的罪犯讲解清楚日常生活中人的认知、情绪、行为、特定环境事件之间的关系。特定环境事件出现之后，人的认知的不同，造成对事件的看法不同，往往会使人产生不同的情绪与行为，认知改变，行为才能发生变化。通过这种讲解，使矫正对象能清楚地认识到自己的问题产生的根源，进而自觉主动地调整自己的认知，这样才能彻底解决罪犯的问题。

（二）疏泄疗法

疏泄疗法又称"宣泄疗法""发泄疗法"，是指通过发泄和释放被压抑的情绪而使来访者产生解脱与轻松感的心理治疗方法。对暴力行凶的罪犯而言，由于其性情暴躁，自我控制能力差，极易与他人发生矛盾和冲突，消极情绪不仅易于产生，而且一旦产生就非常强烈。但在矫正机构环境中，他们往往缺乏宣泄消极情绪的恰当方式和机会，消极情绪或者被压抑下去。但长期压抑会导致心身疾病的产生而危害其健康；或者消极情绪向外表现为强烈的攻击行为，对管教民警或其他矫正对象的人身安全构成严重威胁。因此，帮助暴力行凶的罪犯适当宣泄消极情绪非常必要。

心理矫正工作者可以采用以下方法帮助暴力行凶的罪犯宣泄消极情绪：

1. 体育活动

适度的体育活动是宣泄消极情绪的重要方法。在暴力行凶的罪犯消极情绪不很强烈的情况下，可以通过组织体育比赛的方法，帮助他们进行宣泄，比如，进行篮球比赛、乒乓球比赛、棋类比赛等。如果他们的消极情绪比较强烈，对抗性的体育比赛可能会引发人际冲突、造成不必要的危害后果时，可以有两种考虑：一是组织对抗性不强或双方没有身体接触的体育比赛，如排球比赛、乒乓球比赛等；二是让他们独自进行一些体育活动，如散步、慢跑等。

2. 独自宣泄活动

独自宣泄活动，即在配备了橡皮人、沙袋、健身器材等设备的宣泄室里进行。心理矫正工作者应注意在一旁进行监督、指导，以免发生意外。

3. 向人倾诉

把自己的痛苦向别人诉说，是一种有效的情绪宣泄方法。倾诉不仅是一个宣泄消极情绪的过程，同时也是一个整理思路，全面分析与消极情绪有关的事项的过程。通过这样的分析，暴力行凶的罪犯可能会获得新的认识和领悟，发现事情并非原来想象的那么糟糕，进而消除消极情绪，甚至可能找到解决问题的方法。

4. 哭泣

哭泣是宣泄消极情绪的一种很好的方式，眼泪一般是在倾诉中说到伤心之处时自然产生的。现代研究发现，因感情变化流出的泪水中含有神经传导物质，它随眼泪排出体外后，可以缓和烦躁焦虑者的紧张情绪，减轻痛苦和消除其他消极情绪。

5. 朗读活动

适当的朗读活动具有和歌唱类似的宣泄消极情绪的功能。在组织暴力行凶的罪犯进行朗读时，心理矫正人员应注意：①应根据暴力行凶的罪犯的不同情况，选择不同内容的材料供其朗读；②要提供合适的环境，使其在朗读过程中能静心思考和感悟；③鼓励他们投入地朗读，并在规定时间内完成。

6. 歌唱活动

全身心投入歌唱活动，可以有效宣泄消极情绪，使暴力行凶的罪犯的消极情绪在歌唱活动中逐渐释放。利用歌唱活动宣泄消极情绪可以采用两种方法：一是歌咏活动，适合多人一起进行。二是卡拉 OK 歌唱活动，针对某一个或少数几个人进行。

7. 聆听音乐

音乐可以通过意境、物理震动、共鸣等途径对人产生影响作用。因此，让暴力犯罪人通过聆听适当的音乐，也可以达到宣泄消极情绪的目的。

8. 观看影视作品

通过组织暴力行凶的罪犯集体观看悲壮、抒情的影视作品，在帮助他们宣泄消极情绪的同时，也使他们受到感动、震撼和净化心灵。

9. 书写文字

书写活动是一种有效的消极情绪宣泄方式。在书写过程中，暴力行凶的罪犯可以通过身体活动、注意力的集中、对书写内容的理解等方面，逐渐宣泄消极情绪。书写的内容既可以是心理矫正工作者指定的文字，也可以让暴力行凶的罪犯写自己内心的感受，还可以要求其写日记，记录每天遇到的挫折及对其体验和应付方法等。

（三）环境疗法

环境疗法是通过营造良好的环境促使暴力行凶的罪犯发生积极变化的心理矫正方法。从心理卫生的角度来分析，环境的优美与恶劣对人的心理健康有着极大的影响。通过改善自然环境和社会环境，可以促进人们的身心健康。

在矫正机构中使用环境疗法的具体内容包括：[1]

1. 调整物理环境

（1）通过变化色彩改善生活居住环境。在对暴力行凶的罪犯的宿舍进行布置时，应当积极运用色彩疗法的原理，即根据不同颜色的象征意义和心理效果，运用特定颜色构筑一个独特的有诱导意义的环境，使居住人的紧张愤怒等不良情绪得到缓解或消除。因此，针对暴力行凶的罪犯特点。在布置宿舍时可以蓝色和白色为主，在布置学习室时可以绿色或黄色为主，这样才有利于对暴力行凶的罪犯的矫正。应注意，黑色和红色不利于暴力犯罪人的身心健康，还可能诱发悲观绝望心理、自伤、自杀等危害性行为，不适合在暴力行凶的罪犯的生活居住环境中使用。

（2）利用背景音乐调节环境气氛。音乐能改善人的心理功能及生理活动，也可以用来调节矫正机构中的环境气氛。对暴力行凶的罪犯而言、节奏缓慢、优雅的音乐具有镇痛、降压、镇静及调节情绪的作用，可以考虑选择这类乐曲影响其情绪和心境，在实践中，若将色彩疗法与音乐疗法有机结合，对暴力行凶的罪犯的矫正可以收到很好的功效。

---

〔1〕 吴宗宪主编：《中国服刑人员心理矫治》，法律出版社 2004 年版，第 502~507 页。

（3）通过其他方式改善物理环境。可以通过种植花草树木绿化监区；调整矫正机构中的光环境，包括自然采光和人工照明；增添适当的附属设施，如悬挂字画、设置人造景观等；改善物理环境，为矫正对象保持良好心境创造好的外部条件。

2. 优化矫正环境

矫正环境是指对矫正活动有显著影响的各种因素的总和，包括有关的规章制度及其执行情况、社会心理气氛和文化氛围等。优化矫正环境：①应当制定一系列公平合理的规章制度；②要在日常的管理改造活动中，公开、公正、公平地执行已经制定的规章制度；③要建立良好的社会心理气氛，包括融洽的人际关系，相互关心、相互尊重的集体气氛，正直、公平、进取的生活、劳动和学习风气等；④要有温暖向上的文化氛围，包括体现人文关怀精神、鼓励矫正对象奋发向上的文化气氛。通过营造良好的矫正环境，可以有效地矫正暴力行凶的罪犯的不良心理和行为。

（四）人际技能训练法

人际技能训练法，就是训练暴力行凶的罪犯学会恰当的人际关系技能的方法：对暴力行凶的罪犯来说，进行人际关系技能训练非常重要，因为：一是大多数暴力行凶的罪犯都缺乏人际关系技能，特别是人际沟通技能，他们习惯用武力而非言语来解决人际冲突；二是大量的暴力行凶犯罪都是由人际冲突引起的。对暴力行凶的罪犯的人际技能训练主要包括下列内容：

1. 人际知觉技能

人际关系的建立是从认识对方开始的，因此，人际知觉技能是最重要的人际技能之一。人际知觉技能的核心内容是能够准确地理解别人的言行举止，恰当地领会对方的态度和动机，关注对方的细微变化，避免对对方的举动产生误解。

2. 自我评价技能

人们对别人的反应，都是在理解对方的意思和进行自我评价之后产生的。只有自我评价正确，才能作出恰当的反应，才有利于良好人际关系的建立和维护。

3. 意思表达技能

意思表达技能是如何恰当地表达自己的愿望和想法的技能。人际关系是在交往双方的互动过程中形成和发展的。因此，人们不仅要准确地理解对方、恰当地评价自己，还要适当地表达自己的意愿，让对方准确地了解自己的看法和态度。只有这样，才能使人际关系得以建立并维持。

4. 宽严相济的态度

在与他人交往建立人际关系时，做到"严于律己，宽以待人"，即对自己要严格要求，不能违背自己的做人原则或道德准则去顺从他人、取悦他人以博得他人的欢心；对别人要宽厚，不为小事与他人斤斤计较，这样才有利于人际关系的建立与维持。

对暴力行凶的罪犯的人际技能训练，可以通过集体讨论、角色扮演等方式进行。

（五）情绪控制法

是有意识地控制自己的消极情绪从而避免发生消极后果的心理调节方法。

1. 学会多种调节愤怒的方法

在消极情绪中，不同程度的愤怒情绪占有重要的地位。在很多情况下，人们的消极情绪都有可能以愤怒的形式表现出来。因此，学会调节愤怒情绪，是情绪控制的重要内容。

（1）身体放松法：在通常情况下，愤怒情绪经常伴随着身体紧张，因此通过放松身体，可以收到缓解愤怒情绪的效果。

（2）想象后果法：愤怒情绪往往会造成危害后果，可以通过预先设想愤怒行为可能造成的危害后果，也可以提醒个人控制愤怒情绪的无节制发作。

（3）默念制怒法：通过在内心中默念一些词句等方式，控制愤怒情绪的加剧和爆发。

（4）换位思考法：通过站在别人的立场上来考虑问题，就会减轻愤怒。

（5）恰当宣泄法：当个人实在难以控制自己的愤怒时，可以选择适当的、社会可以接受的方式进行宣泄。

（6）延迟发作法：当愤怒时，提醒自己先不要发作，缓冲一下，过过脑子再行动。

（7）自我监控法：指个人通过自己的努力，监督自己产生愤怒和处理愤怒的过程，从中学会愤怒控制技巧和增强自我控制能力的方法。

2. 长远的情绪控制方法

对消极情绪的控制，实际上与个人的观念、修养和整体素质有密切的关系。因此，通过转变观念、加强修养和提高整体素质，也可以收到控制情绪的积极效果。在这方面，可以重视以下内容：其一，培养乐观主义精神；其二，养成遇事冷静的习惯；其三，加强道德修养，培养良好的性格。

■ 案例剖析

罪犯谢某，家庭经济困难，初中毕业后在家务农，后学习拳击，之后打工。兄弟姐妹八人少有联系，现父母年岁已高，目前带其子生活，生活来源主要依靠其四哥接济，在打工期间，单独和结伙盗窃作案 13 起，涉案金额达 59 707 元。被逮捕关押于看守所，和另外 3 人结伙脱逃后被抓捕归案，因盗窃、脱逃罪判处无期徒刑，因有企图脱逃嫌疑被加戴脚镣 9 个月，又因打架等违纪亦多次被扣分处理，并降为四级严管，针对谢某的现实改造情况，监狱将其列为 B 类重点犯，被确定为监狱级顽危犯并接受攻坚教育。

✦ 思考题

对谢某的矫正对策有哪些？

第七章

罪犯危险性评估及矫正

1. 罪犯危险性评估的内涵。
2. 罪犯分类的主要依据。

第一节　罪犯危险性评估

一、罪犯危险性评估的内涵

所谓危险性评估，是指国家刑罚执行机关的专业机构或专门社会机构对依法投监服刑改造的罪犯运用特定的工具和技术，分别作出罪犯入监人身危险性测评、罪犯在刑危险性测评和罪犯出监再犯罪危险性预测和鉴定的一项综合性、专门性的工作总称。它是一种从过程角度防范和控制监狱风险、社会治安风险的监狱管理制度，是行刑个别化的一项基础性工作。或者更准确地说，它是用以控制监狱社会安全风险、保障监狱安全、社会安全和社会秩序的一项组织化社会管理措施。

二、罪犯危险性评估的分类及特征

正由于罪犯人身危险性具有服刑阶段性特征，受阶段性监禁生活的影响明显，故其危险性评估又显现着阶段性的特征，人身危险性的历史性更多是通过现实性来表现的。所以现实性评估才是罪犯危险性评估的真正目的。

罪犯危险性评估根据罪犯服刑的不同阶段可分为三大类：入监人身危险

性评估、在刑现实危险性评估、刑释再犯罪可能性危险性评估。三者既有联系，又相对独立；既互为前提和条件，又呈现出明显的阶段性特征。

三、罪犯危险性评估的产生和发展

19 世纪后期至 20 世纪，由于自然科学和其它以人为对象的学科如医学、精神病学、社会学、教育学和生物学等科学的长足发展和罪犯问题的日益严重，有关犯罪的学科如犯罪生物学、罪犯类学、犯罪心理学等应运而生，从而亦使得对于罪犯的调查与分类问题有了技术上的突破。罪犯分类不仅考量罪犯的年龄、性别、罪性、罪情等因素外，还将罪犯体质、心理的差异，肉体与精神健康程度的不同，实行职业训练的可能性和改造的可能性等因素都列入考量的范围。

我国对罪犯危险性评估起步较晚，真正大规模开展罪犯入监评估并实施分管分教实践的是始于 1991 年全国"三分"工作现场会后，但由于着眼点不同或者说我国分类制度的目标期望值过高，使"三分"制度在推行过程中走入"急功近利"和"形而上"的误区。其着眼点是若干个标准将罪犯按犯罪性质和手段来分为若干群类，力求避免不同犯罪之间的"交叉感染"问题。但顾此失彼，又回避不了同一类型犯罪之间的"深度感染"问题，陷入了"分类尴尬"境地。希望通过一次性分流，若干次类中分层式管束以期达到分类矫正的目标。尽管在实践中困难重重，但它也有力地推动了我国监狱分类的纵深发展，从管理理念和管理实践上为监狱管理积累了许多宝贵的经验。

第二节　罪犯危险性矫正对策

一、罪犯危险性评估的要素

罪犯危险性评估标准的立足点和着力点首先是危险因素，其次才是矫正因素，故结合中外对监狱罪犯危险性评估的实践经验，建立适合我国监狱罪犯实际的评估标准尤为重要。

（一）违法记录和犯罪前科

根据在押犯犯罪史调查和大量统计分析，犯罪群体中，尤其是青少年犯罪群体中不断涌现出的作案次数多，作案时间长的惯、累犯是监狱安全和社会治安的危害源头。据某市一项调查统计，罪犯人员中曾受过拘役、判刑监禁的占该市判刑罪犯总数的28%。这些有过违法记录和犯罪前科人员中许多视犯罪为日常习惯和一种生活状态，违法犯罪心理定势趋于强化，且有丰富作案经验和逃避司法机关打击的成熟做法，犯罪心理、惩罚承受心理极强，这些人不仅成为狱内危害性较大的教唆犯或顽危分子，而且成为监狱安全的潜在威胁。

（二）个体心理健康

完整的认知结构应包含情感、意识和能力三个部分。"罪犯服刑心理是主体导向的心理基础。罪犯危险性心理是罪犯改造消极心理的有机组成部分，是罪犯原有犯罪心理结构在服刑过程中的滞留，及其对改造目标和措施的极端反映，我们只有充分地认识罪犯改造期间的心理结构，才能科学地推断出罪犯危险性心理的原发因素，而实现针对性监管和矫正罪犯服刑心理结构"。其诊断方法有：生活史调查；行为观察；摄入性谈话；犯罪事实判断；心理测试等。罪犯行为是罪犯个体特定认知和心理的外显，有助于我们观察和分析，帮助我们全面地分析评估罪犯的个性特征和行为表现。

（三）个体自然因素

个体自然因素标准，包括个体生理、性别、年龄、文化、犯罪情节与手段、服刑表现和态度等因素。研究罪犯个体不同生理、自然状况、文化背景和犯罪行为表现及服刑表现和态度等差异性，对于全面客观地把握罪犯个体的心理和行为特点，剖析和研究其服刑改造的规律，实现分类管理和实施个别化矫正教育都具有重要意义，诸如是否有精神、心理和身体方面的疾病问题，职业技能和特长情况，智力、受教育情况，有无保护性关押的需要等。这对新收分类更具有重要的参考价值。

（四）早期家庭环境因素

早期家庭因素是指罪犯所在的家庭成员特别是罪犯早年对罪犯的评价态度、家庭的遗传基因与环境状况。通过长期监狱基层管理实践、归纳、分析后我们认为，家庭环境状况对服刑罪犯极端心理的影响主要表现在三个方面：①罪犯遭遇家庭抛弃或家庭发生重大变故，如父母去世、妻子离婚、子女流离失所等，罪犯会因失去精神寄托，或因悔恨内疚转而产生极端心理，进行暴力行为；②一部分亲情犯罪的罪犯因长期悔恨、自责和内疚，继而产生对自己的极端加害行为；③一部分无亲人、无家庭、生活无着落，又身无一技之长的罪犯内心极度自卑和失落，对前途充满迷茫和绝望，更容易走极端。

精神分析认为，凡被视为权势重的、地位高的人，往往会在潜意识里被认为是早期关系中的重要人物。在监狱这个特殊环境中，管理警察和罪犯朝夕相处，对罪犯实施管理教育，罪犯往往把童年和重要关系人（如父母的关系）转移到现在和干警的关系中。

如果警察在管理罪犯时能够充分了解到罪犯的早期关系，如：父母对罪犯在早期是如何教育的？该罪犯对父母报有什么样的感情？和父母有没有发生过冲突行为？是什么样的冲突行为？等等。在罪犯新入监时，管教警察如果认真了解罪犯的这些信息并做好记录，可以针对性的管理罪犯及对罪犯的心理、行为把握和预测。

根据罪犯最常有的几种原始关系，总结出了罪犯的危险等级与管理策略，仅供参考。

表 7-1　罪犯的危险等级与管理策略

重要关系人早期的管教方式	罪犯对重要关系人的心理反应	该罪犯的危险等级	管教警察对该罪犯的管教策略
溺爱	怨恨（由于溺爱导致了犯罪）	＊＊	适当交流
暴力	反抗	＊＊＊＊＊	尽量不用粗暴、严厉的言行管教
暴力	顺从（表面上）	＊＊＊＊	严厉与说服并用
漠视	希望父母注意、怨恨父母	＊＊	多交流，多谈话

注： 溺爱型家庭是指家庭早期对孩子的教育属于无原则的满足要求，这样的孩子成年后，犯罪在他的潜意识里更多的是对早期给予他的溺爱的一种怨恨，这种情感转移到现在和警察的关系中，如果警察给予他更多的关注，他就会在潜意识里把警察认同为自己的父母，而产生怨恨。漠视型家庭多见于由于家庭结构缺损或者父母外出打工等原因，造成孩子缺乏应有的关注和爱的情形，这类罪犯潜意识里希望得到警察更多的关注，如果对这类罪犯警察多关注、多交流，则会给罪犯更多的温暖，对其改造有利。暴力型家庭主要是指以打骂甚至虐待为主，比较少用说理和关爱为主要教育方式的家庭，即使罪犯早期曾经反抗过父母的暴力，比如动手打父母等，那么这样的罪犯危险等级最高，慎用粗暴方式管教，如果没有动手反抗过父母的暴力，危险程度也很高，总之暴力培养了暴力，暴力型家庭的孩子成为罪犯后危险程度最高。

星号代表危险等级，星号越多，罪犯危险性越强。

（五）社会因素

社会因素是指社会主流对罪犯的态度（包括民众、政策和刑事司法政策等）、社会帮教体系完备与运作、社区组织及其受害人等的吸纳、包容与关爱，社会舆论与环境的精神抚慰与熏陶以及社会犯罪诱因的防范和抵制等。

二、罪犯危险性评估的流程

罪犯危险性评估流程归纳为以下六个环节：

（一）信息采集

包括八个方面的信息：书面信息、犯罪史信息、生活史信息、成长史信息、个体生物信息、服刑史信息、个体自诉信息以及可能获取的其它信息。

（二）量表测试

目前，世界上通用的罪犯心理和人格测试量表主要有三种：SCL-90 心理健康自评量表。通过躯体化、强迫症状、人际关系敏感、抑郁、焦虑、敌对、恐怖、偏执、精神病性等项目测试，统计个体阴性·阳性项目分值数对个体心理健康状况及危险性心理特征作出测量结果分析。明尼苏达（MMPI）和艾森克（EPQ）人格测验表，为罪犯人格特征和人格缺陷的评估提供重要的数据性资料信息和验证。这个过程不是必须的，只有在确定必要的情况下可以用量表辅助。

（三）个体诊断

主要采用望、闻、问、切等四种方法。"望"是指监狱管理者对评估对象的日常行为、表情、情绪变化等的观察分析；"闻"是指通过监狱管理者对罪犯的个别谈话和资料档案的收集等信息的收集与分析；"问"是指针对性、验证性、具体性的信息与分析；"切"是指信息分析判断和综合分析判断。这个环节是至关重要的。

（四）综合分析

包括对搜集到的所有信息和测量结果进行综合分析评判以及对罪犯个人生活史、成长史、家族史和犯罪史、服刑史进行综合分析判断等两个方面。

（五）罪犯分类

关于罪犯分类，我国长期使用的按照犯罪类型的客观主义的分类法只关注犯罪人的客观行为及行为后果，对犯罪人之所以犯罪的原因却不予重视，这种分类只不过是对犯罪的分类，还谈不上是对犯罪人的真正分类。

主观主义的分类法相对于客观主义而言有着显著的进步，使犯罪学的研究进入了以"犯罪人"为中心的时代。至此，人们开始将研究的触角深入到了犯罪人的内心世界，去探求人之所以犯罪的主观因素。正是基于主观主义的这种研究，对犯罪人进行事前预防才成为可能，为减少和消除犯罪提供了一条正确的道路。

犯罪学家从不同视角对罪犯进行生物学、社会学、心理学、法学标准上的划分，都有一定的可取之处，但也具有一定的局限。突出犯罪人的生物性，容易忽视犯罪人的主观能动性，导致生物学决定论的天生犯罪人观，不利于犯罪人在后天环境下的改造。突出犯罪人的社会性，容易忽视犯罪人本身在生理上的缺陷，导致对刑罚的惩戒公正性重视不够。人格观的提出，恰恰可以在此两者间寻求一种平衡。因此我们选择人格作为罪犯分类的标准。最早将"人格"的概念引入犯罪学的是美国心理学家塞缪尔·约克尔森和斯塔顿·萨姆诺，他们认为精神病人具有不同于常人的思维方式和行为方式，特别容易从事反社会行为，由此揭开了要正确认识犯罪人格的内涵。笔者根据经典犯罪学罪犯分类理论并结合实际，并综合以上四点流程的信息，将罪犯按照以下原则进行分类：

1. 精神病罪犯

这类罪犯包括了犯罪前就有精神病倾向的，以及在监狱里各种原因患病的罪犯。根据统计这类罪犯占总罪犯数目的 2% 左右，这类罪犯主要是要早发现早治疗，如果及时隔离和治疗效果会比较好，否则危害性很大。

罪犯主要的精神病种类包括：精神分裂症、偏执性精神病、妄想性精神障碍、躁狂抑郁症、有精神病家族史的也需要高度注意，在必要的情况下也可以划到这一类。

2. 生物因素罪犯

这类罪犯是基于生理原因而导致人格发育不完整或者不健全，包括了部分青少年罪犯和病理性精神障碍罪犯。青少年罪犯由于社会阅历的限制，加上青少年的身心还处于一个不断发展的过程，往往表现为较弱的辨认能力和控制能力，在人格上就有一种不稳定性。这种不稳定性一方面表现为因为心理冲动极易诱发犯罪，另一方面则表现为如果进行正确引导又能够及时矫正其犯罪倾向。所以对于青少年罪犯不宜采用集中关押的方法，以防止交叉感染。同时，对青少年罪犯也不宜采用剥夺其人身自由的方法，并尽量减少青少年的过错行为对其人生发展带来的不利影响。

病理性精神障碍罪犯包括癫痫病罪犯、身体残疾的罪犯、各种脑部疾病和脑外伤的罪犯等，由于其辨认和控制能力程度不同，有的就是由于残疾或者大脑的损伤而导致个性的改变，从而导致了犯罪。对待这类罪犯在正常的管理和教育的同时要给予及时的医疗。需要注意的是，有吸毒史特别是吸食海洛因、长期吸食 K 粉和冰毒的罪犯也需要划到这一类，因为吸毒可能会造成神经系统损伤而导致犯罪。

3. 人格障碍罪犯

其表现为具有完全的反社会人格、冲动控制型人格障碍、边缘型人格障碍等类型，这些人格障碍比较根深蒂固，强烈而难以改变，他们具有严重的人身危害性，包括惯犯、多数的累犯，以及一些非常残暴的故意犯罪和行为人承认其深刻的反社会性的罪犯，如实施严重危害公共安全犯罪和危及公民人身财产安全犯罪的人，聚众犯罪和有组织犯罪中的组织者和首要分子等。累犯、惯犯以及监狱内的抗改、顽危罪犯的绝大多数都属于人格障碍罪犯。这类罪犯占到罪犯总数的 50% 左右。

需要注意的是，人格障碍发生的年龄一般是 18 周岁以前，也就是说这名罪犯反社会或者冲动控制出现问题的最早时间是在青春期和青少年期就表现出来了，如果是成年期之后突然改变的行为，则一般不能认为是人格问题。一旦确定是人格障碍则很难改变，但是人格障碍有轻有重，轻度的人格障碍在监狱得以改变的可能性很大，重度的很难改变，50% 的统计数字是基于西方监狱统计学和上海精神卫生中心的数据，包括了轻度的和重度的。

4. 排除精神病、人格障碍和生物因素的偶然犯

其犯罪人格尚不稳定或基本健全，由于受外界条件的作用而临时地表现出犯罪性，他们在犯罪过程中或犯罪后往往有所悔悟，并易于教育和矫正，具有较轻人身危害性，包括很多的未成年犯、女性罪犯、防卫过当者、职务犯、胁从犯、中止犯等。

需要注意的是即便在犯罪行为上是偶然犯罪，但是精神病、人格障碍和生物因素导致的犯罪，则首先应该划到以上三类里去。

5. 排除精神病、人格障碍和生物因素的激情犯

这类罪犯主要是由于精神因素导致的犯罪，在一定的情境下，由于冲动

或者激情导致的犯罪，具有一定的偶然性，但是结合其个性心理因素，又具有一定的必然性。这类罪犯无明显人格缺陷，多见于女性罪犯、职务犯。

需要注意的是即便在犯罪行为上是激情犯罪，但是是精神病、人格障碍和生物因素导致的犯罪，则首先应该划到以上三类里去。另外，很多激情犯罪人犯罪原因背后还有深层次的人格因素，在早年缺乏道德和理智的培养是很重要的原因，因此，这类犯罪人是需要进行一些道德和理智方面的教育。

6. 排除精神病、人格障碍和生物因素的假性罪犯

这类罪犯是由于一些政治和社会原因，而被归为罪犯。需要注意的是即便在犯罪行为上是假性犯罪，但是是精神病、人格障碍和生物因素导致的犯罪，则首先应该划到以上三类里去。

（六）鉴定安全系数和矫正对策

就是在罪犯分类的基础上，对罪犯作出危险等级以及矫正对策等基本判断或结论。

1. 第一类罪犯需要早期鉴别

这类罪犯应该早治疗，并且和其他罪犯分开关押。因为这类罪犯和正常人思维和逻辑不一样，存在一定危险性。

2. 第二类罪犯要注意区分

如果是生理创伤和缺陷导致的人格改变，需要心理矫正和身体治疗并用，如果没有条件进行专门治疗，对这类罪犯最好能给予特殊关注。

3. 第三类罪犯应该是监狱重点防控的目标

尤其是严重的人格障碍罪犯，因为这类罪犯比例很大，同时很难矫正，但是如果改造手段组织得当，矫正效果也会很好。对这类罪犯教育和矫正部门应该运用心理学的手段研究他们的心理变化规律，掌握对他们的改造策略，同时预防一些可能会发生的危险。这类罪犯需要更为细致的划分，来掌握他们的改造策略，具体请参见本书早期家庭环境因素标准。

4. 主要教育与心理矫正的对象

主要教育与心理矫正的对象为：第四、五、六类罪犯。因为这类罪犯相对来说人格基本完整，犯罪行为和习惯没有根深蒂固，还有一些是处于犯罪人格形成的边缘，因此对这三类罪犯应该作为重点矫正对象。

案例剖析

1. 罪犯基本情况：王某，男性，45岁，为正在监狱服刑的罪犯，未婚。

2. 主要问题：服刑三年来和同犯发生几次口角，受到管教警察处理后认为警察处理不公，因此和管教警察发生三次对抗，受到严肃处理，心里感到委屈。

3. 个人成长史：从小父母管教很严，在自己的记忆中父亲似乎没有肯定过自己。父亲的管教方式主要是打骂，在父亲责打自己时母亲也往往站在父亲一边。自己小时候和一个小孩打架，母亲不分青红皂白打自己，王某认为主要责任不在自己而感到非常委屈。从小对父母的感情是委屈、怨恨和反抗。在20多岁的时候，谈恋爱，和女友感情很好，到了谈婚论嫁的程度，但是遭到父母的反对，其父母始终不同意女朋友进家门，最后和女友分手。他对此感到很委屈，对父母不理解、怨恨，从此再未谈过恋爱。记忆中曾和父母发生过两次冲突，一次是在母亲指责自己时，自己将手里滚烫的稀饭泼到母亲身上，致使母亲被烫伤，另一次和父亲发生冲突而将父亲按倒在床上，欲殴打父亲时被别人制止。

4. 犯罪与改造史：30岁时开始第一次犯罪，扒窃，释放后不到一年，第二次犯罪，仍然是扒窃，释放一年后，第三次因扒窃入狱，至今已经是第四次入狱，他扒窃的理由就是缺钱，需要钱结婚。目前是正在监狱服刑，在第四次坐牢的三年期间和管教警察发生了三次顶撞，原因是认为警察处理问题不公。对警察同样是委屈和怨恨交织的感情。咨询师为此走访了他的管教警察，详细的调查了解了和他发生冲突的三次事件，了解到王某在和其他罪犯发生口角后，警察处理的应该算是公平的，但是王某仍然坚持认为警察对自己处理不公平，感到委屈，从而和警察发生顶撞，受到了严肃处理。

5. 罪犯分类分析：根据对王某的表现和历史资料分析，王某属于第三类人格障碍的罪犯。根据本书"早期家庭环境因素标准"进行分析，王某现在的所作所为（包括他的犯罪）其实都是他小时候和父母关系的翻版（对父母的反抗——对社会的反抗——对警察的反抗）。

6. 犯罪原因分析：父母对王某不当的管教方式使王某产生了对父母的强烈的怨恨、不信任和反抗的感情。道德的约束（超我）使他的反抗压抑、变形。连续4次犯罪，至今未婚其实都是对父母的一种反抗，犯罪是为了让父母失望，让他们因儿子是罪犯而丢脸，至今未婚是为了让父母没有孙子，也是对父母的一种潜意识的报复。

王某过去和父母关系迁移到了自己内在关系中，自己又无意识地将内在关系转移到了现在和警察的关系身上，总是认为警察处理问题不公平，对警察有怨恨和反抗感，从而发生对抗。

7. **危险等级**：此人属于人格障碍的高危险罪犯（＊＊＊＊＊）。

8. **主要矫正建议**：①让该罪犯学会正确归因，意识到自己的行为与早期父母关系有关，自己对父母的报复与仇恨一直伴随着他。②管教模式尽量不要用简单粗暴，要循循善诱，不可当众挖苦或者批评该犯，处处给其留面子，否则会很快激发他的怨恨心，产生报复行为。③只有在能激发起他早年回忆的情境下才有可能导致他的危险行为，因此，当我们了解了他和父母之间种种冲突情境之后，尽量避免此类情境的发生。

第八章

不同犯罪类型罪犯心理及矫正

重点问题

1. 对罪犯进行分类的具体标准。
2. 对不同罪犯类型的罪犯心理进行识别和分析。

导入案例

2001年3月16日凌晨4:16开始到5:01，河北省省会石家庄市育才街国棉三厂宿舍等五处住宅楼相继发生爆炸，死108人，伤38人。事发后，作案人靳如超被河北警方捉拿归案。

靳如超，男，41岁，无业，1988年因强奸罪曾被石家庄市长安区人民法院判处10年有期徒刑，后减刑1年零29天，于1997年9月刑满释放。他家境困难，只读了初中，文化程度不高的他在近9年的服刑中，写下了长达几十万字的日记。打开日记，我们看见了一个真实的靳如超。

"人的一生只能学坏，出坏，学骗，这才叫有地位的人。学好永远吃苦吃后果，学坏对自己有好处，又能学出经验和高明骗术手段，往往获胜，法律就是这样倒弄的。""你可知道你在监狱里你越痛苦别人越弄你。一定不能让你周围的某一个人来气你，如某一个人让你受气你就没完，打不过也要与他打个没完，他们就知道让你受气，你会闹个没完，这样他们就会怕你。""现在社会变化与国外完全相同，你受什么压制，你找任何机关都解决不了，只能用枪来解决杀掉他才行，现在社会上的人只能人杀人，才消除一切灾害和受气。世界上男人都不如女人权力大，世界上无论官多大都不如有钱人权力大，但女人都可以毁掉所有的权力、地位、有钱人和杀手。""我要制造还击她（前妻）的邪毒，超过她的，亿计邪毒，来致死她的全家亲属、家族、孙子、后代无一人活在世间。"

心的创伤和扭曲需要靠心来挽救，如果有关部门早点发现他的日记，并采取防范措施，就有可能避免悲剧的发生。

第一节 不同犯罪类型罪犯心理的识别

一、暴力型罪犯心理

暴力型罪犯是指以暴力或暴力威迫为手段实施犯罪行为的罪犯，主要包括因实施故意杀人、故意伤害、抢劫、绑架、敲诈勒索、放火、爆炸、投毒、暴力妨碍公务、聚众斗殴等犯罪行为而被判入狱的罪犯。

这类罪犯在服刑期间主要表现出以下心理特征：

（一）情绪不稳定，自我控制力差

暴力型罪犯的情绪很不稳定，遇事易激动，自我控制力差，极易感情用事。他们的行为往往受情绪左右，而不是受理智控制，因而一旦遇到外界刺激便会产生强烈的情绪反应，并在这种情绪支配下，不计后果，鲁莽行事。

暴力型罪犯的激烈冲动的情绪特征、自我控制力差的特点还使其表现时好时坏，极易出现反复现象。甚至有些暴力型罪犯会因为难以忍受监狱艰苦的生活和严格管束，不顾加刑的后果，孤注一掷伺机越狱脱逃。

（二）价值观扭曲，是非不清

暴力型罪犯由于受到周围不良思想观念的影响，价值观扭曲，是非颠倒，好坏不分，美丑不辨，形成了"不信一切唯信钱"的价值观、"唯我独尊"的人生观、"哥们义气"的友谊观、"亡命称霸"的英雄观等。这些不良观念既是他们过去犯罪的原因，也是他们被判刑入狱后抗拒改造的根源。在监狱内，有的暴力型罪犯表现为对"哥儿们"讲义气，为"哥们"可以两肋插刀，信奉"有福同享，有难同当"的观念，在监狱内拉帮结伙，恃强称霸。有的暴力型罪犯崇尚"有钱就有一切""有钱能使鬼推磨"的信条，只图私利，即使在监狱内被强制改造，仍把改造当交易。遇到利益纠纷时，往往斤斤计较、寸利不让，有时为了蝇头小利而大打出手。

（三）攻击性强，报复心重

暴力型罪犯表现为性情暴躁，做事鲁莽，情感冷漠，具有较强的攻击性和报复心。有学者曾对暴力犯（抢劫犯、杀人犯）进行过艾森克人格问卷调查，研究结果发现：在 P 量表上的得分明显高于常人，即暴力型罪犯孤独，情感冷漠，不关心他人，难以适应外部环境，与他人不友好，喜欢寻衅搅扰。因为暴力型罪犯具有情感冷酷和攻击性强的个性特点，所以在和其他罪犯相处时，会因话语不投机或鸡毛蒜皮之事对其他罪犯大打出手；心情不好时，轻则顶撞对抗，重则直接与监狱干警发生冲突。由于他们心胸狭窄，易走极端，有很强的报复心，当对干警的不满积压到一定程度时，甚至会做出残害监狱干警的恶性再犯罪行为。

（四）逞强好胜

暴力型罪犯大多爱慕虚荣，非常注重自己的"面子"，因而经常有逞强好胜的表现。他们不仅通过拳头来赢得"声誉"，而且喜欢吹嘘自己的无所不能来博得其他罪犯的"赞誉"。他们最怕丢面子，因而对监狱干警的当面批评会表现出强烈的不满。为了自己的面子，他们总能很好地完成监狱干警交办的事情，如果受到表扬、赞许，就会表现得更加出色。正因为他们太爱面子，所以为了维护自己的面子，即使违反监规也在所不惜。有的暴力型罪犯为在罪犯中树立"天不怕、地不怕"的英雄形象，不惜冒禁闭、加刑的危险，冲撞在前，拼杀在先。正因为他们存在逞强好胜的特点，极易被某些工于心计的抗改罪犯所利用，成为狱内打架斗殴事件的"出头鸟"。

二、财产型罪犯心理

财产型罪犯是指以获取财物为目的而实施犯罪行为的罪犯，主要包括因实施盗窃、抢劫、诈骗、贪污、受贿、绑架勒索等犯罪行为而被判刑入狱的罪犯。其中抢劫、绑架勒索犯按犯罪目的属于财产型罪犯，按其犯罪手段则属于暴力型罪犯，因此，他们往往同时具有两种类型罪犯的心理。

财产型罪犯的主要心理特征是：

（一）物质需要强烈

财产型罪犯的犯罪与其物质需要强烈有关，他们被判刑入狱后，其强烈的物质需要并不会消失，仍然会表现出强烈的物质占有欲，并可能由此而导致他们旧病复发，产生狱内重新犯罪行为。他们对物质有强烈需求，其原因是多方面的，追求享乐，爱慕虚荣都是他们犯罪的主要动机，有些罪犯因扭曲的社会认知形成补偿和报复心理。

贪图享乐是财产型犯罪的主要犯罪动机之一。研究表明，该类型犯罪大多不是因为生活困难，而是为了享乐而犯罪。他们都是为了自我的私欲而盗窃和抢劫，即使在服刑期间，他们对享乐的欲望仍比其他类型罪犯更为强烈。他们图吃喝，要舒服，讲功利，并由此形成独特的行为表现。该罪犯在入狱前，养成了贪欲无度、好吃懒做的恶习，到监狱后一时难以矫正，他们吃不惯大锅饭，过不了苦行僧的生活，因而动足脑筋、想尽办法减轻刑罚执行造成的痛苦。例如，有些罪犯为了获得监狱干警的信任，专门投其所好，较少公开对抗，或者通过送衣、供食等小恩小惠的形式，笼络、控制其他犯人，为自己所用。

有些财产型罪犯具有较强的虚荣心，他们追求物质利益，不单是为了自己享用，更重要的是为了满足自己的虚荣心，希望获得他人的注意与羡慕，甚至为讲排场、要"面子"和所谓的"自尊"，攀比摆阔。

当前社会经济的发展在改善人们物质生活条件的同时也导致了贫富差距的拉大。在社会生活中出现的分配不公、非法致富等现象，会让人们普遍产生挫败感。面对挫折，大多数人能够运用健康的方式予以克服，但也有一些人格存在明显缺陷的人，采用非法占有财物的方式应对挫折，以此来补偿因寻求合法致富导致的失败。如果说由挫折引起的补偿心理是一些财产型罪犯犯罪的原因，那么"狱内损失，狱外补"的补偿心理，也是其难以改造并重新犯罪的重要原因之一。与挫败感不同，因出身环境、身体残疾、疾病或缺乏劳动技能等原因而处于绝对贫困的人，感受到更多的是社会的不公和冷漠。此类人实施财产型犯罪，除满足自身需要外，还伴有对社会不公的报复心理，如因"仇富心理"而实施的犯罪行为。

（二）思想表现相对隐蔽

大多数财产型罪犯都有一定的社会经验，善于克制自己的情绪和思想，很少会感情冲动，不轻易吐露自己内心的真实想法。他们对监狱人民警察"唯命是从"，即使有不满也很少会公开对抗。在接受教育改造方面，他们善于做表面文章，但内心却仍然坚持原来的观点。

（三）意志力薄弱

财产型罪犯抵制金钱诱惑的意志力较为薄弱，容易受到外部消极因素的影响。如盗窃、诈骗、挪用公司财务等罪犯，就是因为不能控制对金钱的贪欲，由小到大，最终沦为罪犯。尤其对青少年群体，他们的认知有限，有时受到犯罪团伙的引诱和教唆，加之自我意志薄弱，不能抗拒诱惑而走上犯罪的道路。还有一些刑满释放的人员，经过改造，本已决心重新做人，但因意志薄弱，在利益的引诱下又重新犯罪。

（四）行为习惯恶性大

习惯是影响个体行为的重要因素，财产型罪犯中有不少人就是在社会化过程中形成的不良习惯而导致犯罪入狱的，如由最初的贪小便宜、小偷小摸逐渐发展成有便宜不占就难受、有机会不偷就不甘心的犯罪恶习，有的甚至发展成"癖"。具有较长犯罪经历的财产型罪犯，由于形成了犯罪"习癖化"或动力定型，其犯罪恶性大，在服刑期间遇到外界诱惑极易旧病复发，其改造难度较大。

三、性欲型罪犯心理

性欲型罪犯，是实施以非法性行为为内容的犯罪行为的罪犯，主要包括强奸，强制猥亵、侮辱妇女，猥亵儿童，引诱、容留、强迫妇女卖淫，聚众淫乱等而被判刑入狱的罪犯。其主要心理特征是：

（一）歪曲的性意识和性观念

某些性欲型罪犯受到西方性自由、性解放思想的影响，形成了错误的性观念，认为自己的犯罪行为不属于犯罪，而是时代潮流的体现，只是世人不能理解罢了。他们对自己的丑恶行径不以为耻，反以为荣，缺乏羞耻心，自我约束能力较差，不能够正确看待自己的前途，对现实的分辨能力较低。

有些女性性欲型罪犯认为"男女发生性关系是无所谓的事"，她们认为性买卖是等价交换的买卖，甚至以服务自己的男性多少，来炫耀自己所谓的"魅力"。在这种观念的支配下，她们把性欲自由与社会责任分离开来，单纯地追求性乐趣、性自由，利用性来谋取利益，在性的道德观念上出现了严重的扭曲。

（二）认知扭曲，缺乏罪责感

性欲型罪犯普遍存在认知扭曲、缺乏罪责感的现象，具体表现为不能正确理解和判断被害人的行为反应。他们或将对方鄙夷的目光理解为对自己的好感，或将对方的反抗认为是故作姿态等，这种认知扭曲使他们把自己的犯罪行为合理化。也有些女性性欲型罪犯认为性买卖是等价交换的买卖，甚至认为是不损害自己的无本买卖，把性关系作为谋取金钱的手段和工具。还有的罪犯把犯罪原因归结为对方的不检点，有意勾引，甚至把丑恶的犯罪史作为炫耀的资本。性欲型罪犯罪责感的严重缺乏，导致普遍不认罪，更谈不上改造和矫正。

（三）性需求强烈，欲望畸变

一些恶习较深的性欲型罪犯，由于性体验较深刻，在入狱后相当长的时间内，仍会频繁地出现性冲动，对性生活有强烈需求。监禁造成的性抑制，往往使他们难以抑制强烈的性需求，而通过变通方式获得代偿性的性满足。

有些性欲型罪犯存在畸变的欲望。例如，他们有的缺乏社会技能，缺乏自信心，就以暴力攻击女性来提高自信，获得对权力欲望的补偿；有的征服欲强烈，则以强暴来显示自己的男子气概；有的曾受虐待，就以对不特定女性的强暴来发泄累积的怒气；还有的性变态通过对受害者的施虐满足其畸变的性欲。

（四）个性缺陷，自卑心理严重

性欲型罪犯大多经历复杂，在过去长期不良的生活环境下，形成了有缺陷的个性，具体表现为：冲动性、攻击性强；极端利己、私欲强烈；观念错误，放任情欲。入狱后，自卑心理严重。由于性犯罪被认为是最下流、最卑鄙无耻的罪行，他们在服刑中往往被其他罪犯看不起，甚至受到其他罪犯的歧视，因而自卑心理较重。部分罪犯害怕会见亲友、家人，会觉得无脸见人，对自己的罪行感到羞愧、懊悔，喜欢将自己封闭在狭小的空间内，孤独绝望。他们在和其他类型罪犯相处时，总觉得自己低人一等，而且其他类型的罪犯也往往看不起他们，甚至对他们不屑一顾，不愿与其交往。这更加剧了性欲型罪犯的自卑感，对自己失去了改造好的信心。他们既害怕被人歧视，又无法摆脱被人歧视的困境；他们既想早日回归社会，又对回归社会充满焦虑和恐慌，因而心理负担十分严重。尤其是一些初犯、偶犯、"奸幼犯"、原为国家工作人员的罪犯等，更是在传统的伦理道德观念的影响下，对自己的罪行感到羞愧，对自己的盲目冲动行为十分懊悔，这些罪犯若得不到家人的谅解，就会更加自卑，甚至会因绝望而自杀。

（五）情绪不稳定，意志薄弱

性的需求也是人的基本需要，不过这种需求要以社会认可的方式来满足，否则就要受到道德和法律的谴责和制裁。性行为随着性冲动而产生，性冲动来得越快、越强烈，则突发性犯罪的可能性就越大。多数性欲型罪犯由于长期在外过着放荡不羁的生活，入狱后在心理和生理上的需求得不到满足，会出现焦虑、抑郁等不良情绪，情绪不稳定，易冲动。在矫正过程中，意志薄弱，自制力差，往往不能控制自己的性欲。为了达到性欲的满足，其行为具有挑衅性和侵犯性。如果周围环境中出现性刺激因素的挑逗和影响，容易发生性冲动，重新犯罪。

四、其他类型罪犯心理

(一) 毒品型罪犯心理

毒品是指非医疗、科研、教学需要而被滥用的有依赖性的药物，是社会生活及法律领域中特指的那些对人体有毒害作用的成瘾药物，包括吗啡类（如鸦片、吗啡、杜冷丁、海洛因等）、可卡因类、致幻剂、苯丙胺类（如苯丙胺、冰毒、摇头丸）、大麻、卡塔叶及制剂，以及国务院规定管制的其他能使人形成瘾癖的麻醉药品、精神药品等。从社会心理学及临床医学的角度而言，新型毒品（主要指以苯丙胺类为主的合成精神毒品，主要有冰毒、摇头丸、K粉等）。毒品对于吸毒者的生理、心理和正常的社会生活产生极大的危害，不仅严重摧残吸毒者的身心健康，而且严重危害社会健康。

毒品型罪犯是指实施与毒品有关的犯罪行为的罪犯。在我国，涉毒犯罪是指与毒品有关的一系列犯罪的总称，具体是指违反国家有关毒品管理法规，非法走私、贩卖、运输、制毒、持有、吸食毒品，以及非法种植毒品原植物等破坏国家禁毒活动，妨害社会管理秩序、危害公民身体健康、依法应受处罚的行为。

一般而言，毒品使用者进行犯罪的最常见的原因有两种：①维持毒瘾。当个人多次使用一些毒品后，会产生毒瘾，如果产生毒瘾的人停止使用毒品，就会引起戒断症状，使个人产生难以忍受的痛苦体验，因此，为了追求快感和维持毒瘾，就会进行一系列财产犯罪以购买毒品。②使用毒品产生的幻觉、妄想等异常精神状态的作用。当个人使用毒品后，就会产生欣快、躁狂、幻觉、妄想、冲动等心理状态，因而产生犯罪活动。

1. 毒品型罪犯狱内心理特征

毒品型罪犯与其他罪犯相比，具有自己的独特性，例如：生活技能差，文化程度低，好吃懒做，生活懒散，缺乏意志力。由于涉毒罪犯大部分自己也吸食毒品，因此，身体健康及性能力普遍较差，据调查涉毒罪犯中有传染病的比例要较其他类型罪犯高。毒品型罪犯在服刑期间主要表现出以下典型的心理特征：

（1）认罪但不悔罪。毒品型罪犯都能认罪服判，但大多认罪不深，悔罪感不强。据某监狱的调查表明，错误的认知是造成毒品型罪犯认罪不深、悔罪感不强的思想原因。其错误认知主要表现为：一是认为毒品犯罪是"经济问题"，是"做生意"，"无非是想得点钱"，政治上没反对党和政府，是"拿钱买牢坐"；二是虽然承认是犯罪，但借口"人多地少，生活困难""为了养家糊口"或说毒钱"干净"，不是偷抢的"赃钱"；三是认为走私贩毒，闯荡江湖，动辄筹资成千上万元，是"凭本事吃饭"；四是某些曾获取过暴利的罪犯，经济上占了便宜，甚至浮财、底财尚存，认为"坐几年牢没有什么了不起"；五是因使用隐蔽力量破获的案件中被判刑的罪犯，心存不满，狡辩翻案。

（2）善于伪装。毒品型罪犯一般社会经历复杂，犯罪过程极为隐蔽，这使他们善于察言观色，不轻易暴露自己的真实思想，显得圆滑、深沉和狡诈。在日常改造中，爱耍两面派手法，表面上谨慎，唯监狱人民警察是从，没有过分的出格行为，也从不惹是生非，背地里却喜欢在同犯中散布反改造言论，搬弄是非，甚至故意破坏监管改造秩序。他们的功利意识较强，信奉"苦干不如巧干，巧干不如围着监狱人民警察转"，因而为了自身利益，主动投监狱人民警察所好，以博得信任。此外，他们中的有些人为了逃避劳动改造，利用自己身体素质差的弱点，故意装出一副虚弱的可怜相，既可以逃避劳动，又可能争取到保外就医的机会。

（3）人生观扭曲，个性存在缺陷。毒品型罪犯的人生观主要表现为：推崇金钱至上，追求及时行乐，奉行一切为己。在这种扭曲的人生观的支配下，毒品型罪犯在服刑期间仍然享乐思想严重，不仅不悔罪，而且伪装积极改造骗取减刑，以便早日出狱，为了获取更多的钱财继续进行毒品犯罪活动。他们的道德观念低落，欠缺廉耻心，善于掩饰，并且容易撒谎，阴险狡猾，疑心重，善用心计，不在乎他人之感受，以自我为中心。他们普遍情绪不稳定，认为世界是沉闷的、缺乏刺激的、没有希望的。

（4）纠合心理较强。毒品犯罪中团伙犯罪居多，因此毒品型罪犯入狱后，其好结团伙的特点仍有所表现。他们往往以地域、民族、风俗等因素纠合在一起，逐步组成以毒品犯为主的罪犯非正式群体，并形成一定的利益范围，尤以维、回等少数民族罪犯结帮为甚。如果遇到其他罪犯损害其团伙利益就会合伙进行报复。有的甚至有意妨碍监狱人民警察的正常管理，以"尊重少数民族特有的风俗"为由相抵触，对监管改造安全构成潜在的威胁。

2. 毒品成瘾者心理的特征

由于毒品型罪犯，多数也存在自我吸食毒品的现象，或者因为吸食毒品，才走上违法犯罪的道路，因此，对毒品成瘾者的心理识别也是研究的一个重点内容。

毒品成瘾者在吸毒的不同时期存在不同的心理特征。在吸毒初期，人们对吸毒的动机各有不同。有人是由于追求刺激，对毒品盲目好奇，对毒品体验产生强烈的尝试愿望。尤其对于青少年群体，他们缺乏鉴别和思考能力，认为吸毒就是时髦、新潮的玩法，从而导致随波逐流，盲目从众。有人是因为存在不同程度的情感障碍，不能承受挫折。当面对现实生活中的种种失意，不能以积极的心态对待和处理，而是用毒品来麻醉自己，以逃避现实困境，寻求暂时的解脱。也有人是意志力薄弱，抵制不住他人的再生劝说和诱惑，为追求"至极的快乐"，从而染上毒品。在吸毒中期，吸毒者存在矛盾和侥幸的心理。此时，他们也想摆脱毒品，但经不起诱惑，逐步沉溺不能自拔。他们明知不能再走下去，但无力战胜身心的依赖，存有"再吸一次就不吸了"的侥幸心理，总要想方设法再次寻求毒品，从而使毒瘾恶性发展。在吸毒晚期，他们在心理上形成了对毒品的强烈依赖，人格发生变异，意志薄弱，自制力极差，自暴自弃，心灰意冷，脾气暴躁，适应环境和耐挫折能力差，难以维持正常的人际交往，回避矛盾，逃避现实。到此阶段的吸毒者即使经过强制戒毒，但一旦回归社会后很容易旧病复发，复吸率很高。

毒品，一个令人望而生畏的字眼，但有很多人为它跃跃欲试并欲罢不能。调查显示，吸毒者呈逐年上升趋势，毒品成瘾者之间存在共同的特点。文化水平普遍偏低，一般没有固定的工作，家庭环境不和谐，在童年期缺乏父母长辈的关心和监管，从小缺乏安全感，难以对他人产生信任，自尊水平较低，具有冲动性人格障碍。行事风格比较喜欢遵从省力原则，面对毒品时的自我控制能力差。一旦染上毒品，毒瘾会进一步摧残吸毒者的精神状态，使其最终精神堕落，人格在诸方面表现异常。

（1）在认知特征方面，个体主观色彩浓厚，对事物的认知态度消极甚至病态，个别表现为是非不分、道德沦丧。

（2）在情感特征方面，情绪稳定性差，冲动性强；焦虑、敌意、恐怖、偏执、冲动等方面显著高于正常人。情绪长期处于抑郁状态，对任何事物冷漠、个体呈现颓废堕落的状态。

（3）在意志特征方面，寻找、获得毒品表现出病态的意志亢进，他们往往不遗余力、不知廉耻，置道德、法律、脸面、亲情于不顾，千方百计地获取毒品。但是，在戒断毒品上却表现出病理性的意志缺乏，坚持性差，自控力弱，根本无法依靠自己的力量戒断毒瘾，即使一时戒断，又会很快复吸。

（4）在个性特征方面，自控力差，易受诱惑和暗示；回避矛盾，逃避现实，被动依赖；贪图享受，消极怠惰；丧失事业心和责任感；伦理感和道德感低下；需要趋向低级，自我满足是第一需要，追求即时享乐和满足，不顾社会道德规范和他人利益；对挫折耐受力更低，经不起失败的打击和他人的批评，性格格外脆弱。

（二）邪教罪犯心理

邪教罪犯是指组织或利用邪教组织实施犯罪行为的罪犯，具体表现为个体由于信仰扭曲，并且在追求和维护这种偏激性、敌视性、破坏性迷信邪说的心理状态支配下实施的危害社会，触犯了法律法规的行为。这类罪犯因深受邪教的迷信邪说的毒害而犯罪，因此他们在服刑期间表现出独特的心理特征：

1. 认知存在偏差，无罪恶感

邪教罪犯在认知上迷信色彩十分浓厚，崇尚鬼神，深信超自然力量，存在着混乱的逻辑思维，带有明显的唯心主义的特征。因此，邪教罪犯一般都不承认自己有罪，而且用极其恶毒的语言攻击政府对邪教组织的取缔。他们对实施的犯罪行为丝毫没有犯罪感，反而认为那是"除魔"，是在"做好事"，是"护教"的壮举。一般在他们刚入狱时，总是反复申述自己的"冤屈"，并给其他罪犯继续传播邪教的迷信邪说。虽然邪教罪犯不认罪，但是部分罪犯却能够认真遵守监规，认为这是按照"教义"的要求在遵从一般人做人的道理，和认罪服法是两回事。而且有人把自己的入狱看作是"考试过关"，只要自己坚持过去，就可以早日"修成正果"。因此，大部分邪教罪犯认罪较难，以邪教教义来进行自我辩解，心理转化相对困难。

2. 抵触情绪大，思想顽固

邪教罪犯因为不认罪，所以对判刑心怀不满，抵触情绪很大，抗拒改造能力较强，如"法轮功"罪犯，他们有的以绝食相抗拒，有的则组织起来共同违反监规纪律，制造事端，引起混乱。监狱干警对他们进行帮教，他们认为干警"层次太低"，无法对话，即使交流也是据理力争，狡猾善变，顽固不化，往往拒绝帮教。他们把每一次成功拒绝都看作是自己的一次"胜利"，从而产生心理上的愉悦并进一步强化其邪教意识。

3. 存在明显的个性缺陷

邪教罪犯往往存在明显的个性缺陷，如看问题偏激狭隘，固执、片面等，他们对邪教的痴迷使他们宁可不要生命也绝不放弃邪教。邪教罪犯在情感上孤独冷漠，他们除了修行对其他一切人或事都漠不关心。他们基本丧失了自我意识，不具备独立的思维能力，完全听从教主或教义的指挥，意识蒙蔽。对他们所认定的事情，即使公认是错的，他们也坚持去做，甚至可以为此忍受各种痛苦和磨难，存在明显的偏执性人格特征。

4. 集体抗拒改造的心理突出

这种心理在邪教罪犯服刑初期表现突出。邪教罪犯入狱前大都以集体活动为主，他们又具有共同的信仰，共同的目标，进行集体活动，凝聚力强。入狱后这种抱团心理仍然较强，他们会利用各种机会搞暗中串联，搞集体活动，因而会出现集体进行绝食、闹狱活动。他们还相互加油、打气，共同拒绝改造。

5. 冒险敢为，不计后果

邪教罪犯大多数情绪稳定性差，自控能力强。入狱前为邪教组织鸣冤叫屈，奔走呼号，有的曾多次被公安机关拘留。入狱后，他们对干警管教、对监规满不在乎，表现为敢于冒险，或在监内强行练功，背诵经文或以绝食抗拒改造，或以自杀威胁政府。

第二节　不同犯罪类型罪犯心理的矫正

一、暴力型罪犯心理的矫正

（一）矫正的目标

对暴力型罪犯进行心理矫正，首先要明确矫正的目标。国内外学者对该问题进行了探讨。莱斯特（David Lester）认为，对暴力型罪犯进行心理矫正，需要达到下列目标[1]：

（1）训练暴力型罪犯在感到自己要失去控制的时候，随时找心理学家或者心理治疗专家帮助解决问题，而不要耽搁，否则，会使自己已经取得的进步难以巩固。

（2）训练暴力型罪犯，在发脾气的时候，尽可能地使用言语表达自己的情绪，而不要进行暴力行为。要使暴力型罪犯认识到，暴力行为可能导致自身的毁灭。

（3）教育暴力型罪犯在进行冲动性暴力行为之前，要认真考虑进行暴力行为的后果。

（4）教育暴力型罪犯充分地认识和掌握自己情绪变化，特别是愤怒情绪变化的规律与控制技能，而不是简单地体验这种情绪或者任由该不良情绪支配自己的行为。

（5）帮助暴力型罪犯认识，潜在的被害人经常是激起暴力犯罪行为的因素之一，讨论潜在被害人在暴力犯罪行为产生中所起的作用。

我国学者对暴力型罪犯的心理矫正也进行了深入研究。其矫正方案的总目标是：消除或减弱参加矫正罪犯的暴力倾向。具体分为转变观念、培养能力和完善自我心理调控系统三个阶段[2]。

在转变观念阶段，需要完成三个方面的任务：认清危害，激发改善动机；正确归因，认识问题根源；检查观念体现，转变不良价值观念。

培养相关能力阶段，需要完成的任务有：培养愤怒和焦虑情绪控制能力；培养良好的沟通和协商关系能力；改变不良习惯，培养健康生活方式。

完善自我心理调控系统阶段，需要完成的任务有：提高自我意识水平；增强道德调节作用；树立正确法律意识。

（二）矫正的重点

暴力型罪犯需要层次、心理水平普遍不高，他们的自我控制能力和社会适应能力也普遍低下，所以，对暴力型罪犯的矫正应该是全方位的，重点需要解决以下问题。

---

〔1〕　Hans Toch（ed.），*Psychology of crime and criminal justice*，Prospect Heights，LL.：Waveland Press，1979，p. 318.

〔2〕　狄小华：《罪犯心理矫治导论》，群众出版社 2004 年版，第 238 页。

1. 改变错误的认知观念

暴力型罪犯大多存在错误的认知观念，看待问题片面、极端，常常以"自我为中心"，缺乏思想上的独立性。对"哥儿们"讲义气，为兄弟可以两肋插刀；崇尚暴力，"不管有理无理，拳头就是道理"；爱逞强好胜，错误地认为"人善受人欺，马好被人骑"，为了面子不惜打个你死我活。并且他们的思维狭窄，认识偏激，固执己见，不能正确地认识和评价自己的行为后果，总是将自己遇到的挫折和不幸归咎于他人。改变错误的认识观念，是对暴力型罪犯进行心理矫正的首要任务。

2. 克服不良的行为习惯

在错误的认知观念下，由于受到周围环境或影视作品中暴力行为方式的影响，一些罪犯已经逐渐形成了用暴力行为去处理矛盾纠纷的模式，因此，当他们遇到困难时，习惯用武力解决问题。这些不良的行为习惯与负性情绪形成恶性循环，使得暴力型罪犯的问题变得更加严重。因此，克服不良的行为习惯，训练良好的行为方式，是对暴力型罪犯进行心理矫正的基本方法。

3. 提高自我控制能力

一般而言，人们容易受情绪的影响，但理智性强的人的行为一般不会被情绪所控制，而暴力型罪犯由于缺乏对自己心理活动的分析、综合和判断能力，不能适当地、准确地进行自我评价，因而缺乏对自己的心理活动和表现出的行为的控制和调节能力。此外，暴力型罪犯普遍低下的自我意识发展水平，还会严重影响其个性的健康发展，并造成个性方面的缺陷。因此，提高自我控制能力，也是对暴力型罪犯进行心理矫正的重要问题。

（三）矫正的措施

对暴力型罪犯的矫正，可以采用先改造后发展的矫正模式，先了解罪犯的个性特点，然后采取适当的方式对其进行心理矫正。首先要其了解矫正内容和要求，并明确矫正目标。然后通过座谈或心理活动等方式，分析暴力行为的危害，引导罪犯思考改变暴力行为的代价和益处，激发罪犯寻求改变的动机。最后讲述暴力行为与个体及其外部情境刺激之间的关系，指导罪犯结合自身经历，描述、剖析暴力行为发生过程，找出支撑暴力行为的种种观念、与暴力有关的不良行为习惯。

1. 心理咨询或心理治疗

根据暴力型罪犯的心理问题类型及严重程度，选择适合的方式，对罪犯进行心理咨询或治疗时，需要专业的心理工作者，帮助罪犯分析容易诱发暴力的因素，学会应付挫折的具体方法；发现自我意识存在缺陷时，学会科学、客观地认识自我；当出现消极情绪时，学会积极地自我调节；消除或改善心理障碍，避免心理障碍引发的暴力行为。

心理咨询或心理治疗分为个体和团体两种方式，对于监狱管理工作，团体的方式更高效，更经济。例如对暴力型罪犯在调节自我情绪、人际交往、减压等方面效果显著。

2. 行为训练与干预

许多暴力型罪犯的犯罪行为的发生，与他们缺乏有关的社会技能有联系，对于这样的罪犯，应当进行社会技能训练。这类社会技能训练的内容包括：

（1）人际交往技能训练。一些暴力罪犯行为的发生，是暴力型罪犯与别人之间产生的人际冲突引起的，因此，需要训练他们的人际交往技能，使他们掌握建立和维护良好的人际关系的技能，能够更好地与别人相处，从而避免人际冲突和暴力行为的发生。同时，一些暴力罪犯行为是个人经受不住朋友的请求、激怒等情况下发生的，对于这类罪犯，也应当进行如何处理朋友关系、如何摆脱朋友的不合理要求等方面的训练。研究发现，团体心理辅导可以很好地帮助人们进行人际交往技能的训练。监狱人民干警可以组织一系列的心理辅导活动，以提高暴力型罪犯的人际交往能力。

（2）放松训练。暴力行为的发生，往往伴随着明显的身体紧张和情绪激动，在很多情况下，这种紧张和激动对暴力行为的发生，起助长和推动作用。因此，训练暴力型罪犯掌握放松自己的身体和情绪的技能，可以有效地防止愤怒情绪的增强和暴力行为的发生。放松训练可以采取音乐放松，骨骼肌肉放松等，同时也可以加入冥想等想象训练，以提高罪犯的自我放松技能水平。

（3）宣泄训练。暴力行为通常是在愤怒、紧张、焦虑等消极情绪的推动下发生的，是个人直接地使用暴力手段发泄这些情绪的结果。因此，对暴力型罪犯进行心理矫正时，可以对他们进行宣泄消极情绪的训练，引导、训练暴力型罪犯以言语性的、非体力的、建设性的方式宣泄消极情绪。例如，通过各种体育运动、对模拟人进行暴力行为、大声吼叫、找人倾诉、书写日记等方式宣泄消极情绪。

（4）情境适应训练。大量的暴力犯罪行为是在不利情境中发生的，是个人受到情境中的消极情绪感染、剧烈的人际互动和无意识地进行模仿的结果。

例如，群体事件中出现的"打群架"现象。因此，对这样的罪犯，要进行恰当适应特定情境的训练，让他们知道如何在不利情境中保持个人的独立性、判断力和责任感，如何摆脱情境的诱惑和暗示，遇到不利情境应当迅速离开等技能。因此，通过模拟情境，表演"心理剧"的方式让罪犯进行角色扮演的情境适应训练是进行心理矫正的方法之一。

矫正方案的实施，需要根据具体的问题，设置具体的完成时间。矫正工作可以通过了解参与罪犯价值观念变化、行为表现，以及整体适应能力来评估各阶段及整体的矫正效果。在效果评估中，自陈法、测验法和综合评估法都可以选择使用。

二、财产型罪犯心理的矫正

（一）矫正的目标

财产型罪犯以盗窃犯和诈骗犯为多，对其心理进行矫正可以分为三个阶段：扭转错误的认知观念，矫正恶劣的行为习惯及培养良好的个性品质。

扭转错误的认知观念涉及认识到犯罪对个人及社会的危害；明白个人的错误认知，如贪图享乐、爱慕虚荣、盲目攀比等病态心理；认识致富手段的多样性以及犯罪致富的危害性；能够客观、正确地看待在市场经济发展过程中出现的不良社会现象。

矫正恶劣的行为习惯包括认识恶劣行为习惯的表现和危害；学习对恶劣行为习惯的意识和控制；学习分散或转移对他人财物的注意。

良好的个性品质包括诚实、善良、乐观、自信、乐于助人、意志力坚定、抗压能力强、热情、开朗等。

（二）矫正的重点

对财产型罪犯的矫正重点主要包括三个方面：

1. 抑制膨胀的物质需要

财产型罪犯往往对金钱和物质具有强烈的、超乎寻常的欲望需求。正是他们这种对物质强烈的占有欲，才让他们不顾法律和道德的制约，作出违法、犯罪的行为。造成这些现象的主要原因是个人的不断贪婪、盲目攀比、追求享乐的虚荣心在作怪。因此抑制罪犯对物质的畸形需求是主要的矫正工作。

2. 矫正扭曲的社会认知

在社会经济体制转轨过程中，出现了一些靠钻法律和政策的空子、坑蒙拐骗、侵吞国有资产等通过非法途径致富的一部分人。他们把犯罪作为谋生和致富的手段，只看到个人的利益，不关心行为背后的代价。只看到了社会中出现的不公平现象，不了解现象背后的原因。只有矫正其错误的社会认知，增加其法律意识和水平，才能从根本上遏制该犯罪行为的出现。

3. 克服恶劣的行为习惯

财产型罪犯尤其是盗窃犯和诈骗犯他们大多是惯犯和累犯，由于有多次作案经验，当面对外部诱惑时，缺乏自我控制能力，并对作案抱有侥幸心理，形成了恶劣的行为习惯。因此，克服恶劣的行为习惯，对矫正财产型罪犯起到重要的作用。

（三）矫正的措施

对财产型罪犯的矫正要根据矫正对象的特点，犯罪原因等，选用适合的矫正方案。任何犯罪都是在一定心理态度的支配下实施的，因此对财产型罪犯进行心理矫正是十分必要的，具体方法如下：

1. 认知疗法

认知疗法是指通过改变思维和行为的方法来改变不良认知，达到消除不良情绪和行为的短程的心理治疗方法。认知心理学家认为，犯罪行为的产生是由于道德水平的低下以及由于这种道德水平所引起的认知偏差造成的，当个人的道德水平较低时，个人就不能正确地认知和评价社会生活中的事物，从而引起适应不良和违法犯罪行为。由于犯罪心理在某种意义上被看成是一种社会适应不良的思想表现。因此，认知疗法在罪犯心理矫正中大量应用。

认知疗法的观点认为错误的认知和观念是导致情绪和行为问题的根源。因此矫正的根本目标就是要发现并纠正错误的观念及其赖以形成的认知过程，使之改变到正确的认知方式上来。对财产型罪犯的心理矫正，可以首先让其对自我的犯罪行为进行深入的原因分析，让罪犯认识到犯罪对个人及社会的危害；明白个人的一些错误认知，如贪图享乐、爱慕虚荣、盲目攀比，梦想一夜暴富等病态心理；认识致富手段的多样性以及犯罪致富的危害性；并对在市场经济发展中，出现的一些不良现象，能够客观、正确地看待。

部分财产型罪犯文化水平低下，有时不能很快认识到自身的错误认知，因此提高罪犯自身的文化水平和综合素质，就显得更为重要。一些监狱开始培养罪犯学习文化知识的习惯，让其从被动教育变为主动的自我教育。例如，2011 年 7 月初，鲁南监狱开始在全体服刑人员中推行《明理励志读写本》，服刑人员每天需要读写的内容包括"一日一示、一日一读、一日一得、一日一悟"。《明理励志读写本》作为罪犯自我教育的一种教育手段和载体，其内容涵盖了道德教育、普法教育以及心理健康等多项内容。在二监区的郭某曾是一个自视甚高的"另类"。他在2009年，因合同诈骗罪被判处无期徒刑，开始他对监区办的《日新报》上的文章经常嗤之以鼻，后来他却成了《日新报》的写手。郭某说是《明理励志读写本》改变了他。一天，当他翻看到一篇名为"责任是一面镜子"的文章时，他在读写本上写下："责任心是男人的魅力所在，看来之前我不够男人。改变，在当下。"有学者说"自我教育是最高意义上的教育"，很多监狱长期开展中华传统美德教育，并定期举办讲座，一些服刑人员已经将《三字经》《千字文》《弟子规》等经典文集烂熟于心，这对罪犯的心理矫正起到巨大的帮助作用。

2. 行为疗法

行为疗法源于行为主义理论，强调通过对环境的控制来改变人的行为表现，其理论的代表人物是华生、斯金纳和班杜拉。行为疗法是直接以人的失常行为为治疗对象，通过对个体反复训练，达到矫正适应不良行为的一类心理治疗。行为疗法的经典技术是行为强化法，也是操作性条件反射的基本原理。它能促使个体特定行为的发生，或提高反应发生的概率。当罪犯表现出良好行为时，就给予肯定性的评价和奖励，使自发行为被强化为经常地自觉行为。当罪犯表现出不良行为时，就给予否定性的评价和惩罚，使这种行为受到阻抑，变为间断性的偶发行为进而逐渐消退。

对财产型罪犯，尤其是多次盗窃的罪犯，改变其恶劣的行为习惯，可以采用行为强化的方法。如监狱干警可以提前设置一定的诱惑刺激，观察罪犯对刺激物的反应，如果能够控制自我对金钱等刺激物的占有，要给予表扬，如果不能则要给予一定的惩罚。

为了培养良好的个性品质，可以进行有目的性的干预训练，如自信心训练、抗挫折能力训练等。总之，对不同的财产型罪犯进行心理矫正时，首先需要分析其犯罪原因，根据具体问题进行具体分析，选择合适的矫正方法。

三、性欲型罪犯心理的矫正

（一）矫正的目标

对性欲型罪犯的心理矫正，最终目标是降低其再犯的风险，具体可分为以下三个方面：改变歪曲的性观念，使其形成正确的认知模式；学会用合理的方式，解决自我的欲求，避免欲望的畸变；消除自卑心理，形成良好的个性品质。

（二）矫正的重点

虽然性欲型罪犯情绪相对稳定，但对其矫正难度而言，并不容易。根据性欲型罪犯的心理特点，从预防再犯的角度，心理矫正要重点解决以下问题。

1. 改变歪曲的性犯罪意识、性观念

受不良环境的影响，性欲型罪犯形成了错误的性观念，他们把性享乐视为人生中最重要的事，人生观、道德观沦丧，喜欢低级趣味，信奉"宁在花下死，做鬼也风流"。个别罪犯认为的性观念已经过时，应该追求新潮。错误的观念会导致错误的犯罪行为，因此，矫正歪曲的性犯罪意识和观念，是其心理矫正工作的一个重点内容。

2. 避免欲望的畸变

受腐朽思想的腐蚀，一些性欲型罪犯对性生活有一种畸形的欲望和难以抑制的冲动。生活中遇到的挫折，如欲望的不能满足，可能会以其他畸变的方式去实现。因此找出性欲型罪犯主要的犯罪原因，并采用合理的方式去解决，是避免欲望畸变的最好方法。

3. 提高自信心水平

性欲型罪犯存在明显的个性缺陷，在狱内的他们尤其缺乏自信，因此提高其自信心水平，也是进行心理矫正工作的一个重要内容。

（三）矫正的措施

性欲型罪犯的矫正需要采用综合的方法，需要对罪犯进行法制教育、性心理教育、性道德教育和心理矫正。进行法制教育的主要目的是强化性欲型罪犯的法律意识，提高其懂法、守法的自觉性，并形成正确的法律观念。加强性心理教育是指对性欲型罪犯进行正确的性心理指导，帮助他们正确认识性意识，解决有关性心理的相关问题，如怎样消除性恐慌、抑制性冲动、缓解不良心理的反应等。加强性道德教育有助于强化性欲型罪犯的性道德意识。在矫正过程中，要普及基本的性道德思想，帮助他们树立正确的世界观、人生观和价值观，并提高其抗诱惑能力，切实提高性欲型罪犯的性道德水平。

对性欲型罪犯进行心理矫正，需要先通过面谈或测试了解其问题类型，并根据具体问题开展有针对性的工作，常用的心理矫正方法如下：

1. 精神分析法

精神分析法的主要目的是通过对当事人的心理分析，将其压抑在内心深处的冲突和痛苦释放出来，使其彻底找到犯罪的原因。在具体治疗中可以采用投射测验和催眠技术等。精神分析法可以采用一对一的形式或小组的形式进行，通过鼓励矫正对象叙述自己过去的心理矛盾和冲突，可以发现性欲型罪犯早期的创伤性经历，了解这些经历对他们心理和行为的影响，就能有效治疗其内心深处存在的矛盾和冲突，并帮助分析引起他们犯罪的未意识到的自我欲望，让他们从中有所领悟，重塑健康心态，积极改造。让罪犯回想早年的记忆，使其了解自己行为背后的深层原因，对其及时进行矫正，可避免性犯罪行为的再发生。

2. 认知疗法

性欲型罪犯普遍存在歪曲的性观念，认识水平较低，宜采用"认知重建疗法"，重新建立他们的认知结构，改变其错误的信念、价值观。集体讨论法是一种常用来矫正性欲型罪犯错误的认知观念的方法，就是通过让多名性欲型罪犯一起讨论，来澄清导致性犯罪的观念的一种矫正方法。在具体实施的过程中，讨论的内容可以涉及性欲型犯罪的各个方面，如：强奸、卖淫、性报复等。在整个过程中，矫正工作者应起到指导性的作用。例如，要鼓励性欲型罪犯畅所欲言，让他们尽可能把存在的想法都讲出来；对于他们所讲的任何话，都不简单地加以训斥、阻止，使讨论沿着合理的方向进行，在讨论结束时得出合理结论。矫正人员也可以提供有关书籍和视频资料来矫正罪犯的错误认知。

3. 人本主义疗法

人本主义疗法，是以人为中心的一种心理治疗方法，它注重人的主观能动性，尊重人的人格、尊严，通过真诚地交流来给心理存在问题的人员提供帮助，给予心理支持。在矫正工作中要以性欲型罪犯的心理变化、情感变化为导向，照顾他们的感情，让他们从亲人、朋友及管教人员那里得到温暖、希望和心理上的支持。要使罪犯感受到社会对他们的关心和重视，这既是人本主义疗法的具体措施，也是有效的心理支持，促进他们重新树立自信心和自尊心。

4. 行为疗法

（1）自信心训练。有些性欲型罪犯犯罪是自身个性的缺陷造成的，犯罪人往往具有严重的自卑心理。自卑心理会妨碍他们与异性的正常交往，由于和异性没有正常的交流和接触，而可能会采取其它非法的方式与异性发生性关系。自信心的训练，就是鼓励和增强性欲型罪犯的自信心，减轻和消除她们的自卑感。例如，引导他们客观分析自己、正确认识自己，培养他们健康的自我意识，并且创造条件让性欲型罪犯参加各种文化、技能学习和各种文艺、体育活动，丰富他们的精神生活，使他们在各种活动中逐步恢复自信。通过创设情境，让罪犯进行角色扮演，或者参加团体心理治疗也是提高自信心的有效方式。

（2）自我调节训练。自我调节训练，又称自我控制训练，是指以增强罪犯的自我调节或自我控制能力为目标的一种矫正方法，它是个体对自身心理和行为的主动掌握和调整。针对性欲型罪犯自控力不强的特点，可在矫正过程中帮助他们学会自我调节，引导他们合理地宣泄，疏导不良的情绪，增强他们的自我调节和控制能力，避免冲动性行为。在对性欲型罪犯进行矫正的过程中，可借鉴国外的一些控制冲动方法，如思维停止法、思维转移法、冲动标记法[1]。

思维停止法是指让性欲型罪犯停止有害的思维活动，从而控制其产生性犯罪冲动的方法。思维转移法是指在性欲型罪犯产生可能引起性犯罪行为的念头时，将自己的思维活动转向厌恶性的意想，用它来抵消有害的念头。冲动标记法是指在进行行为矫正期间，发给性欲型罪犯一个卡片，让其记录罪犯性冲动产生的次数、强度和控制的情况，从而逐渐减少这类冲动产生的方法。这些方法是最简单的性冲动控制方法，当性欲型罪犯掌握了这些方法，就可以在性冲动产生的时候进行自我调节和控制。这些方法也是一些"应急措施"，它们可以在短时间内预防新的性犯罪行为的再次发生。

（3）现实疗法。现实疗法是矫正罪犯的不良行为，培养罪犯的现实的、负责的和正确的行为的心理矫正方法。它的核心是帮助罪犯理解自己行为的后果，并且学会对自己的行为承担责任。矫正过程中，要在性欲型罪犯和矫正人员之间建立友好的关系，矫正人员应当向性欲型罪犯说明他本人是能接受的，但是他的不现实、不负责任的行为是不能被接受的；同时，矫正人员应当努力使性欲型罪犯着眼于现在和将来，教给他们满足其需要的、更好的行为方式，使他们对自己的行为负责任，学会符合社会要求的行为模式。

---

［1］ 吴宗宪编著：《国外罪犯心理矫治》，中国轻工业出版社2004年版，第345页。

5. 社会技能训练

社会技能训练是对性欲型罪犯进行社会生活所必需的技能训练。社会技能包括与他人交往的行为，如接受权威、谈话技巧、合作行为；与自我有关的行为，如情感表达、道德行为、对自我的积极态度；与任务有关的行为，参与行为、任务的完成、遵循指导等。涉及人际互动的很多方面，具体包括自信、友善、开始谈话、维持谈话、表明自己的共情等，主要分为言语性社会技能和非言语性社会技能。

性欲型罪犯常常存在人际知觉，人际关系方面的社会技能缺陷，缺乏自我生活管理，融洽地与人沟通的技能等。因此，集体训练是一种比较经济的治疗方法，能使训练者从同伴那儿获得许多积极的反馈。目前，个别训练有时也用作集体训练的补充形式。通常可使用示范、角色扮演、提示、家庭作业、反馈、犯罪得失分析等技术对他们进行社会技能训练。

四、毒品成瘾者的心理矫正

有调查显示，吸食毒品的人数呈逐年上升趋势，复吸率居高不下。据2014年中国禁毒报告显示，截至2013年年底，我国累计登记的吸毒人员约为247.5万名，对比于2011年的报告数据，可发现经过3年的时间吸毒人数增加了近100万名；而2015年中国禁毒报告的数据更为惊人，仅1年时间内新登记吸毒人员达46.3万余名，增速非常迅猛，由于吸毒行为自身存在的违法性和隐蔽性，实际吸毒人数应会更多。"一朝吸毒，十年戒毒，终身想毒"，说明一旦染上毒瘾，戒断是非常艰难的。

戒毒的成功率低的原因很多，其中包括毒品本身的易成瘾性，吸毒者的个人素质、生活环境，吸毒者的人格特征、生活环境及生活中的严重问题等。对毒品成瘾者的矫正不仅仅包括戒除生理毒瘾也包括心理的毒瘾，生理依赖可以在短时间内通过药物得以解决，但吸毒者对于毒品的心理依赖很长时间会存在，也是吸食者难以摆脱毒品的最主要原因之一。因此，对毒品成瘾者心理矫正就更显得尤为重要。常用的心理矫正方法具体有：

（一）现实疗法

现实疗法是国外在对治疗海洛因成瘾方面应用比较广泛的一种心理治疗。由美国精神病学家威廉·格拉塞于19世纪60年代所创立，属于认知—行为的治疗，目前在美国精神病院、犯罪矫正机构及少年矫正部门中应用广泛。

它的治疗原理是依赖人的理智和逻辑能力，以问题为中心，以现实合理的途径求得问题的解决；它注意思维和行为，较少直接针对情感和情绪。它强调现在和将来，而不纠缠于过去，重视"怎么办"，而不是"为什么"；它反对以医学或"疾病"的模式来看待人的心理困难，强调人的自主自立，自己要对自己的行为负责。

现实疗法的治疗目标是帮助来访者认清什么是他们真正需要的，认清自己为什么需要这些；辅助他们对自己当前的所作所为进行分析评价，看看现有行为是否有益、有效、负责；协助他们选择负责任的行为，制订建设性的行动方案，以便做出改变，达到对自己生活的有效的控制。因此，负责任的行为是现实治疗的核心目标。对戒毒者而言，要引导他们学习承担个人责任及作自我价值判断，积极面对现实问题，从错误中记取教训，走向独立自主。

（二）行为疗法

1. 代币制法

代币制是一种利用强化原理促进更多适应性行为出现的方法，即用象征钱币、奖状、奖品等标记物为奖励手段来强化良好行为的一种行为治疗方法。例如，当戒毒人员出现某种预期的良好表现时，立即给予奖励，使该行为得以强化。而当戒毒人员出现不好行为时，则可扣回奖励。这里的代币实际上是一种可以在某一范围内兑换为物品的券，可以是钱币，小红旗、有分值的小卡片等。矫正者用代币作为奖励，强化戒毒人员的期待行为，然后他们可以用获得的代币换取自己喜欢的东西。要注意将代币与戒毒人员感兴趣并想得到的东西联系起来，并建立一定的代币兑换规则。通过不断强化而逐渐固定下来，成为人的习惯，从而帮助戒毒人员养成良好的行为与生活方式。

运用代币制法的一般步骤是[1]：

（1）确定要矫正的目标行为。该目标行为必须是具体可见的。

（2）制定行为评分标准和等级。告知戒毒人员哪些行为可得分或受到代币奖励，哪些行为将被扣分或扣除代币。规定好奖励的数量、时间和方式。

（3）确定基线，了解代币制开始前的行为水平，并为治疗过程中的评估提供比较数据。

（4）选择支持强化物，即选择代币的用途，用代币可以兑换哪些物品，

---

〔1〕　章恩友：《罪犯心理矫治》，中国检察出版社2010年版，第203页。

如食物、生活用品等，可以通过询问戒毒人员本人和其他调查方式来确定，如将代币制应用在有多名戒毒人员组成的团体中，要注意选择的支持强化物对大家都有吸引力。

（5）选择代币的类型。一般要求代币有吸引力，轻便耐用，不易伪造。

（6）选择能帮助实施管制的人员来协助治疗者管理代币的制作、保管、发放和兑换工作。

（7）决定具体的实施程序，包括：①设计适当的数据表，定好记录的人员、时间和方式；②决定强化（发给代币）的人员、方式和目标行为；③确定每个戒毒者每天每个行为能获得代币的数量；④建立兑换支持强化物的规则，确定每种支持强化物的代币值；⑤规定惩罚的具体办法和标准；⑥明确工作人员的职责；⑦对潜在的问题列出计划。

（8）计划使戒毒者脱离代币管制，在自然环境中维持治疗的效果。

2. 厌恶疗法

厌恶疗法是一种通过惩罚手段抑制或消除患者不良行为的治疗方法。其做法为通过附加某种刺激的方法，使患者在进行不适行为时，同时产生令人厌恶的心理或生理反应。如此反复实施，结果使不适行为与厌恶反应建立了条件联系。以后尽快取消了附加刺激，但只要患者进行这种不适行为，厌恶体验照旧产生。为了避免厌恶体验，患者不得不中止或放弃原有的不适行为。

厌恶疗法首先要确定目标行为。目标行为只能选择一个最主要的或者是迫切摒除的不良行为。然后选择厌恶刺激。厌恶刺激必须是强烈的，使其产生的不快要远远压倒于原有的种种快感，才有可能取而代之。常用的厌恶刺激为电刺激、药物刺激和想象刺激。最后要尽快把握时机施加厌恶刺激，必须将厌恶体验与不适行为紧密联系起来。需要注意的是如果采用厌恶疗法，需要让患者签署知情同意书，并确保厌恶刺激是无害的和安全的。对于戒毒人员可以采用点击厌恶、药物厌恶和想象厌恶。

（1）电击厌恶。每当吸毒者见到毒品或毒品图片而产生快感体验和吸食冲动时，就立即给予电击，令其产生痛苦体验。开始时每有一次冲动便给一次电击反复几次后，可视情况降低电击次数。对于注射吸毒者，可在针尖上接上电刺激仪，当其注射时，立即给予电刺激，产生痛苦体验。

（2）药物厌恶。服用催吐药物，在药性即将发作时吸食毒品，产生呕吐反应或先注射肌肉麻醉剂，再注射海洛因，二者在体内同时发生作用，去除了往常的快感。或在吸食的毒品内掺入有恶臭或其他难闻气味的化学药品（如氨水），使在吸食毒品时感到厌恶和恶心。

（3）想象厌恶。加强意象训练，利用图片、幻灯片演示和讲解，由于吸毒而导致的自杀、中毒死亡、艾滋病感染的病例，由于吸毒导致的家庭悲剧，身体器官受损的实际情形及其他种种令人作呕的反应，让吸毒者在头脑中反复想象吸毒的这些不良后果，从而产生恐惧和厌恶心理[1]。

（三）干预训练

1. 放松训练

通过放松训练的方法可以帮助戒毒人员降低情绪的紧张程度。放松训练有多种形式，常用的骨骼肌肉放松，音乐放松，想象放松等。

2. 情绪调节训练

利用训练软件让戒毒人员进行情绪调节练习，并监控其脉搏和心率变化，强化其正确的情绪调节方法。通过控制生理指标变化提升情绪调节能力。

4. 运动训练

根据戒毒人员的心肺功能指标和身体健康状况，制定静、动结合的运动训练，矫正人员将目标行为设定为适合的体育锻炼，对积极行为及时加以强化引导，帮助戒毒人员强化科学健身意识，促进身体恢复。

总之，对毒品成瘾者的矫正不仅需要生理和心理的矫正，也需要毒品成瘾者的社会支持系统的作用，需要家人和朋友的支持和配合，共同帮助和督促毒品成瘾者的戒毒工作。

五、邪教罪犯的心理矫正

（一）矫正的目标

邪教罪犯摒弃邪教组织的迷信邪说，形成正确的自我认知和社会认知；认识到自己的犯罪行为对社会造成的危害；学会调节自我的不良情绪，达到良好的心理健康状况；能够建立良好的人际关系。

（二）矫正的重点

1. 摒弃邪教组织的迷信邪说

由于客观条件的局限性，人类认识世界是有限的。正因为人类在认识上

---

〔1〕　章恩友：《罪犯心理矫治》，中国检察出版社 2010 年版，第 202 页。

还存在一些未知的领域，一些反科学或伪科学的东西便乘虚而入，打着各种旗号，以歪理邪说盗世欺人。因此，矫正的重点是需要让邪教罪犯认识到邪教组织的迷信邪说的错误，形成正确的认知观念，科学、客观地看待世界。

2. 认识到自己的犯罪行为造成的社会危害

由于邪教罪犯一般都不认罪，无罪恶感，他们也不知道自己的行为已经构成犯罪，并且对社会和个人造成了危害，因此，帮助邪教罪犯认识自己的犯罪行为，也是矫正工作的重点之一。

3. 重塑邪教罪犯的人格

邪教罪犯往往存在明显的个性缺陷，他们认识偏激、狭隘，情感冷漠，丧失自我意识，但对大多数邪教罪犯来说，其消极的情感是抗拒转化的关键，他们中多数人的真善美并未泯灭，这正是其防御体系中的薄弱环节和转化的突破口。因此重塑邪教罪犯的人格，培养其良好的性格、良好的处世能力，良好的人际关系等就显得尤为重要。

（三）矫正的措施

对邪教罪犯的矫正需要从法制教育、思想教育和心理健康教育等方面共同矫正。矫正方法可以是社会矫正、教育矫正和心理矫正等。当邪教罪犯达到精神依赖和痴迷状态时，需要对其进行心理矫正。矫正前需要对邪教痴迷者进行一系列调查评估。评估前必须由专业医疗人员对邪教痴迷者进行身体检查，排除他们器官方面的疾病，并且记录他们当时的身体健康状况，确认他们身体有无伤害。同时也要收集他们临床资料，包括病人主诉、家属报告、摄入性会谈、临床观察和心理测验，然后排除他们是否有精神分裂症和情感性精神障碍；并且也要注意邪教痴迷者也有不主动求医、幻觉、妄想等类似于重性精神病的症状。他们的幻听、幻视属于假性幻觉，往往与思维联想和意识清醒相关联、二者不能混为一谈，这些症状带有强烈的情感色彩，需要通过心理治疗才会起作用[1]。

1. 个体心理矫正

在通过一系列的评估后，个体的心理矫正步骤为：①首先建立矫正人员和邪教痴迷者良好的关系，使痴迷者感觉矫正过程是一个安全、可信的过程，

---

[1] 汤万文："邪教信众心理特征及其矫正"，载《西南交通大学学报（社会科学版）》2009年第2期。

帮助其建立起对矫正人员的信任。②倾听和讨论邪教痴迷者的精神需求，帮助他了解其精神需求是真实的、正常的。③讨论痴迷者参加邪教团体的原因，使痴迷者相信，心理矫正人员尊重他追求生命意义的需要，让痴迷者通过健康的途径寻找到生命的意义。④帮助邪教痴迷者重新评估邪教团体做法的有效性。帮助他纠正不正确的迷信邪说，使其避免继续受害。⑤引导邪教痴迷者重新对邪教组织的信仰和做法进行讨论，帮助其确立正确的信仰、价值观和道德观。⑥向邪教痴迷者说明邪教组织是运用何种精神控制的策略来赢得痴迷者的信任，这可以帮助痴迷者解除病态的内疚和耻辱感。⑦向邪教痴迷者说明邪教组织给他们带来的心理和社会伤害，帮助他们认清事实真相。⑧向邪教痴迷者说明人类基本的社会、精神和心理需求，帮助他们学会如何通过正当健康的方式来满足这些需求，以避免其将来再次受到伤害。在矫正的过程中，必须自始至终尊重痴迷者对自己内心对生命意义的追求，所有的精神追求者在追求精神升级的过程中都会遇到被伪冒的先知和罪犯欺骗利用的可能。如果邪教痴迷者能意识到，只要他脱离邪教组织，对其家人遭受的损失负责，并配合矫正工作，他的心理矫正就会取得一定的成效。

2. 团体心理辅导

团体心理辅导是在团体情境下进行的一种心理辅导形式，通过团体内人际交互作用，成员在共同的活动中彼此进行交往、相互作用，使成员能通过一系列心理互动的过程，探讨自我，尝试改变行为，学习新的行为方式，改善人际关系，解决生活中的问题。邪教罪犯可以通过团体心理辅导的方式，重塑人格。例如学习如何科学、客观地认识自我并对社会环境具有正确的认知；学会调节自我的不良情绪，达到良好的心理健康状况；学习如何建立并维持良好的人际关系。

3. 社会支持系统的帮助

研究发现，社会支持系统对邪教罪犯的矫正也起到一定的辅助作用。社会支持从性质上可以分为两类，一类为客观的、可见的或实际的支持，包括物质上的直接援助，社会网络、团体关系的存在和参与，家庭、朋友、同事等的参与。另一类是主观的、体验到的情感上的支持，指的是个体在社会中受尊重、被支持和理解的情感体验和满意程度，与个体的主观感受密切相关。在帮助邪教罪犯矫正的过程中，家庭、朋友和社会机构作为社会支持系统，扮演着重要的角色。他们可以帮助邪教罪犯消除其焦虑、烦躁和矛盾心理，使他们更好地回归正常社会生活。因此，在他们摆脱邪教组织控制的过程中，给予一定的鼓励是非常重要的。引导他们多多参加有益的社会或集体活动，扩展他们生活视野，激发他们对生活的热爱和对生命的珍惜，脱离邪教组织，不再沉浸于病理心理中，使他们在思想、情感、体力等方面都得到锻炼和康复。

■ 案例剖析

罪犯王某，男，26岁，已婚，小学文化，因抢劫罪被判处6年有期徒刑。家庭贫困，夫妻关系紧张，总是吵架争执。妻子总是抱怨他懒惰，不好好工作，他却依旧我行我素，好吃懒做。入狱前性格暴躁，做事鲁莽。入狱后并没有太多收敛，在狱内喜欢拉帮结派，争强好胜。平时劳动表现也是时好时坏，情绪不太稳定，监狱干警对他也很是头疼，属于重点关注对象。

思考题

针对王某的问题如何进行矫正？

第九章

罪犯不良回归社会心理及矫正 ●

重点问题 ◢

1. 罪犯回归社会心理的内涵、特征与表现。
2. 罪犯的不良回归社会心理、诊断罪犯不良回归社会心理的技术。
3. 罪犯不良回归社会心理选择合适的矫正方法。

■ 导入案例

罪犯吴某，62 岁，因盗窃罪被判刑 3 年。目前已经服刑 2 年多，再过几个月就可以出狱了。他平时好逸恶劳而且惧怕劳动改造，最近变得急躁与不耐烦起来。有一次在狱内打扫卫生和搬运杂物时，他发现一个个砖垛可以藏身，于是，他决定躲起来逃避劳动。一个与他配合劳动且是连号的罪犯找不到他就报告了警官，他出来后骂这个与其连号的罪犯，当对方与他理论时，他不由分说，在地上捡起砖头就打过去，并使对方受伤住院。[1]

刘某在监区警察的带领下来到心理咨询室。"我吃不下，睡不好，整天迷迷糊糊。我觉得自己的精神都要崩溃了……"脸色苍白的刘某有气无力地说。咨询师采取了多种方法，帮助他明确人生的意义和目的，强化他战胜困难的勇气。经过近 2 个月的治疗，刘某逐渐从自责、自卑的泥潭中走了出来，恢复了自信，昨日是刘某刑满释放的日子，看着他满心希望地走出监狱的大门，监狱心理咨询与矫正中心的警官露出了会心的微笑。[2]

---

〔1〕 马立骥主编：《罪犯心理与矫正》，中国政法大学出版社 2013 年版，第 136 页。
〔2〕 马立骥主编：《罪犯心理与矫正》，中国政法大学出版社 2013 年版，第 133～134 页。

第一节 罪犯回归社会心理概述

罪犯刑满前,即将由一个囚犯成为一个自由公民,在这种两种身份的临界状态下,其心理状态也会发生显著的变化。一般情况下,犯人在刑期届满前6个月至1年,就会开始思考有关出狱的问题,而在释放前的半年时间里,这种心理活动最为激烈。他们既有即将获得自由的喜悦,又有对回归社会后会遇到各种困扰的忧虑和焦急;他们有经过艰苦的劳动、严格的管束、系统的教育后所领悟的重新做人的向善愿望,又有潜藏在心灵深处的遗憾与怨忧。特别是那些没有得到彻底改造的罪犯,在释放前有明显的消极心理。这种心理疏导得当,有利于他们回归社会后做守法的、自食其力的公民;如果任其发展,则他们刑释后有可能再次坠入犯罪的深渊。

一、罪犯回归社会心理的概念

罪犯服刑出监前半年左右的一段时间,被称为服刑后期或改造后期,罪犯回归社会心理是指服刑人员在刑罚执行期间萌发的,在服刑后期和即将刑满释放前表现得更为明显的一种特殊的心理状态。

顾名思义,回归社会心理,无论从法律逻辑意义还是从监狱实践角度进行分析,回归社会心理的主体,是因犯罪而被依法剥夺或被限制人身自由的罪犯;心理的内容与回归社会相关联,尽管回归社会前和回归社会后的心理有一定的联系,并且回归社会前的心理会影响回归社会后的行为,但是罪犯转变为普通公民,由监禁生活转向自由生活,这是罪犯回归前后的"两项本质变化,罪犯的回归心理也正是从这两大变化中萌发和繁衍出来的",这与一般的服刑改造心理有所区别。[1]

罪犯回归社会心理的产生,是由于这一时期打破了罪犯改造中期相对的稳定状态,处于"监狱人"与"自由人"之间的临界时期,监狱的环境因素使其仍然具有服刑心理,面临回归社会的新变化又为其带来复杂的回归心理。在这个特殊的时期,罪犯会产生与服刑中期不同的认知、情绪、行为方面的变化,重新呈现出较为特殊复杂的亢奋波动状态,与入监前期的失落、恐惧、

---

[1] 马立骥主编:《罪犯心理与矫正》,中国政法大学出版社2013年版,第135页。

焦虑和改造中期的相对平稳构成一个明显的"马鞍型"情绪曲线。关注罪犯回归社会心理是监狱矫正工作的重要内容，也是监狱机关教育改造罪犯的一个重要组成部分。学习和了解罪犯回归社会心理，为管理、教育和矫正罪犯，提高罪犯改造质量，巩固教育改造成果，引导罪犯顺利走向新生，防止再犯罪，维护社会稳定，促进监狱完善回归工作机制具有十分重要的作用。在当前循证矫正理念的指导下，评估罪犯犯因性问题消除与否，犯罪心理的矫正情况，掌握罪犯回归社会心理的基本规律，对进行罪犯出狱后的重新犯罪预测和循证矫正工作的开展都具有重要意义。

二、罪犯回归社会心理特点

罪犯在进入释放前期后，由于剩余刑期屈指可数，对于未来、自由的渴望、憧憬，开始由模糊、渺茫而逐渐变得清晰和可触摸，原先的许多"不安分想法"及各种各样的打算在出狱前这个特殊时期重新被激活甚至膨胀般生长，变态心理、害怕心理、报复心理、抗改造心理、自卑心理、紧张心理等在出狱前罪犯身上潜滋暗长，有的甚至过度生长，从而成为服刑改造中的"多事之秋"。

（一）出监前心理健康特点

研究者通过"临床症状自评测量表"（SCL-90）为测量工具对将要刑满释放的 150 名罪犯进行测试，各症状有问题人数及异常人数的检出率见下表 9-1：

表 9-1　各症状有问题人数及异常人数的检出率

因子	明显差异（Z>1.5）		异常差异（Z>2）	
	人数	%	人数	%
躯体化	55	37	19	13
强迫症状	56	37	31	21
人际关系敏感	30	20	16	11
抑郁	53	35	36	24
焦虑	63	42	40	27
敌对	25	17	16	11
恐怖	43	29	32	21

续表

因子	明显差异（Z>1.5）		异常差异（Z>2）	
	人数	%	人数	%
偏执	25	17	11	7
精神病性	46	31	39	26

由表9-1可见，这些罪犯在躯体化、强迫症状、焦虑、抑郁及精神病性等心理问题方面的检出率均为30%以上，心理健康状况较差。

根据在这一时段将要刑满释放的150名罪犯的心理咨询门诊统计来看，求询原因很多，以现实改造问题、婚姻家庭问题、狱内人际关系问题为主，但表现出来的症状还是以心理问题居多。统计情况见下表9-2：

表9-2 心理求询问题统计情况表

主要心理问题	求询者主诉及原因	狱内人际关系	21人次
		婚姻家庭问题	25人次
		现实改造问题	61人次
		躯体疾病	4人次
		自身个性问题	11人次
		环境适应问题	10人次
		政策法律问题	2人次
		其他	2人次
	求询者症状	一般心理问题	97人次
		严重心理问题	8人次
		人格障碍	7人次
		神经症	2人次
		其他	3人次

综上统计数据看出，罪犯进入出狱前期，由于面临诸多问题，心境不再平静，心理变化较大，不利于罪犯的后期改造。

（二）出监前焦虑情绪特点

罪犯回归社会心理在情绪方面突出表现为焦虑，95%以上的刑期较长的罪犯都担心经过长期封闭的监禁生活，出狱后会适应不了社会、跟不上社会发展步伐犯，这种担忧较易使罪犯产生焦虑情绪。针对出监前罪犯焦虑情绪的研究显示其焦虑的检出率为45%，检出比率高于青少年罪犯，焦虑总分高于国家常模[1]。这说明服刑人员在出监前，刑满前半年到一年这段时间里，焦虑情绪是普遍存在的，值得我们给予高度的重视。其焦虑情绪主要来自于出狱的喜悦与出狱后的各种担忧组成的"趋—避"冲突引起的心理紧张，如果长时间的积累而又不能缓解就会造成较严重的焦虑障碍，由于防御引发各种心理和行为表现。

焦虑感高者表现为焦虑不安，通常忧虑抑郁，忧心忡忡。对前途缺乏信心，沮丧悲观。明显缺乏安全感，思想包袱大。时时有患得患失之感，不能正常面对现实而时时会急躁不安，心身疲乏，伴有失眠、噩梦、恐惧现象，容易出现不够理智的行为。同时罪犯本身人格中的自信心、聪慧性、情绪稳定性等特质明显影响其焦虑水平，一些外界因素，如服刑人员的身份、社会支持、生活变化等也会通过其人格特质间接影响其焦虑水平。

三、罪犯良性回归社会心理与不良回归社会心理

在现实中，每一名罪犯的回归社会心理都会具有独有的特征与表现，从罪犯分类上，不同性别、刑期、犯罪类型、改造情况的罪犯，其回归社会心理也具有一些相对普遍的特征。有研究认为，服刑人员回归社会前的心理表现，可以分为正常和异常两类。正常心理状态主要表现为悔过自新、立功赎罪、发奋图强、忧愁戒备等心理；异常心理状态主要表现为报复、混刑度日、逞强好胜、补偿等心理。也有研究者将经过监狱机关的改造，在即将释放的现实情况下产生悔过自新和立功赎罪等积极的心理特征称之为积极的罪犯回归心理；原本残存的不良心理与期盼回归心理的结合，发展为消极的回归心理，如强烈的需求心理、翻案报复心理和补偿心理等称之为消极的罪犯回归

---

[1]　龚文进、敖小玲："服刑人员出监前焦虑与人格特质的相关研究"，载《社会心理科学》2008年第6期。

心理[1]。综上，根据罪犯回归社会心理的特征，将其分为良性回归社会心理与不良回归社会心理。

（一）罪犯良性回归社会心理

罪犯良性回归社会心理指的是犯因性问题基本消除，犯罪心理得到矫正，主观上不再具有犯罪动机，回归社会后在主观意愿上能够做守法公民的罪犯在服刑后期产生的各种心理。具有罪犯良性回归社会心理的罪犯一般改造表现好、学得一技之长，向往出狱后的新生活。

这些罪犯在回归社会心理中包含即将重获自由、获得新生的喜悦与兴奋，又有对回归社会后可能遇到生活出路、升学、就业、家庭关系、人际关系等问题的担心与不安，还可能为自己出狱后的罪犯身份可能带来的歧视而忧虑等。无法解脱时，也会情绪烦躁，无心改造，往往陷入遐想，经常猜测、勾画出监后的生活蓝图，产生人在监所心在外的现象。典型的罪犯良性回归社会心理通常有客观的自我认知、波动的情绪状态、正常的行为表现等心理特征。

1. 客观的自我认知

经过监狱服刑阶段的改造，罪犯能够从心理上接受自己犯罪的事实与人生历史上的罪犯角色，做好了告别罪犯角色进入自由人角色的心理准备；虽然对自己即将出狱存在回归向往与忧虑共存的心理，仍能较好地完成剩余改造任务，具有客观、与现实相符的自我认知，且自我接纳程度较好。这样的罪犯在服刑后期会用心地和关系较好的罪犯告别，对帮教的狱警表示感谢，感恩社会。有这种认知的罪犯情绪稳定，思想开朗，回归社会后一般能正确对待所碰到的问题。

2. 波动的情绪状态

罪犯回归社会前，特别是在罪犯最后一次减刑的裁定书下达以后的剩余时间，即罪犯即将刑满释放、离开监管场所之前的一段时间，由于最后一次减刑或假释的呈报，打破了其在服刑中后期相对稳定的情绪，此时，一般的罪犯都会有情绪上兴奋激动和波动变化等特征。

（1）喜悦。大部分罪犯，经过若干年的教育改造，能够洗心革面，真诚

---

[1] 参见司法部监狱管理局：《心理咨询师：犯罪心理学 罪犯心理学 罪犯心理矫治》，天津科学技术出版社 2008 年版，第 159 页。

悔罪，决心吸取教训，走向新生；他们每天计算着归期，在内心勾勒今后的生活蓝图，改造表现好，学到一技之长，不断思考未来的谋生手段，打算自食其力，迎接新的生活。情绪表现上喜形于色，憧憬未来。

（2）兴奋。由于刑释在即，客观环境的变化致使罪犯在外在环境因素的刺激下内在心理波动剧烈，情绪表现兴奋、急切、激动。有些罪犯想到即将刑满释放能够回到亲人身边团聚，心情会非常激动，急切的归属愿望时时冲击着心灵，甚至常彻夜难眠，精神亢奋。

（3）愧疚。部分罪犯既有对自由的渴望，又有对家庭的愧疚。担心家人和亲朋好友是否谅解，他们归家心切，但又羞于见家人和乡亲。"想回家，盼回家，临到回家怕归家"，愧疚的主情绪困扰较长时间。

（4）担忧。服刑后期的罪犯面对即将出狱的人生，充满了对不确定性的担忧。他们害怕难以立足社会，服刑致使他们跟不上社会的发展，担心社会上需要就业的人数剧增，就业困难，竞争激烈，自己的人生又有污点，对自己的未来无所适从，充满担忧。

3. 正常的行为表现

在罪犯服刑后期到刑释这段时间，心理的变化会导致在改造行为上也有相应的变化，如情绪问题带来的生理功能紊乱，食欲下降、失眠多梦等躯体化症状，致使狱内最后阶段的改造服刑工作受到部分影响，或者由于回归心理引发一些日常行为变化，但基本处于行为变化可理解，行为变化与日常行为稳定基线的差距水平较为正常的范围。

（二）罪犯不良回归社会心理

罪犯不良回归社会心理指的是犯因性问题未能彻底消除，犯罪心理没有得到根本矫正，主观上具有犯罪动机，或仍具有较高犯罪易感心理特征，回归社会后在主观意愿上有再犯意图的罪犯在服刑后期产生的各种心理。具有罪犯不良回归社会心理的罪犯一般改造表现不良或改造期间又学得了新的犯罪技术，在服刑后期出现犯罪欲求膨胀。典型的罪犯不良回归社会心理通常有偏差的自我认知、负性情绪状态、反常的行为表现等心理特征。

1. 偏差的自我认知

（1）自我评价偏低。自尊是人类的基本需要，罪犯存在着自我尊重的需要，也希望被人尊重，不希望被他人歧视、侮辱。由于服刑的经历，罪犯认为自己回归社会后会被人看不起，在别人面前抬不起头，为自己坐牢感到羞耻，认为自己永远是一个罪犯，出狱后见不得人。一些刑释人员，不愿意在大庭广众露脸，不愿意过多地在亲友间走动，和同学朋友聚会时，总是显得沉默、被动，甘心处于配角地位，表现出较强的自卑心态。

（2）自我评价偏高。有的罪犯在犯罪前掌控一些社会资源，准备回归社会后经商做生意，赚大钱，对自我未来成就期望值高。这些罪犯认为刑释后没有了严格的纪律制度约束，行动自由，就业如意，把回归社会后的一切想得一帆风顺，尽如人意。这种心理一旦遇到负性刺激，罪犯就会缺少思想准备，难以正确对待，容易从一个极端走向另一个极端。

2. 负性情绪状态

（1）悲观。罪犯由于自卑等自我认知偏差，担心自己在狱内服刑多年，不能适应社会，会被人看不起等即将面对的出狱后问题，自己轻视自己，没有解决问题的信心，对自己悲观失望。悲观的情绪对于罪犯个人的思维活动、创造活动和其他心理活动都有明显的抑制作用，情绪也变得消沉。同时由于自卑，认为自己是犯过罪的人，对回归社会忧心忡忡，往往回归社会后与周围的人们难以建立正常的社会关系，再遇到生活困难、婚姻困难、工作困难的问题，轻则担心受人歧视，精神萎靡不振，情绪沮丧，重则自暴自弃，容易自觉或不自觉地与有过劣迹或行为不端的人结为知己，形成落后群体，重新犯罪。

（2）恐惧。有的罪犯由于对未来生活有过高的自我要求，对反差较大的客观现实难以接受，因而他们面临刑满释放不是轻松喜悦，反而感到手足无措，甚至害怕恐惧。这些人一般自尊心较强、越自强而越缺乏自信。随着刑满日期的临近，反而情绪低落，消极对待改造，以致采取诸多不正当的方式来摆脱内心的恐惧。比如，有的用故意脱逃，逃避刑满释放，企图达到加刑后在监狱长期待下去的目的。

（3）放松。这类罪犯在服刑期间与社会隔离，人身自由受到一定程度的限制。陌生的环境、特殊的生活方式使他们心理压力一直较大。但随着刑满出狱日期的一天天临近，这种心理上的压力也会随之减小。部分刑释人员甚至有一种"船到码头车到站"的想法，认为快熬到头了，该放松解脱一下了。体现在服刑态度上，则表现为对学习的忽视和对自身行为的放纵。思想和行为上的放任，使少数尚未得到彻底改造、犯罪心理尚未根除的人员未出狱就又走上了重新犯罪的道路。还有一部分功利型刑释人员，曾为获得记功、减刑奖励，一度在改造中表现积极，遵守监规，超额完成生产任务；而一旦到了服刑后期，减刑无望时，便产生了放松心理。

（4）愤懑。部分消极改造的刑释人员常抱有"违纪不违法，只求不加刑"的顽危思想，在临近刑释时，在劳动中消极怠工，在学习上不思进取，有的甚至打架斗殴、酗酒赌博、无所顾忌，遇有民警制止，还会当面顶撞。他们对社会、法律、监规纪律有较强烈的反感和抵触情绪，心中充满愤懑的情绪，借临释之机违监违纪以泄心中的不满。

（5）敌对。敌对是个体遭受挫折引起强烈不满 时而表现出来的一种仇视、对抗不相容的消极情绪状态。罪犯不良回归社会心理的敌对情绪多来自补偿和反社会动机。

第一，补偿动机。罪犯在监禁期间由于被刑罚失去自由和物质享受，服刑期间生活苦，劳动累，自感吃苦太多，损失太大。迫切希望在回归社会后得到补偿，尤其一些具有较强攀比心理的罪犯，见到他人发财致富生活富足，产生嫉妒心理，自己又缺乏致富的手段与门路。这种补偿动机在罪犯自我控制能力差，或需求过高的情况下，如果一时不能实现，就企图通过走"捷径"，冒险富裕起来，诱发了"牢内损失牢外补"的重新犯罪的心理，采取违背社会道德以及法律规范的行为去满足自身的需要，引发敌对他人与社会的心理，这种心理一旦失控，极易导致重新犯罪。

第二，反社会动机。少数刑释人员或因对原判刑不认罪，或因家庭变故、受欺、配偶离婚、恋爱中断，或因释放后遭受歧视、打击等，导致精神上的抵触、不满，形成更加强烈的反社会意识，进而迁怒、报复社会。或者改造期间曾因违纪受过处理，但其不从自身找原因，反而认为是民警或者其他服刑人员故意整人，临释前伺机报复，或回归社会后准备对相关人员无理纠缠，伺机报复这些人。这种状态的罪犯极易成为刑事罪犯，特别是恶性案件的高发群体，或是累犯，他们的反社会意识不可能随着刑期的届满自然消失，有的甚至把判刑改造看作是犯罪的间歇，回归社会后准备重操旧业或伺机而动。

具有这类心理的罪犯往往文化程度低、恶习深，过早或过多接触社会阴暗面，个人主义、投机主义和利己主义较严重，因而不能正确认识判刑入狱，不识大体，满腹牢骚。同时在行为特征上无责任心、廉耻心，心胸狭窄，生性多疑，好寻衅滋事，寻求刺激，胆大妄为且报复心强。还有一些罪犯视金钱为万能，崇尚暴力，好表现自己，因而在临释时出风头、闹事便成了他们"人过留名"的惯用伎俩。

3. 反常的行为表现

具有不良回归社会心理的罪犯，其心理特征会外化为一些反常的行为，如烦躁程度过高，易激惹他人或易被他人激惹，出现情绪障碍，或是开始消极怠工，具有反社会倾向的罪犯甚至会出现恐吓他人的行为。这些行为特质多被监狱干警感知为不正常的行为，偏离了多数改造效果好的罪犯回归社会的行为特点。

四、罪犯不良回归社会心理的产生原因

罪犯在初始犯罪时就具有一些犯罪易感的心理特质，这些心理特质在先天遗传与后天环境的相关作用下成为其犯因性问题的心理根源。罪犯犯罪前的犯因性问题多因入监后的管理模式得到缓解或改变，但刑释也伴随着要回到原来产生犯因问题的社会应激环境中去。在一定程度上犯罪行为本身，就是社会适应失败的表现，在即将重新适应社会，重新扮演自己的社会角色上，罪犯的心理处于应激的状态。罪犯在服刑期间经过教育改造的过程多能维持正常的行为方式，"回归社会"这一环境和身份的本质变化如何使其受到巨大影响，可以从心理学和社会学角度可以对罪犯不良回归社会心理的根源性问题进行解析。

1. 认知、归因方式及价值体系

犯罪心理学研究的结果认为，罪犯在犯罪时自身就存在这样或者那样的不良心理因素，他们对社会的认识和评价及对社会现象的理解和判断往往与客观现实有一定的距离。如何衡量人的价值、选取何种道德标准、应该以何种态度来面对出狱后的社会，这些都是刑释解教人员回归社会必须面对的现实问题。能否作出恰当的回答取决于他们在服刑改造期间自我认知、归因方式与价值体系重建的效果，也取决于他们本身已有的社会认知系统的素质基础。

有调查显示，大多数重新犯罪者文化水平较低，缺乏辨别是非善恶的能力，加上主观恶性较深，并抱有不劳而获的思想和逃脱制裁的侥幸心理，因此，他们虽然经历了监狱改造生活，但是对自己犯罪行为的严重性和社会危害性还是缺乏足够的认识，一旦回归社会，必然造成一定程度的价值

混乱，出现"道德失落""价值空虚"和法律淡漠心理，很容易铤而走险、重新犯罪[1]。

因此，由于犯罪入监导致自我认知和价值体系在一定程度上被瓦解，而监狱教育改造过程如果未能成功为罪犯塑造新的认知与价值体系，罪犯对于回归社会产生了迷茫、恐惧与失控的感受，导致各种负面情绪的产生，滋生不良回归社会心理。

2. 社会资源的掌控

理性犯罪人假设在一定程度上说明罪犯的犯罪成本是小于犯罪收益的，罪犯本身多是掌控社会资源较少的人，经过或长或短的刑期与改造，其可以掌控的社会资源愈加减少。经济的、社会的资源本可被用来调解或缓冲生活中各种应激的影响，掌握资源方面的差异部分地基于收入、教育和职业的差异。教育会产生与收入、智力灵活性以及各种就业有关的资源。教育还能培养思维的灵活性、创造性，它们都能提高人们解决问题的能力。灵活性可看作一种资源，它能抵消生活中的应激，当你遇到问题时，它会使你有可能多考虑几种应对的办法。你想到的办法越多，所得结果就会越好。深入思考的能力和提出可供选择的解决办法的能力都与受教育程度有关，同时也就成为处理问题的一种资源。金钱和财富代表着一类资源，它显然有助于抵消某些生活经验的应激性。我们说金钱可以买幸福是因为钱（以及它所能买的物品）能够把许多应激条件消除在萌芽状态[2]。罪犯在资源掌控方面显然处于极端的劣势，这就意味着，在出狱后面临各种生活应激状态时应对和承受能力要比一般人差很多。这样的可预想情境会对即将刑释的罪犯形成较大的现实压力，容易刺激产生不良回归社会心理。

3. 社会角色

社会角色是指与人的某种社会地位、身份相一致的一整套权利、义务的规范与行为模式。我国在押的罪犯服刑中都会形成囚犯的社会角色。我国的监狱也要求犯人形成囚犯角色，在显著的地方标出这是什么地方，你是什么人，为什么来到这里，目的在于教育罪犯认识自己，努力接受改造。罪犯在

---

〔1〕　黄国强："刑释解教人员重新犯罪的心理原因及对策思考"，载《福建论坛（人文社会科学版）》2010年第4期。

〔2〕　[美]陶西格、米歇尔、苏比蒂：《社会角色与心理健康》，樊嘉禄等译，中国科学技术大学出版社2007年版，第29~30页。

监狱服刑期满回归社会后，面临着现实的角色变换。

罪犯在服刑期间，人身自由受到限制，他过去在社会承担的许多权利和义务无法行使了。例如，无法扮演家庭中父、母、夫、妻、子、女等的角色了；他们断绝了一般性的社会交往如上下级关系、同志关系、老乡关系、同学关系；举止、言谈、姿态、风格，甚至穿着也大不一样。这种社会角色中断之后，经过较长时间的学习调整，逐渐培养成为一个囚犯的社会角色。囚犯是在严格的条件限制中生活的，其行为举止必须服从监狱对罪犯的规范要求，人际关系简单化，从分类上来讲只有三类，即与干警的关系、与同犯的关系、与亲属有限的交往。因此狱内的人际关系比较简单，生活不用操心，家庭义务不用承担，习惯于服从，一旦回到社会复杂的生活环境中，一方面囚犯角色的行为方式的惯性转化为自由公民角色中的现实适应问题，如原本居住地的环境特点与犯罪之间的联接、居住地环境的慢性应激压力；另一方面重担家庭角色，配偶和父母角色所带来的紧张和应激的处理等角色转换和角色冲突的问题对于临释的罪犯极具挑战性，由于此前挫败经历的影响而引起恐惧、悲观、敌对等负面情绪，滋生不良回归社会心理。

第二节　罪犯不良回归社会心理的识别与心理诊断

一、罪犯不良回归社会心理的识别

（一）根据不同罪犯类型识别

在罪犯类型上，由于划分维度不同，根据性别分成男犯和女犯；根据犯罪类型通常将罪犯分为危害国家安全罪犯、经济犯、暴力犯、色情犯等。不同类型的罪犯，由于入狱前的犯罪经历和入狱后接受的管束和教育的不同，在不良回归社会心理上有不同的类型特点。

1. 原为危害国家安全罪的回归人员的心理

这类犯罪分子的反社会意识强烈，对社会主义制度和共产党的领导的不满与对抗情绪十分强烈。所以出狱之前他们中的大多数人反社会意识很难彻底矫正。

2. 财产类回归人员的心理

这类回归人员大致分为两种类型，一类是原属国家工作人员利用职权侵吞公物、公款或收受贿赂的，他们出狱后，心理有一种羞愧感，准备通过正当的手段再干一番事业，以弥补对家人的歉疚，并且希望通过新的奋斗，以求重新赢得社会的承认和亲朋好友的好感。另一类即原为盗窃、诈骗、抢劫等犯罪的回归人员，这类人恶习较深，比较难改造。少数人在改造中易交叉感染，还染上一些新的恶习，这些人回归社会后，除少数得到改造，决心重新做人外，大多数恶习难改，有一种"狱内损失狱外补"的急切心理。

3. 性罪错类回归人员的心理

这类回归人员回归社会后，情绪比较稳定，心理上有悔罪感、自责感。具体可分为两种不同类型，一种是成年犯或老年犯，他们回归社会后，改造效果比较巩固，负罪感强，深居简出，不愿与熟人过多交往；他们特别不愿提起自己的过去，对性的问题讳莫如深，不参加议论，决心安分守己，度过余生。另一类是年纪较轻的，这类回归人员由于过去的恶习较深，多数人在狱内未得到彻底改造，坚持自己的"性解放""性自由"等思想，回归社会后，心理仍然留恋过去的犯罪生涯，悔罪感羞耻心往往较为淡薄。

4. 女性回归人员的心理

女犯刑满释放后，其心理与男性回归者会有明显区别。女性犯罪心理比较稳定牢固，一旦形成，便较难以改造，加之女性的性格特点一般都较男性内向，认识偏激狭隘，因此，回归社会后，孤独感、自卑感、羞愧感都十分明显。绝大多数回归者，有一种渴求稳定的家庭生活的心理。但也有极少数女性回归者的性需求和个人崇拜要求没有彻底消失，她们回归社会后，遇到适当时机，会很快走上重新犯罪道路。

（二）根据不同改造表现的进行识别

1. 改造表现好的或比较好的罪犯

在服刑后期，这些人在改造期间大多受到过政府的减刑奖励，一部分人又学得一技之长，因此，自知按期释放是没有问题的，但也可能因此而放松思想改造，整日考虑刑满释放和出监后如何谋生的事，因此表现为喜悦和希望，又顾虑重重，考虑家庭，想念妻儿，心情复杂，情绪多变。

由于改造基础扎实，大部分人除了考虑出监的事外，对于改造和生产仍然采取积极的态度，他们从心里感激政府多年的教育，决心在临走时要给改造场所留下好印象。同时又担心自己可能由于不慎，造成不良影响而"前功尽弃"，所以处处表现得小心谨慎，态度随和，不管哪个干部，叫干什么就干什么，绝无二话，表现得顺从，比以往更接近干部，一再表示决不重新犯罪，以报答政府多年的管教之恩。到夜里又经常失眠，辗转反侧，考虑将来的事，设计未来的生活蓝图。

2. 改造表现一般的罪犯

这些人认为自己在劳改期间无大功，但也无大过，按期释放没有问题，但出监后如何谋生仍然是他们考虑最多的问题。情绪波动大，无心改造，因为没有学到什么技术，不知所措。他们迫不及待，觉得度日如年，恢复自由的心情很迫切。部分罪犯对检举人、办案人员以及离婚的妻子和疏远的亲友，怀恨在心，认为要出口气，欲在出监之后以各种方式施以报复。因此改造表现一般的罪犯具有部分不良回归社会心理的行为表现，但具体行为表现掩饰性强，多易被忽视，需要根据罪犯情况仔细辨析。

3. 表现不好或表现极坏的罪犯

临近刑满之日，这类罪犯本身具有较强的反社会人格倾向，大多罪行较为严重、恶劣，敌对情绪明显，其改造行为具有临时表象性，改造表现可能仅仅是为了适应监狱这一环境的需要，具有临时性和情境性。对这些罪犯而言，改造表现更多的只是改造的表面现象甚至是伪装和假象，他们内在的人格世界其实并没有得到改变。需要密切关注其行为动向，结合其个性特点对其不良回归心理进行识别。

（三）根据不同表现方式进行识别

罪犯在服刑后期仍处于监禁环境中，由于其人身自由受到限制，由回归社会这个诱因产生的不良心理会在罪犯的认知与情绪、行为和生理功能等方面表现出来。

1. 认知与情绪

罪犯不良回归社会心理在认知及情绪上有一定的关联，具体表现通常可以通过其情绪反应进行识别。如在认知方面，由于自我评价不客观，对自己过于自信或自卑心理，由于以满足自我享乐需求为最高需求的认知造成的急躁情绪与自我控制力变差的挫折心理，由于将服刑归因于被害人、检举人及办案人的认知产生敌对和报复心理，由于犯因性问题没有解决，存在重新犯罪的思维定势而产生的补偿、解脱心理等，既可以通过其外在情绪表现进行识别，也可以通过各种对罪犯不良回归社会心理的诊断方法进行进一步的识别。

2. 行为表现

罪犯不良回归社会心理必然影响到其正常的行为表现。如果罪犯在服刑后期，其行为上有注意力不集中，如队列报数，每次下来总是出错，思想开小差、走神；自叹声不绝于耳，如在平时组织罪犯学习、训练的间隙，有些罪犯独自坐在一边，双手抱头，长吁短叹；无精打采，队列训练时懒洋洋、精神萎靡不振，听课时哈欠不断、瞌睡连连；无缘由地吵架甚至打架；投机表现，违反常态故意生事等行为表现，均应引起注意，结合回归社会心理进行鉴别与不良心理的识别。

3. 躯体化症状

罪犯不良回归社会心理在心身交互作用的机制下亦会以躯体化的方式呈现，如生理功能障碍，表现为食欲不振，睡眠障碍或者常失眠头昏，常感全身不适等。或者由于心里不舒服、心情不舒畅而转移、扩展到了行为表现上。平日里疑神疑鬼，日常改造中，一遇感冒、肠胃不舒服之类的小毛病便怀疑是大病，以生病为由经常要求做身体检查与治疗。在确诊无器质性病变的情况下，可结合罪犯回归社会这一情境刺激变量进行较可能具有不良回归社会心理的识别。

（四）根据罪犯行为变化进行识别

在罪犯服刑后期的不良回归社会心理通常会在罪犯的言行举止中现出端倪，可以从不同角度综合分析、比较从而识别出其不良回归社会心理。这种识别方法的特点是需要有一个正常的判断标准作为比较和参照。

1. 纵向比较法

这是将罪犯过去若干时间内一贯的心理现象和行为表现作为正常参照，将罪犯在出现回归社会这个刺激变量时的行为表现与其过去一贯的行为表现进行比较，观察其心理活动和心理状态是否发生了明显的改变，如已经服刑若干年、一贯表现比较内向、少言寡语的罪犯，在服刑后期却表现得异常活跃、兴奋、话多、失眠等，就暗示其心理状态有所变化，如果对其心理变化的动力来源进行调查、推测，往往能鉴别出是否存在不良回归社会心理。

2. 横向比较法

横向比较法是将多数罪犯在服刑后期的心理活动与行为表现的特点作为正常参照，即将某罪犯的心理活动与其周围多数情况相似的罪犯的心理活动比较，观察其差别是否显著，持续的时间是否超出了合理的限度或强度，如知道自己已经获得减刑的罪犯，可能表现得比较高兴而出现短暂的失眠，但如果这种失眠表现为连续数天乃至数周都不能入睡，则显然是不正常的。通过横向比较法识别出的心理或行为差异作为调查的着重点，来探索其不良回归社会的心理特点与规律。

3. 背景比较法

背景比较法的参照标准是罪犯本身的心理和行为规律，并结合其生活背景、一贯的行为模式。人的心理活动除了对当前环境的反应，也有自己已经具有的思维和情绪定势。罪犯在服刑后期的心理出现的应激性变化与环境变化有紧密的关系，如果其心理反应失去了环境的依托，或反应不恰当，都是心理异常的提示。根据罪犯的异常表现对其回归社会心理进行辨析，可以借此进行其不良回归社会心理的识别。

二、罪犯不良回归社会心理的诊断

罪犯不良回归社会心理的诊断，即罪犯不良回归社会心理的评估，是对罪犯心理矫正效果的检验，也是改造质量综合评估的重要方面。具应该遵循科学、规范的程序和步骤，否则就难以得出准确结论。由于心理诊断的主观性，以及考虑作出诊断结论后的进一步矫正计划的制定，这种诊断最好由熟知罪犯的监狱干警、心理学专家、罪犯评估专家等多专业、多学科人员组成的评估小组进行操作。目前我国监狱针对即将刑释的罪犯实施出监评估，出监评估一般由服刑人员自评、分监区民警评估、心理咨询师评估组成，经分监区、监区、分局三级鉴定，真实、具体地反映服刑人员在监内现实表现，科学预见出监后可能存在的危险系数，针对服刑人员的不同心理健康状况作出评估。罪犯不良回归社会心理的诊断对此后制定其他类型相似的罪犯的心理矫正方案、改进和完善矫正措施等有重要的参考价值，也是循证矫正的重要依据。

（一）罪犯回归社会心理的诊断内容

1. 刑释前的心理检测

在罪犯刑释前，对其进行相应的心理检测，并将测试结果与入监时或服刑中期的检测报告相比较，比较两次测试结果是否在统计水平上达到了显著，以检验矫正的效果，对心理测试中的敌对、嫉妒、自卑、悲观等与不良回归社会心理相关的特质分数要格外留意，结合其他诊断因素进行分析综合。

2. 社会心理成熟水平及认识能力的诊断

按照改造质量评定的一般标准，根据其日常行为考核、阶段性综合评定、改造对策调整效果的记录等，对罪犯的社会认知水平、社会情感水平、意志的自我调控水平以及犯罪恶习、不良个性品质与习惯的矫正、良好行为习惯的养成等，作出等级评定性诊断。对罪犯能力的发展路线进行观察，关注与不良回归社会心理相关的行为表现的发展趋势。

3. 社会适应能力的诊断

社会适应能力的评定主要是为了检验罪犯重返社会后能否良好适应社会。因为罪犯回归社会后，仍然会遇到各种挫折和困难，能否以理智和意志克服这些困难，应对各种挫折，是衡量罪犯社会适应能力的主要标志。在罪犯的出监教育中，对于罪犯出监后可能遇到的各种困难、挫折、诱惑等，可编制成一系列"怎么办"的问卷，让他们回答，以此了解他们出狱后对这些可能遇到的问题的心理准备程度，考察他们回归社会后的社会适应能力[1]。

4. 人身危险程度的诊断

依据罪犯的基本信息和摄入性面谈采集的信息，在了解罪犯犯罪状态、心理、生理状态、犯罪归因、恶习程度、涉毒状况和自然状况等基础上，由评估人员综合罪犯前科次数、本次判刑年龄，刑种刑期（适用于假释罪犯）、犯罪形态、犯罪类别、是否属于黑恶势力成员或共同犯罪成员、犯罪前居住状况、受教育状况、婚姻状况、与家庭成员关系、家庭经济状况、犯罪前三年内的就业经历、接受社区矫正前掌握的劳动技能情况、接受社区矫正前人际交往情况、犯罪前在娱乐场所消费或工作经历、接受社区矫正前赌博情况、接受社区矫正前酗酒情况、性行为情况、是否有过吸食或贩卖毒品经历、情绪稳定情况、精神或心理状况、身体健康状况等多方面的因素，形成综合的量表，对罪犯人身危险性进行诊断，检测评定结果表明罪犯人身危险程度。

（二）罪犯不良回归社会心理的定性诊断方法

1. 会谈法

诊断性会谈的时间一般在 50~90 分钟，有明确的内容和范围，不能漫无目的。运用会谈法诊断罪犯不良回归社会心理，一般通过进行前期预约性会

---

〔1〕 司法部监狱管理局：《心理咨询师：犯罪心理学 罪犯心理学 罪犯心理矫治》，天津科学技术出版社 2008 年版，第 162~163 页

谈（此阶段耗时约 3 分钟）、建立良好的咨访关系阶段（此阶段耗时约 3 分钟）、了解求助者的一般情况和求助的主要问题（此阶段耗时 30~60 分钟）、材料补充收集阶段（此阶段耗时 10~15 分钟）和结束性会谈阶段（此阶段耗时约 3 分钟）等几个会谈板块，通过会谈的沟通，详尽地了解罪犯不良回归社会心理存在的具体问题，进而形成诊断意见。通过会谈法进行诊断需要罪犯有主动的意愿，还要结合罪犯的历史、当前问题的描述、临床心理状况检查的结果、家庭成员和主要人物的看法等，经过会谈，可以对他们心理状况作出分析总结，一般包括：表现和行为，情绪和情感，言语和思维，判断力，自制力等。对罪犯的一般心理问题和不良回归社会心理问题进行鉴别性诊断，确定诊断结果及下一步的矫正方案。

2. 行为观察法

罪犯不良回归社会心理通常都会存在相应的外在表现，通过对其相应行为进行观察的方法，能够得到客观、真实的事实性的行为证据，从而进行罪犯不良回归心理的诊断。

行为观察法通常分为参与观察与自然观察法，参与观察法需要使观察者成为被观察者自然环境的一部分，虽然自然观察法获得的观察数据具有较好的生态效果，但囿于监狱的人员管理的特殊性，往往不予采用。自然观察法是指在自然环境中，罪犯的观察人员可以通过对罪犯自由活动时间的行为进行定时观察，或借助监狱已有监控设备进行行为观察与分析。按照自然观察的基本要求与步骤，能获得一般测量难以获得的资料和真实有效的行为数据，结合罪犯原有的行为表现基线与罪犯回归社会心理的特点，能够对当前罪犯不良回归社会心理进行有效的诊断。

3. 作品分析法

在罪犯不良回归社会心理的诊断中作品分析法，是通过采集罪犯个案的作品，包括绘画、手稿、雕刻、雕塑等，结合其他临床资料对作品进行分析，以此来推断罪犯内心世界的方法。

罪犯的爱、憎、悲伤和忧虑等情绪能够在文字作品中流露出来，特别是在绘画与雕塑等艺术作品中，更易将罪犯意识不到的潜意识、压抑的情绪和情感表达出来。随着当前艺术心理治疗理论和实践的发展，一些借用绘画、黏土和沙盘等专业心理工具进行诊断的技术逐渐完善，如房树人绘画测验等，均可用于罪犯不良回归社会心理的诊断中。一项针对服刑后期罪犯的研究，选择某省女子监狱与男子监狱仍有半年至一年刑期的罪犯统一进行一次房树人绘画，同时筛选出 SCL-90 量表总分超过 160 分且焦虑因子分大于 2 分、SAS 量表标准分 50 分以上、HAMA 量表分 14 分以上的罪犯各 30 人进入实验组和控制组进行系统干预，在实验组每 3 人组成 1 个互助分享小组。每次绘画治疗干预持续 60~90 分钟，每周 3 次，干预周期为 10 周。研究表明：房树人绘画技术不但可以筛选出 SCL-90 量表与 SAS 量表所忽略的罪犯心理问题，同时，系统的房树人绘画治疗还可以有效缓解罪犯出狱前焦虑问题[1]。

4. 情景模拟法

在罪犯不良回归社会心理的诊断中，情景模拟法是将罪犯置于具有罪犯不良回归社会心理诱因的环境中，该情境是由诊断人员人为布置的，根据罪犯的行为反应，诊断其不良心理在外在诱因下不良行为的促发性，如让一个犯有盗窃罪的服刑后期罪犯偶然进入一个无人看守的仓库，或者将服刑后期的暴力型罪犯设置在矛盾纠纷、具有一定激惹性的情境中，观察其情绪和行为控制能力。情景模拟法可以诊断出罪犯不良回归社会心理在外在环境因素交互作用下的行为表现，从而诊断出罪犯不良回归社会心理的具体问题，甚至在诊断的同时可以介入矫正环节，有助于罪犯自省自察，兼具一定的矫正效果。

（三）罪犯不良回归社会心理的定量诊断方法

1. 普通心理测评工具

目前国内尚无针对罪犯不良回归社会心理的专业心理量表，一般监狱例行的出监评估程序在人格测评方面多选用卡特尔 16 种人格因素问卷（16PF），艾森克人格因素问卷（EPQ）和明尼苏达人格测验（MMPI）等。在躯体化症状方面采用症状自评量表（SCL-90），共 90 个项目，包含有较广泛的精神症状学内容，在感觉、情感、思维、意识、行为直至生活习惯、人际关系、饮食睡眠等均有涉及，包括躯体化、强迫症状、人际关系敏感、抑郁、焦虑、敌对、恐怖、偏执、精神病性和反映饮食睡眠情况的 10 个因子。在情绪方面多采用抑郁自评量表（SDS）与焦虑自评量表（SAS）等心理测验工具。在测验形式上，可以进行个别测验，也可以进行团体测验。为保证测验结果的准确性，每次团体测试的测试人数不应超过 20 人，并至少有 2 名具有三级心理

---

[1]　参见李灵等：“房树人绘画治疗技术在监狱危机干预中的应用——以出狱前焦虑罪犯干预为例”，载《第十七届全国心理学学术会议论文摘要集》（2014 年）。

咨询师资格的人员担任主测，最好具有专门的心理测验室，在软硬件配置上符合心理测验要求。

心理量表实训项目[1]：

焦虑自评量表（Serf-rating Anxiety Scale，SAS）由郑氏于1971年编制，用于评定焦虑病人的主观感受。SAS共20个项目，每个项目4级评分，其郑氏标准为：1分表示没有或很少有，2分表示小部分时间有，3分表示相当多时间有，4分表示绝大部分时间或全部时间有。评定的时间范围，应强调是"现在或过去一周"。

指导语：表中有20条文字，请仔细阅读每一条，明白意思后，根据你最近一周的实际感受，在右边适当圈上打钩，每一条文字后有4种选择。

表9-3　焦虑自评量表

序号	题目	没有或很少时间有	有时有	大部分时间有	绝大部分或全部时间都有
1	我觉得比平常容易紧张和着急。	①	②	③	④
2	我无缘无故地感到害怕。	①	②	③	④
3	我容易心里烦乱或觉得惊恐。	①	②	③	④
4	我觉得我可能将要发疯。	①	②	③	④
5*	我觉得一切都很好，也不会发生什么不幸。	①	②	③	④
6	我手脚发抖打颤。	①	②	③	④
7	我因为头痛，颈痛和背痛而苦恼。	①	②	③	④
8	我感觉容易衰弱和疲乏。	①	②	③	④
9*	我觉得心平气和，并且容易安静坐着。	①	②	③	④

---

[1]　张理义主编：《神经症（神经官能症）现代诊疗》，江苏科学技术出版社2001年版，第93页。

序号	题目	没有或很少时间有	有时有	大部分时间有	绝大部分或全部时间都有
10	我觉得心跳很快。	①	②	③	④
11	我因为一阵阵头晕而苦恼。	①	②	③	④
12	我有晕倒发作或觉得要晕倒似的。	①	②	③	④
13*	我呼气、吸气都感到很容易。	①	②	③	④
14	我手脚麻木和刺痛。	①	②	③	④
15	我因为胃痛和消化不良而苦恼。	①	②	③	④
16	我常常要小便。	①	②	③	④
17*	我的手常常是干燥温暖的。	①	②	③	④
18	我脸红发热。	①	②	③	④
19*	我容易入睡并且一夜睡得很好。	①	②	③	④
20	我做噩梦。	①	②	③	④

（＊为反向计分）

20 个条目中有 15 项是用负性词陈述的，按上述 1～4 分顺序评分。其余 5 项（第 5，9，13，17，19 项）注＊号者，是用正性词陈述的，按 4～1 分顺序反向计分。

SAS 的主要统计指标为总分。将 20 个项目的各个得分相加，即得粗分；用粗分乘以 1.25 以后取整数部分，就得到标准分。

结果解释：按照中国常模结果，SAS 标准分的分界值为 50 分，其中 50～59 分为轻度焦虑，60～69 分为中度焦虑，70 分以上为重度焦虑。

注意事项：由于焦虑是神经症的共同症状，关于焦虑症状的临床分级，除参考量表分值外，主要还应根据临床症状，特别是要害症状的程度来划分，量表总分值仅能作为一项参考指标而非绝对标准。

2. 专业评估工具

我国《中国罪犯心理评估系统（COPA-PI）》中所包含的量表，属于专门用于监狱中对罪犯进行心理测验编制的、针对性很强的量表。该系统包含出监量表、陈量表和他评量表，自陈量表包括个性特质状况、犯罪心理结构变化状况、社会适应状况三个分测验；他评量表包括干警评定和他犯评定两个分测验。研究使用《中国罪犯心理评估系统（COPA-PI）》对重复犯罪罪犯人格特征的测评结果发现，重犯在攻击性、报复性、同情心和犯罪思维模式四个维度上得分和人格异常比例显著高于第一次入狱的罪犯[1]。因此使用针对罪犯的专业评估工具对其不良回归社会心理进行诊断，能够确诊其认知缺陷、社会适应性缺陷、易激惹、攻击性、报复性等明确的不良回归社会心理特征，也是预测其再次犯罪的重要因素。可将此评估系统运用到出监监狱（区）的管理中，进行定期评估，以辅助民警确定罪犯的人身危险程度、不良回归社会心理程度，从而采取不同的监禁与矫正模式。

第三节　罪犯不良回归社会心理的矫正方法

双目失明的人，才懂得眼睛的珍贵；
服刑改造的人，才深知自由的可贵。

这句话一语道出了即将刑满释放、获得自由的服刑人员的心声。在即将获得自由时，大多刑释人员都百感交集，兴奋中掺杂着紧张，快乐里交织着苦闷，期待中隐含着深深的不安。狱中心理矫正所取得的良好效果将大大有利于罪犯出狱后的重新社会化鉴于当前的社会环境，罪犯出狱后将会面临一系列的问题，如无法适应由于社会转型带来的多元价值观的剧烈变动、面对社会、社区乃至亲朋好友的异样眼光甚或冷漠、歧视性对待等，他们必将面临强烈的环境冲击和巨大的心理落差，承受着痛苦的心理调整，面对着艰难的生存挑战。这一切，构成了心理考验的关卡，也是他们获取走向社会通行证的隘口。因此，罪犯人格健全与否、心理的健康水平状况，就成为罪犯刑满释放、回归社会后重新找寻正确生活方式以及成为知法守法公民、避免重

---

〔1〕　陈卓生、张喆、韩布新："重复犯罪罪犯人格特征分析"，载《中国心理卫生杂志》2005年第3期。

新犯罪的必要条件。为此，监狱在运用监管、教育、劳动等传统手段改造罪犯的同时，还必须对罪犯进行心理矫正，以消除他们的反社会心理和其它心理问题，做好罪犯心理档案和出狱后的心理跟踪调查与心理辅导工作，尽可能帮助他们渡过难关[1]。

对罪犯不良回归社会心理进行矫正根据其矫正方法的选择，所需的专业性和技术性水平程度也有所差别。美国当代法律心理学家罗伯特·威克斯指出："从理论上讲，犯罪人心理矫正可以既包括精神分析，也包括行为方法。不同的矫正活动既可以由专业人员进行，也可以由受过训练的准专业人员在监督下进行。治疗活动可以一对一地进行，也可以在集体情景中进行。"根据罪犯不良回归社会心理的普遍规律与个别特殊现象，结合监狱的教育改造实际工作，大体可分为教育辅导、团体心理矫正与个体心理矫正三种方式。

一、教育辅导方式

罪犯回归社会是一个必然性的问题。司法部《监狱教育改造工作规定》第 55 条规定："监狱对即将服刑期满的罪犯，应当集中进行出监教育，时限为三个月。"心理学家认为，回归包括支持生存的生理或物质回归、心理健康的回归、再社会化过程和道德健康的回归四个方面[2]。罪犯入监初期和中期的改造教育已经为他们的心理发展打下了基础，在服刑后期，教育辅导具有补课、总结的性质，主要任务是巩固改造成果，帮助罪犯做好出监前的各项准备。监狱的教育辅导工作基本上从罪犯入监就开始了，罪犯服刑后期针对回归社会的教育辅导，可以以主题教育的方式直接融入监狱日常教育辅导中去，也有监狱直接设立了回归指导中心，针对罪犯不良回归社会心理展开一些心理辅导活动。

"无知是罪恶之父，贫穷是罪恶之母"，使用教育辅导的方式，针对罪犯不良回归社会心理进行相关的主题教育、咨询，对罪犯回归社会心理中的认知偏差进行讲解、分析，引导罪犯及时调整生活心态，传授人际关系处理技巧，可以有效地帮助罪犯调适其不良回归社会心理。有调查显示，77%的服

---

〔1〕　倪莉："心理矫正在罪犯教育改造中的意义"，载《法制与社会》2014 年第 4 期。

〔2〕　史金芳："心理学视野下罪犯回归问题之省思"，载《北京警察学院学报》2014 年第 2 期。

刑人员认为有必要进行出监教育，16%的服刑人员认为进行不进行出监教育无所谓，7%的服刑人员认为没有必要进行出监教育[1]。这说明绝大多数的服刑人员还是希望得到出监教育的，他们希望通过进行出监教育，得到一部分知识和技能，使他们在步入社会后能够顺利地融入。

（一）强化、巩固良性的回归心理

对于罪犯良性的回归社会心理，如悔过自新、立功赎罪、发奋图强等心理，监狱教管干警应通过正面强化机制和反馈机制，予以肯定、支持和鼓励。还要考虑到罪犯刑释后，相当长时间内普遍存在着，茫然和不知所措感。所以如何适应、融入社会是刑释后的首要问题。为此，必须加强心理适应教育，提高罪犯对社会生活的适应能力和适应程度。如开展职业生涯规划设计的专业知识和技能讲座，提高罪犯对社会生活的适应能力和适应程度。让良性的罪犯回归社会心理在监狱回归文化中占据主导地位，解决罪犯回归社会心理的普遍问题，从群体风气上形成良性的环境。

（二）消除不良的回归心理

对于罪犯不良的回归社会心理，如过于自信与自卑心理、强烈的需求心理、翻案报复心理、补偿心理等，监狱教管、干警应通过负强化机制予以反馈、否定、矫正与批评，引导罪犯正确评价和认知自我，提高抗挫折能力和抵御犯罪诱因的能力。通过向服刑后期的罪犯宣传罪犯回归社会心理的一般常识，缓解其对自身情绪变化的焦虑，通过一部分回归社会后的成功与失败罪犯案例介绍与评析，使其增强认识自己、剖析自己、接纳自己的能力，从而能够自觉调整其不良回归社会心理。

教育辅导实训项目[2]：

教育辅导干警提问，请服刑人员根据自己的判断在 3 个候选人中选出一位日后能成功的人：

A. 笃信巫医，有两个情妇，有多年的吸烟史而且嗜酒如命；

B. 曾经两次被赶出办公室，每天要到中午才起床，每晚都要喝大约一升的白兰地，而且有过吸食鸦片的记录；

〔1〕 马平平："北京市服刑人员出监教育工作完善研究"，中国地质大学 2015 年硕士学位论文。
〔2〕 察楠楠：《受益一生的北大品德课》，台海出版社 2014 年版，第 129 页。

C. 曾是国家的战斗英雄，一直保持素食的习惯，不吸烟，偶尔喝一点啤酒，年轻时从未做过违法的事。

让选择不同答案的服刑人员分享自己选择的理由，相互讨论，最后公布答案：

A 是富兰克林·罗斯福，担任过四届美国总统；

B 是温斯顿·丘吉尔，英国历史上最著名的首相；

C 是阿道夫·希特勒，法西斯恶魔。

教育辅导干警让刚才作出不同选择的服刑人员分享听过答案之后的感受，之后总结道：过去的荣誉和耻辱只能代表过去，真正能代表一个人一生的，是他现在和将来的作为。从现在开始，努力做自己一生中自己最想做的事情，任何人都能成为了不起的人！

（三）教给罪犯心理调适的方法

为了减少监禁生活给罪犯带来的影响，需要教给罪犯心理调适的方法，如针对性减压调适，提高其克服困难、抵御诱惑、适应生活的心理素质；针对刑释人员回归后可能遇到的职业获取、婚姻家庭、生活困难、社会歧视、人际交往、心理失衡等问题，开展心理模拟教育，帮助罪犯消除焦虑、担忧、亢奋和恐惧等消极心理。这些方法不仅用于服刑后期罪犯不良回归社会心理的调适，还用于他们脱离严格的监禁生活后，自觉调整自己心态，巩固改造成果，避免重新犯罪的发生。

自我认知实训项目：

项目名称：不同的我。

目的：对罪犯自我的多面性特征的认知与整合。

父亲眼中的我：

母亲眼中的我：

朋友眼中的我：

管理干警眼中的我：

爱人眼中的我：

入监前的我：

现在的我：

出监后的我：

将来的我:

情绪表达实训项目:

项目名称:哑口无言。

目的:学会通过非语言的形式理解他人的感受。

操作:全体围成一个圆形,然后闭上眼睛回忆一下这一周内生活的感受,是疲乏、兴奋,还是焦虑、烦闷,然后每人用手势和表情等体态语言表达出自己内心的感受,让其他成员猜猜动作及表情所反映的感受是什么。被猜者说明他人的猜测是否准确,为什么,通过活动罪犯学会从他人的手势、表情、眼神、动作等非语言的沟通方式理解他人,训练自己敏锐地观察他人的感受,同时可以将自己难以言说的情绪状态整理、确认、学习表达。

(四) 举办出监仪式[1]

仪式源于宗教活动,是人类历史上最古老的一种社会文化现象。英国科学家维克多认为:"仪式具有神奇的力量,能够在价值认同、情感归属和共同愿景等方面发挥不可替代的积极作用。任何一种人类社会都用仪式和典礼来庆祝或表达它的欢乐、悲伤和胜利。"

根据情境理论和移情作用理论,在仪式教育的情境下,人们能够获得陶冶和信服的心理体验,从而将其转化为个人的价值观和世界观,并对心理和行为产生深刻、持久、潜移默化的感染效应。仪式教育能够通过个体的亲身体验,而不是传统的说教,将唤起的情感体验长期凝结在个体的内心深处,让个体反复回味和再体验,从而作为一种源动力固定下来。

在罪犯中开展释前宣誓及回归承诺活动,是出监教育的一种形式,是实现罪犯由"监狱人"向"社会人"角色过渡的重要环节。通过举行"洗心革面、重塑自我,走向新生、奉献社会"为主题的宣誓仪式和签订《远离犯罪承诺书》相结合的方式,不断加强罪犯的在刑意识、悔罪意识和改造意识,进一步认识犯罪的危害,树立回归社会的信心和决心,做到"对自己负责、对家庭负责、对社会负责",努力构建平安和谐社会。

---

[1] 吴学军、顾建民、陶杰:"罪犯个别化矫正中仪式教育的功能缺失及重构",载《法制与社会》2016 年第 4 期。

出监仪式实训项目：

由监狱教育改造科具体负责罪犯释前宣誓及回归承诺活动的落实，统一安排时间和地点。各监区一是负责本监区罪犯名单摸排工作，加强活动前的宣传教育，并协助科室做好罪犯个人宣誓工作。二是具体实施——活动时间：每逢双月下旬，监狱组织开展"洗心革面、重塑自我，走向新生、奉献社会"集体宣誓仪式。监区每2个月做好参加罪犯名单摸排和上报工作。参加对象：近2个月假释、保外就医罪犯及余刑少于3个月的罪犯。活动形式：采取集体宣誓和个人宣誓的形式。以视频拍摄的方式予以资料保留。签订的《远离犯罪承诺书》归档保留。集体宣誓对象：以外省籍罪犯为主。个人宣誓对象：以上海籍罪犯为主。仪式方式：在集体宣誓仪式上，统一组织罪犯面对国旗，大声朗读宣誓词，监狱统一作视频拍摄。聋哑犯、双目失明、久病卧床等无能力参加宣誓的罪犯可以以书面形式进行回归承诺。坚持集体与个人宣誓相结合的原则；坚持宣誓仪式与书面承诺相结合的原则。

出监仪式首先要求罪犯向民警鞠躬致敬，感谢民警在狱内对其的谆谆教诲和挽救，并进行释前宣誓和签订远离犯罪承诺书。其次，向国旗敬礼。表明自己重新做人的勇气和信心。最后，歌唱服刑人员改造歌，告别旧我，遵守法律，珍惜自由，自食其力，誓做合格公民。

罪犯释前宣誓誓词

经历了人生的低谷，沐浴了法治的阳光，吸取了惨痛的教训，在我即将迎来新生的时刻，我庄严宣誓：拥护宪法、遵守法律法规，远离犯罪，努力成为一名合格的守法公民；明礼诚信、互助友善、文明礼貌，争做和谐社会的一员。

宣誓人：

日　期：

远离犯罪承诺书

为进一步构建平安和谐社会，树立回归社会的信心和决心。坚持做到遵守法律，热爱生活，远离犯罪，努力成为一名自食其力的守法公民。特作出如下承诺：

一、牢记教诲，勿忘教训。始终牢记曾经惨痛的教训，保持清醒的头脑，不断反思和反省自己的错误行为，做到彻底悔改，重塑自我。

二、严守法纪，恪守公德。坚持遵守国家法律、法规，不断加强法律学习，增强法律意识。遵守公共秩序，弘扬社会公德、职业道德、家庭美德，争做和谐社会的一员。

三、珍惜自由，自强自立。勤奋进取，以自己的努力实现美好生活。

四、关爱亲人，健康生活。关爱身边的亲人，养成健康的生活习惯。

五、尊重生命，远离犯罪。树立正确的人生观、世界观、价值观，坚决抵制不良诱惑，远离犯罪！

承诺人：

日　期：

注意事项。一是与出监教育相结合。将活动纳入出监教育体系中，作为出监教育的重要组成部分，要引导罪犯通过庄重地宣誓，对自己今后担负的责任给出一个响亮的、"远离犯罪"的庄严承诺。二是与认罪悔罪评估相结合。将活动纳入认罪悔罪评估体系中，对于主动参加集体宣誓、个人宣誓的罪犯，其宣誓行为可以认定为认罪悔罪的表现之一。不积极参加的，不能视为悔罪、深刻悔罪。三是与个别化矫正工作相结合。罪犯参加宣誓活动的行为以及表现，可以作为教育转化罪犯成功与否的参考依据。四是与安置帮教工作相结合。罪犯参加宣誓活动的视频资料（"响亮的誓言、庄严的承诺"）将作为安置帮教工作衔接的内容及时传递至罪犯刑释后的安置地。

仪式教育的核心在于传递正能量，而非表面上的热闹、过程的繁琐或场面的铺张。在仪式中明礼，在难忘中塑魂。将仪式教育与个别化矫正工作有机融合，充分发挥监狱惩罚和改造罪犯的功能，达到矫正效果的最大化与最优化。

以教育辅导的方式，帮助罪犯从现实出发，重新审视、评价自己，形成客观的自我认知和积极的社会态度，从总体上接受现实的"我"，并保持一定的警觉性。帮助他们勇敢地面对社会现实，了解他人对自己的看法和心理期待，对社会评价作出正确的判断，据此设定恰当的期望值，优化需求心理，避免主观臆断和麻木不仁，逐步获得现实的社会感知，为融入社会大家庭打下基础。帮助他们掌握一定的生活知识和劳动技能，提高应对实际问题的能力，重新燃起生活的希望和热情。帮助他们追求人格结构内部各要素的协调统一，使人格特质符合社会规范和社会准则要求[1]。针对罪犯不良回归社会心理的教育辅导需要有感染力、亲和力、领导力的教员干警或专业人员引领。

二、团体心理矫正

(一) 团体咨询形式

团体心理咨询（含训练）是心理咨询的主要形式之一。采取团体心理咨询形式进行罪犯不良回归社会心理矫正，可以在团体情境中提供心理学帮助与指导，通过团体内人际交互作用，促使罪犯在交往中通过观察、学习、体验，认识自我，探讨自我，接纳自我，调整和改善与他人的关系，学习新的态度和行为方式，以培养良好回归社会适应能力。

针对罪犯不良回归社会心理进行团体咨询可采用同样具有回归社会问题的罪犯组成的同质性团体的形式，如果是属于情绪问题或轻度心理问题，可以以团体或支持性团体的形式开展，创造一种信任的、温暖的、支持的团体气氛，使成员可以以他人为镜，反省自己，深化认识，同时也成为他人的社会支持力量。如果是属于中度或较严重心理问题，可以以咨询与治疗的团体开展，针对罪犯的不良行为习惯、不良心态、不良人格特点进行的针对性的心理素质方面的训练，如克服社交恐惧症、成瘾行为、反社会行为、抑郁症、焦虑症等，以消除不良心态和行为，建立新的心理行为反应方式为目的。实验研究[2]表明，团体心理训练模式可以增进回归适应期戒毒人员的社会认可，提高人际交往能力，减少冲突，同时可以缓解他们回归适应期心理症状，使他们尝试对自己的人生负责，激发他们的自我潜能，从而增强回归适应期戒毒人员的信心和勇气，对其回归社会具有重要意义。针对具有不良回归社会心理的罪犯进行团体矫正模式的心理矫正，需要具有较高专业水平的心理咨询与治疗人员进行团体带领。

---

〔1〕 黄国强："刑释解教人员重新犯罪的心理原因及对策思考"，载《福建论坛（人文社会科学版）》2010 年第 4 期。

〔2〕 李勋等："回归适应期戒毒人员团体心理训练模式的构建研究与实践"，载《中国司法》2015 年第 2 期。

团体咨询实训案例[1]：

罪犯不良回归社会心理团体咨询根据团体辅导的特点，规模应控制在8~12人，团体辅导过程分为团体创始阶段、团体转换阶段、团体工作阶段和团体结束阶段，有研究者根据特尔斐法，专家评价法编制了服刑后期人员团体训练活动方案，选取单因素实验组、对照组前后测实验方法，证明自我和谐团体心理辅导对服刑后期人员的心理健康影响显著。

表9-4 服刑后期人员自我和谐团体训练活动方案

单元名称	单元目标	活动内容及安排
相逢是首歌	团体建立及相关问题的探讨 阐明团体契约 调整认知树立合理化信念	1. 破冰之旅——滚雪球 2. 团体契约 3. 故事再现 4. 接受现实 5. 作业：学习手语歌《从头再来》
这就是我	自我悦纳，缓解服刑后期人员的焦虑情绪 认识自我，欣赏自己 澄清自我价值观 思考正确的价值取向	1. 放松训练 2. "自画像"+"我是谁"+优点轰炸 3. 图片个性测试+头脑风暴 4. 价值大拍卖+"我"的五项 5. 作业
情绪的主人	情绪、情感调节，学会接受并控制自己的情绪； 体验"共情"感受，提升人际交往能力	1. 热身——生命的河 2. 镜子技术 3. 作业
人际和谐	帮助服刑后期人员树立正确的"朋友"观 学会沟通技巧，换位思考 勇于承担责任	1. 老友记 2. "我"说你画 3. 寻找"归属"
迎接重生	接受自己，理解他人 帮助服刑后期人员形成回归预期 总结团体告别成员，回顾自己的成长与改变	1. 蛋、鸟、人、神 2. 迎接回归 3. 结业典礼

---

[1] 参见李聪聪："自我和谐团体辅导对服刑后期人员心理健康的影响"，曲阜师范大学2013年硕士学位论文。

罪犯成员团体训练活动反馈：

成员一：最大的收获是心理压力减轻，并对未来充满了希望。我最满意的是第二次团体活动，因为教给了我们在失眠和紧张的情况下怎样放松自己。

成员二：最大的收获是自己身心放松了，对出狱以后的再就业充满了信心。最满意的是第二次辅导，因为通过自我调节能使我的情绪、心情稳定。

成员三：收获是通过团体学会如何面对社会，怎样调节自己的心情。最满意的是让我说出了多年的心里话。

成员四：收获是使我养成了阳光健康的心态，遇到烦事懂得自我调节。人要有集体感，集体的力量是强大的等。最满意的是第一次，因为很新鲜，学习了手语操，并通过一些活动放松了身心，也相互认识、了解了，对自己也有了新的认识等。

成员五：收获是自我认识更加清晰，思想活跃了，对出监前的不良情绪进行了调节控制。最满意的是最后一节课，让我可以写一封道歉信，像是完成了一件心愿。

成员六：最大的收获是认识了心理辅导员，也学习到了别人的一些优点。最满意的是价值拍卖活动，因为拍到了自己最需要的物品。

成员七：最大的收获是对出监后生活、再就业有了勇气和信心，相信自己可以从头再来。最满意的是手语操和自画像。

成员八：收获是思考问题的思路比以前清晰，对出监以后要面对的问题作了充分的思想准备。给我印象深刻的是除了自己的家人，很多年没有人叫我小名了，还有就是生命线活动，让我找到了一些回忆。

（二）团体心理情景剧

在国外，心理剧疗法已经作为一种比较常用的罪犯心理矫正方法，被应用于矫正各种类型的罪犯。矫正机构普遍成立了心理剧治疗社团，帮助封闭环境中的成员学会控制自己的情绪、攻击性和性冲动，缓解他们的无望感，学会摒弃暴力解决问题的思维和拙劣的压力反应机制。针对罪犯不良回归社会心理的普遍问题设计成心理情景剧的剧本，在心理咨询师（民警）的辅导下，让罪犯扮演一定的角色，其他罪犯演配角和观众，在设定的剧情中，体验对相关问题的认识与感受，从中引发新的情感和认识，从而重塑思维方式和行为模式，达到构建健康人格的效果，起到改变罪犯的行为和态度的矫正作用。罪犯刑释前的心理是复杂变化的，对罪犯不良回归的心理矫正，要注意做到"五性"，即矫正工作要适应时代与形势发展的需要，要有预见性；从监狱和罪犯的实际出发，要有的放矢，要有针对性；讲究方式方法，灵活多样，要有启发性；矫正教育工作要持续不断，反复进行，保持经常性；要不断总结、研究、提高，要有探索性。

"回归社会，面向未来"是刑满释放人员必须面对的重大人生课题。情景剧具有很强的现实教育意义，情景剧可以针对刑满释放人员回归社会后普遍存在的心态调整、适应社会、承受挫折、婚恋、就业等方面的突出问题，没有过多的说教，引导观众反思，从而达到自我认识、自我成长、自我提高的目的。

三、个体心理矫正

对罪犯不良回归社会心理的个体矫正方法以个体心理咨询方法为主，需要较高专业水平的心理咨询专业人员来具体操作和实施，心理咨询师及其所具有的专业技术是罪犯不良回归社会心理得到矫正的效果保证，以咨访关系的建立和谈话法为主，利用沙盘、绘画、角色扮演等工具、技术来进行具体矫正工作的。

（一）个体心理咨询方法

罪犯不良回归社会心理较为严重、典型或不适合通过教育辅导与团体矫正方式进行心理矫正的罪犯，需要通过专业的个体心理咨询方式进行心理矫正。个体心理矫正工作需要由受过专门训练并取得相应资格的心理医生或专业人员来担任，能够与罪犯建立良好的治疗关系，应用专业的心理学的理论与技术，如精神分析、认知行为疗法、家庭系统治疗等专业咨询与治疗技术，通过积极倾听、共情等方法，帮助具有不良回归社会心理的罪犯打通问题情结，重塑自我心理系统。

罪犯不良回归社会心理的个体心理咨询程序基本遵照心理咨询与治疗的基本程序，下面通过一个具体实施案例进行解析。

个体咨询案例[1]：

1. 基本资料

罪犯李某，女，28 岁，初中文化，广东人，抢劫罪，原判 3 年 6 个月，家里有爸爸妈妈和一个妹妹，经济状况一般。该犯初中毕业后，在家待业，结识了不良青年，染上了毒品，有十余年的吸毒史。该犯还有 4 个月就刑满释放了，她主动写了一份关于继续留在监狱里的申请给监区，监区警察看了后，告诉她监狱是刑罚执行机关，当罪犯的刑罚执行完毕后，监狱是要按期将其释放的，不能无故继续关押罪犯，于是将其申请退回了本人。随着出监日期的临近，该犯情绪波动明显，经常与小组的同犯闹矛盾，后来还发展到顶撞谩骂警官、袭警。在一个月内被累计扣了 16 分，先后禁闭 2 次。分别对其进行了 SAS、SCL-90 的心理测试。其中 SAS 测试结果标准总分为 55.75 分。SCL-90 总分为 175 分，阳性项目为 49 分，心理测试结果显示其目前处于焦虑状态。

2. 主诉和个人陈述

李某自诉还有 4 个月就刑满释放了，但害怕自己出监后会遇到以前的"粉友"，担心走上复吸的道路。想到自己曾经因吸毒而犯法，担心出监后家人及社会不接纳，自己无法生存。一想到此就不愿出监，虽然写了关于继续留在监狱的申请，但其内心也明白，按照国家法律的规定，罪犯刑满后是要按期释放的。于是随着出监日期的临近，出现了失眠、头疼等症状，还伴有紧张、心烦意乱、坐卧不安、忧心忡忡、内心恐惧等感觉。为此，李某求助监狱心理咨询。

3. 咨询师观察和他人反映

该犯在认知方面意识清晰、定向力完整，智能记忆力正常，无幻觉、妄想等精神病性症状，自知力完整。对目前的生活状况存有焦虑心理、尚无兴趣减退等抑郁表现。无明显的意志异常、减退或增强。从该犯所在监区警察处了解到，该犯近段时间改造表现较为反常，情绪波动较明显。

4. 评估和诊断依据

（1）诊断为刑释前焦虑状态，属一般心理问题。

---

〔1〕　张颐："罪犯刑释前焦虑心理咨询个案"，载《社会心理科学》2009 年第 1 期。

（2）诊断依据：其一，根据病与非病的三原则，排除精神病。①符合主客观统一性原则：有自知力，主动就医，并没有表现出幻觉、妄想等精神病的症状。②符合精神活动一致性原则：该求助者的知情意协调、一致。③符合个性相对稳定性原则：个性稳定。其二，对照症状学标准：该求助者症状出现只有一个多月，时间较短，不良情绪反应仍在相当程度的理智控制下，始终能保持行为不失常态。反应也只局限在引发事件的范围内，没有泛化。基本维持正常生活、学习、社会交往，但效率有所下降。因此可以排除精神病、严重心理问题、神经症性心理问题和神经症。

5. 咨询目标

（1）具体目标。①改变错误的信念和认知，消除或缓解其紧张、焦虑心理。②稳定该犯的情绪，避免因产生不良情绪而诱发各种违纪行为。③引导该犯勇敢面对现实，主动承担责任，寻找生活的真实意义，构建积极的生活态度。

（2）最终目标。提高其自我调控和认知能力，学会将咨询中感悟的道理和方法运用到日常的实际生活中，实现知识与能力的自我升华，促使人格不断成熟和完善，以适应出监后的社会生活。

6. 咨询方案

通过了解来访罪犯的基本情况后，在双方互相尊重、平等的气氛下共同商定如下咨询方案：

（1）确定咨询目标。目标主要内容为通过心理咨询，能消除或缓解其紧张、焦虑心理，使该来访者自我调控的水平有一定程度的提高，避免在一个月内因产生不良情绪而诱发各种违纪行为，并能使来访罪犯通过心理咨询发现自己在认识、情感、个性、技能等方面的不足，学会去发现问题、解决问题，并把这些原理和方法运用于生活的其他方面，从而促进其全面发展。

（2）确定各自的特定责任、权利与义务。其一，来访罪犯的责任、权利和义务。①来访罪犯的责任是向咨询师提供与心理问题有关的真实资料；积极主动地与咨询师一起探索解决问题的方法；完成双方商定的作业。②来访罪犯的权利是了解咨询师的受训背景和职业资格；了解咨询的具体方法、过程和原理；选择或更换合适的咨询师或提出转介与中止咨询；对咨询方案的内容有知情权、协商权和选择权。③来访罪犯的义务是遵守监狱服刑人员心理保健中心的相关规定；遵守和执行商定好的咨询方案各方面的内容；尊重咨询师，遵守预约时间，如有特殊情况要提前告知咨询师。其二，咨询师的责任、权利和义务。①咨询师的责任是遵守职业道德，遵守国家有关的法律法规，遵守监狱有关的规章制度；帮助来访罪犯解决心理问题；严格遵守保密原则，有特殊情况的除外。②咨询师的权利是了解来访罪犯的心理问题和有关的个人资料；选择合适的来访者，本着对来访者负责的态度，提出转介或中止咨询。③咨询师的义务是向来访罪犯介绍自己的受训背景，出示相关证件；遵守监狱服刑人员心理保健中心的有关规定；遵守和执行商定好的咨询方案各方面的内容；尊重来访罪犯，遵守预约时间，如有特殊情况提前告知来访罪犯。

（3）确定每周二下午为咨询时间，分三个阶段共安排五次心理咨询。

（4）决定运用认知疗法进行心理咨询，目的是通过改变来访罪犯的思维和行为的方法来改变其不良认知，达到消除不良情绪和行为的目的。

（5）确定咨询效果的评估方法。明确本次咨询结束后采取来访罪犯自评、咨询师观察、主管警察评价和心理测试结果对比等措施对咨询效果进行评估。

（6）与来访罪犯商定，咨询方案可以随着咨询的进程而有所调整。由于监狱是特殊的场所，进行心理咨询不收费。

7. 咨询过程

第一次咨询对话摘录如下：

求助者：“……我一想到要出监，就很烦。”

咨询师：“能说说你烦恼的原因吗？”

求助者：“我出去了他们（以前一起吸毒的‘粉友’）就会来找我的。”

咨询师：“还有呢？”

求助者：“我什么都不会。”

咨询师：“一想到这些，你心情就很糟糕，是吗？”

求助者：“是的，能留在监狱里就好了。”

咨询师：“为什么？”

求助者：“这里安全。”

咨询师：“为什么觉得这里安全？”

求助者：“我不用担心以前的‘粉友’会来找我，也不用面对别人鄙视的目光。”

咨询师：“你怎么认为别人一定会鄙视你呢？”

求助者："我坐过牢，我是坏人。"

咨询师："每个人都会犯错，做了错事，改了就好了。"

求助者："出去了我什么都不会。"

咨询师："你在监狱都学了什么？"

求助者："制衣。"

咨询师："每个月都能完成生产任务吗？"

求助者："是的，但最近不行。"

咨询师："为什么呢？"

求助者："一想到出监，我就害怕，无法集中干活。"

咨询师："你还有多长时间就可以出监了？"

求助者："四个月。"

咨询师："按照规定，刑期满了就要按期释放的。"

求助者："出去了，我就活不了。"

咨询师："为什么会有这种感觉呢？"

求助者："我什么都不会，大家都不喜欢我。"

咨询师："你不是会制衣技术吗？只要你不怕苦，依靠在狱内学到的制衣技术，你出去后是能找到一份适合自己的工作的。"

求助者："没有工厂会用我的，我是坏人，他们会鄙视我的。"

咨询师："你的这种担忧我能理解，既害怕出监后遇到以前的'粉友'，担心自己经不住诱惑会因重新复吸而付出生命代价，又担心出监后会面对别人异样的眼光，是这样吗？"

求助者："是这样的。"

咨询师："好的，我们今天先来讨论第一个问题，为什么会觉得自己出监了就活不了，你觉得自己出监了就一定会碰见以前的'粉友'吗？"

求助者："他们总有办法找到我的。"

咨询师："就算他们真的找到你，你就一定会重新吸毒吗？"

求助者："我不能再吸了，我的身体已经很差了，就是担心自己控制不住。"

咨询师："让我们想想有什么方法可以提高自己的自控能力。"

求助者："好！"

咨询师："我觉得出监后，首先你可以通过在狱内学到的知识和技术尝试找一个服装厂先打工，让自己的日子尽量过得规律一些。其次，让家人对你进行监督。同时你还可以利用业余时间多看看书、听听歌、上上网，多交朋友，培养多种兴趣爱好，你觉得这样好吗？"

求助者："是个很好的建议，可我就担心自己没办法坚持。"

咨询师："可以先制定计划。"

…………

本次咨询后，安排该犯回监区后做一份作业：内容为"试定出监后的工作生活月计划"。

8. 咨询效果评估

咨询师观察一个半月后回访的李某，发现其能以平和的语气谈论她即将刑满释放的心情和想法，没有初次咨询时的焦虑紧张、眉头紧锁的外显行为。其他服刑人员也反映李某情绪好很多了，能主动融入集体生活。主管她的警察反映该犯经过咨询后，改造态度有了积极的转变。劳动方面产值比以前也有所提高，一个月以来没有出现违纪扣分的情况。

积极参加出监教育学习的李某告诉咨询师，她感觉浑身轻松了一些，也比以前有自信了，并说出监后要与家人踏踏实实的过日子，努力控制自己，避免重蹈覆辙。咨询结束后对其分别进行了 SAS 和 SCL-90 测试，其中 SAS 测试结果标准总分为 51 分，SCL-90 总分为 162 分，阳性项目数 44 分，心理测试结果显示其焦虑状态有一定的缓解，咨询帮助达到了预期的效果。

9. 心得体会

罪犯临近出监时，心理上有一个"心理回归"的过程，在这个过程中，由于错误的认知方式，难免会产生焦虑心理。转变罪犯不正确的认知方式，应当作为罪犯心理矫正工作的重要内容之一。对接受治疗的服刑人员来说，关键是要认识到自己的思维方式错在哪里，并对错误的认知进行真实性检验，学会监控自己的焦虑和愤怒水平，在生产和生活中自觉配合治疗。在具体的咨询过程中，咨询师首先要与来访罪犯建立良好的咨询关系。其次可以通过解释，帮助罪犯正确认识自己问题的原因和性质，解除对方不必要的疑虑和恐惧。可以通过鼓励，帮助罪犯树立克服问题的勇气和决心。可以通过指导，帮助罪犯明确即将发展的方向和目标，并努力通过自己的行动来改善自我心理以适应环境，进而达到心理对转化环境的适应性的平衡。

咨询不是说教，而是聆听；咨询不是训斥，而是接纳；咨询不是改造，而是支持；咨询不是包办解决问题，而是助人成长；咨询不是令人屈从，而是使人内心悦服。

（二）角色扮演个体矫正法

角色扮演技术是指在心理治疗中，治疗者和来访者相互扮演对方或其它相关的角色，以增进彼此以及与他人的理解和沟通的技术。对罪犯即将回归社会心理中的焦虑内容进行访谈梳理后，选出相关人物角色，采用情景模拟、角色扮演、角色互换等方法，矫正工作人员对于其在情景中所表现出来的行为和反应方式进行观察、分析并给予指导，从而引导罪犯学习情绪表达，改变不良的行为习惯，开拓其解决问题新的视角，提高自控能力和社会化成熟程度。

角色扮演个体矫正方法案例：

来访罪犯：我不知如何向她诉说心里对她的惦念和留恋。

治疗者：让我来扮演你，你扮演你的妻子，我们在接见室说话。好吗？

来访罪犯：可以试一试。

治疗者（扮作罪犯）：你一路挺辛苦的，爸妈还好吗？

来访罪犯（扮作妻子）：没什么，家里都挺好的，你就放心吧。

治疗者（扮作罪犯）：你不知道，这些天我特别想念你，想得都睡不着觉。

来访罪犯（扮作妻子）：你心里还有我呀，瞧你每次都凶巴巴的样子，恨不得把我吃了才解气。

治疗者（扮作罪犯）：（特别动情，望着对方的眼睛）我这些天想了很久，觉得特别对不起你，让你受了这么多委屈。其实你别看我对你凶，我是心里难受，每次你走后我都忍不住躲在被子里哭。我和孩子都需要你，留下来吧。

来访罪犯：（哭得出了声）您说出了我的心里话，我确实对不起她呀。

治疗者：（等罪犯情绪稳定下来）来，我扮作你的妻子，把你心中想对她说的话说给她听。

让那位罪犯接受，然后再试着说一遍。由上例可以看出，角色扮演以一种直接的场景模拟的方式，让来访罪犯表达内在的情感，不仅使罪犯情感得到了宣泄，而且使他能够正面认识和面对这些内部情感或矛盾冲突，并在角色互换中，学会体会他人的内心世界，体验人际互动，并恰当地表达自己的需求和情感。

（三）生物反馈个体矫正方法

罪犯不良回归社会心理中多伴随着焦虑等主要情绪障碍，人的认知与情绪之间存在密切的相互影响与作用方式，通过生物反馈方式帮助罪犯学习控制自体的情绪反应与生理机能，不仅能够增强其应对紧张、焦虑、气愤等消极情绪的觉察与调节能力，也间接帮助罪犯提升认知和解决问题的能力。

对具有不良回归社会心理的罪犯实施生物反馈治疗的前期工作和普通心理咨询是一样的。通过必要的摄入性会谈，了解罪犯不良回归心理中的情绪问题，明确问题原因与程度；与罪犯建立良好的信任关系，并说明心理治疗是"助人自助"的过程，此疗法主要依靠罪犯主动练习来控制体内机能，从而达到缓解焦虑的目的。每次训练结束时应与罪犯讨论训练中的体验及疗效，鼓励罪犯树立信心，这对提高治疗效果有积极的作用。为巩固在治疗室训练所取得的效果，应要求罪犯在生物反馈治疗期间主动配合进行课后自我训练（即在脱离反馈仪的条件下进行放松训练），重复在治疗室训练中学到的放松体验，将所习得体验用于日常生活中。在治疗室训练疗程结束后，罪犯也应该持之以恒坚持自我训练。久而久之，罪犯最终能脱离训练仪器，灵活运用所学的放松方法控制自己的情绪。

生物反馈法实训项目[1]：

（1）仪器采用智能身心反馈训练系统。

（2）治疗前准备在整洁安静、光线柔和、温度适中、求助者感到轻松舒适的治疗室内进行。求助者解开领扣、腰带，换穿拖鞋，坐在有扶手的、可调节舒适度的多功能靠椅上，双腿不交叉，尽量放松，呼吸要求自然、缓慢、均匀。治疗开始前向求助者讲解生物反馈疗法的原理、方法、特点和功效，让求助者了解生物反馈疗法有别于医学治疗。生物反馈仪本身对求助者没有任何的治疗作用，除了信息之外，它没有给求助者任何物理的、化学的干预，因而成功的关键只能是求助者的积极主动参与。

（3）操作系统采用"教学—实践—应用"模式，提供了包括呼吸调整训

---

[1]　巨百强、陈义华："生物反馈疗法在缓解罪犯焦虑情绪中的应用观察"，载《法制博览》2014 年第 8 期。

练、渐进式肌肉放松训练、自律训练、意向放松训练、深思松弛训练等五大类十六种有关身心放松、情绪调节的方法。每个训练方法均包括不同的训练侧重点。咨询师根据求助者的身心状态需要达到的控制能力要求，与求助者共同协商，有选择性地练习其中的方法，然后按系统提示进行练习。

（4）疗程安排每次训练30分钟第一周每1~2天进行主动的训练1次，以后每周2次疗程为4周。

（5）判断标准每次训练结束后，进入实践应用场景，智能评判掌握与运用程度。保存每次的身心反馈训练报告供以后参考分析。

思考题

1. 什么是罪犯回归社会心理？

2. 如何识别罪犯不良回归社会心理？

3. 如何诊断罪犯不良回归社会心理？

4. 罪犯不良回归社会心理的矫正模式有哪些？

5. 请根据下面案例，结合本章内容，设计一个合适的矫正方案。

某罪犯是最后一次减刑了，他说，按理我应该高兴，但近段时间心情越来越压抑，脾气也没以前好了，经常想发火，也不知什么原因，更不知怎么办。你如何帮助他解决？

罪犯心理危机的识别与干预

1. 罪犯心理危机干预的种类。
2. 罪犯心理危机的识别。
3. 罪犯心理危机的干预方法。

罪犯危机干预是指对处于心理危机状态中的罪犯迅速给予关怀和帮助的活动。对于在监狱中服刑的犯人来说，由于从自由人变为不自由的罪犯，他们很容易遭受挫折。同时，由于失去自由导致自身应付挫折或者重大变故的能力急剧下降，他们很容易在遭受挫折时发生心理危机。对于发生心理危机的罪犯来说，如果不及时给予有效的干预，就有可能使罪犯在情感、认知和行为方面的功能失调，从而会引起严重的消极后果，例如，罪犯自残、自杀、进行严重暴力行为等。但是，如果在罪犯发生危机时，及时给予有效的危机干预或者帮助，那么，不仅会防止危机的进一步发展，而且也会帮助罪犯学会新的应对技巧，使心理平衡恢复到危机发生前的水平，甚至超过之前的水平。从这一点来讲，危机也是一种机遇，是引导罪犯发生显著变化的一个转折点。因此，对罪犯进行危机干预是很有必要的。

第一节　罪犯心理危机干预概述

罪犯心理危机是监狱内常见的现象，也是监狱管理中一类较为严重的突发事件，需要在监狱工作重点加以防范。

一、心理危机的基本含义及特征

(一) 心理危机的含义

人们在生活中总会遇到各种各样的严重应激事件。一旦面临这种应激事件而自己不能解决或处理时，就会发生严重心理失衡，这种失衡状态便称为危机。人们对危机提出了不同的定义。美国的吉利兰和詹姆斯对危机作出如下定义：危机是一种认识，当事人认为某一事件或境遇是个人的资源和应付机制所无法解决的困难，除非及时缓解，否则危机会导致情感、认知和行为方面的功能失调。中国研究者张伯源对危机作出如下：危机是指某种心理上的严重困境、抑郁、失去控制、不能自拔的心理状态。[1]

关于心理危机内涵，各心理学派的观点不一，但绝大多数研究者认为心理危机的产生与突发事件密不可分。现阶段，涉及心理危机内涵的界定主要有以下几种：心理危机是人们日常生活中理想与现实发生冲突的表现；心理危机是个体面对突发事件时无法找到应对策略，而表现出的负面情感；心理危机是个体面对外界干扰时，心理调节机制未能很好启动而导致心理与生理的失衡。

综上所述，心理危机是指当个体在日常生活中面对如升学压力、家庭变故等突发事件时，个体心理应对机制未能及时应对，从而导致的心理失衡状态，以及随之表现出高度紧张、焦虑、迷茫等负面情绪。

(二) 心理危机特征

1. 心理危机的普遍性

在人们的基本认识中普遍认为，心理危机的出现意味着个体精神已出现疾病症状。但其实，心理危机是人们面对突发性事件所表现出的心理调节机制的短暂失衡，它是正常且普遍存在的。心理危机虽然产生了焦虑、急躁、烦闷等负面情绪。但这些外在表现，我们只能是作为评判精神类疾病一个参考数据而已。绝大多数情况下个体所面临的心理危机并不严重，不需要精神医师的介入，只要找到引起心理危机的缘由，尽快找到消除引起危机的因素，或本着助人自助的理念，帮助当事人提升面对危机事件时的处置能力，帮助求助者学习自己应对危机的能力，逐步实现内在与外在的统一。

---

[1] 周勇：《中国罪犯心理治疗技术手册》，中国法制出版社 2012 年版，第 367 页

2. 心理危机的反复性

心理危机具有很大的反复性。所以一次心理危机的消除，并不代表以后个体不会再面临心理危机的侵扰。因此，应及时强化心理危机干预，注意检查和巩固干预的成果，力避灾难性后果。心理危机可以说是无处不在。个体除了要不断提高自身心理调节机制来应对未来外界事物对心理防线的冲击外，还要认识到危机是一种生活变迁或转折，要找出自身的不足，明确今后的努力方向。所谓"吃一堑，长一智"，心理危机处理得当的话，当事人心理状况就上了一个新的台阶，得到一次新的成长。

3. 心理危机的破坏性

凡事都有其两面性，若及时有效地消除危机事件，恢复心理平衡，则对个体心智的健全发展有极大利处，反之，人们长期的心理平衡状态会遭到破坏，加之不能及时得到专业人士或身边人的心理疏导，个体会加重对自身的否定认知，变得消极、抑郁，对生活失去希望。因此，心理危机会对心理健康造成严重的侵害。

4. 心理危机的复杂性

导致心理危机产生的原因是多维度、多角度的。个体生活在一个纷繁复杂的环境之中，这就决定了他所面对的突发事件是层出不穷的。

二、罪犯心理危机及种类

罪犯心理危机，是指罪犯在服刑期间，由于人格缺陷或意外事件的压力而产生的严重的紧张、焦虑、抑郁、悲观、愤怒等情绪体验，有可能引发自杀、行凶、脱逃等行为，或存在着潜在的，危险的应激状态。也有研究者认为，罪犯的心理危机是指罪犯在服刑改造过程中面临重要生活目标障碍，遇到自认为不能克服的挫折时而产生的心理急剧冲突、恶化状态。就构成要素而言，主要包括以下几个方面：重大的心理应激；急性情绪扰乱，表现出紧张、焦虑、抑郁等情绪状态；认知改变、躯体不适和行为改变却不符合任何精神、疾病的诊断标准；当事人出现特殊问题而自己的应对潜能与之失衡。处于危机中的罪犯心理严重失衡，同时常常体验到高度紧张、困惑、严重情绪混乱，往往不能应付面前的现实，既不能等待预约治疗，也不知如何求助。

罪犯心理危机的种类主要有以下几种：

（一）境遇性危机

突发事件、重大心理压力事件引起的危机是由单一的、压力很大的事件或突发事件引起的，由于处于个体能力控制和意料之外，因而具有极大的威胁性。这种危机具有突然性、强烈性和灾难性等特点，属于境遇性危机。主要包括罪犯配偶突然提出离婚而面临家庭破裂的危险；家人发生不幸，失去亲人；个人因严重疾病导致躯体危机；改造中的人际关系危机（同犯关系、警犯关系）等。此类危机爆发剧烈，处于危机中的罪犯心理、情绪严重失衡、认知偏激、行为盲目，易发生恶性抗改造事件，导致灾难性后果。

（二）存在性危机

罪犯常年生活在监狱这一特殊的环境中，个人人生目标难以实现、较差的心理承受能力、人身自由的受限、相对单一的改造生活、严格的监规纪律和复杂的人际关系等众多的日常繁琐事件容易导致心理危机事件的发生。存在性危机可以是基于现实的，如一个罪犯没有对自己的家庭作过任何贡献，带给家人的只有麻烦；也可以是基于后悔的，如被判无期徒刑的罪犯将永远失去自由；还可以是一种压倒性的、持续性的感觉，如被长期监禁的罪犯对狱内生活适应不良，感到生活空虚，无法以有意义的东西来填补，则会产生的消极思想和损害性的防御机制。

（三）发展性危机

发展性危机是指在正常成长和发展过程中，急剧的变化或转变所导致的异常反应。对于罪犯来说，进入高墙意味着自由被剥夺，生活方式、生活空间、周围环境、人际关系等都将产生重大的变化。如不能适应这种新的变化，无法与当前环境建立新的联系，就会陷入孤立境地，情绪发生巨变，导致心理危机的发生。对于即将出狱者来说，面临的是另外一种转变，长期的封闭关押使其丧失了学习生存技能和与外界接触的机会，罪犯不了解外界的发展变化，出狱前期担心自己能否适应外在的环境，能否找到合适的工作，能否得到他人的原谅，能否被周围人接受等这些都会使其产生危机感。

（四）人格特征引起的危机

人格研究表明：固执、急躁、紧张、好冲动、富含敌意、具有攻击性等所谓 A 型性格的人及部分有人格障碍的罪犯容易产生心理危机。偏执型人格障碍的罪犯，由于喜欢广泛猜疑，常将狱警和狱内其他人员无意的、非恶意的甚至友好的行为误解为敌意或歧视，或无足够根据，怀疑会被人利用或伤害，因此过分警惕与防卫，对他人过错不能容忍。难与他人相处，自己常因此感到孤独和不安全，易产生危机感。很多歇斯底里型罪犯，犯罪可能就是为了吸引公众或某人的注意，入狱后人们对其的关注自然要减少，他们有可能把自己看成被人欺负的受害者，从而产生危机感。

三、罪犯危机干预及其模式

（一）危机干预的概念

危机干预是一种从简短心理治疗基础上发展起来的、帮助处于危机状态下的个体度过危险的方法。在危机干预过程中，除了根据危机者的具体情况给予咨询、支持外，特别需要治疗者倾听个体的陈述，所以也有人称其为"倾听治疗"。对于罪犯来说，危机干预就是帮助罪犯解决所遇到的危机的一种活动。

（二）危机干预的理论模式

1. 认知模式

认知模式认为，导致心理危机产生的原因并非事件本身，而是自身认知方面存在某些不足或消极因素。该模式在解决心理危机过程中要求危机干预者帮助当事人建立积极的认知能力，摒弃过去认知中的非理性和自我否定成分，从而使当事人能够控制自身的情绪。认知模式通常运用于心理危机状态程度较轻、情绪基本稳定的当事人。

2. 哀伤辅导模式

由林德曼提出的"哀伤辅导模式"是当前心理危机干预最为重要的理论之一。他强调在严重的危机事件面前，不要压抑自己内心的痛苦，应该通过各种方式发泄出来，其中最主要的方法就是大声嚎哭。哀伤辅导模式最著名的实验是当事人在面对丧亲时，帮助他积极面对，主动体验哀痛，逐渐接受丧亲的现实，最终帮助他在失去亲人的情景下调整情绪，重新生活。目前，哀伤辅导模式的理念在世界很多国家得到认可，"情绪宣泄室"就是在哀伤辅导模式的指导下建立的。

3. 平衡模式

平衡模式认为，处于心理危机状态下的当事人常常处于一种心理情绪失衡状态之中，他们原有的应对机制和解决问题的方法不能满足于当前的需要。因此，该模式要求心理危机干预的工作重点应该放在稳定当事人的情绪，使他们重新获得危机前的平衡状态。这种模式主要适合于心理危机的早期干预。因为在心理危机早期阶段中，个体面对突发事件导致情绪混乱和自我失控，所以这一时期的干预目标主要集中在稳定个体的心理和情绪方面，不宜采取激烈的干预措施。

4. 支持和干预技术模式

支持和干预技术模式的主张在不同的阶段采用不同的模式。在心理危机早期，当事人的情绪易波动且较不稳定，而且焦虑程度高，这一阶段采用支持技术模式，旨在使当事人的情绪状态保持平稳。可以采用的方法有：无意识影响、倾诉、发泄或药物治疗。在心理危机后期，主要运用干预技术模式。其主要目标是帮助当事人掌握对付突发事件的一般性方法，这不但有助于渡过当前的危机，更有利于处置将来的危机。在这一过程中，心理危机干预工作者在干预过程中的主要职责是帮助当事人正视危机，选择有效的应对方式，从而帮助当事人重新建立起与外界的联系，回避一些应激性境遇等。

5. 心理社会转变模式

心理社会转变模式主张，人具有两种属性，即自然属性和社会属性。因此，处理心理危机应从个体自身和外界环境两个方面入手，这就要求专业人士在帮助当事人应对危机时，除了考虑当事人的心理资源外，还要了解当事人社会生活环境，如与近亲属、伙伴的关系、职业发展和社区环境等。该模式的目的在于将个体与外界环境有机的联系在一起，从而帮助当事人找到更多解决心理危机的方式。同认知模式一样，心理社会转变模式也适用于情绪较为稳定的当事人。

6. 整合危机干预模式

整合危机干预是指在具体干预过程中有意识、系统地选择和整合各种有效的方式和模式来帮助当事人。正因如此，整合危机干预模式没有成型的理论概念，而是集各种方法于一体。在运用过程中遵循的原则有：其一，整合一切有效因素处理危机的原则；其二，根据不同时间段、不同境遇选用不同的方式的原则；其三，不拘泥某个理论，开放交流的原则。整合危机干预模式始终遵循两种观点：所有的人和突发事件是独特的，以及所有的人和突发事件又都是相似的。这是其可以将不同理论和模式进行整合的认识基础，其不局限于任何一种教条式的理论和模式之中，而是将各种理论和模式根据实际需要融合在一起，具体运用[1]。

（三）罪犯危机干预的步骤

在罪犯发生危机时，应当按照一定的步骤进行危机干预。危机干预具体可分为以下四个步骤：

1. 危机评估

危机评估是对罪犯进行危机干预的第一步。通过危机评估，了解罪犯心理危机的严重程度和其它方面，为进一步的危机干预提供必要的信息。

2. 确定干预目标

罪犯危机干预的第二步，就是确定干预目标。所谓"干预目标"，就是经过危机干预以达到的预期结果。干预目标要针对求助者即刻的具体问题和求助者的功能水平和心理需要而制定，同时还要考虑有关社会文化背景、监区文化背景、服刑环境、家庭影响等因素。通常要在首次会谈中完成以上两项任务。

3. 干预实施

在这个阶段，心理矫正人员要使用各种干预技术，按照既定目标对发生心理危机的罪犯进行干预活动，引导他们承担起解决问题的责任，帮助他们学会解决危机所需的技巧，并且利用这些技巧解决自己遇到的问题。干预所需的时间取决于罪犯面临的危机的性质、罪犯自身的能力及干预目标的难易程度。

4. 终止干预

通过一系列干预互动，在罪犯的情绪症状缓解、认知能力改善、自我保护意识加强时，可以考虑及时结束干预，并处理终止干预的有关问题。例如，进一步强化习得的应对技能，处理罪犯对干预者的依赖等。

第二节　罪犯心理危机识别

一般可以将罪犯心理危机的表现理解为是一种拘禁性的心理障碍，拘禁性心理障碍是指那些在遭受拘禁后或者是在服刑期间，在被拘禁者身上所呈现的异常的心理现象和心理反应。也就是说，在被拘禁之前，在作案的当时，

---

[1] 李雪娇："大学生心理危机应对研究"，东北林业大学 2014 年硕士学位论文。

当事人的心理状态是基本正常的。或者说，虽然可能有某些异常的心理现象，但表现得并不是十分严重，至少是还没有被其周围的人所发现和认识到，仅仅是在被拘禁到看守所、劳教所或者监狱等失去自由的场所之后，当事人才出现或是被发现了某些心理方面的异常现象，或者原本不很明显的异常心理现象变得严重而被发现和认识。虽然罪犯的心理危机是其内在的心理活动，但是也会通过一些外显的行为呈现出来。

一、罪犯心理危机的常见表现形式

罪犯的心理危机是其内在的心理活动，但也会通过一些外显的行为呈现出来。通常情况下，陷入心理危机的罪犯一般会有以下表现。

（一）情绪反应

这是比较轻微的一组心理危机。常在入监后不久出现，或是在关禁闭后以及在服刑期间出现重大的家庭变故后发生，如离婚、父母去世等。表现为情绪低落消沉、心情压抑沉重、烦躁焦虑、紧张不安、恐惧担心、害怕退缩、坐立不宁、悲观哭泣、自卑自责、言语减少，或目光呆滞、进食少、睡眠差；有的可能会发生轻度的意识障碍，或者出现各种心因性的幻听幻视，意识模糊，似隐约听到亲人在呼唤自己，也可以伴随一些疑病症状、某些躯体不适症状和神经衰弱症状等。此时应以各种及时、适当的心理治疗为主要的干预措施。

（二）精神失常的表现

1. 意识障碍

罪犯可能出现轻度的意识障碍，譬如意识蒙眬、意识混沌、意识范围狭窄。从罪犯的外在行为表现上看，罪犯会显得比较愤怒、咒骂、殴打、破坏或毫无任何意义的往返跑动；或是表现为一种梦幻的状态，与周围环境的联系和交流发生困难，对周围的认识和思考不能顺利进行；或是对外界环境中的各种刺激的反应都显得比较迟钝，丧失部分或全部的定向能力，不知自己身在何方，弄不清楚时间等。

2. 精神运动型抑制

罪犯处于木僵或亚木僵的精神状态，表现出来的是精神运动方面的抑制，譬如言语、动作和行为显著减少或是变得缓慢，举止笨拙；严重时精神活动可以完全受到抑制，罪犯变得缄默不语、不吃不喝，身体长时间保持一个比较固定的姿势不动，口腔中含有大量的唾液不会吞咽，并有大小便的潴留。

3. 急性反应性偏执状态

以各种幻觉妄想为主要的表现，幻觉妄想的内容带有明显的想象和夸张的性质，而且罪犯当时的内心愿望和情绪都可以直接反应在这种幻觉妄想的内容之中。这些幻觉妄想的内容直接以肯定或否定的形式反映出罪犯所遭受到的精神创伤的境遇或内心的愿望。

4. 心境障碍

罪犯可以表现为严重的抑郁状态，出现严重的自卑、自责、自罪、夸大罪责、悲观、失望、绝望，甚至还会出现自杀、自伤等。

（三）自伤、自杀

1. 监狱罪犯中的自伤与自杀

这是心理危机表现形式中最严重的情况，也是导致的后果最为严重、影响最为恶劣的情况。监狱中服刑的罪犯是一个特殊的人群。他们所处的环境是一种与正常社会相隔离的环境。因为人的存在是一种社会的存在，失去了社会的依托，个体将会产生出非常强烈的心理痛苦，心理的脆弱性也将非常明显地显现出来，个体就将会失去人性。因此，在监狱罪犯这个特殊的人群中，由于与正常社会产生了隔离，罪犯失去了以前曾经拥有的社会支持；而且在这种隔离状态中，虽然敌对攻击情绪增强，但对外的攻击受到了遏制，对自己的攻击性增强；由于社会的遏制，致使罪犯的冲动性又开始增强；而在隔离状态之下，抑郁、绝望等不良情绪也会增强，所有这些情绪烦恼和心理危机如果不能得到及时恰当的干预，就会使罪犯从内心深处体验到很强烈的无助和绝望。

在这种情况下，他们"借自杀行为作为最后一次呼吁以寻求周围的帮助"。因此，在监狱罪犯中，自杀是比较常见的，并且是监狱罪犯死亡的一个非常重要的原因。大量的调查发现，在监狱罪犯中的自杀风险是其他普通人口的3～4倍。所以，专家们一致认为，在监狱中关押的罪犯，是属于具有高度自杀风险的人。

自伤或自残是监狱罪犯中另一个比较常见的现象。有人认为，自伤是人类攻击行为的另一种表现形式，是攻击的正常出路受到阻碍和抑制所导致的，当然这个现象的出现同样也是与社会隔离关系非常密切的。罪犯在监狱大墙内为了发泄情绪而攻击自己，或是为了达到保外就医等个人不良的目的和企图而伤害自己，有时甚至仅仅是为了引起他人对自己的注意和关心而自伤。因此，罪犯中的自伤现象也是其心理危机的一种严重的表现形式。当然，在实际操作的过程中，由于自伤方式不当，有10%的可能会产生"自杀"的结果。而如果自杀未遂，也可能会给身体造成"自伤"现象[1]。但无论是自杀还是自伤，都是罪犯心理危机严重的表现形式，所以应该是监狱工作的重点和难点，更是心理学工作者对罪犯实施心理危机干预和心理危机预防的工作重点。

2. 如何发现罪犯自杀的迹象和线索

罪犯的自杀与自伤虽然常常是突然发生的，似乎是难以预料的。但由于自杀与自伤都是心理危机的最严重的结果，而罪犯的各种心理危机又不是突然产生的，而是有一个渐进和发展的过程，需要一定的时间。因此，如果能够重视罪犯心理问题，注意仔细观察和认真分析，就会发现在罪犯心理危机逐渐加重的过程中，常常会暴露出很多的迹象，甚至有些迹象还是非常明显的。一般情况下，如果在罪犯中发现了下面列出的某些线索，应该高度警惕其有自杀的可能。而且，这些线索在同一个罪犯身上出现得越多，其自杀的危险性也就越大。

（1）曾经有过自杀未遂的经历和历史。

（2）家族成员中曾经有人自杀过。

（3）同监区内最近曾经发生过其它罪犯的自杀或自杀未遂的事件。

（4）与其他罪犯谈论死亡、自杀等话题，并经常思考类似的一些问题。

（5）经常向周围的罪犯问一些非常可疑的问题，如："人身上有多少血？多长时间可以流干？""夜里监区内的值班人员多长时间巡视一次？""人在死前是不是很痛苦？"。

（6）处于抑郁状态，经常哭泣。

（7）远离其它罪犯和干警，行为比以前显得诡秘、孤僻。

（8）产生焦虑、紧张、无望、无助等负性情绪和感觉。

（9）有严重的自责，认为自己"罪行严重""罪大恶极"，认为自己因疾病或犯罪给家人、给国家增添了麻烦。

（10）感到活着没有意思。

---

〔1〕 陈立成："罪犯的自杀与防范"，载《河南司法警官职业学院学报》2004年第4期。

（11）有严重抑郁情绪的罪犯在没有明显原因的情况下突然变得非常开朗、非常高兴。

（12）频繁与人谈论有关自杀、死亡等问题的罪犯忽然不再与任何人谈论此类问题。

（13）新近被发现或确诊有比较严重的躯体疾病，尤其是慢性或难治性的躯体疾病。

（14）以前患有慢性或难治性躯体疾病的罪犯突然开始拒绝医疗干预。

（15）凭空听到了让自己去死的声音，并信以为真。

（16）收集和保存一些具有一定危险的物品，如碎玻璃、小铁片，或是用一些碎布条搓绳子等，或是其所使用的被褥床单等经常莫名其妙地少了一些边边角角。

（17）出现了某些放弃自己财产的举动或言行。

（18）痴迷于某些邪教或迷信的某些观念，梦想着升天、转世、投胎、超度等。

当然，还可能会有很多其它的线索或是迹象能够提示罪犯有自杀的企图或是预谋。但不管怎样，只要是对重点罪犯进行重点观察和防范，就能最大限度地减少罪犯中的自杀现象。

二、对罪犯自杀危险性的评估与检查

在实际工作中，罪犯的自杀现象不很常见。因此，罪犯的自杀危险性容易被忽视。目前针对罪犯自杀危险情况的几种评估方法，基本上都是建立在经验基础上的。

（一）对罪犯自杀危险性的评估

这项工作包括两方面内容，一方面，需要评定有自杀企图的罪犯是否存在着生命危险，即自杀、自伤甚至他杀或其它冲动攻击性行为等发生的可能性。因为牵涉生命的存在与否，所以这一水平的评定至关重要。另一方面，需要评定有自杀企图的罪犯是否已经丧失其原有的社会角色能力、是否主动与周围环境疏远或隔绝，或者主动远离原先所处的自然环境和社会环境。这一水平的评定可以由专业人员或是经过专业培训的监狱专职心理咨询与矫正人员来完成。对有自杀观念的罪犯所进行的检查和评估应该在最短的时间内迅速作出，以便争取时间及时进行干预和抢救。

　（二）对有自杀征兆的罪犯心理症状表现的评估

　　对罪犯心理症状的表现进行评估，可以及时发现异常心理表现的罪犯，从而及时进行相应的干预，最大限度地降低自杀风险。对罪犯心理症状表现的评定主要包括情绪、认知、行为和躯体症状等四个方面：

　　1. 情绪方面

　　有自杀倾向的罪犯往往表现出高度的紧张、焦虑、抑郁、悲伤和恐惧等不良情绪，部分人甚至还会有愤怒、敌对、烦躁、失望和绝望、无助等情感体验。

　　2. 认知方面

　　在急性情绪创伤或是自杀的准备阶段，罪犯的注意力往往过分集中在悲伤反应或是"一死了之，一了百了"思维状态之中，从而出现记忆能力和认知能力方面的"缩小"或"变窄"，判断、分辨、理解和作决定的能力也下降，部分人会有记忆减退、注意力不集中等表现。

　　3. 行为方面

　　罪犯往往会出现痛苦悲伤的表情，出现哭泣或独居一隅等"反常"的行为表现。具体来说，可能有劳动能力的下降，原有各种兴趣的减低，与其他罪犯的交往能力的下降或丧失，行为日趋孤单，不合群，整日郁郁寡欢，对周围环境中发生的事情漠不关心，对自己的前途悲观和失望，拒绝他人的关心和帮助，或容易冲动和暴怒，或容易伤感。

　　4. 躯体症状方面

　　相当一部分有自杀企图的罪犯会在危机阶段出现失眠、多梦、早醒、食欲下降、心悸、头痛、全身不适等各种躯体方面的表现，部分人还会出现血压、脑电图、心电图等方面的变化。

　（三）对罪犯周围环境的评估

　　人是具有社会属性的。个人问题的产生，除了要考虑其自身特有的各种因素之外，还要考虑到其所处的社会环境的某些变化。罪犯虽然身处在监狱的拘禁环境当中，但监狱外面其个人的社会支持系统的某些变化，也会对正在监狱内服刑的罪犯心理产生各种影响。因此，随时关注并及时对罪犯的家庭和其它社会支持系统进行评定，不仅可以及时发现有可能导致罪犯出现自杀观念的各种危险迹象，还有助于在心理危机干预的过程中，迅速调动一切可能的积极因素共同来帮助罪犯。

（四）使用心理测量工具进行评估

目前在精神医学领域，主要是采取间接的方法，应用一些成熟的、情绪方面的心理测量工具，间接地判断当事人有无自杀的危险和可能。例如，采用 COPA、SCL-90 量表做新投犯入监测试，初步排查，测查罪犯的个性心理特征与行为模式以及对可能有何种心理障碍及其严重程度的罪犯做初步筛选。根据测试结果，排查出情绪异常罪犯，然后由专业心理咨询师跟进面询，评估其自杀风险等级程度。除了采用间接的测量方法，研究发现一些量表可以直接用来评估自杀危险性。根据加拿大研究者的研究，贝克抑郁量表（Beck Depression Scale）、贝克绝望量表（Beck Hopelessness Scale）、自杀意图量表（The Suicidal Intent Scale）可以用来评估自杀危险性。除此之外，还要很多人尝试使用各种抑郁量表来评估和判断自杀现象。因为自杀者在采取自杀行动前大多具有比较严重的抑郁情绪，或者说具有抑郁症状的患者是自杀的高危人群，所以，如果量表显示当事人的抑郁倾向比较严重，就应该及时地将其列入需要重点防范的对象。

三、罪犯心理危机与自杀的预防

（一）一般性的预防措施

我们已经知道，罪犯心理危机的产生是具有非常明显的个体差异的。这种个体差异来源于个体的年龄、性别、心理素质、文化水平、社会阅历、生活经历、思维方式、认识水平、躯体健康程度、有无心理障碍或是精神疾病等多种因素，也与罪犯犯罪的类型、罪行的轻重、刑期的长短、已经过的服刑时间等因素密切相关。并不是任何比较强烈的刺激都会导致所有罪犯发生心理危机，也不是所有产生心理危机的罪犯面对的都是同样的问题。而且，在入监前后的不同阶段，罪犯面临的心理危机的性质也是不同的。认识到这一点并在思想上给予充分的重视，就能及时发现并有效地预防罪犯心理危机的发生，至少可以减轻其发生的严重程度。从整体的和全局的角度来看，对罪犯的心理危机给予最有效、最彻底、最经济的危机干预方式就是"防患于未然"。监狱罪犯中的自杀现象，是最严重的心理危机的结果。最有效的干预方法也是预防，尤其是早期的预防和早期的危机干预。

1. 加强心理健康知识的教育与普及

心理健康知识教育与普及的对象不仅是针对罪犯，同时也要针对监狱人民警察。资料显示，美国警察的自杀率高于一般市民，我国台湾地区警察的自杀率最近也出现了上升趋势。这就从一个侧面提示警察也是属于自杀的高危人群和重点的预防人群。[1]更何况我们还要依靠他们去预防和控制另一个自杀的高危人群——罪犯。因此，为监狱人民警察提供良好的心理健康服务，提高他们的心理素质，不仅能够很好地预防各种心理危机或是自杀的发生，也能更好地减少监狱罪犯心理危机和自杀的发生。

2. 在监狱人民警察中大力普及精神医学常识和各种预防自杀的知识

"根据广泛认可的医学模式，自杀是一种精神障碍的症状后果。换言之，精神障碍是病因，自杀是结果，而这个结果正是预防措施的目标。"根据世界卫生组织的这一观点，能够及时地发现和正确地识别监狱罪犯中的各种精神障碍就是一个非常重要的预防关键。正在监狱中服刑的罪犯本来就是属于自杀的高危人群，自杀又是监狱罪犯中比较常见的死亡原因。之所以会出现这种情况，主要的一个原因就是罪犯中各种精神障碍的患病率比普通人群要高得多，一般的统计结果都在15%以上，甚至有人统计可以达到40%。所以，"成功地治疗一个人的精神障碍，自然就能减少或预防自杀"。而现状是，监狱中的工作人员及其有关的领导部门对此似乎还缺乏足够的认识，缺乏有关精神卫生方面的必要知识，对罪犯中各种精神障碍不会识别和判断，从而使监狱工作出现了很多不必要的麻烦。因此，对监狱工作人员开展司法精神病学和心理卫生方面知识的宣传和培训，增强其初步识别各种精神障碍的能力，并早期识别和正确处置罪犯中的各种精神障碍，是预防罪犯自杀的一个极其重要的策略和非常有效的手段与措施。

3. 减少可能用于自杀的工具的来源

虽然自杀的方式有很多，能够用于自杀的工具也是各式各样，但由于比较特殊的环境限制，监狱中罪犯几乎不可能获得毒药、锐器、刀枪等作为自杀的工具，甚至试图从高空坠下自杀都比较困难。所以罪犯自杀的主要方式是用床单、衣服、毛巾、腰带、鞋带、乳罩等撕毁后做成的布条或其它类似的工具进行自缢，用这种方式占到监狱罪犯自杀的90%。因此，对监舍内加强管理和巡视，对罪犯的各种物品加强检查就显得格外重要。

---

〔1〕　翟书涛：《选择死亡》，北京出版社2001年版。

4. 在监狱内培训、设立专职的心理学工作者，并建立专门的心理咨询
机构

其目的在于及时发现和解决监狱罪犯中的各种心理问题。事实证明，如果这些心理问题没有得到及时恰当的解决，就可能会继续恶化，转变为心理障碍，甚至造成严重的心理危机。而专职的心理学工作者则能比较好地预防和干预罪犯中的各种心理危机及自杀现象。

（二）有针对性的预防措施

根据监狱罪犯的各种不同特点和服刑的不同时期，应该采取相应的预防罪犯心理危机和自杀的措施。例如，在罪犯的家庭成员发生了重大变故时，应及时请心理咨询人员对罪犯进行心理危机干预，帮助罪犯尽快平安地度过危险期。从总体上看，对罪犯心理危机的预防和干预可以分为三个重点阶段进行。

1. 收监时认真筛查

罪犯的自杀常常是发生在收监后不久，尤其是开始服刑的前三个月内。因此，从罪犯刚一入监就应该立刻对其开展有关预防自杀与心理危机的工作。通常的做法是对新入监的罪犯立即进行筛查，找出发生自杀与心理危机风险比较高的罪犯，对其给予重点的监管，并提前进行适当的心理干预。

一般认为，偶犯、初犯、过失犯要比惯犯、累犯、故意犯更容易陷入心理危机；未决犯和重刑犯要比已决犯和轻刑犯更容易陷入心理危机；无期徒刑犯和死刑犯要比有期徒刑犯更容易陷入心理危机；初入监的罪犯要比已经服刑一段时间的罪犯更容易陷入心理危机；年龄小的罪犯、身体状况差的罪犯和女犯要比年龄大的罪犯、身体状况好的罪犯和男犯更容易陷入心理危机；来自农村的罪犯要比来自城市的罪犯更容易陷入心理危机；入监前家庭成员之间矛盾冲突比较多、家庭功能和社会支持系统运转不良、因某种原因导致家庭成员不完整的罪犯要比家庭成员之间的关系和睦协调、家庭功能和社会支持系统运转良好、家庭成员完整的罪犯更容易陷入心理危机；近期家庭发生了比较重大变故的罪犯要比家庭状况相对比较稳定的罪犯更容易陷入心理危机；入监前经历比较曲折坎坷的罪犯和社会身份与社会地位比较低下的罪犯相对要比生活比较稳定的罪犯以及社会身份与社会地位相对比较高的罪犯更容易陷入心理危机。

另外，在6~14岁的儿童时期就失去了父亲或母亲的罪犯，家族成员中曾

经出现过自伤、自杀者或是精神病人的罪犯，入监前有过吸毒或是酗酒史的罪犯，入监前曾经有过自杀意念甚至出现过自杀未遂行为的罪犯，认为自己被冤屈了、判重了的罪犯，服刑地点离家庭成员比较远，或是被转到生活条件比较艰苦的监狱服刑，或是被转到自己不愿意去的监狱服刑的罪犯，都要比其他没有这些经历、体验和感受的罪犯更容易陷入心理危机。[1]

存在有下列情况的罪犯，不仅同样也很容易陷入心理危机，而且还提示其可能具有比较高的自杀风险，应该及时进行适当的干预，例如：显示出对逮捕或监禁感到明显的耻辱、罪恶和苦恼，表示绝望、害怕未来、抑郁、缺乏情绪、缺乏口头表达，承认当前的自杀念头，既往曾因精神健康问题接受过治疗，目前患有精神疾病，承认当前有自杀计划，自认为内在和外在的社会支持比较少。

2. 收押后仔细观察

对长期监禁的罪犯应定期观察与随时观察相结合，如果罪犯在比较短的时间内出现了与以前不一样的异常言行，如失眠、哭喊、迟钝、紧张不安、焦虑、抑郁、悲观绝望、丧失信心、精神恍惚、自言自语、反复找人诉说自己的"不幸遭遇"、特别兴奋、话多、心境突然改变等，都提示罪犯可能有精神障碍，应重点观察，并及时请专业人员进行检查、诊断与处理。对在监狱内接受药物治疗的罪犯，无论其罹患的是什么病、服用的是什么药，都要对药品进行严格管理，不能因认为药物是非处方药、没有危险并为了图省事而让罪犯自己掌握所服用之药物。服药时一定做到罪犯集中服药，并安排专门的人员发放药物，坚持执行"送药到手、看服到口、咽后再走"的服药原则。要严格防止罪犯藏药、存药、吐药，保证药效和用药安全。同监舍或同监区的罪犯中如果有人出现了心理危机或是发生了自杀未遂事件，就有可能会对其他罪犯产生心理感应和影响，所以就更应该予以注意，加强巡视和观察。

3. 筛查后的科学管理

对于筛查出的有高自杀风险的罪犯，在进行及时的心理危机干预和自杀预防工作的同时，还应进行适当而又严密的监护，尤其是在夜间。由于监狱罪犯自杀的主要工具和方式是用床单、衣服、毛巾、腰带、鞋带、乳罩等撕毁后做成的布条或其它类似的东西自缢，因此对罪犯这些随身有关危险物品

---

〔1〕 李从培：《司法精神病学鉴定的实践与理论》，北京医科大学出版社 2000 年版，第 240 页。

的随时检查和正确管理就是预防罪犯自杀的一个重要措施。同时邀请精神卫生工作者及时介入到监狱工作中，对监狱罪犯中的各种心理问题、心理危机、精神障碍和自杀现象进行识别、诊断和处置，或是邀请其他社会机构和专业技术人员参与对罪犯心理危机的干预工作，将会收到事半功倍的良好效果。

了解并掌握了罪犯的上述情况后，就可以对罪犯可能出现的心理危机以及自杀现象进行综合性的评估和预测，并根据评估预测的结果采取有针对性的措施，对重点罪犯进行重点的跟踪观察，及时发现情况和问题，随时进行干预和处理，把各种危机消灭在萌芽状态。

第三节　罪犯心理危机干预的方法

罪犯是社会中心理危机的高发人群。这是因为，在服刑期间，他们要经历一些特殊事件，会遇到人际冲突、家庭变故、遭受惩罚以及其他应激事件。有些罪犯在犯罪前就有不同程度的精神障碍，这些综合因素的影响使他们成为心理危机的高发人群。本节针对罪犯容易发生的危机，论述在不同危机情境下对他们进行危机干预的技术。

一、罪犯自杀危机

罪犯自杀是危害监管秩序的重大事件，也是现行的衡量监管改造质量的重要指标。在监狱体制改革的背景下，如何有效制止自杀，是摆在监管系统的一个难题。结合监狱改造工作任务繁重，工作难度加大，出现了许多新情况、新问题，怎样在繁重的改造任务面前，有效地遏制和杜绝罪犯自杀事故的发生，已成为摆在监狱工作面前的一项重大课题。罪犯自杀作为一种严重的监管安全事故，其发生往往是罪犯自身的心理危机和监狱环境因素综合作用的结果。因此，要预防罪犯自杀行为的发生，必须重视对产生严重心理危机、有自杀倾向和可能进行自杀行为的罪犯进行危机干预。

（一）罪犯自杀概述

1. 自杀的心理过程

一般来说，人们在谈到自杀时，都要区分以下几种情况：自杀意念，指个人有自杀愿望但是没有采取直接的自杀行动的现象；自杀表示，指表露自杀想法的活动，例如：向人诉说要自杀，打听自杀的方法，为了自杀而整理个人物品等；自杀未遂，指模拟或酷似自杀但未造成死亡后果的行为；自杀死亡，指个人故意结束自己生命并且达到目的的行为。自杀，特别是理智型自杀，不是突然发生的，多有比较明显的心理发展过程和心理表现，业已成为评定自杀危险性和对自杀行为进行干预的基础。一般把自杀行为的发展过程分为如下三个阶段：

（1）自杀动机或自杀观念的形成阶段。在很多自杀的案例中，自杀被自杀者当作一种逃避现实生活或在遇到自以为难以克服的挫折和打击时使自己得到解脱的手段。有人觉得生活无聊没有意义，便决定以自杀作为解脱的办法；有人则借自杀作为对自己因做错了事而产生的悔恨、自责自罪心理的补偿，自杀还常常被自杀者用来报复与自己有关的人，以使他们感到内疚、后悔和不安。

（2）矛盾冲突阶段。在这一阶段，自杀者虽然已有自杀的意念，但求生的本能和对世事的牵挂常常使自杀者在作出最终的自杀决定前陷入生与死的矛盾冲突状态中。此时，自杀者会经常与人谈论与自杀有关的话题，反复预言、暗示自己的自杀可能，或以自杀威胁他人，表现出直接或间接的自杀意图。事实上，这一切可以被看作是自杀者向他人发出的寻求帮助或引起注意的信号。这种信号如果能及时被周围的人觉察到，使自杀者得到适当的关注，或通过外界的帮助找到解决问题的办法，自杀者的自杀企图就有可能被减轻甚至打消，而这也是自杀行为可以预防和救助的心理基础所在。

（3）行为选择阶段。自杀者在这一阶段似乎从所面临问题的困扰中解脱出来，不再谈论或暗示自杀，抑郁情绪有所减轻，表现的轻松平静如常，这使得周围的人们以为其心理状态真的好转，从而放松警惕。事实上，这可能是一种彻底的假象，因为自杀者已经作出了坚决的自杀决定，不再为生与死的抉择而苦恼，认为自己终于找到了解决问题的办法。他们不再谈论或暗示自杀，甚至表现出各方面情况的好转，而这只不过是为了摆脱周围的人对其自杀行为阻碍和干预的可能，他们所要做的事情是为实施自杀进行最后的准备工作，即考虑自杀方式，准备自杀工具，并等待一个合适的时机来结束自己的生命。

（二）罪犯自杀的干预技术

对罪犯自杀进行干预可以采用多种技术，同时，针对自杀不同阶段的心理特点，可以针对性的应用不同的心理干预技术。

1. 自杀心理干预的技术

（1）防范技术。检查自杀者周围有无可能致命的器材并将其移开；联系自杀企图者的亲友，在精神上给予最大限度地支持；无条件地接纳和关怀企图自杀者；给予自杀者生的希望；建议企图自杀者参加支持性团体。

（2）同理心技术。干预者站在自杀者的角度，设身处地的理解和接纳企图自杀者的想法、感受，了解其当时生不如死的、痛苦的心理状态，以诚恳的态度直接地问问题，避免用责备、埋怨、怪罪的话语与自杀者交流。"我能够感受到你的痛苦，但我不知道是因为什么。""我能体会到你现在生不如死的感觉，我愿意陪伴你渡过难关。"

（3）鼓励技术。以含有正能量的语言，帮助自杀者发现能够自信的方面，鼓励自杀者积极思考；发现自杀者的优点，帮助选择其他更好的方法来解决问题；支持自杀者正向的、建设性的活动。例如：可以以积极的态度暗示罪犯，"我相信你能够找到解决问题的更好的办法"。

（4）倾听技术。在接纳的基础上，身体前倾，认真听自杀者的诉说，积极关注自杀者的心态和遭遇，全神贯注聆听自杀者的语言表达；关切和重视自杀者的遭遇，适时加上自己的见解，以头部动作和丰富的面部表情回应自杀者；对自杀者讲的任何内容不表现出惊讶、厌恶、奇怪、激动或气愤等神态，通过言语和非言语信息来对自杀者的倾诉作出反应。

（5）策略性建议技术。对自杀者提出暂时能够使其产生放弃自杀念头的建议，如"假如别人遇上像你这样的事情会怎么做？""你不妨站在别人的角度看问题""我建议你不要采用这种方法自杀""你的问题，我的建议是用其它方法解决"。

（6）改善认知技术。讨论自杀的危害、原因、预防等内容，重点是生命观、价值观的问题，改变罪犯认知上的不合理信念，教给罪犯应对压力的简单技能和方法。

（7）社会支持技术。挖掘各种社会资源，建立社会支持网络，形成社会支持合力，加大社会支持力度，减轻自杀者的思想压力和精神负担，消除自杀念头。

（8）澄清事件技术。以一种不带任何感情色彩的、直接的方式询问具体的自杀行为细节。"你究竟吃了多少片药？是什么药？""当你准备跳楼的时候，你是怎么想的？"，紧接着要向自杀者询问："我不知道你究竟发生了什么事情，你能和我谈谈吗?"

(9) 淡化羞耻技术。站在自杀者立场上看问题，理解自杀者的某些逻辑和信念，淡化自杀者的羞耻感、过度的负罪自责感。"你那样做，也许并不是你的初衷，也许别人有你的遭遇也会采取像你那样的行为。"

(10) 小心假设技术。假定某个值得怀疑的行为已经发生，并根据这一假设构建出一系列问题。"你还考虑过哪些自杀的方法?""如果你有自杀想法并得以实施，后果会是什么样的?"此时如果自杀者不予回答，说明他也在思考这个问题，因此没必要穷追不舍。

(11) 扩大症状技术。建立在自杀者降低其不良行为的数量和频率时，通过提高问题的严重程度上限，向自杀者提出疑问，如"你在自杀念头最强烈的那天，你大概花了一天当中的多少时间来考虑自杀，一天的 50%? 70%? 还是 90%?"

(12) 否认技术。把每一个具体问题当作独立的问题来问，获得自杀者的否认。"你曾经想过从一座桥或建筑物上跳下来吗?""你曾经想过服用安眠药吗?""你想过割腕自杀吗?""你曾经想过上吊自杀吗?"在每一次询问之后和自杀者作答之间保持一段清楚的间隔，然后再问下一个问题。不能连击式不间断地发问，否则自杀者会感到迷惑，选择一部分进行反应。

(13) 正常化技术。当自杀者对承认存在某种症状感到焦虑或尴尬的时候，让其知道他人也经历过同样的症状或感受。"感觉非常郁闷时，会有轻生的念头，你有过这样的经历吗?""很多自杀者告诉我，当他非常抑郁时，有一种生不如死的感受，你有过这样的感受吗?";可以通过陈述一个范围来限定正常化，如:"当人们感觉非常郁闷时，有的人会有轻生的念头，而有的人却没有，你是什么样的情况呢?"。

(14) 具体化技术。帮助自杀者重新理清自杀原因和事件过程，有利于自我反思和矫正自己的错误认知。"当你十分绝望的时候，你爸爸后来说了什么?""当你心灰意冷的时候，后来又发生了什么?""男朋友为什么突然改变了主意? 这肯定是有原因的，或许你还没有完全了解，你想想看，还会有哪些原因?""你要是死了，别人的感受会是什么样的? 别人的生活是会什么样的?"。

(15) 谈判技术。当自杀者一语不发时，要善于找到话题，或给予自杀者希望，或改变自杀者思维角度。尽量满足自杀者的要求，在紧急关头不讲大道理。"你有困难请告诉我如何帮助你""发生了什么事情，让我们一起想想看，能不能找到其他办法解决"。

2. 自杀不同阶段心理干预的特点

（1）自杀酝酿中的干预特点。自杀酝酿中的干预，是自杀干预最有效的阶段。其特点分别是：其一，干预时间充足，干预者发现自杀者酝酿时，有比较充足的时间与自杀者交流；其二，可运用的干预技术多样，自杀者在自杀酝酿期，自杀的决心还没有最后下定，心理处在矛盾阶段；其三，干预技术综合应用效果好，在自杀事件的实际干预中，因可运用的干预技术多样，几种技术便于交叉应用。

（2）自杀实施中的干预特点。自杀实施中的干预是指干预者得知自杀者正在实施自杀但还没有进行自杀的最后一个步骤。这一时间段的干预，如正在持刀准备割腕或自刭；正在楼顶、桥上或窗户外面准备跳下。此阶段的自杀干预由于事发突然，来不及制定具体的谈判方案，只能在与自杀者对话过程中临场发挥。虽然如此，自杀干预谈判要遵循尊重原则、倾听原则及动情原则。干预者进行自杀干预，尽最大努力挽救自杀者的生命，是干预者义不容辞的责任。自杀实施中的干预，要注意几点问题：首先是干预者要善于运用干预谈判的表达方法，如倾听、引导自杀者讲话，使其宣泄情绪；其次是要问候、理解自杀者，取得自杀者的信任；再次是用亲情感化使其放弃自杀行为；最后是开导自杀者，帮助其寻找解决办法。同时也要避免陷入思想认识上的误区、场外负面因素的误区、语言表达方面的误区、谈判谋略方面的误区。

（3）自杀未遂后的干预特点。自杀未遂后的干预是指自杀者采取自杀行为没有达到死亡效果后的心理干预。其特点：首先是工作量极其庞大和繁重；其次是履行精神卫生、公共健康职责的医务人员责任重大；最后是自杀未遂或者有过自杀未遂历史是再次自杀行为的危险因素，自杀未遂以后 1~2 年，自杀死亡和重新发生自杀的危险性很高。

3. 自杀不同阶段心理干预技术的应用

自杀干预技术有防范技术、同理心技术、鼓励技术、倾听技术、策略性建议技术等共 15 种，但是这些技术不是都适用于自杀的不同阶段，有些技术如果错误地使用会适得其反，因此，需要根据情况谨慎选择与应用。在应用自杀干预技术时，要注意以下几点：防范技术、同理心技术、鼓励技术、倾听技术和策略性建议技术可以应用在自杀的不同阶段；社会支持技术不能轻易用在自杀实施中，因为一些自杀者会认为是假惺惺的支持，反而会刺激自杀者立即采取果断措施进行自杀；改善认知技术、澄清事件技术、小心假设技术和扩大症状技术在自杀实施中不能使用，因为这些技术是从认知出发的，认知需要一个过程，由于时间紧迫，其在自杀实施中使用是来不及的；否认技术和正常化技术只能运用在自杀酝酿中，而不能运用在自杀实施和自杀未遂后的心理干预中，因为会提醒自杀者实施自杀；谈判技术不适合运用在自杀酝酿中和自杀未遂后，只适合在时间紧迫的自杀实施中；具体化技术和淡化羞耻技术只能用在自杀未遂后，因自杀者在自杀实施中情绪激动而收效甚微。

二、罪犯人际冲突危机

罪犯人际冲突危机是指罪犯在服刑环境中，由于人际关系障碍而产生的心理危机。主要包括两种形式的危机：警犯人际冲突危机和罪犯间人际冲突危机。

（一）罪犯人际冲突危机

1. 警犯人际冲突危机

警犯人际冲突危机是指由监狱警察与罪犯之间的冲突事件而导致的罪犯心理危机。引起这种心理危机的冲突事件包括，直接管理罪犯的一线工作人员在管理过程中偏听偏信，对罪犯进行了不合理的处理；在没有查明真相的情况下，对罪犯进行惩罚；给患病的罪犯安排超体力的劳动等。这种危机的最明显特点是在管理者与被管理者之间发生的冲突危机。这种危机一般是在各种刑罚执行过程中产生的，比如，狱政管理、教育管理、生活卫生管理、奖惩过程、生产安排以及个人交往活动。产生这种心理危机的罪犯，往往体验到极度的不公平感、受压抑感、委屈感、无助感和愤怒等情绪，甚至会体验到绝望感。

2. 罪犯间人际冲突危机

罪犯间人际冲突危机是指共同服刑的罪犯之间发生的冲突事件导致的心理危机。引起这种心理危机的冲突事件包括，某个罪犯受到其他罪犯的殴打或者其他侮辱性对待；在日常改造表现的评定过程中，罪犯受到其他罪犯的诬陷；罪犯珍视的某些个人财务被其他罪犯盗窃或者损坏等。这种危机一般带有明显的功利色彩，比如得分多少、物质纠纷、地位争夺、伙伴争夺等。

罪犯产生这种心理危机时，往往伴随着强烈的愤怒情绪和复仇心理，这种心理现象有可能引起罪犯强烈的情绪和行为反应，如果不能及时加以干预，有可能引起自伤、自杀或者毁物伤人等行为。

（二）干预措施

在干预人际冲突危机过程中，应该采取下列干预措施：

1. 倾听与共情

发生人际冲突危机的罪犯一般有一种受害感，一味指责对方，这正是倾听与共情的有利条件。心理矫正人员一边倾听危机者的诉说，一边对危机者遇到的情况和产生的感受表示理解，设身处地地看待发生危机的罪犯。在这个过程中，进行干预工作的心理矫正人员可以因势利导，不但通过倾听收集材料和信息，与发生危机的罪犯建立共情，同时也应当把这类活动看成是一类干预措施。因为发生危机的罪犯通过倾诉，可以宣泄所发生的消极情绪；罪犯通过对共情的感受，可以从内心获得安慰。这些都有利于平静罪犯的情绪，促进他们理智的恢复。

2. 建立工作关系

在倾听和共情的同时，应该及时建立工作关系。关系的建立对解决罪犯人际冲突危机有很好的作用，即这种关系具有一定取代作用。罪犯在与其他人产生冲突危机时，特别渴望一种支持，干预工作者的细心倾听正好能满足这种需求。工作关系既能起到治疗作用，也能为下一步干预打下基础。

3. 消除误解

人际关系冲突相当一部分是由于误解造成的，心理矫正人员应当在危机干预过程中，注意引导罪犯逐步消除误解，澄清事实。随着危机干预的进行，当发生危机的罪犯理智基本恢复时，心理矫正人员可以进一步帮助他们澄清发生误解的原因，分析产生误解的思维特征，从根本上消除危机。同时，通过引导罪犯纠正不当思维模式，也可以预防同类人际危机的再次发生。

4. 讨论选择交往方法

有些罪犯之所以发生人际冲突危机，是因为他们缺乏交往技巧。所以，在危机干预过程中，在罪犯的激动情绪有了一定的缓解，可以进行比较理智的思考和对话时，心理矫正人员可以和发生心理危机的罪犯讨论交往方法和技巧，分析罪犯可能存在的不恰当交往方法和技巧，指导他们学习和选择更加有效的交往方法和技巧。这些活动能够转移罪犯的不良情绪，减轻愤怒感。

5. 安排监护

由于发生危机的罪犯往往有强烈的情绪激动现象，在这种情况下，意识变得狭窄，思维变得迟缓，思想与行为不对应，很容易出现未经思考的冲动性行为。因此，对处在危机状态下的罪犯来说，他们很有可能产生自伤、自杀或者毁物伤人等极端行为，有必要对他们采取合适的监护措施。

6. 合理用药

对于情绪过于激动或过于抑郁的罪犯来说，如果在当时的危机状态中其它干预措施的效果不佳时，可在专业医生指导下使用药物，帮助控制危机罪犯的身心状态。

7. 隔离与改变环境

人际环境和物理环境是罪犯人际心理危机的重要诱发因素。因此，在危机干预过程中，可以考虑将心理危机罪犯从原环境转移到新环境或者使人际冲突双方适当分离，这样能够减轻不良刺激，有利于心理危机的消退。

三、家庭变故危机

家庭变故危机是罪犯家庭中突然发生的悲剧性变化引起罪犯心理创伤而导致的心理危机。比较严重的家庭变故有家人死亡、亲密关系中断以及离婚等。比较轻微的家庭变故有经济困难、子女失学、患病等。当发生这些家庭变故时，轻者可导致罪犯消沉、抑郁、烦躁不安，出现改造或生产事故、重者可以导致罪犯脱逃、自杀等严重事件。

（一）失亲危机

失亲危机是指由于罪犯家庭中重要成员的突然亡故而在他们心理上引起的危机。对于罪犯来说，他们的父母、子女、配偶或其他密切关系人员的突然去世，都是一种噩耗，它们有可能造成罪犯心理危机。

1. 失亲后的悲伤过程

在经历家人亡故后，个人往往会有一个悲伤过程，产生一系列悲伤反应，甚至会产生心理危机。一般人遇到不幸的事情，心理都有一个正常的反应和过程。现代心理学将这个过程总结为七个阶段。当然，根据每个人的情况不同，在不同的阶段，每个人停留的时间也存在差异。在这个过程中，有些人为了让痛苦早日结束，而做出逃避痛苦的事情，反而让自己的心理在某个阶段停留的时间更加长。有些人甚至因为拼命逃避痛苦而使得自己一直无法走出痛苦的状态。这七个阶段分别为：

（1）震动和否认。你刚得不幸消息的那一刻，很可能会产生一种麻木的不能相信之感。你也许会在某种程度上否认事实以避免痛苦。而强烈的感情冲撞所产生的矛盾心理则会保护你的情感，使你不至于一下子被情绪淹没。这个阶段可能持续好几周。

（2）痛苦和内疚。当矛盾的心理退去，取而代之的将是巨大的痛苦。虽然有时是难以承受的精神折磨，但是你必须彻底地承受这种痛苦，不要隐藏它、逃避它，也不要企图借酒或借药消愁。你也可能会因为做过或没做过的某些事情而感到内疚或懊悔。在这一阶段，你觉得生活一团糟，处处令你惊恐。

（3）愤怒和许愿。懊丧的感觉将被愤怒所取代，你可能会把坏消息归咎于别人的责任。这种时候，人容易发泄自己郁积已久的情绪。处于愤怒情绪状态时，应该努力控制自己，否则会破坏你的人际关系。你也可能抱怨命运："为什么偏偏是我？"在极度沮丧中，你也可能会对上天许下徒劳的心愿，例如，"如果可以不发生，我就再也不喝酒了"。

（4）回忆和孤独。当你的朋友开始觉得你的生活应该回到正轨的时候，你很可能正被长时间的悲伤的回忆所包围。这是伤逝的一个正常阶段，所以不要因为旁人善意的劝解而强装没事。在这个阶段，别人的鼓励并没有多大的帮助。在这段时间，你终于明白你究竟失去了什么，而这会使你消沉。你可能会故意把自己隔离起来，回忆过去，脑海被那些记忆所占据。你可能会感觉到空虚与绝望。

（5）好转。当你逐渐适应了巨变之后的生活，你的生活会变得较为冷静，趋于有序。痛苦的身体症状会减轻，你的消沉也将有所好转。

（6）重建和恢复。生活恢复正常运转，你的心智也开始重新工作，对于巨变所导致的生活问题，你会下意识地寻求现实的解决方法。你将开始应对一些实际问题和财务上的问题，开始重建生活。

（7）接受和希望。在这七个阶段的最后一个阶段，你学会了接受，学会了面对现实。接受并不意味着马上能变得快乐。在经历过痛苦与心乱之后，你再也不会回复到之前那一个无忧无虑的你了，但你总会找到一条前行的路，你会开始往前看，开始计划未来。最后，你将能够不带痛苦地回想起之前的生活，悲哀会有，但是揪心的痛苦不再。你将再次对将来的美好时光怀有希望，乃至在生活经历中再次找到乐趣。

2. 失亲危机干预措施

（1）个别咨询与干预。罪犯亲人亡故后，一般都会有震惊、抑郁、孤独、痛苦、内疚等悲伤反应，少数罪犯甚至有可能产生绝望情绪，感到自己在感情上深深依恋的亲人的亡故，使自己失去了生活的依赖和感情的寄托，自己活着也没有什么意义。这些悲伤反应可能会引起相应的消极行为反应，因此，进行个别咨询与干预是很有必要的。

在进行干预的过程中，要设身处地地理解亲人亡故的罪犯的感情，真诚地理解和承认家人亡故给他们带来的特别问题；安慰心理危机罪犯，让他们明白，为了挽救其亲人的生命，家庭已经尽了所有义务；必须给危机罪犯以感情支持，回归以前的家庭功能和角色，并对其重新评价或重新分派；重新评价危机罪犯本人的家庭身份，并引导危机罪犯回忆亲人在世时对自己的教导和期望，利用亡故亲人在世时的积极力量，促进罪犯的心理发展。

（2）利用支持小组给予支持。在个人发生创伤性事件时，如果能够与别人分担痛苦的体验，痛苦的程度就会减轻。因此，心理矫正人员要重视让其他的罪犯帮助亲人亡故的罪犯分担痛苦。其中的一种方法，就是组成支持小组，给发生危机的罪犯以支持和帮助。在组织这样的小组时，特别要选择那些曾经有过此经历和劝说技能好的罪犯，利用他们的经历、经验和技能，给亲人亡故者提供感情支持和其他帮助。支持小组的主要工作包括对失亲罪犯进行心理安慰和感情支持，向失亲罪犯提供摆脱悲伤的措施，帮助其及时脱离心理危机。

（3）提供哀悼条件，鼓励与家庭成员交流感情。研究显示，举行必要的哀悼仪式有助于失亲者从悲痛中恢复。危机干预工作者可以与监狱中的有关管理人员协商，对罪犯进行综合评估，认为罪犯进行某些哀悼活动符合有关规定条件，也不致对社会造成危害或发生其它意外时，可以允许罪犯回家举行哀悼仪式，还可以让罪犯通过电话、书信或接见机会与家庭成员交流感情。

（4）帮助解决实际困难。对于因亲人亡故而在生活和其它方面产生实际困难的罪犯，心理矫正人员应该设法帮助罪犯解决这类困难，包括与罪犯所在地的民政等福利部门联系，给予救助等，从而减轻亲人亡故给罪犯及其家庭带来的生活和心理压力，帮助罪犯摆脱因此而可能发生的大危机。

（二）婚姻危机及其干预

罪犯婚姻危机指罪犯由于婚姻紧张或婚姻破裂而造成的心理危机。这种危机一般对罪犯影响较大，在大多数情况下，罪犯可能都怀有强烈的愤怒感、被遗弃感和耻辱感。女性罪犯由于情感原因以及子女抚养等问题，对婚姻危机的消极感受往往比男性罪犯更大。对于已婚的罪犯来说，他们的婚姻关系的最重要的特征就是在很长时间没有真正意义上的夫妻关系，缺乏普通夫妻之间的那种平凡沟通和朝夕相处。这种空间隔离，严重阻碍了夫妻之间的情感交流和身体接触，致使罪犯婚姻危机的发生率远远高于常人。

对于罪犯婚姻危机的干预可以采用以下方法：

1. 个别咨询和干预

婚姻关系是具有明显的私密性特征的一种人际关系，夫妻关系中的很多事务是不愿意向外人透露的。因此，对于罪犯婚姻危机的干预，要充分考虑这种私密性，尽可能进行个别咨询和干预。进行危机干预的心理矫正人员，首先，应该认真评估罪犯的危机程度，采取必要的预防罪犯进行危害行为的措施，包括预防他们进行自伤、自杀或者毁物伤人的行为。然后，提供一个安全、安静的环境，聆听罪犯的诉说，了解婚姻危机的有关情况，体会罪犯的复杂情感，对罪犯进行共情，从而对罪犯给予情感等方面的支持。

2. 婚姻辅导

在深入地了解罪犯婚姻危机的基础上，心理矫正人员应该根据具体情况，考虑对罪犯给予必要的婚姻辅导。例如：引导罪犯恰当评估婚姻危机的严重程度；帮助罪犯寻找可以缓解和解决婚姻危机的可用资源；指导罪犯消除对婚姻关系的错误观念等。同时，为了促进罪犯与其配偶之间的了解和沟通，在进行亲情会见之前或者之后，心理矫正人员可以将罪犯及其配偶召集到一起，进行当面咨询和劝说，引导他们消除误会，增加了解，密切双方之间的感情。

3. 自助小组的支持

对于发生婚姻危机的罪犯，也可以组成自助小组给予支持和帮助。为达到这一目的，心理矫正人员可以在罪犯中成立婚姻自助小组。小组成员主要由那些有离异史的罪犯担任，主要任务是帮助正在遭受婚姻危机的罪犯，帮助他们分析婚姻危机的原因、状况和寻找恰当的解决方法，为其提供心理支持，帮助他们摆脱离异的痛苦和制定适应新生活的计划等。

4. 多方调解与帮助

罪犯婚姻危机的发生，往往有多方面的原因。要解决罪犯的婚姻危机，也要从多方面进行干预和努力。为此，在不违背婚姻自主和尊重婚姻双方愿望的基础上，可以请多方人员组成婚姻干预小组，调解和帮助发生危机的婚姻双方。这个小组的成员除了监狱中的心理矫正人员、管教人员和罪犯信任的其它罪犯之外，还应当包括婚姻双方的家人、朋友等，通过他们进行调解，在在力所能及的情况下尽可能帮助解决一些实际问题，努力维系婚姻关系。

5. 转诊治疗

如果发生婚姻危机的罪犯需要法律、经济、医学等方面的援助和治疗时，只要条件具备，就应当立即转诊，帮助罪犯与有关人员和组织机构取得联系，利用他们的力量进行婚姻危机干预。

四、创伤后应激障碍及其干预

（一）基本概念

创伤后应激障碍（Posttraumatic Stress Disorder，PTSD）是指由异乎寻常的威胁性或者灾难性心理创伤导致延迟出现和长期持续的精神障碍。所谓心理创伤，是指个体在面临紧急、可怕的威胁事件时发生的心理失衡状态。这类威胁事件往往会损害正常的心理功能，导致个人产生一系列情绪、行为等方面的问题。监狱中的罪犯是创伤后应激障碍的高发人群。这是因为，在监狱中服刑的人员不仅失去行动自由，缺乏自主选择的可能，而且社会资源极其匮乏，既不能预防和回避突发性事件的侵害，也不能有效地应付突发性创伤事件的侵害，在很多情况下只能消极、被动地承受这类事件的侵害。

（二）诊断标准

1. 诊断

随着有关研究成果的不断积累，创伤后应激障碍的诊断标准也经历了相当大的修改。PTSD 的诊断标准首次出现在美国精神病学会《精神障碍诊断与统计手册》（第 3 版）（Diagnostic and Statistical Manual of Mental Disorders，DSM-Ⅲ，1980）中，并被列为焦虑障碍的一种，其主导情绪为恐惧和害怕。1987年的 DSM-Ⅲ-R 和 1994 年出版的 DSM-Ⅳ对其诊断标准进行了修改和扩充。1993 年，PTSD 正式被纳入《国际疾病分类》（第 10 版）（International Classi-

fication of Diseases，ICD-10）。《中国精神障碍诊断与分类标准》（第3版）
（Chinese Classification and Diagnostic Criteria of Mental Disorders，CCMD-3）首
次使用这一名称，并把它纳入应激相关障碍。

创伤事件后个体出现反复体验创伤性事件（如侵入性的回忆和梦魇）、
保护性的反应（如回避与情感麻木）、高度警觉三种主要症状，持续超过1个
月以上，而且造成了明显的痛苦，或者造成个体其它重要方面的功能受损，可
被视为满足PTSD诊断标准。

2. 鉴别诊断

急性应激性障碍类似于创伤后应激障碍，是一种建立在分离症状基础上
的诊断，该障碍患者具有下列独立的症状中的3~4项症状：感觉麻木、感觉分
离、缺乏情感反应；对环境的知觉减弱（如茫然）；感到事物不真实；感到自
己不真实；以及对创伤的一个重要的部分遗忘。急性应激性障碍与PTSD的区
别在于创伤事件后发病的时间以及病症持续时间。急性应激性障碍发生在创
伤事件后4周内，至少持续2天，但不超过4周。个体一旦脱离创伤性情境，
同时给予适当的支持，如：对其应激表示理解、同情，让其描述发生了什么及
他们的反应，便能得到康复。急性应激性障碍的主要症状与PTSD的预测因素
有一定程度的重叠，从防治的角度来看，可以促使有可能发展成PTSD者就
医，利于促进对PTSD的早期识别，也可以预测是否会发生迟发性PTSD。

3. PTSD的评估

PTSD的评估不同于其他心理障碍的评估，它是个事后评估，评估的是非
常严重的创伤性事件以及导致个体产生的某些主观反应。评估的两个主要目
的是进行诊断和制订治疗计划。另外，多角度多维度的评估有利于诊断出症状
的全部内容和形式，进而确定PTSD的共病情况。因为PTSD往往有其它的心
理障碍共病，最常见的为抑郁和物质滥用。在创伤性事件发生后，就应该及时
根据事件类型，结合创伤后应激障碍的危险因素，对受害者的生理、心理、
社会状态以及应对方式进行全面评估。早期的评估可以紧急判断创伤的可能
性。评估的第一步是要确定病史中的主要创伤性事件，包括事件本身以及事件
发生的范围和发生的频率。评估创伤性事件可用的量表有：创伤应激评估表
（Traumatic Stress Schedule）、创伤性事件问卷（Traumatic Events Questionnaire）、
创伤后应激诊断量表（The Posttraumatic Stress Diagnostic Scale），经检验，以
上量表都具有较好的信度和效度。

（三）干预措施

PTSD 早期治疗非常重要，创伤受害者如能得到支持，尤其是家庭的支持，则可能减缓 PTSD 的发生。PTSD 的首选治疗尚无一致意见，比较肯定的是，心理治疗合并药物治疗的效果更佳。对各种应激障碍，心理治疗显得更加重要。

1. 心理治疗

心理治疗是治疗 PTSD 的重要方法，比精神药物治疗更为有效。在心理干预过程中，依据正常化、协同化、个性化的原则，干预的形式可以多样化，一对一的面谈、电话咨询、团体辅导等方式，可根据实际情况灵活采用。常见的治疗方法有以下六种：

（1）应激免疫训练（Stress Inoculation Training，SIT）。应激免疫训练（SIT）是由梅琴鲍姆（Meichenbaum）及其同事最早系统阐述的一种预防应激障碍的认知行为技术，目的在于通过教会来访者一些应付技巧，帮助其能更好地应对压力，控制自己的恐惧。这个方法比较灵活，可以根据个体的情况和需要做出修改，而且能够用于个体或者是团体的治疗；它可以用于当前问题，也可应用于未来困难的应付。SIT 是一系列技术、过程的组合，包括信息给予、苏格拉底式讨论、认知重组、问题解决、放松训练、行为复述、自我监控、自我指导、自我强化和改变环境情境。SIT 分为三个治疗阶段。

第一阶段为概念阶段。在这个阶段，治疗师首先和来访者建立良好的关系，并且一起重新思考问题的实质；接下来，为来访者提供一个专门设计的、简单的概念框架，教给他一些关于 PTSD 的知识，以简单的语言让个体能够理解其恐惧和焦虑的来源，创伤的性质和创伤后的反应等；然后，通过教学呈现、苏格拉底式询问和有引导的自我发现过程，使来访者认识到认知和情绪在恐惧、焦虑形成中的作用。

第二阶段是技能获得和复述阶段。治疗师教授来访者各种应付技巧，如：肌肉放松、呼吸调节、潜在矫正、角色扮演、思维停止、自我对话训练等，并且要求个体能够自我陈述有效的应付技巧。通过教授、示范和有指导的练习，来访者逐步学会各种应付技巧，并定期练习。

第三阶段是应用和完成阶段。这一阶段将治疗情境中发生的改变迁移到现实生活中，使个体暴露于模拟的应激情境（如不可预知的电击、电影中的应激刺激、突然的低温寒冷），练习应付技巧的使用。在来访者熟练掌握了各种应付技巧时，要开始练习难度逐步提高的行为家庭作业。SIT 对于创伤后应激障碍的再现和回避症状有缓解作用。研究者针对与强奸有关的创伤后应激障碍的临床对照研究表明，在治疗结束时，SIT 组的症状严重程度表现出下降；而在随访研究中，长期暴露组的个体与 SIT 组相比，症状缓解得更好。可见，SIT 短期效果明显，而暴露治疗具有更长期的疗效。

（2）系统脱敏治疗。系统脱敏法主要用来减轻和缓解焦虑状态，其原理是用交互抑制和反条件作用达到治疗的目的。系统脱敏技术是使用放松训练，通过对由低至高不同等级的恐惧刺激进行想象暴露的方式对恐惧刺激进行脱敏，它主要由三个部分组成：放松训练，建立焦虑或害怕等级层次和要求来访者在放松的情况下，按等级层次中列出的项目进行想象或实地脱敏。虽然在PTSD 个案治疗报告以及严格控制的治疗研究中，系统脱敏被证明是有效的，但这种方法并未得到广泛的运用。原因在于 PTSD 个体往往害怕很多与创伤相关的刺激，所以对他们的暴露治疗需要很多系统脱敏等级，从而降低了治疗的效率。

（3）延长暴露（Prolong Exposure，PE）和视觉暴露治疗。延长暴露和视觉暴露治疗是暴露治疗的拓展方法，是让个体直接暴露于其所害怕的线索或者是创伤性记忆之中的方法。这些暴露治疗要求个体直接面对他所害怕的情境，想象处于所害怕的情境中，或者是唤起某个特别的创伤并保持在其中而不回避，并坚持相当长的时间。研究者首次将注意力集中于治疗某些特殊的创伤性记忆，而不仅仅是引发恐惧的刺激。在这里，恐惧被看成一个包括刺激的表征、反应及其含义的认知结构。他们引入情绪加工这个概念来解释暴露期间恐惧的减少，认为暴露通过情绪加工矫正了错误的认识。PE 采取个体治疗的方式，一共进行 9 次，每两周治疗 1 次，每次 90 分钟。前两次主要收集信息、制定治疗计划、解释治疗的理论，还要列出恐惧和回避等级表、布置家庭作业、指导个体每天面对其所害怕的刺激。接下来的 7 次治疗使用想象暴露的方法，重新体验创伤情境。治疗师鼓励个体在体验的同时尽可能详细地大声描述这个情境。在每次会谈中，个体尽可能地重复描述几次，并将其叙述的过程用录音机记录下来。个体的家庭作业内容包括听录音磁带，至少每天 1 次。暴露的过程中要注意其焦虑水平的变化，另外，在每次会谈结束以前，要确保个体的焦虑程度下降，必要的时候治疗师应给予帮助。

（4）认知加工治疗（Cognitive Processing Therapy，CPT）。认知加工治疗

的理论基础是信息加工模型，其潜在假设是 PTSD 症状来自于新的信息和旧的认知图式之间的冲突。PTSD 表现出的闯入性症状和回避症状就是由这些认知冲突引起的。CPT 的重点在于识别出这些冲突，并对其进行调整。在信息加工理论中，研究者们提出如何打破已经建立的恐惧网络。首先，激活患者的创伤性记忆；然后，提供与现有的恐惧信息结构不一致的新的信息，形成新的记忆，也就是将新的信息整合到原来的恐惧记忆当中。在 CPT 过程中，个体将创伤记忆、当时的想法和感受等细节写下来，并大声朗读，治疗师帮助个体识别出"冲突"；最后对个体的非理性信念进行处理，调整患者错误的归因方式和对未来的期望，从而减轻自责、厌恶自己、愤怒和不知所措等症状，进一步控制闯入性记忆和回避性行为的发生。这种治疗方法对于并发有罪恶感的个体更为有效。

（5）眼动脱敏和再加工（Eye Movement Desensitization and Reprocessing，EDMR）。眼动脱敏和再加工（EMDR）是一个尚存争议的治疗，因为它不是来自于其他心理障碍的理论或者是有效方法之中，而是来自于个人的观察。EMDR 最初由夏皮罗创立，夏皮罗认为眼动能够促进创伤性事件认知加工。此后 EMDR 被看作是认知行为方法，EMDR 主要是对记忆的意象、消极想法和躯体感受进行工作，它旨在促进创伤事件的信息加工过程，促进创伤相关的负性认知重构。发展到现在，EMDR 主要包括：采取一般病史和制定计划；帮助患者稳定情绪和进行必要的准备；对记忆的意象、消极想法和躯体感受进行评估；通过眼动进行脱敏和修通；植入阶段；躯体扫描阶段；结束阶段和治疗效果的再评估八个治疗阶段。

EMDR 不仅有眼动脱敏的成分，也包括暴露和认知的成分。在 EMDR 治疗中，其程序是：要求患者双目睁开，眼睛追随治疗师移动的手指向双侧快速移动。同时，要求患者想象创伤当时情景，注视着这段创伤性记忆；重新体验负性的认知，并将与创伤相关的认知和情感语言化。夏皮罗提出 EMDR 加速了信息的处理，导致创伤性记忆的适应性解决，在 EMDR 治疗中产生了一种与快速动眼阶段很类似的神经生物状态，这种状态可以减轻由海马调节的关于创伤记忆的反复体验发作强度，同时也可减轻负性情感。

（6）格式塔治疗。在使用格式塔技术时，可以使用一种叫"未完成的事项"的技术，即深入到受害者的过去并将其带到意识中的技术。这种技术能起到类似刺破脓包进行引流的作用。可以在危机恢复的最后阶段使用这种技术，以便起到赎罪、忏悔和康复的作用。使用这种格式塔技术的具体做法是：在治疗室内放上两三把空椅，让求助者想象空椅代表不同的有关人员。干预者和求助者轮流扮演其中的角色，模拟事件发生时的情景，发自内心地进行对话，表达愧疚、愤怒、忏悔等多种复杂情感，尽量释放所压抑的感情。在扮演过程中，要缓慢耐心地处理"未完成的事项"的每一片段，直到求助者能和当时场景中的每个人和平相处。等创伤平息，努力把求助者拉回到现实中，帮助他继续自己的生活。

上述个别干预技术应当具有通用性，可以在罪犯心理矫正中，尝试用来对产生创伤后应激障碍的罪犯进行干预治疗。当然，在尝试使用过程中，可以根据罪犯的具体情况和创伤性事件的差别，进行必要的变通。

2. 药物治疗

PTSD 的药物治疗能缓解某些症状，减少患者的痛苦体验，通常作为心理治疗的辅助措施，增加患者对心理治疗的依从性。目前主要是使用选择性5-羟色胺再摄取抑制剂类抗抑郁药物，它能够明显缓解抑郁、焦虑症状，改善睡眠质量，减少回避症状。在我国还尝试性应用了中西药结合治疗创伤后应激障碍，结果显示该方法起效快、副反应少、患者的依从性高。另外，躯体症状的改善可以影响到个体情绪的改变。因此创伤事件发生后，应针对个体的躯体症状及时给予药物对症治疗。

3. 积极的社会支持

家庭在 PTSD 治疗中具有重要意义，家庭的支持和配合是患者康复的重要基础。良好的家庭和社会支持是创伤后应激障碍发生的保护因素。从创伤返回到正常状态的关键，是家庭内部的有力支持。一般认为创伤事件发生后受到良好社会支持的受害者都有较佳的效果。对受害者来说，从家庭亲友的关心与支持、心理工作者的早期介入到社会各界的热心援助，这些都能成为有力的社会支持。同时要考虑受害者的实际需要，在条件允许的情况下与受害者进行有效沟通，以增强社会支持的力度，降低受害者 PTSD 发生的危险。

■ 案例剖析

基本情况

罪犯杨某，37 岁，内蒙古赤峰人，初中文化，犯故意伤害罪，被判处无期徒刑。2004 年 11 月 27 日，杨某在自己所开的一家塑料厂与厂里的师傅发生争执，杨某把该师傅打晕后，把他分尸丢弃。精神状态：谈话时求助者面容疲倦，感知正常，记忆力正常，思维偶尔有些混乱、情绪不稳定、哭泣，说到以前一些开心的事情大笑，从谈话开始就表现出自己的高姿态。身体状况：该犯从小身体状况较好，自从进入看守所就开始晚上睡不着，每天大喊大叫，并企图自杀，被制止后就开始说腿部有伤痛，有头疼现象，睡眠质量较差。社会功能：不能坚持日常生活的自理，自我意识较强，改造态度不端正，有回避与其他罪犯交往的倾向，但必要的交往还是能进行的。

病因分析

1. 环境原因：杨犯在外曾经有多次被抢的经历。由于杨犯在押的监区暴力犯居多，多数都是抢劫犯，感觉都是坏人，该犯认为自己没有罪，但是要和一些抢劫、杀人的人生活在一起。以前自己被抢的情景又重现出来，表现得没有安全感，高度地恐惧。现在已经没有什么值钱的东西给她们抢了，就转变成抢她的日常用品，所以经常在梦中惊醒。

2. 心理原因：(1) 对现实问题的误解或错误评价，不认罪伏法，不能接受现实。因为根据杨犯所说，她开一间厂，有一个人（其情夫）帮她看厂，一天有两个人来找工作，因为不让他们在厂里吸烟，就与他们发生了口角，那两个人把他打死了，后来这两人拿着刀逼她分尸，还把尸体分开丢弃。事后她没有报案，被人举报后逮捕。但是根据杨犯的判决书，完全不一样。在杨犯心里不能接受自己把心爱的人杀害，但是在梦中又经常梦见其情夫，在惊醒中又发现自己已经亲手把他杀了，不能接受这个现实，反复再现创伤情景。个体就出现反复创伤体验。(2) 个性因素：追求完美，自我要求高。杨犯由于个性比较要强和虚荣，喜欢阅读名人的故事，自己幻想着做领导人。该犯甚至说如果自己父母是有文化或者有钱的话，自己一定是一个女强人，表现得十分自信；在心里是美慕别人的生活，对自己的现状是十分不满。当其有了钱后，虽然不断被抢劫，但是仍为了满足自己的虚荣心，还是继续买首饰来戴，显示自己的身份与众不同。现在的身份落差使该犯无法接受现实，觉得自己从一个管理层的人一下成为一个阶下囚，自尊心受到了较严重的打击，产生了心理的创伤。(3) 错误观念：认为自己不应该受到别人的批评，报复心强，比较容易冲动和武断。当其情夫与其有意见时，该犯不会用商量的方式去解决问题，而是用暴力去解决让她不满意的人，为人比较冲动。当他犯对其做得不好的地方进行批评时，她不愿意接受别人的意见，还认为人家是针对她，认为别人欺负她了，她一定要报复，表现为经常到干警处说互监组的不好，或者一定要跟他犯吵得不可开交，争辩到底，认为自己就是对的。(4) 监狱改造适应性差：原来杨犯一直在外面自由自在地生活。在生活感到不如意的时候，杨犯选择以逃避的方式去过自己理想的生活，甚至抛弃家人。而在监狱里过的集体生活，严格的监狱规章制度让她无法适应。

3. 生物学原因：杨犯已经经过司法精神鉴定，属于正常范围，不属于精神病犯，但是需要做心理辅导，医院检查没有器质性病变，该求助者的问题中没有明显的生物学因素。

主要咨询方法与适用原理：认知行为疗法和危机干预

1. 认知疗法目标是让患者识别他们自己的失调性认知，通过与不合理的辩论来重建认知系统，减少症状，恢复社会功能。求助者的心理问题主要表现为对现实监狱生活的不适应和对被迫杀害自己心爱的人的这一现实不能接受。其原因是在其成长经历和个性特点的基础上，在不认罪伏法错误认知模式主导下，不能有效地应对监狱改造环境等应激性社会事件。而在暴力犯监区，与大部分罪犯罪名是故意杀人、故意伤害、抢劫等具有同样经历的其它罪犯生活在一起，使其错误认知和不良行为不断重复和强化，反过来又加剧了认知和个性的偏离。求助者目前的心理和行为异常还没有达到较为严重的程度，认知行为疗法对此类问题是最有针对性和有效的。为此整个过程应以消除错误的认知模式，建立新的、合理的认知模式为核心，结合行为治疗手段，循序渐进式地矫正不良行为，建立起新的行为模式，并在新的认知模式的指导下，逐步内化成为求助者的自然行为。

2. 所谓危机是指当一个人面临某些重大生活事件，而以往的应付方式全都失效时，个体适应力降低，产生了一系列消极情绪以及接近于崩溃时的一种状态。当强烈刺激超过了个体的心理或体质的承受能力时便出现危机状态。危机干预是恢复危机前的心理平衡状态，主要是有针对性地采取一些措施纠正情绪失衡状态。危机干预有两层含义。一是泛指帮助处于危机状态中的个体有效克服危机，并可能地降低危机的消极影响；二是特指帮助企图自杀者打消自杀念头，使其重新振作起来面对生活，并帮助其有效地驾驭因创伤而引起的精神痛苦，使其产生新的自我认识、新的生存能力和生存方式。理论上讲，PTSD 的危机干预可以预防疾病发生、缓解精神和躯体症状、预防不良后果的发生。

治疗效果

罪犯自我评估：与小组的成员的关系有所改善，晚上睡眠质量有所提高，即使自己醒了也是靠在床上，没有出现吵闹的现象。

监区警察反映：杨犯情绪基本稳定，能遵守监规纪律，能听从干警的教育，能与干警正常交谈，日常生活能自理。表现为想积极参加集体活动，参加了监区的歌唱比赛，并获得了名次。

咨询师评估：缓解了求助者的抑郁和焦虑的症状，情绪得到调整，睡眠质量有所改善。完成咨询任务，达到咨询目标。

第十一章

罪犯心理测验

重点问题

1. 罪犯心理测验的种类。
2. 罪犯心理测验的操作。

导入案例

罪犯情况： 刘某，男，25岁，诈骗罪，入监1年，现在某监区服刑。

罪犯主诉： 觉得自己很没用，一切都完了，没有脸面见家人和女友，生活对他来说已经没有任何意义。自小性格内向，喜好读书，学习成绩优异。大学毕业后在某银行工作，工作能力强，受到领导的赏识。有一女友，是大学同学，人长得漂亮又很有才华。自己非常喜欢她，很怕失去她，就怕哪一天她提出分手。为了使她觉得自己很有能力、很有钱，为了让她得到更好物质享受，而走上犯罪的道路。自入狱以来，对待教育改造态度消极甚至有抵触情绪。一想到自己是个罪犯，将来没有什么出息，又觉得自己配不上女友，整天发呆，心里总像是压了一块大石头，喘不上气来，很难受。情绪非常低落，闷闷不乐。对什么事都不感兴趣，觉得别人看不起自己，自己也觉得不如别人，前途渺茫，整日沉默寡言、唉声叹气，有时还无缘无故地紧张和害怕，逐渐开始出现失眠、烦躁、焦虑不安的症状。整天精神恍惚，"每天总是七想八想，很多事情在脑子里盘旋"，晚上做噩梦，白天胡思乱想，一直至今。为此他痛苦不堪，觉得活着真是没有意义，曾经几次想到自杀但又缺乏胆量和勇气。希望能够尽快得到心理咨询师的帮助。

分析诊断：在初诊中，心理咨询师针对刘某的症状，围绕已形成的初步印象，选用了明尼苏达多项个性调查表（MMPI测验），用来了解刘某的病理人格特征以及作精神病的鉴别诊断；选用抑郁自评量表（SDS测验），用来了解其抑郁方面的状态及程度；选用90项症状清单（SCL-90）用来评估其自身症状及程度。心理测验结果显示：MMPI测验疑病（Hs）66分；抑郁（D）71分；精神病态（Pt）65分；SDS粗分为59分，标准分为73分；SCL-90症状量表抑郁4分，焦虑3.8分，人际关系2.6分，躯体化2.8分。由此，心理咨询师根据刘某自述情况及表现出的症状，结合心理测验的结果作出的诊断为抑郁性神经症。

第一节 心理测验概述

为了确保心理咨询师作出初诊的可靠性，确保心理咨询师有效地进行心理咨询和心理治疗，心理咨询师选择心理测验的方式作进一步探索，心理测验是我们在心理咨询和心理治疗工作的重要辅助工具。

（一）心理测验的概念

美国心理学家桑代克曾经说过："任何现象，只要是存在的，总有一定的数量。"测量专家麦柯尔（W. A. Macall）也曾说："凡是有数量的事物，一定可以测量。"这两句话构成了心理测量的理论基础。随着社会的进步和科学技术的发展，人们不但对物体的物理特性做出了越来越精确的测量，而且不断地尝试对人的心理采用各种方法进行测量，加深了对人类心理现象的认识。

"心理测验"一词虽为大家所熟知，但目前要对其下一个能为大家公认的、严格的、规范的定义却并不容易。郑日昌教授认为，心理测验就是依据一定的心理学理论，使用一定的操作程序，通过观察人的少数有代表性的行为，对于贯穿在人的全部行为活动中的心理特点作出推论和数量化分析的一种科学手段。现代心理测量技术的发展已经为测量人的复杂心理提供了科学的、较为准确可靠的方法，成为测量评估人们的某种行为，作为判断个体心理差异的工具。目前，心理测量已广泛应用于教育、管理、医疗等领域。尤其在临床和咨询中发挥出了它的实际应用价值。

（二）测验的特性

心理测验与物理或生理测验相比，有着显著的特性。具体表现为：

1. 间接性

作为大脑的产物——心理现象，具有内隐性，我们还无法直接测量人的心理活动。但是人的心理可以在人的具体活动和外显行为中有所表现，例如，我们对智力或人格特征这些测量对象有着明确的操作定义，便可根据它寻找一组作业或刺激（测题或问卷）用以引起被试的行为，而从中推论出其智慧能力或个性特征。心理测验是通过行为表现进行的间接测量，即通过测量人们对测验题目的反应来推论出他内在的心理特征。受多方面因素的影响，误差不可避免，并且受测者知道自己是处于被观察的状态中，因而会产生一些不自然的反应，这势必影响测量结果的真实性。

2. 客观性

客观性可以说是一切测验的基本要求，心理测验的客观性要求通常是指在测验的编制、实施、评分、解释过程中减少主试和被试的随意程度。为了使测验的结果更加准确、可靠，减少误差，我们就要在测验实施的过程中尽量控制无关因素对测验的影响，使测验分数能够真正反映一个人真实的能力水平。心理测验的标准化包括以下几个方面：

（1）内容标准化。对所有被试施测相同的题目。测验的内容不同，所得的测验分数是无法相互比较的。而且要选定科学有效、有针对性的测量工具。

（2）施测过程标准化。首先，无论在何时何地给何人施测，主考官宣读的测验指导语必须完全一致。其次，测验的时间要统一、严格控制，这一点对能力测验尤为重要。

（3）评分标准化。有关原始分数的计算，原始分数的换算，如何使用常模来解释分数等都应客观、明确。对于那些需要主观评分的测验，要求至少有两个以上受过专业训练的评分者同时评分，而且他们的分数必须具有一致性。

（4）常模。在心理测验中，把个人所得的分数与代表一般人同类行为水平的分数即常模分布情况相比较，以判别其所得分数的高低。它常常是以所测团体的标准化样本的平均值出现，可以作为评判个别差异的依据和比较的标准。一个标准化的测验，不但内容、施测和评分要标准化，对分数的解释也必须标准化。一个测验的原始分数本身并不具有任何可比性。

因此，为了保证量表测量的客观性要求，心理咨询师必须严格遵守心理测验的标准化程序编制和使用测验。

3. 相对性

心理测验具备两个要素，即参照点和单位。参照点系计算的起点，参照点不统一，所代表的意义就不同，测验的结果就无法比较。理想的参照点是绝对零点。单位是测量的基本要求，理想的单位应有确定的意义和相等的价值。但测量人的行为时并不具备这样理想的两个条件，我们所观察到的只是行为反应的一个连续序列。心理测验就是要看每个人处在这个连续序列的哪一个位置上，然后把它与所在群体大多数的行为的平均水平作比较，这种比较一般是以分数或等级来表示的。心理测验没有绝对零点，对人们的行为作比较时，也没有绝对标准，测量结果只是确定一个人在量表上的相对位置，需要参照一定的标准对测验分数作出解释，因此具有相对性。

（三）心理测验的种类

心理测验的种类较多，根据分类的标准不同而有所不同。常见的类型有以下几类：

1. 按测验的功能分类

（1）智力测验。这类测验的功能是测量人的一般智力水平。目的在于测量智力的高低，一个人的智力水平用智商（IQ）表示。如比内-西蒙智力量表、斯坦福-比内（Stanford-Binet）智力量表、韦克斯勒（Wechsler）儿童和成人智力量表等都是现代常用的著名智力测量工具，用于测量人的智力，评估人的智力水平。

（2）特殊能力测验。这类测验偏重测量个人的特殊潜在能力，常用的如音乐、绘画、机械技巧以及其它才能测验。这类测验在临床上应用得较少。

以上两类均为能力倾向测验，是为了判定一个人一般能力和特殊能力倾向的程度。因此，标准化的能力倾向测验具有两种功能：一是判断一个人具有什么样的能力优势，即所谓的诊断功能；二是测定在所从事的工作中成功和适应的可能性，包括发展的潜能，即所谓的预测功能。

（3）人格测验。根据心理学对人格的理解和看法，对一个人的人格可以进行测量和评估，这类测验的功能就是按这种要求对个体的人格特征进行测验。由于心理学界对人格的看法不尽一致，有关人格的测验方法也就不能统一。目前采用的人格测验方法有多种，如投射测验（有罗夏墨迹测验、TAT主题统觉测验等），主题测验（有会谈法、自我概念测量），自陈量表（明尼苏达多项人格调查、艾森克个性问卷等）及行为观察。这类测验主要用于测量性格、气质、兴趣、态度、品德、情绪、动机、信念等方面的个性心理特征。

2. 按测验的方式分类

（1）个别测验。测验实测过程中是以一对一形式来进行的，即一次一个被试。这是临床上最常用的心理测验形式，如比内-西蒙智力量表、韦克斯勒智力量表等。其优点在于主试对被试的言语、情绪状态进行仔细的观察，并且有充分的机会与被试合作，为唤起被试付出最大努力，所以其结果正确可靠。缺点是时间不经济，不能在短时间内收集到大量的资料，而且测验手续复杂，主试者需要较高的训练与素养，一般人不易掌握。

（2）团体测验。测验过程中由一个或几个主试者对较多的被试者同时向若干人实施测验。心理测验史上有名的陆军甲种和乙种测验、教育上的成就测验都是团体测验。这类测验的优点在于时间经济，主试者不必接受严格的专业训练即可担任。其缺点为主试者对被试者的行为不能作切实的控制，容易产生测量误差。

3. 按测验材料的性质分类

（1）文字测验。文字测验所用的是文字材料，它以言语来提出刺激，被试者用言语作出反应。人类的心智能力以语言或文字测验应用范围较广，它可以测量人类高层次的心理功能，测验实施方便，团体测验多采用此种方式编制。然而它容易受被试者文化程度的影响，因而对不同教育背景下的人使用时，其有效性将降低，甚至无法使用。它不能应用于语言有困难的人，而且难于比较语言文化背景不同的被试。

（2）操作测验。操作测验也称非文字测验。以图画、仪器、模型、工具、实物为测验材料，被试以操作表达。该测验无需使用言语作答，所以不受文化因素的限制，可用于学前儿童和不识字的成人。如罗夏测验、TAT主题统觉测验、瑞文测验及韦氏儿童和成人智力量表中的操作量表部分均属于非文字测验。此种测验的缺点是大多不宜团体实施，在时间上不经济。

两类测验常常结合使用。例如比内-西蒙智力量表开始主要是文字测验，但以后修订的比内-西蒙智力量表，特别是最近的修订本则增加了操作测验成分。韦克斯勒的三套智力量表（即幼儿、儿童和成人）每套均分成文字的和操作的两类测验。

4. 按测验目的归类分类

（1）描述性测验。这类测验的目的在于对人的能力、性格、兴趣、知识水平等进行描述、分析，进行某种评价。

（2）诊断性测验。这类测验的目的在于对人的某种心理功能或行为特征及障碍进行评估和判断，以确定其性质或程度。

（3）提示性测验。这类测验的目的在于从测验的结果预示被测验者未来可能出现的心理倾向或能力水平。

第二节　罪犯心理测验的实施

罪犯心理测验是心理测验在监狱工作中的应用，是对罪犯进行心理评估的重要方法之一。我国近年来的监狱实践表明，对罪犯进行心理测验，是检测罪犯心理状况，发现心理问题，进行心理诊断和心理咨询的前提和有效方式，能够为实施罪犯心理矫正提供依据。

一、罪犯心理测验的程序

对罪犯进行心理测验可以说是心理测验在监狱工作中的运用，是罪犯进行心理评估的重要方法之一，也是检测罪犯心理状况，发现心理问题，进行心理诊断的有效方式，并为罪犯心理矫正提供了一定的依据。按照标准化的程序实施是心理测验的基本要求。对于在监狱服刑的罪犯进行心理测验更是如此。实测的程序一般经历以下三个阶段：

（一）准备阶段

测验前的准备工作是保证测试进顺利进行和测验实施标准化的必要环节。准备工作主要包括以下几方面：

1. 预告测验

提前通知被试（受试罪犯）所在监区，保证被试确切知道测验的目的、时间、地点及测试内容的范围、测题的类型等，使被试有充分的心理准备，调整自己的情绪和生理状态。

2. 准备测验材料

任何一种心理测验准备测验的材料都是非常必要的。如测验题目、答题纸、笔等相关的测验材料必须在测验前清点、检查、整理并安排妥当。

3. 准备测验环境

测验的标准化不仅指指示语、测验材料和其它测验本身的因素，也指施测的周围环境。实测前必须对测验时的场所光线、噪音、通风等物理条件作好安排，尤其要注意排除外界的干扰因素。测验环境也会影响测验结果，即使是很不引人注目的细节也应予以注意。

4. 熟悉测验的指导语

心理测试时，主试要熟悉测验的指导语是执业的最基本的要求。确保主试在朗读指导语时自然轻松、流畅自如，而不致影响测验的效果。

5. 熟悉测验的具体步骤

为了确保测验的顺利进行，主试在心理测验前还要熟悉测验的具体程序。如团体测验时需要助手参与，要明确其工作任务和要求。一般说来，主试宣读指示语，掌握时间和负责每个测试点的全面工作。

（二）具体施测阶段

此阶段是测验的关键环节。标准化的实测程序应做好以下工作：

（1）由于监狱中服刑的罪犯有一定的特殊性，在实测初要安排罪犯进入实测场地，由主试说明测试的目的、意图，并告知测验的结果与其改造表现无关。

（2）按照指导语的要求实施测验。测验标准化的第一步是指示语标准化，即在测验实施过程中应该使用统一的指示语。指导语是测验的情境之一，主试的一言一行甚至是表情都对被试有着一定的影响，所以要求主试不带任何暗示的、按照一定的语速、音量朗读指导语，不作任意的发挥严格遵守实测指导。读后询问被试有无问题，如被试询问指示语意义时，可以作进一步的澄清，但不作过多解释。

（3）被试在测验时对于其的一些反应，主试应保持微笑、和蔼的态度，不应作出任何带有暗示性（如点头、摇头、皱眉、惊讶、摆手等）的反应。避免分散被试的注意力或影响被试测验的真实有效性。

（4）控制实测过程中的环境。测验的场地应尽量避免外界环境的干扰，谢绝无关人员在实测期间入内，主试和助理不可随意走动、说话，也不可观看被试答题。在测验过程中如果出现突发事件，应及时与干警联系，并机智冷静地应对。

（三）结束阶段

心理测验结束时，回收、整理测验资料（包括试题和答题纸），作出测验分数的分析与解释。另外，主试应在心理测试结束后，及时对被试者进行正面引导，以免被试对测试的实施和结果妄加猜测，引起思想顾虑，影响改造。可重申保密原则。

随着罪犯心理矫正工作的开展，罪犯心理测量是开展这项工作的前提和基础，也是了解罪犯的有效工具。它不仅可以使罪犯加深对自己的了解和认识，发现自己的心理异常、人格障碍、精神疾患，消除障碍，康复健康，为自我调适或接受治疗服务；而且可以发现危险因素，寻找罪犯自杀、脱逃、行凶、发生重大案件和事故的蛛丝马迹，为监管安全服务，在分押分管、心理改造等方面发挥作用。

二、测验实例

罪犯情况： 于某，男，盗窃罪，43 岁。

观察发现： 近半年来的表现与以往有很大不同，孤僻好静，报复欲强，情绪易变，冲动鲁莽，非常烦躁、焦虑，有强烈的自卑感，在监舍中连续多次发生了因琐事与其他罪犯争执、打架的现象，之后就头痛、发抖、大声喊叫，影响较坏。衣冠不整，不修边幅，思维逻辑混乱，见人就说自己没罪，一定会有人来解救他的。改造效果不良。

分析诊断： 心理咨询师在摄入性谈话中发现于某思维混乱，语无伦次，易激惹，有时出现幻觉等症状，针对这些症状，选用 MMPI 多项个性量表对其实测，目的是鉴别于某的病理人格特征以及是否有精神病性。心理咨询师按照咨询的一般程序，首先告知于某所在监区咨询的地点和时间，并准备正规有效的 MMPI 量表及答题工具。实测过程中主要采用一对一的个别测验的方式进行，主试表明此次测验的目的，宣读指导语，确定其明白后，由于某作答。答题过程中，该犯左顾右盼，口中还念念有词"我没病""我是世界上最聪明的人"……65 分钟后，于某答题完毕。根据于某的症状表现和心理测验的结果，心理咨询师认为该犯心理异常，具有典型的精神病性症状，属精神病性障碍，不属于心理咨询的范畴。故建议及早转诊精神科进一步诊断治疗。

第三节 常用心理测验量表使用方法

心理测验在对心理特质进行测量时所使用的工具，也称心理量表。通常它是由一组精心设计的测试题目或项目组成，其作用在于抽取一组标准化的行为样本，通过对这组行为反应进行观察分析，测验者就可以对引起行为的心理活动作出推论和解释。目前流行的各种心理测验量表很多，在1989年出版的《心理测验年鉴》（第10版）（MMY-10）中，收集了常用的各种心理测验量表有近1800种。在我国，监狱对服人员进行心理测验常用的量表通常包括通用量表和专用量表两种。

一、通用量表介绍

1. 艾森克人格问卷（EPQ）

艾森克个性问卷（Eysenck Personality Questionaire，简称EPQ）由英国伦敦大学著名的心理系和精神病研究所艾森克夫妇编制，是国际上广泛采用的人格量表之一。他搜集了大量有关的非认知方面的特征，通过因素分析归纳出三个互相成正交的维度，从而提出决定人格的四个基本因素：内外向性（E）、神经质（又称情绪性）（N）、精神质（又称倔强、讲求实际）（P）和说谎（L），人们在这四方面的不同倾向和不同表现程度，便构成了不同的人格特征。其中E分量表测量内外向维度，分数高代表外向，可能是好交际，喜聚会，随和乐观，喜欢变化，易冲动；分数低代表内向。N分量表测量情绪稳定性，又称神经质维度。它反映的是正常行为，并非病态。高分表示可能是焦虑的、担忧的、对刺激反应过于强烈。P分量表测量精神质维度，精神质又称作倔强、讲求实际，并非暗指精神病。P分数高表示可能是孤独的，缺乏情感投入，好挑衅，喜欢干奇特的事且不顾危险，难以适应外部的环境。L分量表主要测定被试答作答的掩饰性，也能反映社会性幼稚的水平。若被试掩饰性高，则整个量表得分可信度不高。

该量表分儿童（7~15岁）及成人（16岁以上）两式，有男女的年龄常模。各式的项目均为88项。结果分析方法上发展了T分表和各维度的分级方法。测量人格维度相对于以因素分析法编制的人格问卷，它所涉及的概念较少，容易掌握，施测方便，被认为是较好的人格测定方法之一。因此在我国监狱心理咨询与心理矫正中得到广泛的应用，用来了解服刑人员的人格特征，可用于罪犯心理档案的建立。

2. 卡特尔 16 种人格因素测验（16PF）

16 种人格（个性）因素问卷（简称 16PF）是美国伊利诺伊州立大学人格及能力测验研究所卡特尔教授（Raymond B Cattell）经过几十年的系统观察、科学实验，以及用因素分析统计法慎重确定和编制而成的一种精确可靠的测验。这一测验能以约 45 分钟的时间测量出 16 种主要的人格特征。凡具有相当于初三以上文化程度的青、壮年和老年人都可以适用。它具有良好的信度和效度，是国际上最具影响力的心理量表之一。

卡氏从许多人行为的"表面特性"中，抽取出乐群性、稳定性、持强性、敏感性、幻想性、独立性等 16 项"根源特性"，称为个性因素。16 种人格因素测验，不仅能明确描绘 16 种基本的人格特性，还可以根据实验统计的结果所得的公式，推算出许多可以描绘人格类型的双重因素，如适应与焦虑性、内向与外向型、怯懦与果断性等。

16 种人格因素以及八种次级因素的含义如下：

A——乐群性。低分特征：缄默，孤独，冷漠；高分特征：外向，热情，乐群。

B——聪慧性。低分特征：思想迟钝，学识浅薄，抽象思考能力弱；高分特征：聪明，富有才识，善于抽象思考，学习能力强，思考敏捷正确。

C——稳定性。低分特征：情绪激动，易生烦恼，心神动摇不定，易受环境支配；高分特征：情绪稳定而成熟，能面对现实。

E——恃强性。低分特征：谦逊，顺从，通融，恭顺；高分特征：好强固执，独立积极。

F——兴奋性。低分特征：严肃，审慎，冷静，寡言；高分特征：轻松兴奋，随遇而安。

G——有恒性。低分特征：苟且敷衍，缺乏奉公守法的精神；高分特征：有恒负责，做事尽职。

H——敢为性。低分特征：畏怯退缩，缺乏自信心；高分特征：冒险敢为，少有顾忌。

I——敏感性。低分特征：理智，着重现实，自恃其力；高分特征：敏感，感情用事。

L——怀疑性。低分特征：依赖随和，易与人相处；高分特征：怀疑，刚愎，固执己见。

M——幻想性。低分特征：现实，合乎成规，力求妥善合理；高分特征：幻想的，狂放不羁。

N——世故性。低分特征：坦白，直率，天真；高分特征：精明能干，世故。

O——忧虑性。低分特征：安详，沉着，有自信心；高分特征：忧虑抑郁，烦恼自扰。

Q1——实验性。低分特征：保守的，尊重传统观念与行为标准；高分特征：自由的，批评激进，不拘泥于现实。

Q2——独立性。低分特征：依赖，随群附众；高分特征：自立自强，当机立断。

Q3——自律性。低分特征：矛盾冲突，不顾大体；高分特征：知己知彼，自律严谨。

Q4——紧张性。低分特征：心平气和，闲散宁静；高分特征：紧张困扰，激动挣扎。

由于卡特尔个性测验量表有信度、效度较高、编制科学、测验简便的特点，既可以进行个别施测，也可以进行团体测验。在监狱中使用，有利于了解服刑人员心理健康方面问题，发现其心理缺陷；可用来了解服刑人员的人格特征，辅助心理咨询师对其作出全面有效的心理诊断。

3. 症状自评量表（SCL-90）

90 项症状清单（Symptom Checklist 90，SCL-90），又名症状自评量表。SCL-90 在国外应用甚广，在各种自评量表中是较受欢迎的一种。本量表共 90 个项目，包含有较广泛的精神症状学内容，从感觉、情感、思维、意识、行为直至生活习惯、人际关系及饮食睡眠等，均有涉及。结果评定包括：

躯体化：该因子主要反映被试者的身体不适感，包括心血管、胃肠道、呼吸等系统的不适，及头痛、背痛、肌肉酸痛及焦虑等其他躯体表现。

强迫症状：主要指那种明知没有必要，但又无法摆脱的无意义的思想、冲动、行为等表现，反映临床上的强迫症状群。

人际关系敏感：主要指个人不自在感，自卑感，尤其是在与他人相比较时更突出。

忧郁：主要指忧郁苦闷的感情和心境，反映与临床上抑郁症状群相联系的广泛的概念。

焦虑：主要指游离不定的焦虑及惊恐发作，反映临床上明显与焦虑症状相联系的精神症状及体验。

敌对：主要指恼怒，发脾气和冲动的特征，从思维、情感及行为三个方面来反映病人的敌对表现。

恐怖：主要反映对孤独和公共场合的惧怕。

偏执：主要指对他人不满和无中生有的程度，反映猜疑和关系妄想。

精神病性：主要反映神经质的强烈程度，其有中幻听、思维播散、被洞悉感等精神分裂症状。

其它项目：主要反映睡眠及饮食等情况。

本量表与其他自评量表相比，具有使用简便，容量大、反映症状丰富、能更准确刻画病人症状特性等优点。该量表效度好，在临床上常常作为诊断参考，也可以用作初级的筛查工具。它对有可能处于心理障碍边缘的人有良好的区分能力，适用于测查人群中哪些人可能有心理障碍、有何种心理障碍及其严重程度，现已较广泛应用在监狱的心理咨询与心理治疗中。

4. 明尼苏达多项人格测验（MMPI）

该测验用美国明尼苏达大学的心理学家哈撒伟和精神科医生，于1940年根据临床需要编制而成。目的是为神经症，精神病，病态人格提供早期诊断，病情随访，疗效评估。主要用途为判别正常人和精神疾病患者。MMPI 于 80年代引进中国，中国科学院心理研究所组织了标准化修订工作，经过几十年的发展和修正完善，MMPI 在中国得到了广泛运用。MMPI 属人格调查表，但它偏重病理人格方面。MMPI 量表有 566 个自我报告形式的题目，其中 16 个为重复题目（主要用于检验被试反映的一致性，看作答是否认真），实际上只550题。题目的内容范围很广，包括身体各方面的情况，精神状态以及家庭、婚姻、宗教、政治、法律、社会等问题的态度。该测验适用于 16 岁以上人群。

十个与临床有关的指标：①Hs（Hypochondriasis）疑病量表；②D（Depression）抑郁量表；③hy（Hysteria）癔症量表；④Pd（Psychopathic Deviate）精神病态量表；⑤Mf（Masculinity-Femininity）男性化-女性化量表；⑥Pa（Paranoia）偏执量表；⑦Pt（Psychasthenia）精神衰弱量表；⑧Sc（Schizophrenia）

精神分裂量表；⑨Ma（Hypomania）轻躁症量表；⑩Si（Socialintroversion）社会内向量表。

其中 Mf 与 Si 量表只能说明人格的趋向，与疾病无关，从上述 10 个量表中可得到 10 个分数，代表 10 种个性物质。该量表用途广泛，对个人心理素质、心理健康水平、心理障碍程度都能有较高的使用价值。MMPI 为监狱心理咨询工作者和精神医学工作者必用的心理测验之一。有学者表示其主要功能为：一是对非犯罪者的测量结果进行了对比，表明"罪犯是心理危机高发人群之一"。二是对个别教育实效性的辅助。三是对管理控制罪犯的辅助。

5. 抑郁自评量表（SDS）

抑郁自评量表（Self-Rating Depression Scale，SDS）由郑氏于 1965 年编制，由量表协作研究组张明园、王春芳等于 1986 年对我国正常人 1340 例进行分析、评定、修订中国常模。该量表因使用简便，应用颇广。为自评量表，用于衡量抑郁状态的轻重程度及其在治疗中的变化。评定时间跨度是最近一周。SDS 共有 20 个陈述句和相应问题条目组成，每一个条目相当于一个有关症状，均按四级评分。20 个条目反映抑郁状态四组特异性症状：

（1）精神性-情感症状，包含抑郁心境和哭泣两个条目。

（2）躯体性障碍，包含情绪的日间差异、睡眠障碍、食欲减退、性欲减退、体重减轻、便秘、心动过速、易疲劳共八个条目。

（3）精神运动性障碍，包含精神运动性迟滞和激越两个条目。

（4）抑郁的心理障碍，包含思维混乱、无望感、易激惹、犹豫不决、自我贬值、空虚感、反复思考自杀和不满足，共八个条目。

本测验为短程自评量表，操作方便，容易掌握，不受年龄、性别、经济状况等因素影响，应用范围颇广，适用于各种职业、文化阶层及年龄段的正常人或各类精神病人。适用于在监狱中了解罪犯的抑郁症状和及早发现抑郁症病人。

6. 韦克斯勒智力测验量表

韦克斯勒智力测验量表（Wechsler scale，WS）由美国心理学家韦克斯勒编制，是目前国际上通用、信度最高的智力测验方法。主要指韦克斯勒-贝勒维（W-BI）、成人（WAIS）、儿童（WISC）和幼儿（WPPSI）几个智力量表。韦克斯勒量表的主要特点是在一个量表中分若干分测验。每一分测验集中测量一种智力功能。这些分测验又各分为两大类：一类是言语测验，组成言语量表（VS），根据这量表结果计算出来的智商称为言语智商（VIQ）；另一类是操作测验，组成操作量表（PS），根据它结果计算出操作智商（PIQ）。两个量表合称全量表（FS），其智商称全智商（FSIQ 或 FIQ）。以 FIQ 代表受试者的总智力水平。由于年龄的特点，不同年龄阶段应有适合分测验。在监狱中常用于测量罪犯的智力倾向性，在劳动改造中以更好的做到分工合理。

二、中国罪犯个性分测验量表（COPA-PI）

中国罪犯心理评估个性分测验（COPA-PI）（以下简称罪犯个性分测验）是我国第一份针对罪犯群体研制的量表。它为我国心理矫正工作掀开了新的一页。张厚粲教授强调指出："该测验在全国范围内采用较严格的随机抽样的方法获取了有代表性的样本，建立了全国性的常模。这为该测验的质量保证和较大范围的应用奠定了坚实的基础。""罪犯个性分测验还具有以下重要特点：第一，切合罪犯实际，易于罪犯接受；第二，题量适宜，施测简便，操作性好；第三，设有效度指标，结果可信性高；第四，测验结果信息量大，实用性高；第五，提供反馈报告（供反馈罪犯使用）和评估报告（供工作人员使用），有较高的应用价值；第六，经大范围和长时间试用实践，效果较好。"

1. COPA-PI 的维度结构

该量表包括 144 个项目（其中含 6 个重复项目），分为 13 个维度：①内外倾，共 10 项；②情绪稳定性，共 10 项；③同众性，共 8 项；④冲动性，共 10 项；⑤攻击性，共 8 项；⑥报复性，共 10 项；⑦信任形，共 10 项；⑧同情心，共 10 项；⑨自信心，共 10 项；⑩焦虑感，共 10 项；⑪聪慧性，共 10 项；⑫心理变态倾向，共 14 项；⑬犯罪思维模式，共 10 项。

2. COPA-PI 测验分数的解释

（1）效度指标的解释。在对分数作解释时，必须要考虑到效度指标是否达到规定的要求，如果测验结果未达到规定的要求，那么表明测验结果可能存在说谎或者胡乱作答的嫌疑，须停止进一步解释或作废重测。

L：说谎指标。0~3 分，回答基本诚实可信。分数越低，说明越诚实、可信，富于自我批评精神。4~8 分，回答不真实，分数越高越不诚实、不可信，建议作废。

S：同一性指标。0~2 分，回答基本认真。分数越低越认真。3~6 分，回答不认真，非分数越高越不认真，建议重测。

（2）各维度分数的解释。在对罪犯个性分测验各维度进行解释时，首先要根据各维度的标准分 T，判定其属于以下哪一等级：T≤40 分，属于分数低；40 分<T<60 分，属于分属中等；T≥60 分，属于分数高。

PD1：内外倾。分数低表示人格趋于内向，好静，孤僻，通常除了亲密的朋友之外，对一般人缄默冷淡，落落寡欢，严肃，不合群，喜欢独处，不爱社交活动，交际能力差，交际面窄，朋友少，宁愿独自工作，不愿意与别人打交道，富于内省，行事严谨，分数高表示人格趋于外向，好交际，合群，通常爱与人说话聊天，对人热情、随和、和蔼可亲，开朗，热心肠，与人相处、合作与适应的能力强，萍水相逢也可以一见如故，朋友多，喜欢和别人共同工作，积极参加或组织各种社团活动。

PD2：情绪稳定性。分数低表示情绪稳定而成熟，通常性情温和、稳重、善于自我控制，面对生活的各种困难和挫折，比较沉着、冷静，逆来顺受，较少受外界环境的影响，情绪反应平稳、轻微，且容易恢复平静。分数高表示情绪易变，起伏不定，通常性情暴躁，易生烦恼，面对现实中的困难和挫折时沉着、冷静，容易受环境支配，心神摇摆不定，情绪起伏波动大，不容易恢复平静，喜悲情绪骤变明显。

PD3：同众性。分数低表示独立而自由主见，通常有自己的主意，独自完成自己的工作计划，常把自己看成与众不同，凡事比较不依赖人，也不太受社会舆论的约束，顾忌少，从不轻易放弃自己的主见，为人做事的标准高，刻板、认真、执着，缺乏变通性。分数高表示随群附和、依赖性强。通常缺乏自己的主见，独立性差，过分依从权威、习俗和传统，即使有了自己的主意，也易受外界的影响而放弃或改变，附和众议，喜欢与人共事，而不愿独立孤行，温顺，好通融，随遇而安。

PD4：冲动性。分数低表示客观现实，冷静理智，为人处事小心翼翼，深思熟虑，容易思前顾后，犹豫不决，遇事很难激动起来，感情淡漠，行事喜欢安排周详，条理性强，细心周致，不鲁莽从事，迟缓，有耐心。分数高表示冲动，鲁莽，情绪易激动，精力旺盛、充沛，富有激情。行事不多加思考，自我中心，以感情和意气用事，不现实，随心所欲，当愤怒或烦恼时，缺乏抑制，过分追求个人快乐。大方爽快，不拘小节，容易粗心大意，忽视细节。

D5：攻击性。分数低表示安守本分，谦逊，不喜欢刺激，喜欢有秩序地生活方式，乐于安于现状，为人谦逊，不霸道，胆小怕事，不会主动挑起事端。解决分歧不倾向于使用暴力，生活态度依赖，保守，缺乏野心或抱负。分数高表示不安于本分，恃强霸道，渴望刺激和冒险，不甘于现状。为人武断、霸道、有魄力，充满力量，胆大敢为，喜欢寻食挑衅，惹是生非，崇尚和迷信暴力，解决分歧容易使用暴力，生活态度独立，求变，野心和抱负感强。

D6：分数低表示有较弱的报复欲，不喜欢争强好胜，发号施令，羞涩退缩，与世无争，与人冲突时能退让求全，留有余地，为人慈悲为怀，宽宏大量，听天由命，缺乏反抗精神。分数高的表示有较强的报复欲。喜欢争强好胜，发号施令，自视极高，与人冲突时决不退让，不择手段，易走极端，不留余地，为人斤斤计较，气量狭小，睚眦必报，富有反抗精神，不易屈服。

PD7：信任感。分数低表示有较弱的戒备心理。通常对人较少猜忌和怀疑，不喜欢角逐竞争，尔虞我诈，与人容易真诚相处，谦逊礼让，对周围世界持有明显的积极和合作态度。分数高的表示有较强的戒备心理，通常对人多家猜忌和怀疑，疑神疑鬼，对周围世界持有明显的敌视和排斥态度，为人刚愎自用，固执己见，戒心重重。

PD8：同情心。分数低表示富有同情心，心肠软，敏感，能理解别人的感情，感情细腻、丰富、脆弱。善良友好，有正义感和责任心，同情弱者，关心他人，乐于助人。分数高表示缺乏同情心，冷酷无情，刚毅，心肠硬，不易被感动，不能体察别人感情，有"冷血动物"之称，正义感和责任心不足，自私，不同情弱者，不关心他人，不近人情。可能孤独，感觉迟钝。

PD9：自信心。分数低表示有较强的自信心，不自卑，对自己的能力和表现充满信心，不轻易动摇和放弃，相信自己能够获得最后的成功，自我感觉良好，有优越感。于是安详、沉着，有信心，在众人面前表现大方，坦然自若。分数高表示有较强的自卑感，缺乏自信心，对自己的能力和表现没有必要的信心，做事容易动摇和半途而废，与人相比自愧不如，在众人面前不自然，关键时容易紧张退缩，发挥失常。

PD10：焦虑感。分数低表示焦虑水平低，富有安全感，很少患得患失，忧虑抑郁，对前途满怀信心。分数高表示焦虑不安，通常忧虑抑郁，忧心忡忡，对前途缺乏信心，沮丧悲观，明显缺乏安全感，思想包袱大，时时有患得患失之感，不能正常面对现实，时时会急躁不安，心身疲乏，伴有失眠、噩梦、恐怖等现象，容易出现不够理智的行为，是自残、自杀的高危人群。

PD11：聪慧性。分数低表示聪明，有智慧，受过一定的教育，学识较渊博，有相当感的学习能力和理解能力，好奇心重，爱动脑子，好钻研，有点子，思维灵活、正确、敏捷、机警，抽象思维能力强，办事有效率。分数高表示思维迟钝，愚笨，学识比较浅薄，学历能力和理解能力很差，思维混乱，缺乏逻辑性，好奇心轻，不太爱动脑子，思维不够灵活、反应不够敏捷，抽象思维能力差，办事效率低。

PD12：心理变态倾向。分数低表示无明显心理变态倾向，分数高表示具有较为明显的心理变态倾向，其心理变态可能表现为偷窃癖、虐待狂、性变态、纵火狂、妄想症和心理过敏等一个或多个方面。

PD13：犯罪思维模式。分数低和分数中等表示无明显的犯罪思维模式，分数高表示具有较为明显的犯罪思维模式，唯利是图，贪图享受，不择手段，不计后果，放纵自己，自律不严，侥幸心理等。

COPA-PI罪犯个性分测验将为监狱干警科学认识服刑人员的个性心理特征提供一个比较有效的测量工具，其测验结果可直接供罪犯的科学分类、危险性评估、改造质量评估、个别化矫正方案的制定、心理咨询与辅导等工作参考使用，在促进监狱工作的科学化建设和提高罪犯改造质量方面具有重大意义。

■ 案例剖析

罪犯情况：丁某，女，36岁，已婚，现在某女子监狱服刑2个月。

罪犯主述：近2个月来一直处于情绪低落状态，经常感到委屈，有时独自落泪，认为现实是冷酷无情的，觉得对许多事情都提不起精神来，对未来的生活悲观失望，终日生活在悔恨和痛苦之中。一周前开始出现烦躁不安的症状，总感觉焦虑、紧张，晚上翻来覆去总是不能入眠，即使睡着了，梦也很多，容易醒，但尚能入睡，早晨醒后感觉头痛，疲劳，全身酸痛。吃不下饭，睡眠也很差，白天注意力不集中，记忆力下降，容易急躁，遇到一点小事就爱发脾气，总是感觉心慌意乱，注意力不能集中，虽然能够控制自己的情绪，但总觉得心里不踏实。狱内的生活勉强应付，而且效率较低。内心感到焦虑、烦恼、痛苦不堪，曾到狱内医院看过，被给予口服安定类药物，情况未见明显改善。

依据以上案例，回答以下问题：

1. 该求助者在心理方面的主要症状是什么？
2. 对该案例的初步印象（即初步诊断）是什么？
3. 对该求助者可选用什么心理测验并说明理由。

第十二章

罪犯心理评估

重点问题 ◀

1. 罪犯心理评估的内涵。
2. 不同矫正阶段罪犯心理评估的重点。
3. 罪犯心理评估的主要方法。
4. 罪犯心理评估的操作程序。

■ 导入案例

罪犯伊某，男，以中国平安保险公司职员的身份，诈骗投保户 27 人，共计 389 000 元，返还利润 88 500 元。被判处有期徒刑 12 年，入监后感觉心理压力很大，焦虑不安，主动申请心理咨询。对罪犯伊某进行症状自评量表（SCL-90）心理测试结果：总分为 244 分，比常模 160 分高出 84 分；阳性项目 67 项，比常模 43 项高 24 项；躯体症状 2.32 分；强迫症状 2.30 分；人际关系敏感 3.30 分；忧郁 2.38 分；焦虑 3.80 分；敌对 2.42 分；恐怖 2.09 分；偏执 2.14 分；精神病和性 2.70 分；其它 2.1 分。因子分的范围是 1~5 分，一般认为，大于 3 分就有肯定症状，大于 3.5 分就有明显症状。从以上数据分析，伊某各因子分都超过了 2 分，其中以焦虑症状最明显，高达 3.80 分，比 2 分的常模高出了 90%。

第一节 罪犯心理评估概述

一、心理评估

(一) 心理评估的概念

心理评估是通过观察、晤谈及心理测验等手段对个体的心理现象作全面、系统、深入的客观描述的过程和方法。也就是对被评估者的过去和现在的智能状况、个性特征、心理健康状况等进行评价和鉴定。

在心理治疗领域，不同疗法对于治疗中评估的作用有不同的看法：

表 12-1　不同疗法对于治疗评估作用的看法一览表

疗法名称	主要目标	常用评估技术	观　点
精神分析疗法	强调综合评估技术是了解个性动力及情感障碍来源的基础	投射个性测验和主题统觉测验，用来探索来访者的无意识过程	强调综合评估技术是了解个性动力及情感障碍来源的基础的重要性
阿德勒疗法	建立信任和合作关系，了解家庭结构如何影响来访者的发展，了解来访者的基本性格	评估是该疗法的基本部分	这种全面收集信息的评估为治疗过程提供方向
存在主义疗法	了解来访者用来构建他们存在的假设	掌握个体主观世界的基本内容	着眼点不在于从外部了解个体，而是要掌握来访者内心世界的根本
来访者中心疗法	了解来访者的内心世界，通过个体经历感知变化来改变自己行为的动力	倾听，尽量身临其境，允许来访者找出他们所要探索的主题	认为评估和诊断都是有害的，因为他们是了解来访者的外部方式
格式塔疗法	通过直接经验获得认识	通过促进谈论来访者的生活获得对该个体生活的认识	不使用诊断标签，认为他们是对来访者/咨询师关系充分投入的逃避

续表

疗法名称	主要目标	常用评估技术	观　点
现实疗法	帮助来访者对目前的行为进行评估，使来访者对他们的渴望、需要、感知、成功和个人优势的规律予以注意，以对他们目前的生活是否朝着他们希望的方向前进进行评价	有技巧地询问	不强调心理测量和诊断，首先让来访者对目前正在进行的事情予以注意，然后确定在什么程度上目前的行为是有效的
行为疗法	对来访者的思维模式有所了解，将注意置于来访者对某些事件建立起的各种想法让，帮助来访者发展有建设性的思想	行为观察、系统脱敏、T小组训练、松弛训练、角色扮演	认为一开始就应对来访者的行为、感觉、情感、想象、认知、人际关系、药物及生物因素进行全面评估，对具体行为及维持这些行为的刺激进行客观评价
认知-行为疗法	对来访者的思维模式有所了解，将注意置于来访者对某些事件建立起的各种想法让，帮助来访者发展有建设性的思想	REBT的认知技术，REBT的情绪技术，REBT的行为技术，（REBT即理性情绪行为疗法）	认为评估中不能仅仅关心收集关于过去事件的数据，还要特别注意与其相关的错误思维和认知扭曲
家庭系统疗法	帮助来访者寻找家庭历史，重点是来自家庭的问题	与REBT的有关技术相似	对家庭进行了解和评估的重要性，在于在家庭中学习的人际行为方式将会表现在家庭之外的其他交往关系中

（二）评估与诊断的区分

在罪犯心理矫正文献中，在论述对罪犯的评估或者"心理评估"时，经常交替或者一起使用"诊断"这样的术语。这是两个含义十分接近的术语，但是有一定的细微差别：

1. 评估（Assessment）

评估是对来访者整体全面的了解，是诊断工作的基础。评估是一个过程，多次交流沟通后才能全面评估。

评估是一种最具综合性的收集信息和作出评定与估计的活动，可以在任何时候、对任何人和为了任何目的而进行这样的活动。

2. 诊断（Diagnosis）

诊断是根据精神医学的分类标准对于病人的心理障碍进行归类和判断。

诊断主要是针对治疗而言的，指主要为进行恰当的治疗活动而进行的信息收集和评价活动。其目的十分清楚，即为恰当的治疗做准备。

心理评估与心理诊断有相似之处，有时诊断是评估的一部分，它基于症状的规律，找出具体的心理问题所属类型。心理诊断是找出情绪或行为中的问题，并对来访罪犯目前的状况给出一个结论。它包括对个体情绪、心理和行为困难的原因进行判断，对已确定的问题提出适合的技术治疗建议，并对成功治疗的概率给予估计。

二、罪犯心理评估

罪犯心理评估是指在罪犯心理矫正工作中，评估者根据心理测验的结果，加上调查、观察所得到的多方面的资料，对被评估的罪犯个体或群体的心理特性做出有意义的解释和科学的价值判断过程。

罪犯心理评估一般是根据心理测验的数据和其它调查资料，对评估罪犯的心理特性、人格缺陷、精神疾患和犯罪原因进行分析，以掌握其心理活动的特点和个体差异，为罪犯分类、分押、分管和心理矫正提供依据，为了解、掌握心理矫正效果和预测罪犯行为倾向提供综合判断的一项心理学技术。

罪犯心理评估是心理矫正工作的前提和基础，通过评估，能获得罪犯较为真实、准确、深层次的信息，为进一步开展咨询、治疗和违法犯罪的预测、心理危机干预等提供依据。

罪犯心理评估包含两方面内涵，一方面指对初入监的罪犯进行心理健康状况的评估，也包括罪犯在改造过程中主动寻求心理咨询时，心理学工作者对其进行的心理评估；另一方面包括对即将出监的罪犯进行改造质量的心理评估。

（一）对初入监和服刑中期的罪犯进行心理健康状况的评估

目的有六个方面：

（1）获得有关来访罪犯当前的心理问题及相关问题的信息。

（2）鉴别与问题相关联的控制及影响因素。

（3）确定来访罪犯对咨询或矫正结果所持的目标或期望。

（4）获得不同矫正阶段心理指标的数据资料。

（5）通过与来访罪犯分享你对问题的看法，指导和激励来访罪犯的反应性，促进其行为的改变（反应性即由评估会谈及评估过程本身所引起的行为改变，而非某种特殊的咨询行动或者干预策略导致的结果）。

（6）运用从求助者那里获得的信息，制定有效的心理治疗方案和矫正干预策略。

评估过程中获得的信息应有助于回答下面这个全面的问题："对于这个带有特别问题的来访罪犯，在怎样的情境下，由谁实施什么样的矫正策略，才能产生最佳的效果？"

罪犯通过一定时期的改造，是否具有了健康的情感、正确的认识、良好的心境、积极的意志努力，在改造过程中是否表现出了情绪异常、行为异常现象，人际交往状况是否良好，这些是衡量一个人心理健康的重要指标。通过民警的观察、专业人员的诊断——心理测量和行为观察相结合的判断，对罪犯个体的心理健康作出评估。有关人员可以根据心理学专业人员的建议采取相应的措施，从而维护罪犯的心理健康，同时也维护了监管秩序的稳定。

（二）对罪犯改造质量进行心理评估

这种评估主要是指出狱前的心理评估。罪犯刑满出狱前进入出监教育阶段时，应结合出监教育，对罪犯的改造质量进行一次总的心理评定。其目的一方面是对罪犯改造成效特别是心理矫正成效进行心理学评定，另一方面为重新犯罪的心理预测、罪犯出狱后安置就业、社会帮教提供依据。

三、罪犯心理评估的原则

（一）客观性与主观能动性相结合的原则

第一，科学的心理评估建立在客观性的基础之上，反对任何的主观臆断。除了通过心理测验获得客观的、量化的资料以外，还要利用其它多种途径来获取被评估罪犯的客观资料，如行为观察、查阅档案、抽样调查、谈话、作品分析、现场实验等。

第二，在具体的评估过程中，评估者还要充分发挥主观能动性，运用自己已经掌握的知识对信息资料进行选择加工，并从教育改造罪犯的实际需要出发，作出科学的结论。这是一项极为复杂的工作，需要评估者付出艰苦的努力。因此，客观性与主观能动性相结合，是罪犯心理评估必须遵循的基本原则之一。

（二）定量与定性相结合的原则

在罪犯心理评估中，对信息资料既要进行定量分析，又要进行定性分析，把二者有机结合起来。定量分析就是把由测验或其它途径得到的、具有一定数量指标的资料，运用一定的数理统计方法加以处理，使评估的结论更具有可靠性和精确性。定性分析是对信息资料的质的方面进行分析，具体而言，就是通过对已经获得的复杂的资料进行去粗取精、去伪存真、由此及彼、由表及里的全面分析、综合、比较、抽象和概括，从而找出这些资料中隐藏的规律性。只有进行定量和定性相结合的分析，我们才能全面认识被评估罪犯的心理特征及其发展规律。

（三）理论与实践相结合的原则

从心理评估在心理学中的地位来看，它处于理论研究与实际应用的中介位置上：一方面，它以心理科学多种分支学科的研究成果为理论基础；另一方面，它又以广泛的社会实际需要为其产生和发展的直接动力。因此，在罪犯心理评估中，评估者首先必须掌握丰富的、以心理学为核心的理论知识，然后根据我国罪犯改造工作的实际需要，对罪犯个体或群体作出有价值、有意义的评估和指导。

（四）分析与综合相结合的原则

对罪犯进行心理测验一般只能对其心理结构中的某一方面、某一特征进行测定，本质上是分析式的。而罪犯心理评估则需要综合多方面、多特征的测验结果来进行，本质上是综合的。但综合一定要以分析为前提，只有经过分析、比较，将资料中的本质方面和非本质方面区别开来，然后再进行综合，才能使认识深化由感性上升到理性，从而提示罪犯心理的本质特征。而且在此过程中，分析与综合并不是一次就能完成的，往往需要多次交替进行才能达到对本质特征的认识，得出科学的结论。

（五）评估与咨询、诊断、治疗、教育指导相结合的原则

不言而喻，罪犯心理评估的根本目的在于促进其心理机能的完善和矫正，而不是以评等分类或"贴标签"。因此，心理评估的结果在促进罪犯的心理健康方面应具有重要的反馈功能，这具体体现在心理评估与心理咨询、心理诊断、心理治疗、心理教育的密切关系上。心理评估结果应主要用于咨询、治疗和矫正教育上，这也是罪犯心理评估的一项根本原则。

四、罪犯心理评估的标准

衡量罪犯心理矫正效果的标准可以分为共同标准和分类标准两方面。

（一）共同标准

这是适用于全体被矫正罪犯的标准，主要有以下几方面：①罪犯的犯罪心理结构是否实现了良性转化，守法心理结构是否建立。②罪犯的心理问题、人格障碍、性心理障碍和其它精神疾患是否得到有效的治疗，是否恢复常态心理。③罪犯是否具备适应社会的心理素质和知识技能。

（二）分类标准

这是衡量不同类型罪犯矫正效果的具体标准。这种标准可以从不同角度分别制定。如从性别角度、年龄角度、犯罪经历角度、犯罪动机角度分别制定评估标准等。这里主要介绍对不同犯罪动机罪犯的心理矫正效果的评估标准。

（1）利欲型罪犯矫正效果评估标准。①以畸形膨胀的的物质需要为主的不良需要结构是否得到改变，是否形成了正常的需要结构。②好逸恶劳等不良行为习惯是否得到了改造，是否养成了勤劳俭朴的生活习惯。

（2）性欲型罪犯矫正效果评估标准。性欲型罪犯的社会心理缺陷主要表现为错误的性道德观念以及缺乏对自己性生理、心理冲动的自我调控能力。因此，对这类罪犯的矫正成效应侧重从以下几方面进行评定：①错误的性爱观念是否减弱以及消除，正确的性意识是否建立。②对性生理、心理冲动的自我调控能力以及对色情诱惑的抗御意志力是否增强。③部分罪犯的性变态心理是否得到矫正。

（3）情绪型罪犯矫正效果评估标准。评定情绪型罪犯的心理矫正成效，就侧重考察：①情绪的易冲动性、不稳定性、极端性等不良的性格品质是否得到改变。②各种不良的情绪、情感，如嫉妒、敌对、抑郁、焦虑等是否得

到矫正。③对消极情绪的自我调节控制能力以及挫折耐受能力是否增强。④是否学会正确的人际交往方式和具备处理人际冲突的能力。

（4）信仰型罪犯矫正效果评估标准。评定信仰型罪犯的心理矫正成效，应侧重考察：①错误的社会意识及歪曲的价值观念是否消除。②正确的信仰结构是否建立。③是否具备区分真理与谬误的能力。④歪曲的自我意识是否得到矫正等。

（5）过失型罪犯。①社会责任感和职业角色意识是否增强。②粗心大意、侥幸冒险、注意涣散等不良性格品质是否消除。③职业技能是否有所提高。

上述罪犯心理矫正质量评估的共同标准和分类标准只是主要的方面，在具体评估过程中，还要分出若干细目，并确定量化指标及评定等级。

第二节　罪犯心理评估分类

罪犯心理评估包括罪犯个体心理评估以及罪犯群体的心理评估，具体来说是指运用行为观察、现场调查、心理测量等方式对罪犯的人格特征、心理健康状况、服刑态度、矫正效果等进行甄别和评价，作出定性或定量的分析结果的过程。由于罪犯心理既有正常人的常态心理和部分未消退的犯罪心理，也有在监禁的环境影响下的刑罚心理，这些心理构成一个多层次、多维度的复杂体系，因此对罪犯的心理评估也应该是多方面、全方位的。根据评估内容的不同，可以分为服刑态度、心理健康状况、人格特征评估；根据评估对象所处的改造阶段不同，一般分为入监初期、服刑中期、出监前心理评估；根据评估对象特殊性，可分为一般罪犯的评估和重点危险罪犯的评估。

一、罪犯服刑态度评估

（一）改造动机评估

1. 评估的目的

评估罪犯改造动机主要是在罪犯入监之后，了解其是否产生积极改造的推动力，是否能为自己将来的谋生和良好行为习惯的养成而磨炼自己。

2. 评估的方法和测验量表

（1）方法：行为观察法、心理测验法、会谈法。

（2）测验量表：《罪犯刑罚心理状况分测验》（COPA-MPI）是《中国罪

犯心理评估系统》的测验三，测验的目的主要是了解罪犯入监后对刑罚的态度和适应刑罚的心理状态和监禁状态，以便进行有针对性的咨询和矫正。

3. 测试结果的处理

（1）动机是激发个体朝着一定目标活动，并维持这种活动的一种内在的心理活动或内部动力，一般不能进行直接的观察，但可根据个体的外部行为表现加以推断，因此要综合罪犯的访谈以及行为观察和心理测试的结果进行评定，并以书面的形式形成测试报告，装入罪犯的心理档案，供教育和改造的科室给罪犯定管理等级时参考。

（2）评定结果注意两个方面：对于改造动机特别强烈的罪犯，要注意保持他的积极性，不要采取过多的外部刺激和奖励，以避免弱化其内在的推动力；对于改造动机很弱的罪犯，要配合其他方面的评估，鉴别其是否存在心理异常，避免意外事件的发生。

（二）刑罚态度评估

1. 评估的目的

刑罚态度评估主要了解罪犯在服刑过程中的改造态度以及态度的变化情况，便于有针对性地开展改造。

2. 评估的方法和测验量表

（1）方法：会谈法、行为观察法、心理测验法，该项评估在入监的初期、中期、后期根据不同的需要都可以进行评估。

（2）测验量表：《罪犯刑罚心理状况分测验》（COPA-MPI）、《罪犯心理结构变化状况分测验》（COPI-TCMI）。

《罪犯刑罚心理状况分测验》主要是为了了解罪犯入监后对刑罚的态度和适应刑罚的心理状态和监禁状态，以便进行有针对性的咨询和矫正。

《罪犯心理结构变化状况分测验》主要是为了检验罪犯在改造过程中原有犯罪心理结构的变化情况，以此来验证和评估矫正效果，预测罪犯以后是否有再犯罪的可能性。

3. 测试结果的处理

（1）罪犯对刑罚的态度要综合罪犯的访谈以及行为观察和心理测试的结果进行评定，并以书面的形式形成测试报告，装入罪犯的心理档案，供教育和改造的科室给罪犯提出矫正方案或评估矫正效果时参考。

（2）罪犯对刑罚的态度是其内在的心理状态，往往不能为别人所直接观察到，但它最终会通过一定的言行表现出来，通过言行对罪犯的刑罚态度评估时要注意其言行的一致性，甄别一些罪犯在不同场合下的矛盾行为，避免结果的偏差。

（3）态度是人们在自身道德观和价值观基础上对事物的评价和行为倾向。态度表现为外界事物的内在感受（道德观和价值观）、情感（即喜欢、厌恶，爱、恨等）和意向（谋虑、企图等）三方面。激发态度中的任何一个表现要素，都会引发另外两个要素的相应反应，因此罪犯对刑罚的态度可能在一定背景下发生改变，要注意根据情况变化进行重新评估。

二、罪犯心理健康水平评估

（一）异常心理评估

1. 评估的目的

罪犯的异常心理评估是指主要针对罪犯在知、情、意和个性心理方面出现超出正常范围的现象，甚至出现某些能力丧失的特殊情况时对其心理状况进行的鉴别诊断。

2. 评估的方法和测验量表

（1）方法：临床心理评估法、会谈法、神经心理测验法、行为观察法，一般在罪犯出现异常行为或主动咨询时进行。

（2）测验量表：《中国精神障碍分类与诊断标准第三版》（CCMD-3）、精神与行为障碍类别目录-国际标准（ICD-10）、美国精神疾病诊断标准（DSM-5）、《明尼苏达多相人格调查问卷》（MMPI）。

3. 测试结果的处理

（1）由专业人员综合罪犯的自我描述、他人的行为观察和测试的结果进行评定，必要时请有临床经验的医师一起参与评定，避免出现误判或错判情况。

（2）对确诊出现严重神经症、精神障碍的罪犯，要移交相关医疗机构进行住院药物治疗，避免情况的进一步恶化；在病情有缓解之后再进行评估，确认无危险性之后可回监区，配合心理矫正，巩固治疗效果。

（二）心理健康评估

1. 评估的目的

罪犯心理健康评估的主要目的是了解罪犯心理健康状况及水平，甄别可能存在心理问题的人。

2. 评估的方法和测验量表

（1）方法：行为观察法、心理测试法、会谈法，一般在罪犯入监两周之后进行评估，也可在服刑过程中根据需要随时进行评估。

（2）测验量表：90 项症状清单（SCL-90）、抑郁自评量表（SDS）、焦虑自评量表（SAS）。

3. 测验结果的处理

（1）综合运用对罪犯的行为观察、心理测验的结果，以书面的形式写出评估报告，供教育和改造部门对罪犯日常管理评级参考。

（2）运用《症状自评量表》进行心理健康测试主要反映的是罪犯近期（一般是 1~2 周内）的心理状况，如果罪犯生活环境发生变化或有重大生活事件发生，建议重新进行评估。

（三）人格评估

1. 评估的目的

罪犯的人格评估的主要目的是了解罪犯的个性心理特征，如性格、气质、能力等，为监狱的管理部门和监区干警管理罪犯提供参考。

2. 评估的方法和测验量表

（1）方法：心理测验法、访谈法、查阅档案法等。

（2）测验量表：《中国罪犯心理测试个性分测验》（COPA-PI）、卡特尔 16 种人格因素测验（16PF）、艾森克人格测验（EPQ）。

3. 测试结果的处理

（1）人格是一个人相对稳定的心理特征和行为倾向，对罪犯进行人格测评的结果以书面的形式写成测评报告，为罪犯日常管理和改造的职能部门提供有效的参考。

（2）对于人格测验结果中测出有抑郁、暴力、反社会等危险倾向的罪犯，可以选用《明尼苏达多相人格调查问卷》进行鉴定或请有临床经验的精神科医师进一步诊断，排查出高危险的罪犯。

三、不同改造阶段的心理评估

根据不同的矫正阶段，心理评估的侧重点有所不同。一般而言，对初入监的罪犯要进行心理健康状况的评估；在罪犯服刑中期，心理学工作出于心理教育辅导、心理咨询和治疗的需要对罪犯进行心理评估；对即将出狱的罪犯要进行矫正质量的心理评估。

（一）入监初期心理评估

对入监初期的罪犯进行心理评估，主要是了解罪犯的心理状况，为建立罪犯心理档案、进行分类教育和个别矫正提供资料和心理学依据。入监心理评估主要包括以下工作：

1. 进行心理测试

应用科学的心理测验量表，掌握罪犯的个性特征、心理健康状况、防御方式等与改造密切相关的心理状况，为进一步的诊断、矫正提供科学依据。

2. 开展心理调查

通过查阅档案、访问、面谈、观察等手段，初步掌握罪犯的心理现状，预测其未来的行为倾向。

3. 进行心理诊断

根据心理测试和调查的结果，对罪犯的心理状况进行综合评估，并对罪犯的个性特征、行为方式、心理问题等，作出恰当的评价。

4. 制定矫正方案

在弄清罪犯的心理发展历史和现状的基础上，根据心理诊断结论，提出相应的管理教育措施和心理咨询、心理治疗方案。

5. 建立心理档案

心理档案和病历是记载罪犯心理发展历史和现状以及心理矫正工作情况的书面材料。它有利于矫正工作的交接和同行间的会诊、交流，有利于资料的积累，为犯罪心理学和罪犯改造科学研究提供丰富的一手资料。

（二）服刑中期的罪犯进行心理评估

对服刑中期的罪犯进行心理评估，主要是心理预测，对表现出心理危机的罪犯进行危机状况评估，并提出预防和干预建议，对罪犯群体进行心理卫生状况评估并提出教育建议，对有异常心理和行为表现的罪犯个体开展心理健康状况评估并提出心理咨询和心理治疗建议。

1. 罪犯心理预测

罪犯心理预测是对罪犯心理现状和行为倾向的判断。其目的是合理使用罪犯劳动力，根据罪犯自身特点安排合适的劳动岗位，有效防范危险行为，确保监管改造秩序的稳定。心理预测包括危险性预测和心理发展预测。

罪犯危险性预测是根据测量结果以及罪犯现实表现、来自监狱内外的刺激因素等，预测罪犯的现实危险性大小，为确立重点防范对象及防范项目提供依据。

罪犯心理发展预测是指根据罪犯不同年龄、不同刑期、不同经历及不同犯罪类型所体现出的不同特点，预测其共性和个性的心理发展问题，以确定监管改造活动的内容。

2. 罪犯心理危机评估

心理危机是一种很容易导致人们危害行为发生的情绪状态，由于其具有突发性和危险性，因此，预防和干预罪犯的心理危机是维持监所稳定的重要内容。根据罪犯心理危机产生的原因和发生的过程，在进行评估时可将其归为三个水平：即一般预防水平、重点预防水平和特殊预防水平。

一般预防水平，是指对于一般心理状况的罪犯，没有异常言语和行为，有明确的自知力和定向力，在情绪方面有一定不稳定性，但没有明显的刺激因素情况下的预防水平。针对此情况，提出的建议是：通过各种心理矫正措施，提高罪犯自我调节和控制能力，增强其对各种挫折的耐受和应付能力。

重点预防水平，是根据入监甄别的结论，对有轻度心理障碍的罪犯预防水平。建议采取心理咨询、心理治疗等措施，以有效地预防其心理和精神症状的恶化，并促其向良性转化。重点预防时要力争罪犯的配合，通过一系列的心理治疗措施，从罪犯自身的身心健康出发，进行矫正和预防。

特殊预防水平，是根据心理危机预测结果，对具有潜在心理危机发展倾向或现实危机表现的罪犯进行预防水平。这需要采取超前防范措施。如对有自杀观念尤其是有自杀企图的罪犯，对有过度焦虑表现的罪犯，对有明显的精神分裂症症状的罪犯，应实行特殊预防，以确保他们自身和他犯的安全。

3. 罪犯心理健康状况评估

通过一定的量表测验、行为观察、会谈等评估手段，对罪犯当前的心理健康状况进行评估，是罪犯服刑中期心理评估的一项重要内容。其中包括对监禁生活的适应状况（是积极适应还是消极适应）、是否有异常的行为和心理表现、是否有精神病性症状等，通过对罪犯的心理、行为及躯体特点的评估，系统掌握其心理健康状况，提出提高罪犯心理健康水平的建议。例如，可以建议监狱通过培训骨干，组织系统教育，开展心理卫生宣传活动，充分利用各种媒体传播手段，帮助罪犯掌握心理卫生知识，提高心理自我保健意识，最终目标是提高罪犯心理健康水平，维护罪犯的人身权利。还可以建议监狱对罪犯进行心理卫生教育讲座、团体咨询等。

4. 罪犯心理咨询和治疗评估

在罪犯服刑中期，由于长期的同性群体生活、长期的远离亲人、长期的强制性劳动、长期与劣迹人员为伍的生活，心理困惑（如与罪犯的人际交往、与民警的沟通）、心理健康问题（如焦虑、抑郁、幻觉等）甚至由于心理问题导致的生理反应（如由于焦虑导致的失眠，由于伪装疾病导致的身体机能的废用性萎缩等）会相继出现，这一时期的评估主要表现为心理咨询与心理治疗。

罪犯心理咨询和治疗评估，主要是针对来访罪犯在会谈评估、行为评估中表现出来的问题进行判断、归纳和总结，进而提出咨询和治疗建议，甚至协助其它咨询和治疗人员拟定咨询与治疗计划。在这种评估中，主要目标是帮助来访罪犯认清自己的心理问题所在，以提高其应付挫折和各种不幸事件的能力，运用病人求愈的愿望和潜力，改善病人心理与适应方式，以解除病人的症状和痛苦，促进病人人格的完善和成熟。

对罪犯进行心理咨询和治疗，不仅要对其进行治疗，更要教会他们一些自我调整心态、调适心情和认识世界的方法，也就是促使罪犯进行心理的自我矫正。

（三）服刑后期的心理评估

服刑人员在即将刑满出狱时，监狱的专职人员（或聘请的监狱外的心理学家、心理学工作者）应对罪犯进行心理矫正鉴定，作为心理评估的结尾。矫正鉴定是对罪犯心理矫正效果的检验和对改造质量的综合评估。这种评估对以后制定他犯的心理矫正方案、提出矫正措施有重要的参考意义，因此这一时期的心理评估除记录性的描述外，还应有深刻的分析和比较。

服刑后期的心理评估的内容主要有：出监前的心理检测、社会心理成熟水平及思想意识的评定、知识和劳动技能评定、对不同类型罪犯的针对性评定及罪犯回归社会后的适应能力评定等，即结合出监教育，对罪犯的改造质量进行一次综合心理评定。其评定内容可参照以下几方面：

1. 出监前的心理检测

在罪犯出监前应对其进行各种心理测试。将各种测试结果与入监时或改造中期的测试报告相对照，比较两次测试结果的差异，以检验改造效果。如果一个情绪杀人犯，入监时艾森克个性测验情绪分很高，证明其情绪极不稳定，而出狱时情绪分有所下降，这说明该犯暴躁的性格已发生一定的良性转化，自我调控能力有所提高。而如果与入监时一样甚至高于入监时的分数，说明其不良的性格品质不但没有改变，而且变得更加暴躁。

2. 社会心理成熟水平及认识能力的评定

在罪犯出监前，按照改造质量评定的一般标准，应根据其日常行为的考核、阶段性综合评定、改造对策调整效果的记录等，对罪犯的社会认知水平、社会情感水平、意志的自我调控水平以及犯罪恶习、不良个性品质与习惯的矫正、良好行为习惯的养成等，作出等级评定。

3. 文化知识和职业技能的评定

通过狱内的文化、技术教育，对于罪犯已经达到的文化水平（已取得的学历）和职业技能水平（已取得的技术等级），与其入监时的上述两项指标相对照，看是否有所提高，是否具备了以自己的一技之长，具备立足于社会的能力。

4. 不同类型罪犯改造质量的心理评定

罪犯在出监前，根据分类标准的各项指标，对不同类型的罪犯进行分类评定或有针对性的模拟检测。如委派物欲型罪犯独立从事与金钱、物质有关的工作，以考查其抵御金钱、物质诱惑的能力；对于那些由于性格缺陷而犯罪的情绪型罪犯，可有意对其设置遭受他人侵犯的心理挫折情境（可以是观看影片，让罪犯说出自己的观后感），以此考查其对挫折的心理承受力和自我调控能力。根据各项考察结果，作出相应的等级评定。

5. 社会适应能力的评定

社会适应能力评定主要是为了检测罪犯重返社会后能否良好适应社会。因为罪犯回归社会后，仍然会遇到各种挫折和困难。在遇到各种困难和挫折时，能否以理智和意志克服这些困难，应付各种挫折，是衡量罪犯社会适应能力的主要标志。罪犯即将刑满或假释出狱前，可利用罪犯社会适应状况分测验（COPA-SAI），检测罪犯再社会化的程度和水平，了解其对社会的态度和对现实社会的适应状况，以确定其回归社会后能否与社会、他人和谐相处，从而预测其重新犯罪概率的大小。

四、特殊罪犯心理评估

根据评估对象特殊性分一般罪犯的评估和特殊罪犯心理评估，对罪犯一般性评估，即罪犯监禁适应状况评估，内容包括对罪犯入监阶段心理测量、出监阶段心理测量、适应监所环境能力、人际交往能力、承受挫折能力、罪犯需求层次等。特殊罪犯心理评估主要包括以下内容：

（一）重点危险罪犯心理评估

1. 评估的目的

重点危险罪犯评估是了解罪犯是否有实施脱逃、暴力、自杀等危险行为的可能性，为消除监狱安全隐患做好准备。

2. 评估方法和测验量表

（1）方法：临床专家评估、统计学危险性评估、行为观察、访谈等，一般在罪犯收押入监阶段或罪犯有异常行为需要危机干预的时候评估。

（2）测验量表：《中国罪犯个性心理分测验》《明尼苏达多相人格调查问卷》《服刑人员自杀倾向量表》《服刑人员脱逃倾向量表》《自杀态度问卷》《焦虑自评量表》《抑郁自评量表》。

3. 测试结果的处理

（1）对于测评出有自杀危险的罪犯，要 24 小时监控，防止意外发生，同时由专业人员进行危机干预，直至自杀危机解除。

（2）对于测评出有组织有脱逃倾向的罪犯，要排查脱逃的原因，尽可能地解决漏洞，同时发动耳目和其它罪犯做好联控工作，并向主管领导汇报，加强防控和门卫的看守工作。

（3）对于重点危险罪犯，要根据评估结果制定有针对性的矫正方案，适当的时候安排监控等监管措施。随着矫正工作的推进，需要对矫正效果随时进行评估，确定危险等级，调整矫正方案。

（二）反社会人格罪犯心理评估

1. 评估的目的

在犯罪这一特殊行为中，有部分人就是因为其反社会人格造成的。通过对罪犯进行反社会人格评估，可以有针对性开展矫正工作，促进其人格的进一步发展与完善。

2. 评估的方法和测验量表

（1）方法：采用心理测验、访谈、行为观察等方法，在罪犯有某些反社会人格障碍表现需要鉴别时实施。

（2）测验量表：人格诊断问卷（PDQ）、《中国精神障碍分类与诊断标准》（第3版）。

3. 测试结果的处理

（1）对于检测出有反社会人格的罪犯要制订专门的个案矫正方案，定期对其心理状况进行评估，建议管理改造部门重点关注。

（2）对于筛查出的反社会人格的罪犯群体可以开展团体辅导，强化他们与他人的交往，通过共情和换位思考能力训练，促进其人格的完善。

（三）专项工种心理评估

1. 评估的目的

对专项工种罪犯心理评估目的是了解罪犯是否适合承担某专项工种。评估的内容主要是罪犯的人格特征和能力特征，评估过程需要综合罪犯的自我评价和管教民警的评价，测试的结果最终将反馈给监狱管教部门和监区作为罪犯是否合适某工种的参考。

2. 评估的方法和测验量表

（1）方法：采用心理测验、访谈、行为观察、查阅档案等方法，一般在罪犯分派到各监区之前进行测评。

（2）测验量表：卡特尔16种个性因素问卷（16PF）或加利福尼亚心理测验（CIP）。

3. 测试结果的处理

（1）专项工种心理评估的结果，供管教科室和有关监区在使用专项工种罪犯时参考。

（2）对专项工种的评估主要对罪犯认识水平、情绪控制能力、道德水平、法律意识、特殊能力等进行全面评估，避免只有能力而其它方面有严重缺陷的人被安排到特殊岗位。

第三节　罪犯心理评估方法

在实践中，罪犯心理评估的常用方法有心理测验法、生活调查法、行为评估法、会谈评估法、犯罪事实判断法等。

一、心理测验法

罪犯心理测验是心理测验在监狱工作中的运用，是对罪犯进行心理评估的重要方法之一。近年来我国监狱的实践表明，对罪犯进行心理测验，是检测罪犯心理状况，发现心理问题，进行心理诊断的有效方式，为进一步实施罪犯心理矫正提供了依据。

心理测验是根据客观的、标准化的程序来测量个体的某种行为，以便判定个别差异的一种方法。在监狱中，组织对罪犯的心理测验，通常采用团体测验和个体测验两种形式，而且多采用问卷测量法，即让受试罪犯根据自己的情况，回答一些问题，以推测其心理品质。心理测验必须依据一定的程序进行编制，并按照客观的、标准化的方法施行，即心理测验必须做到标准化。一个标准化的测验必须满足以下条件：

第一，有一套有效的问卷项目。即按照测验的性质和要求，选定足能代表所要测定的心理特性或行为特征的问题。这种问卷必须通过项目分析才能获得。

第二，要有常模。所谓常模，是根据对被试团体的标准化样本的施测而获得的具有代表性的结果。它常常是以所测团体的标准化样本的平均值而出现的，可以作为评判个别差异的依据和比较的标准。因测验标准化时所选取的样本不同，常模的种类也不同。最常见的有年龄常模、年级常模、全国性常模、地区性常模等。

第三，要有一定的信度、效度和区分度。测验的信度是指测验的可靠程度。它表现为测验结果的一贯性、再现性、稳定性。一个测验无论是多次再测还是由多人进行测验，其结果都大致相同，方能可信。当然，信度并不是绝对的有无，而是一个程度上或多或少的问题。没有一个测验是绝对可靠的，只是其误差有大小之别而已。测验的效度是指测验对所要测定的特性或功能能确实地测定到什么程度。简言之，就是测验的正确性。测验的区分度是指测验对被试实际水平的区分程度，即测验的鉴别力。具有良好区分度的测验，实际水平高的被试应得高分，水平低的被试应得低分。我们常把测验项目的区分度作为测验是否具有效度的"指示器"，并作为评价项目质量、筛选项目的主要指标与依据。

第四，实施方法要标准化。测验必须以规定的方法施行。为此要编制出测验手册，注明实施方法、指导语、施测时间等。

第五，计分标准要明确，任何人记分，结果均无变动。有关原始分数的计算，原始分数向其它分数的换算，以及如何使用常模来解释分数等，都应在测验手册中加以详细的规定。

对于大多数罪犯来说，需采用标准化的量表来测量罪犯的个性；有些罪犯还有必要进行智力测验，检查其有无智力障碍；如果需要了解罪犯是否有心理障碍，还需要使用有关的症状诊断量表，以便更好地了解其犯罪心理、服刑心理、矫正效果及行为倾向等。心理测验法是心理评估的基本方法，但不是唯一的方法，还需要与其它评估方法结合运用，多方面收集资料，才能较为准确地进行评估。

（一）测验的选择

测验的选择是使用测验的前提之一，必须根据测量的目的选择合适的心理测验量表。目前，我国监狱对罪犯进行心理测验常用的量表可分为通用量表和专用量表两种。

1. 通用量表

所谓通用量表，是对社会人士普遍适用的心理测验量表，在监狱中需要选择性地使用。我国监狱目前经常使用的通用量表大体上有三类：

（1）智力测验。一个罪犯智力水平如何，影响他对事物和问题的认识能力，进而影响其改造进程。某个罪犯是否有智力障碍，也需要通过心理测验来鉴别。

斯坦福-比奈量表和韦克斯勒测验量表是目前我国常用的两个智力测验量表。斯坦福-比奈量表比较适合儿童智力测验。对罪犯进行智力测验比较适用的是韦克斯勒智力测验量表，它有成人量表（WAIS-R）、儿童量表（WISC-R）之分，还有城市、农村两种版本，而且有经过修订的中国版本。此外，瑞文非文字推理测验（Raven's Progressive Matrices）在部分监狱也试用过。由于智力测验是个别施行，费时费力，对罪犯很难做到普测，只能有重点地进行。

（2）人格测验。我国监狱常用的人格测验有：

气质测验量表。由陈会昌、张拓基编制，用于测定罪犯的神经和气质类型。

行为类型问卷。由张伯源主持研制，是从外部行为和人的情绪体验上进行自我观测评定的性格量表，目的在于发现 A 型行为。A 型行为的特征是：情绪不稳定，社会适应性差，急躁、外倾，人际关系不融洽。

艾森克人格问卷（EPQ）由英国心理学家艾森克（H. J. Eysenck）夫妇编制，分成人、儿童用两式。前者多用于成年犯监狱，后者可在未成年犯管教所 15 岁以下的少年犯中使用。主要用来检验罪犯的内外向（E）、情绪稳定性（N）、倔强性（P）三个个性维度。

卡特尔 16 项人格因素量表（16PF）由美国心理学家卡特尔（R. B. Cattell）根据他的人格特质理论编制。这一量表能较好地反映人格的复杂层面及其组合，信息量比较大，有利于发现罪犯的心理缺陷，了解罪犯心理健康方面的问题，可用于对入监罪犯的诊断。

明尼苏达多相人格测验（MMPI）由美国心理学家哈撒韦（S. R. Hathaway）和麦金利（J. C. McKinley）于 1940 年编制，共包含疑病、抑郁、歇斯底里等十种临床症状量表，是目前国内外用于诊断精神疾病的主要量表之一，也是一种用途广泛的人格量表，可用于判别、区分精神病患者和正常者。我国司法领域常用该量表来作精神诊断鉴定和预测罪犯刑满释放后的行为倾向。

（3）心理健康状况测验。了解罪犯的心理健康状况，一般选择以下量表：

症状自评量表（SCL-90）。该量表由德若伽提斯（Derogatis）于 1973 年修订，包含个体心理健康十个方面的内容，涉及思维、情感、行为、人际关系、生活习惯等方面的偏离和异常。用来检测一定时间内罪犯心理健康的综合症状，可作为进一步检查的基础。

焦虑自评量表（SAS）由郑氏于 1971 年编制，反映二十种焦虑症状，具有广泛的适用性。主要用在咨询门诊中了解罪犯的焦虑症状。焦虑容易引起多种心理疾病，造成心理危机，是心理矫正时必须掌握的。

抑郁自评量表（SDS）和抑郁状态问卷（DSI）。抑郁自评量表也是由郑氏于 1965 年编制，1972 年增编了供检查者询问使用的版本——抑郁状态问卷，改自评为他评。该量表可用于衡量罪犯抑郁症状的轻重程度及其在治疗中的变化，严重抑郁者可能导致精神分裂和自杀，值得重视。

以上量表各有其特定的功能和价值，使用时要注意其针对性，慎重选择。

2. 专用量表

所谓专用量表，是指专门用于监狱中对罪犯进行心理测验编制的针对性很强的量表。我国目前研制的《中国罪犯心理评估系统》所包含的量表，就属于专用量表。其中的个性分测验（COPA-PI），经过多年的试用，已于2006年正式通过国家鉴定，其它分测验也于2006年投入试用。关于这些专用量表的试用情况，根据各地监狱反馈的信息，整体来说是比较适合中国文化背景的，被评估罪犯对测题所涉及的内容能较好地理解，回答时出现歧义的现象很少。从量表的效度来看，与其他测验的关联分析显示，这些量表能较好地测出所欲测量的内容。除此以外，全国许多省、市的监狱系统也结合工作实际编制了一些罪犯心理测验量表，都属于专用量表。

测验是进行科学研究和解决实际问题的一个工具，测验的选择首先必须符合我们进行测验的目的。由于每一个测验都有其特殊的用途和使用范围，所以测验者首先就应当对各种测验的功用及优缺点有全面了解。为了解罪犯人格特征与行为特点，可以选用司法部犯罪研究所编制的中国罪犯个性心理分测验（COPI）施测；为了解罪犯最新的心理健康情况，我们可以使用症状自评量表（SCL-90）对罪犯施测；如果罪犯出现有特殊的精神状况，这时可以给罪犯施测专门的 MMPI 和简明精神病量表进行精神障碍诊断测验；在罪犯进行专项工种审批的时候，可以选择 16PF 对他们进行各种职业倾向和兴趣测验，以此发现罪犯的才能和兴趣，选择适合他们的专业及职业；如果要更进一步了解罪犯的人格特征，可进行有关的人格测验，并据此对罪犯进行个性化的心理矫正。

（二）测验前准备

测验前的准备工作是保证测试进顺利进行和测验实施标准化的必要环节。准备工作主要包括以下几方面：

1. 预告测验

事先应当通知服刑人员，让服刑人员知道测验的时间、地点、内容范围、试题的类型等，使服刑人员对测验有所准备，及时调整自己的情绪和生理状态。心理测验一般不搞突然袭击。当然，根据需要有时可以不告知真实目的。

2. 主试自身的准备

首先，测试前主试要熟悉测验指导语并能流利地用口语说出来，这是对心理测验实施的最基本的要求。熟悉指导语会使测验顺利地进行，否则，测验的效果会受到一些影响。其次，主试还必须熟悉测试的具体程序，测验的实施并不仅仅是分发、收集试卷，对于某些个别测验和团体测验来说，测验的实施必须由受赤专门训练的人来完成，例如韦氏智力量表包括言语、操作两大部分,操作部分的测试涉及物体如何摆放、如何示范等具体程序;某些团体施测还涉及辅助人员安排等问题。主试的训练,通常包括讲解或阅读测验手册、观察演示和操作练习等,这种训练根据测验的种类和及主试的条件,时间长短可以不同。最后,主试必须做好应付突发事件及被试提问的心理准备。例如,心理测验过程中,会出现罪犯交头接耳、互相讨论的情况,或者有些罪犯随意乱答或观看身边其他人的答案等。这些都需要主试有一定的心理准备,并有一些应对措施。

3. 测验材料的准备

测验材料包括测验题目、答卷纸、指导书、纸、笔及计时器等必需材料、工具。同时,主试还应当详细模拟一遍测验,以观察材料是否准备齐全。

4. 测验环境的准备

心理测验对环境的要求很高,测验环境对测验的结果会造成一定影响,在安静或嘈杂的环境下所做的心理测验的结果会有一定的差别。因此,测试前要统一布置,做好安排,严格控制测试场所的光线、通风、温度及噪音水平等物理条件,最好能在一个光线充足、安静的教室或者活动室进行测试。

(三)施测

选择好测验并做好充分准备后,就可以施测了。实施标准化测验的基本原则是努力减少无关因素对测验结果的影响。对于标准化测验,主试必须按照规定的程序施测,才能得到可靠的结果。因此在实施测验时,不能随意变更施测的程序,要严格按照测验指导要求进行施测,以避免结果出现误差。

1. 指导语和时限

所谓指导语,一般是指对测验的说明和解释,有时包括对特殊情况发生时应如何处理的指示。在实施测验时,必须使用统一的指导语。在纸笔测验中,对被试的指导语一般印在测验的开头部分,由主试统一宣读。宣读指导语时要做到语言清晰、简明扼要。指导语一般由以下内容组成:如何选择反应形式(口答、书写、涂卡等);如何记录这些反应(答卷纸、录音、录像等);时间限制;如果不能确定反应,应如何去做(是否允许猜测等);例题(当测验采用生疏形式时,例题十分必要);有时告知测验目的。主试念完指导语后,应再次询问被试有无疑问。回答时应当严格遵守指导语,不应对测验作出额外的解释,因为主试的暗示会对被试产生影响。对被试的指导语应简短,不能占用太长的时间,以免引起被试的焦急及反感情绪。时限也是测验标准化的一项内容，主试应事先告诉被试该测验具体的时间限制，对于有分测验的测验，主试应根据有关时限的操作语执行，例如在速度测验中，尤其要注意时间限制，不得随意延长或缩短。

2. 记分及解释

记分和解释的过程是将被试的反应数量化并赋予意义的过程，它们也必须遵循标准化的原则。记分的标准化关键是使评分的方法尽量客观化，使不同评分者对同一测验反应（答案）赋予相近的分数。大多数心理测验采用选择题等客观题型，无疑使记分更简便、客观。一些标准化测验配有记分键，即标有标准答案及正确反应的说明，对于论文式作答的测验则给予记分要点，标准化的记分方法应力求客观、正确、经济、实用。主试在实施过程中，记分应当做到以下几点：一是对被试的反应给予及时而清楚、详细的记录，特别是对口试和操作测验，此点尤其重要，必要时可录音和录像；对于测验的环境及测验时的一些突发事件，主试也应给予详细记录，以供解释时参考。二是主试应当熟练掌握记分键，特别是非客观题目的记分要求，不得随意记分。标准化测验在手册中都有关于记分原则和方法的说明，作为主试，应当以客观、公正的态度严格依据记分标准记分。三是在施测的过程中，对于被试的反应，主试不应作出点头、皱眉、摇头等暗示性的反应，这会影响被试的施测，主试应时刻保持和蔼、微笑的态度。主试对测验结果可依据常模或其它参照标准作出解释。一般在测验手册中对于各种分数的意义都作了详细的说明。

3. 主试与被试的关系

在施测过程中，主试要营造一种良好的测试氛围，以促使被试最大限度地做好测验。主试尽可能地激发被试兴趣，使其积极地应试。由于罪犯具有不认真做测验的倾向，因此主试应强调测验的目的以及测验对他们有利的方面，最好能说明测验结果会反馈给他本人，这样才能使他们在能力测验中认真尽力作答，在人格测验中尽量减少伪装。在施测的过程中，主试不能对被试作出暗示或提供帮助（如对题目进行解释是不恰当的），要求被试按照自己的实际情况独立完成测验。

二、其它心理评估方法

(一) 调查法

调查法是通过查阅罪犯的个人档案、书信，设置调查问卷或口头询问等方式，从罪犯本人及其亲友、同事、同学那里了解其成长经历、家庭状况、入狱前的表现、社会交往、兴趣爱好、堕落、犯罪的演变过程等，以掌握其犯罪心理产生与发展变化的原因和特点。

生活历程是了解犯罪者人格特征的基础，评估罪犯心理不能脱离对罪犯生活史的了解。以罪犯生活历史的调查，可主要侧重于违法犯罪史、受教育史、从业历史三个方面。

1. 调查违法犯罪史

对于违法犯罪人而言，其违法犯罪行为是在违法犯罪心理支配下实施的，而违法犯罪行为的实施反过来又强化其违法犯罪心理。一般来说，犯罪人违法犯罪史越长，其人格偏离越严重，主观恶性越大。在罪犯心理矫正中，要充分考虑罪犯的违法犯罪史，特别是当被矫正的罪犯是累犯或惯犯时，对他们采取矫正方案和措施更要谨慎。

2. 调查受教育史

在罪犯心理矫正中考虑犯罪人所受教育的情况，不仅仅在于有针对性地对罪犯进行文化、技术教育，而且有助于考察罪犯的人格状况。一般来说，从小受过良好的家庭教育，接受学校教育的程度也较高，在上学期间表现积极的罪犯，其人性中的顽劣性较少，恶习较少，接受矫正的主动性容易被激发；相反，从小受过不良的家庭教育，接受学校教育程度低或者在上学期间厌学、逃学、经常受处分的罪犯，其人格中的顽劣性较多，恶习较深，接受矫正的主动性较差。当然，事实上也有一些受教育程度较高的罪犯，其人格偏离却更为严重，这就另当别论了。

3. 调查从业历史

犯罪人曾经从事的职业及表现情况，不仅可以提供刑罚执行中对罪犯进行劳动分类的根据，而且可以提供判断罪犯人格及心理状况的根据。对罪犯从业历史的调查，应侧重了解其职业类别、工作表现、业绩情况、职业中的人际关系状况等，这些都是影响其心理发展轨迹的重要因素。

（二）行为观察法

对于罪犯入监后的种种表现，如认罪态度、情绪状态、人际关系、学习和劳动表现，对改造措施的反应进行观察，尤其要抓住他们原有犯罪心理的再次显露，以掌握其犯罪需要的强度、犯罪心理的稳固程度和现实要求，便于确定心理矫正的重点和应采取的方法。对罪犯心理评估的行为评估方法主要有以下几种：

1. 自然观察法

自然观察法是指在自然环境中对行为进行系统检测和记录的方法。观察者一般是受过训练的。由于这种方法是在自然环境中对行为的研究，最少使用推论，因而结论较为可靠。自然观察法目前被广泛应用到各种目标行为和群体的研究中，也被应用到监狱中对罪犯进行心理评估。专业的心理评估工作人员通过有计划的自然观察，按照自然观察的基本要求和步骤，就会得出一般测量所难以获得的资料和具有高灵敏度的数据。

2. 模拟评估法

模拟评估方法是安排一种使得目标行为易于发生的测量情境，将被评估者置于这种情境中，观察记录其行为表现及特点的方法。这种方法特别适用于观察那些在自然环境中难以观察到的低比率行为（如让一个曾犯盗窃罪的罪犯进入一个无人看守的仓库）。模拟评估法常见的有情景模拟和刺激性模拟。情景模拟是在一个人为布置的情境中评估个体，而刺激性模拟则是给被评估者提供人为刺激。

3. 参与观察法

参与观察法就是使观察者成为被观察者自然环境的一部分。这不仅可以降低费用，而且还有可能减少反应性，并与自然观察密切相关。在观察中，由一个处于被观察者自然环境中的人（如同监舍或同组劳动的罪犯）监测和记录在具体时间内预先选定的行为。与模拟观察相似，参与观察也尤其适用于低发生率行为和那些外部观察者具有较强反应性的行为（如反社会行为、药物滥用等）。

因为参与观察引入了一种新的社会关系（观察者和被观察者），所以必须细心练习以排除这种关系的干扰。大多数情况下，观察者更愿意理解并赞成这种方法，但要保障数据的机密性和正当使用，防止观察者对有关信息的滥用。

（三）会谈法

在矫正领域大量的研究证据表明，会谈是一种很常用但最难掌握的一种评估手段。会谈评估是否成功，取决于会谈评估者能否从来访者那里获得准确和有效的信息。因此一个成功的会谈评估者，必须经过专门训练或特殊指导，否则难以从评估对象处获得准确有效的信息，对于下一步制定科学的矫正方案非常不利。会谈评估的具体方式有：

1. 非结构性会谈

允许评估者自由重复问题，引入新问题，修改问题顺序等，并且随来访者自发的思维系列而变化。其特点是灵活，便于评估者采用适合来访者不同情形的各种技术。作为评估者，有时可忽略一些看似无用的主题和引入起初没有列入计划的主题。经验丰富的评估者，还可利用来访者的内心冲突、焦虑情绪，结合其防御状况，诱发出他们所隐瞒的事实和病因。要做到这一点，需要会谈评估者不仅要有足够的经验、较高水平的技能，还要熟练掌握相关理论和概念，以及与会谈内容有关的一些背景知识。评估者通过非结构性会谈所掌握的有价值的信息，如来访者过去的历史、当前问题的描述、临床心理问题检查的结果，家庭成员和主要人物的看法等，据此对来访者的心理状况作出分析总结，然后针对问题和主要症状，对来访者应进行的治疗提出建议。

2. 结构性会谈

由于不同会谈风格和范围所导致的不可靠性，为减少非结构性会谈开始出现了结构性会谈，而且这种会谈已成为许多现代临床研究的基础。结构性会谈使用操作性诊断标准和定义精确的分类学研究成果，甚至还配有问题指向明确的记录系统。其重点是通过精神病的合理分支系统和反映症状——症候群消退的过程，以及这些问题的变化，应用计算机根据原始资料做出可靠的诊断。

（四）犯罪事实判断法

犯罪事实不同于一般的生活事实。一般说来，犯罪事实是在特殊或危机情况下的行为，而危机情况下的行为最能反映其人格的本来面目。因此，犯罪事实是判断犯罪者人格与心理状况的主要依据。分析犯罪事实重点应在以下三方面：

1. 分析犯罪性质

一般来说，犯罪人所犯罪行的性质在一定程度上能反映其人格特点，显示其主观恶性。杀人犯、故意伤害犯往往具有滥用暴力的人格特点，而诈骗犯往往具有不诚实的品格。

2. 分析犯罪方法、犯罪对象、犯罪心理

犯罪人的犯罪方法、对象及心理较深刻地反映其人格状况。例如：一个杀害孕妇的犯罪人，必然具有残忍、良心淡漠的人格品质。

3. 分析犯罪后的表现

对犯罪人的犯罪后的行为表现进行分析，也能在一定程度上透视其心理状况。如果行为人犯罪后积极抢救被害人、积极退赃，表明罪犯具有较多的常态心理，悔改余地较大。

许多罪犯存有"犯罪合理化"的思想，在问卷调查或谈话中，往往会美化自己或有意掩盖其犯罪思想。此时需要通过对犯罪事实的判断，窥见其具有个性倾向的犯罪心理，以心理测验结果作为基础，将上述方法综合运用，获得大量相互印证的信息，便于作出准确的判断。

第四节 罪犯心理评估操作

一、罪犯心理评估的程序

对罪犯的心理评估需要遵循规范的程序，以确保心理评估科学、公正。通常由罪犯心理评估小组进行，心理评估大致可分为以下几个阶段：

（一）评估前的准备阶段

"兵马未动，粮草先行"，评估前的准备是否充分，往往是心理评估能否顺利进行并取得成功的关键。因此，心理矫正科应当将其作为主要工作之一，高度重视。每组织一次心理评估，事前都要做好以下工作：

1. 确定评估小组成员

根据需要评估的罪犯的情况，选择1~2名直接管理、教育或矫正该罪犯的监区民警、医院医生与固定人员一起组成评估小组，必要时可邀请狱外心理专家参加。

2. 明确心理评估目标

就目的来说，是基础性评估，还是矫正性评估，或是预测性评估；就对象来讲，是针对个体的评估还是针对群体的评估。不同类型的评估，要求不同，需要准备的材料也不一样。因此，每次评估要明确对什么人，进行什么样的心理评估。

3. 通知心理评估事项

除特殊情况外，每次正常安排的心理评估都要提前通知评估小组成员，告知时间、地点、评估目的、任务和需要准备的材料等。

4. 准备心理调查材料

除特殊情况外，对罪犯的心理评估都是在心理调查的基础上进行的。因此，每次心理评估前，心理矫正科应当事前按评估小组成员人数准备下列资料：罪犯的基本情况、主要的生活史、犯罪史、改造史、家庭病史和个人病史及罪犯的心理测验数据与分析、罪犯面临的现实困扰等。由于评估的目的不同，每次准备的材料也不完全一样。一次评估多名罪犯时，要按评估的类型，安排好先后次序。

（二）鉴定和评价阶段

每次心理评估由评估小组组长主持，其主要程序包括：

（1）主持人宣布评估会开始，介绍评估小组成员，会议记录人，介绍评估目的、任务和要求。

（2）由负责心理调查的心理矫正人员介绍被评估罪犯心理调查的情况，包括调查的方法、条件、解释等。

（3）由直接管理和教育被评估罪犯的监狱民警介绍罪犯入狱以来的表现，尤其是目前可能面临的现实问题。

（4）由与会人员询问或发表鉴定和评价意见，询问既可以在心理调查人员或监狱管教警察介绍情况时进行，也可以在他们介绍情况之后进行，必要时还可以直接与被评估罪犯接触，了解有关情况。

（5）围绕争议问题进行讨论，最后根据多数人的意见形成评估结论。鉴定和评估阶段是罪犯心理评估的实质性阶段，记录员要对整个评议过程做详细记录，对评估结论有不同看法的，也应当记录在案。值得注意的是，心理测验的引入，大大提高了评估信息的数量和质量。但罪犯的心理评估不能过分依赖于心理测验的结果，必须建立在综合分析各种相关信息的基础之上，全面、深入和细致的罪犯心理调查，以及为心理评估积累了被评估对象的大量信息资料，包括通过测验、观察、面谈等不同途径获得的、有关罪犯现在的与过去的、心理的和行为的各种相关信息。但由于收集途径、表现形式等不同，各种信息之间有的可以相互印证，有的可能互相矛盾，有的还会真假难辨，这就需要评估者鉴别其真伪，排除其矛盾，把评估结论建立在充分的证据基础之上。

（三）提出建议阶段

心理评估首先要确定罪犯群体或个体的心理特征和行为倾向，或诊断罪犯个体有无精神疾病，如果有的话，还要确定是什么性质的疾病等，但这还不是心理评估的全部。对罪犯的评估，因最终是为了更好地对其管理、教育和矫正，所以，在对其评估的基础上，提出管理、教育和矫正建议也就成了评估的重要内容。这一阶段的工作主要包括：

（1）适宜在何种警戒等级的监狱关押，是否可以作为专项工种罪犯使用。

（2）适宜何种层次和形式的矫正活动，是否需要心理矫正部门跟踪矫正。

（3）具有人身危险性的罪犯，应当采取何种监管和控制措施。

（4）适宜从事何种劳动强度、技能等的劳动岗位。

（5）适宜参与何种层次的文化、技术教育，强制接受哪一方面的思想教育。

二、罪犯心理评估报告的撰写

撰写心理评估报告是罪犯心理评估中的重要一环，也是评估工作者必须掌握的一项基本技能。罪犯心理报告的一般格式大致包含以下几个部分：

（一）一般信息

罪犯心理评估报告的第一部分应注明实施评估者（兼职的社会上的心理学家或专职的监狱民警）的基本情况，以及被评估罪犯的姓名、年龄、被捕前职业、婚姻状况、住址、刑期、犯罪类型等，同时注明实施评估的日期。

（二）要解决的问题

罪犯心理评估所要解决的问题通常包括以下内容：

（1）确定被评估罪犯在认知或情绪上的具体问题。

（2）对被评估罪犯有无器质性损伤及其程度，以及由此起的机能障碍进行评估。

（3）区分出被评估罪犯的心理障碍是功能性障碍还是器质性障碍。

（4）根据有关心理或行为障碍的统计信息，对被评估罪犯存在的病态过程的范围、程度进行评估（例如日常劳动改造表现是否有反常行为，有没有证据证明这个罪犯有自杀的可能性）。

（5）被评估罪犯对于自己所存在的障碍的反应。

（6）找出心理问题的病因（例如，罪犯的内心冲突，主要的防御机制以及发作的趋势等）。

（7）鉴别诊断（被评估罪犯所存在的是焦虑性神经症还是精神分裂症，或者是其它的精神障碍）。

（8）为治疗方式的选择提供依据，根据评估结果对罪犯选择有针对性的心理治疗方法。

（三）实施测验及对其结果的解释

找对被评估者的具体问题，列出收集有关信息所用的测验，并根据评估的目的将测验进行分组。在选择测验时，要考虑评估的目的以及所用测验的信度和效度。

对测验结果的解释是整个罪犯心理评估报告中重要的内容之一。对测验分数的解释，一方面，要求主试者对所作的具体测验要熟悉了解，包括它的信度、效度、难度和常模的代表性，以及每一维度的实质含义和设计要求等；另一方面，要依靠主试者的临床经验和心理测量学方面的知识素养，充分考虑到受测试者的实际情况（文化程度、职业、是否有可能接触过测验中的问题等）和测验的具体情况（是否有干扰，被试当时有无情绪波动或身体不适等），防止对测验分数作出千篇一律的刻板解释。同一个分数可能是由不同的原因造成的，对同一分数也可作出不同解释。例如，在个性测验方面，由于个性测验的答案没有对和错之分，所以个性测验的情况比较复杂。由于每个人的具体情况不同，相同的个性特点对某个人来说是良好的适应，而对另外一个人来说也许是适应不良。同一种得分，由于心理活动倾向不同，可以作出不同甚至完全相反的解释。譬如，在16PF测试中，杀人犯的敢为性标准分10分，警察敢为性也是标准分10分，前者是作案的凶残性，后者是为抓捕罪犯不惜牺牲自我的勇敢性。所以在多数情况下，要对其个性各因素的特点作出综合分析和判断，才可能获得正确的诊断结果。

（四）背景信息

在罪犯心理评估报告中，不应只看到报告测验结果和解释而忽略了某些个人生活历史等背景信息。这些背景信息包括罪犯目前的生活情境和具体的困扰因素，目前的主观感受和存在的客观问题、困扰的持续时间、初次出现困扰时的情境以及这些问题对其生活情境的影响。另外，还包括个人生活的历史信息，如家庭情况、经济情况、受教育历史以及职业历史、社会经验和躯体健康状况等。

（五）行为观察

在实施会谈或测验的过程中，应注意被评估罪犯的行为表现，特别是那些与测验结果的解释和要解决的问题有关的行为，包括被评估者参与测验的愿望、注意到广度、测验中的停顿，以及不寻常的反应等。对观察到的行为要有详细的记录，并要有例证。但对于那些大多数人都可能出现的行为，如进行测验时的好奇、疑虑可以做记录。更重要的是要记下那些出乎意料的、不寻常的以及某一罪犯所特有的行为。

（六）危险性预测

在对被评估罪犯进行了全面的评估之后，在评估报告上应写明该罪犯危险性的大小以及在哪些方面有危险性，是自杀、伤害他人、毁坏物品还是存在操作方面的危险性。这是整个罪犯心理评估报告最难写的部分，一方面，由于我们是根据现状推知将来，不管是从预测手段还是预测标准来看，都没有现成的预测效度很高的工具；另一方面，由于监狱环境的特殊性，时常会有难以预料的影响因素，激惹、敌对的气氛往往诱发罪犯危险性行为。此外，对有明显心理障碍的罪犯，在接受不同的治疗或干预措施之后，心理障碍或行为障碍的干预后变化也不尽相同。尽管如此，这种预测在评估报告中必须要写，尤其是当被评估罪犯存在攻击性危险时（对他自己或他人），更应认真书写这一部分内容，并尽量写明预测的依据，以便同行进行参考和会诊。

（七）总结与建议

这是罪犯心理评估报告的结论部分。主要有以下内容：

1. 小结

即对前面几部分的内容分别用一两句话进行概括，要求明确、具体，让被评估者对前面的内容能有概貌性的了解。

2. 诊断

在给出诊断时要特别慎重，因为对心理异常的诊断难以做到准确无误。如果必须作出诊断，应根据现有的数据和资料作出谨慎的推理，同时列出这样的做的依据。

3. 建议

为了扩大罪犯心理评估报告的用处，有必要对被评估罪犯提出一些具体的指导性建议，包括改善性的或补救性的措施以及接受某种形式的治疗等。对有攻击性行为的罪犯，应结合有关的法律和其在改造过程中的具体活动提出相应的保护、防范建议，以供监管、教育改造时参考。

下面介绍一个关于罪犯心理评估的具体例子：

关于服刑人员李××的心理评估

一、一般信息

评估者：×××。

被评估者：服刑人员李××，男，21 岁，未婚，入狱前系××大学三年级学生，因犯故意杀人罪被判处有期徒刑 20 年。

二、要解决的问题

1. 李××在认识上或情绪上的具体问题是什么？

2. 李××的心理问题属什么范围，程度如何？是机能性障碍还是器质性障碍？

3. 李××对自身心理问题的认识程度如何？

4. 李××心理问题产生的原因有哪些？

5. 对李××应选择什么样的心理矫正方法最有效？

三、测验及结果解释

对李××进行 16PF 测验，结果如下：

A-6，B-10，C-3，E-7，F-4，G-5，H-5，I-6，L-8，M-6，N—6，O-9，Q1-6，Q2-6，Q3-1，Q4-10。测验结果表明，罪犯李××在个性上具有高智商、高怀疑、高焦虑、低自律等特点。其它测验如 EPQ、MMPI 等，也得出类似的结论。

四、背景信息

通过对过去与李××有过交往的各类人员（父母、同学、朋友等）进行调查，人们普遍认为，李××比较聪明，学习成绩好，有一定的体育特长。但他在个性上的不良特点也很明显：性情暴躁，情绪极不稳定，遇事容易冲动。思维偏激、片面、固执，爱钻牛角尖，听不得别人的半点意见。即使自己有错误，当时认了错，以后又不认账，反复无常，自我反省意识很差。在与同学交往中，狭隘自私，自我中心，敏感多疑，心胸狭窄，争强好胜，报复心强，得理不让人，无理也纠缠不休。因此，同学们为避免麻烦，与他交往都小心翼翼或采取敬而远之的态度。他平时与别人交往也较少，比较孤僻。

五、行为观察

通过观察，发现李××在心理测验过程中配合很好，并且很想通过测验了解自身的心理问题与心理困扰。在服刑中，李××对待学习、劳动态度比较积极，没有不良表现。但他很少与人交往，少言寡语，焦虑情绪明显。

六、危险性预测

根据各方面的资料，可以预测李××在服刑过程中存在自杀危险性（事实上李××在被逮捕过程中自杀未遂）。如果不对与他有关的各种矛盾作妥善处理，也存在伤害他人的危险性。

七、总结与建议

1. 小结：服刑人员李××因个性不良而走上杀人犯罪的道路，但他认识能力正常。在监狱中改造表现正常，但抑郁、焦虑情绪明显，应加以重点防范和矫正。

2. 诊断：李××属偏执型人格障碍。

3. 建议：多用认知疗法挖掘其不良情绪产生的根源；及时有效地化解周围矛盾，避免矛盾激化导致不良后果。

三、罪犯心理档案的建立和使用

所谓罪犯心理档案，是指监狱通过多种心理评估方法积累起来的有关罪犯人格特点、心理障碍与疾病、行为习惯等内容的记载，以及针对罪犯心理问题制订的矫正方案及实施矫正效果的记载，还有能反映罪犯心理发展轨迹的文字、图表、音像等专门性材料。

建立罪犯心理档案，是罪犯心理矫正的基础和经常性工作之一，应予以高度重视。首先，建立罪犯心理档案，可从中摸索出罪犯服刑期间现实的心理发展轨迹，这对于丰富罪犯考核内容，实现考核工作的科学化、系统化，提高改造工作针对性，具有重要的意义。其次，开展心理矫正工作本身也需要有准确的心理诊断结论和丰富、翔实的心理活动资料，这些资料需要在心理评估之后作专门记载。在实施心理矫正过程中，也需要将采取的矫正措施及取得的效果等在心理档案中如实地记载。再次，通过罪犯心理档案，综合分析罪犯心理发展变化的轨迹，为我们预测罪犯出狱或假释后有无再犯罪的可能性提供充分的依据。最后，罪犯心理档案还为我们从事科学研究提供了充分的数据和事实资料。

（一）罪犯心理档案的主要内容

除必要的自然情况外，罪犯心理档案应由以下主要内容组成：

（1）心理测验结果及评估结论。心理测验资料，一般应包括常用的几个心理测验量表的检测资料。评估结论主要应对罪犯个性缺陷、犯罪的主客观原因和改造重点作出判断。

（2）罪犯自述材料。主要叙述犯罪心理形成和演变的过程，对自我犯罪原因的认识，对人生历程经验教训的总结。

（3）罪犯生活史及评语。在评语中，应对其社会化程序和主要缺陷做出判断。

（4）罪犯是否有某种变态心理、人格障碍及精神病史。

（5）对罪犯的心理矫正方案。包括拟采取的主要矫正措施，实施矫正的阶段及人员分工，预期达到的矫正目标等内容。

（6）心理矫正实施情况及疗效检测记载。

（7）对服刑过程中发生的重大事件和重要变化所作的心理分析。

（8）定期进行的矫正成效评定材料及罪犯集体评定记录。

（9）为检测矫正质量所进行的模拟情境实验及其效果。

（10）罪犯自我矫正成效评定材料及罪犯集体评定记录。

（11）罪犯改造状况起伏变化及心理发展轨迹图。

（12）针对犯罪原因所采取的某些生化实验研究和医疗措施及其效果。

（13）罪犯心理咨询记录。

（14）罪犯心理治疗记载及其疗效。

（15）对出狱人员进行的再犯罪心理预测及行为倾向判断。

（16）出狱后的帮教、监督建议。

（二）怎样建立和使用罪犯心理档案

建立罪犯心理档案，技术性强，又需要耗费一定的时间和精力。其一，要选择那些责任心强、懂得心理学知识的民警承担这项工作，并要对他们进行专门训练，让他们认识到建立心理档案的意义和要求，学会正确地运用心理测验，客观地分析测验数据，掌握建档的基本技术。其二，要搞好试点，防止一哄而起，搞形式主义，要通过样板示范和及时交流经验，推动这项工作逐步展开。其三，要注意罪犯心理档案在内容上的完整性，应全面反映罪犯的人格状况，不仅要着力诊断罪犯的心理缺陷和人格障碍，还要充分发掘和全面记载其常态心理和人格中的闪光点。其四，罪犯心理档案的建立和不断充实完善是一个动态的过程，应把这项工作贯穿于罪犯改造过程的始终。

关于罪犯心理档案的使用，应明确以下几点：首先，罪犯心理档案一般只供心理医生和矫正专业人员查阅、使用，其它监狱民警经过批准，可以查阅，但应由有关专业人员进行指导，对心理测验数据做出科学解释，防止错误理解。其次，在使用心理档案的资料时，要全面考虑问题，对档案中的项目或结论，与其它方面联系起来思考和运用，切不可断章取义、孤立地看问题。最后，要遵守心理测验和心理咨询的基本规则，对不宜公布的事项，不能在日常工作中加以引用，以免降低心理矫正工作的威信和水平。

思考题

1. 什么是罪犯心理评估？它包括哪几种类型？
2. 试析罪犯心理评估的过程和原则方法。

罪犯心理咨询 ●

1. 罪犯心理咨询的相关原理。

2. 罪犯心理咨询的方法。

■ 导入案例

基本情况： 罪犯程某，女，34 岁。因犯盗窃罪被判处有期徒刑 11 年，在某女子监狱改造。因对自己调换监区不满，试图自杀，求助心理咨询师。

第一节　罪犯心理咨询概述

一、心理咨询与罪犯心理咨询相关原理

（一）心理咨询与罪犯心理咨询

1. 心理咨询

心理咨询，是心理学的一个应用领域，它是由心理与咨询两个词所组成的复合词。咨询的基本内涵是商讨或协商，因而也有交谈、考虑、反省、深思、忠告等意思。心理咨询是指受过专业训练的咨询者运用心理学的理论和方法，在建立良好咨询关系基础上，帮助求助者排除心理问题的过程。

2. 罪犯心理咨询

罪犯心理咨询是在罪犯服刑过程中，由监狱专业人员通过心理会谈等咨询技术和方法，帮助求询罪犯解决心理问题，促进心理健康发展，实现罪犯

重新社会化的活动。对罪犯心理咨询内涵的理解应把握以下几个要点：

第一，罪犯心理咨询的主体是经过专门训练的监狱人民警察。

第二，罪犯心理咨询的对象是正在监狱服刑的罪犯。

第三，罪犯心理咨询是运用心理学的原理和方法进行的，不是简单的教诲。

第四，罪犯心理咨询的目的不是由咨询者解决问题，而是引导求询者自己解决问题。

（二）罪犯心理咨询的原则

罪犯心理咨询原则是指罪犯心理咨询过程中必须遵循的基本准则。对罪犯心理咨询工作具有指导意义，罪犯心理咨询所坚持的原则，有些与社会上心理咨询原则是相通的，有些是自身特有的。作为监狱心理咨询顺利开展的必要条件，罪犯心理咨询主要应当遵循以下原则：

1. 确保安全原则

确保监狱安全原则是指监狱安排心理咨询工作，或心理咨询人员从事心理咨询的过程中，要充分认识到罪犯心理咨询工作的特殊性，考虑各种可能的风险，采取措施确保咨询人员的人身安全。一方面，出于咨询工作自身的需要，咨询人员，尤其是女性咨询人员，常需要单独面对有这样或那样心理异常的罪犯；另一方面，受到客观条件的限制，心理咨询还难以保证在有完备的安全设施场所进行，因此，心理咨询员往往会面临更大的安全风险。所以说监狱大力推动面对面的咨询工作，必须在确保咨询人员自身安全的前提下积极稳妥进行。

2. 咨询双方平等相处原则

罪犯心理咨询是通过建立良好的人际关系来实现的。在咨询过程中，最为重要的是与求询罪犯建立起信任的关系。咨询师与求询者之前的关系应是平等的关系，双方在同一地位来商量问题，选择双方都能接受的方式，分析求询者所面临的问题。在监狱，由于罪犯地位特殊，加之咨询人员又大多是监狱人民警察，不仅求询罪犯容易对咨询员产生不信任感，而且咨询人员的职业习惯也会使他们居高临下，漠视求询罪犯，这就形成了咨询障碍。因此，建立双方平等的关系，就成为咨询者自始至终要遵循的原则。

3. 诚恳、尊重与理解支持相结合的原则

咨询者对求询罪犯要以诚相待，并尊重他们的人格，无论求询罪犯提出什么样的问题，都要沉着冷静地对待。尤其是求询罪犯容易心存疑虑，不会一开始就直言不讳地吐露真情，因此，咨询人员要热情诚恳接待来访罪犯，高度尊重罪犯。保持细心、耐心，以便解除求询罪犯的心理顾虑。对来访罪犯所存在的心理问题要给予理解，给予真诚的关怀与帮助。

4. 启发疏导原则

罪犯心理咨询是一个帮助罪犯自我认知，自我改变的过程。咨询者不能说教，只能是启发、疏导罪犯面对现实，自觉调整看问题的角度。这一原则还要求咨询者应站在求询者罪犯的立场与其平等分析所面临问题的性质、原因，共同探讨各种可能的解决问题方案及利弊关系，并鼓励罪犯自我选择。咨询者切忌包揽问题解决的方法，应着力启发求询罪犯依靠自己来克服困难、解决问题。

5. 循序渐进原则

罪犯求助问题千差万别，有重有轻，但都和其错误的或不完全的社会化导致的人格缺陷有关。因此，要从根本上消除或缓解罪犯的异常心理，要坚持长期性和渐进性原则。在咨询过程中，要本着完善求助罪犯人格，消除或缓解其心理困扰的思想，循序渐进地帮助罪犯提高适应能力。要充分认识罪犯心理矫正的长期性和艰巨性，坚持咨询与矫正相结合，反复抓，抓反复，使求询罪犯在消除或缓解异常心理的同时，其人格得到逐步的完善。

6. 保守秘密原则

尊重求询罪犯的个人隐私权既是咨询人员职业道德的要求和法律的责任义务，也是心理咨询本身性质所决定的。如果不这样，就不会取得罪犯的信任，也就不会使咨询矫正工作顺利有效地开展。在实践中，一些求询罪犯在咨询过程中，由于担心自己的秘密被泄露出去，因此在陈述过程中有的话遮遮掩掩，有的再三强调保密，有的甚至以各种方式试探咨询人员的诚信。没有保密则意味着心理咨询失去存在的基础。当然，为求询罪犯保密，并不意味着咨询过程中所有情况不能公开，比如，咨询员在咨询过程发现求询罪犯有逃脱迹象，一方面，要通过咨询为其消除这些不良念头，另一方面，要及时将情况通报有关人员。相关人员应该注意策略的对求询罪犯采取必要的措施。

（三）罪犯心理咨询的内容和形式

1. 罪犯心理咨询的内容

罪犯心理咨询的内容可以从三个层次来划分：一是障碍咨询和发展咨询；

二是个性与社会心理问题的咨询；三是实际问题的咨询。根据调查归类，罪犯心理咨询主要涉及以下几方面内容：

（1）狱内人际关系问题。人际关系紧张可导致心理问题、神经症等一系列异常心理。求询罪犯在服刑期间所涉及的人际关系主要来自两方面：一是与监狱人民警察，二是与同监关押的罪犯。监狱人民警察作为监狱的管理者，具体负责对罪犯的教育、管理等工作，可以说在一定程度上，罪犯的改造表现最终取决于干警的评价，由于双方身份上的差异，双方处于管与被管的关系，罪犯在如何与干警处好关系上常处于内心矛盾之中，特别是在被受到误解、受到不公正待遇或受到处罚影响其切身利益等情况时，罪犯会担心监狱人民警察看扁自己而与其产生紧张关系。如有的表现为公开对抗，有的表现为消极悲观等。在与其它罪犯的关系问题，一方面，罪犯间朝夕相处，良好的人际关系不仅能给他们带来安全，而且能满足情感交流等情感需要。另一方面，由于罪犯个性方面的缺陷，改造利益的相互冲突等，罪犯之间经常会因生活琐事、帮派、利益等发生冲突，在这些冲突中，处于弱势的一方，往往会因安全受到威胁、感到孤独等产生严重的心理压力。

（2）婚姻家庭问题。罪犯婚姻家庭关系体现在两个方面：一是已婚罪犯，担心配偶提出离婚、对自己不忠或出走，担心子女无人抚养，子女的生活、学习无着落，担心老人无人养老送终；二是未婚罪犯担心父母不管，兄弟姐妹冷漠等。

（3）政策法律问题。求询罪犯涉及的法律政策问题主要是：一是与定罪量刑有关的法律政策问题；二是与奖惩有关的法律政策问题；三是与财产分割、继承、债务等相关的法律政策问题；四是与处遇相关的法律政策问题。

（4）改造前途问题。一方面为积极改造，争取早日回归而欢欣鼓舞。另一方面又为出狱后将面临的一系列问题忧心忡忡，这种矛盾心理，使一些罪犯食无味，睡不香，出现各种心理异常反应。

2. 罪犯心理咨询的形式

罪犯心理咨询目标的层次性，心理异常程度的差异性，咨询所涉及内容的事实性以及咨询对象的广泛性，决定了罪犯心理咨询的形式也应该具有多样性。从来访者人数来分，可分为个别咨询和团体咨询；从咨询途径来分，可分为面谈咨询和书信咨询等。下面具体介绍几种在监狱中开展罪犯心理咨询的形式。

（1）面谈咨询。面谈咨询是罪犯心理咨询最主要最常见的形式。它是咨询员在咨询室坐等来访罪犯上门咨询，并以谈话方式为主的一种咨询方式。面谈咨询不仅可以使来访罪犯充分详尽的倾诉自己心中的烦恼、焦虑不安，而且可以通过面对面地交谈使咨询者对求询罪犯的心理进行全方位了解，作出正确、全面的诊断。

（2）电话咨询。电话咨询是利用电话对求询罪犯进行劝告、安慰以及引导的咨询形式。电话咨询是一种较为方便、迅速及时的心理咨询方式。由于电话咨询不必通报姓名，具有一定的隐匿性，所以在监狱中，电话咨询被罪犯认可的程度较高，在罪犯心理咨询中占据主要的地位。电话咨询要求在监区设置专用的心理咨询电话，电话的置放应具有隐私性，不受外在因素困扰，更不能监听。电话咨询员要具备较高的素质，对各种各样的罪犯应对自如，有效控制电话咨询时间，对电话咨询罪犯中问题比较严重的应及时引导其求助门诊咨询，以求得更多的帮助。

（3）通信咨询。通信咨询就是通过书信往来的形式进行咨询。通信咨询方式不受时空的限制，简答易行，特别是对不能当面求询，或有难以启齿的咨询问题时，书信咨询就十分方便。监狱心理咨询部门应当在狱内设置咨询信箱，为求询罪犯提供咨询便利条件。当然，书信咨询由于不能通过观察对方的表情等身体反应，同时求询罪犯文字表达能力的限制，使得咨询者对求询罪犯的真实状况难以判断，应与面谈咨询相结合。

（4）团体咨询。团体咨询是同时对多个求助者开展咨询的一种形式。团体咨询一般有两种形式：一种是由有共同问题的来访罪犯自愿组成的；另一种是由心理咨询员把存在共同问题的来访罪犯组织在一起的。团体咨询的规模一般以10人左右为宜。团体咨询的优势是求询者问题相似，具有解决问题的通切性。在相互交流中当求询罪犯了解到其它人也有与自己类似的苦闷时，就会减轻原有的心理负担，消除孤独感，特别是对因害羞、孤僻而人际关系紧张的罪犯，具有特别的效果。其劣势是人多，咨询人员难以顾及每一个求助罪犯的特殊问题，难以保密深入。因此，应当将团体咨询与个别咨询有机地结合起来，才能收到最好的咨询效果。

二、导入案例解析

（咨询师问以下简称问，程某答以下简称答。）

问："我能为您提供什么帮助吗？"

答："我要向你们领导反映我们监区李教导员整我的情况。"

问："哦，什么情况？"

答："事情是这样的，李教给我调换监区是有意整我，她想整死我，我要向你们领导汇报，如果我死了，那就是李教害的。"

问："为什么？"

答："因为李教与周队长（另一监区）两人关系好，周队长对我的'桥子'赵某不帮她洗头很不满意，就将不满意转嫁到我头上来，这是报复。"

问："不会吧！监狱民警不会因为一点小事，去罚哪个罪犯。"

答："这肯定是报复，我没违反什么纪律，怎么把我从三监区调到二监区，我一定要讨个说法，还我公道。"（程某此时情绪非常激动。）

问："你冷静一点，这里面肯定有误会，你能不能把最近发生的事情告诉我？"

答："是这样的，我一直表现不好，从 2000 年入监以来，换了几个中队都不理想，过去我经常在中队打架闹事，民警都知道，坏得出了名。自调入四监区后，中队民警对我很好，特别是丁指导，她没把我疼死，让我当了中队电工，还给了我一个季度大会表扬，我自从到了四监区后违纪也少了，整个人都变好了……"

问："是吗？"

答："是的，我在这里拼命地改变自己，好不容易在民警中形成了好的印象，现在到了二监区，人生地不熟，听说二监区严格管理是出了名的。李教办公室就在二监区，她对我不满，那还不把我往死里整。我活不下去了，我在死前一定要让全监狱的民警都知道，我要是死了，那是李教害的。"

问："你怎么知道在二监区活不下去了呢？"

答："大家都知道，二监区管理是出了名的，完不成生产任务，接见都不允许。"

问："是吗？你怎么知道二监区一定不适合你呢？原来你在三监区不是一样改造自己吗？"

答："那不一样，在那里我有一个好姐妹，她处处帮我，罩着我，我们两人志趣相投，她在生活上经常接济我，我家中长期无人接见，生活用品都是她给的，有什么事都是她帮我出头的。10月20日，车间里两个犯人打架，我去劝架，被她们打伤，我的姐妹赵某拿起板凳上前将她们两人打了一顿，为我出气。"

问："是不是因为赵某违纪，而将你们分开呢？"

答："那不是的，我又没有违纪，我好心劝架，挨了打，不表扬我，还把我调走，我不服，这不是李教的报复又是什么呢？即便调队也不应该调我，应调赵某，是她违纪，现在民警至今没有处理她。"

问："哦，问题可能就出现在这里，李教怕你的'桥子'再为你违纪，所以将你们分开。"

答："那不会，那不会，这肯定是李教为报复，才给我调走。"

问："你的情况我已经清楚了，我会将你的情况与你们分监区指导员联系，并与李教联系，让李教与你沟通后消除误会。"

答："我希望领导为我作主，还我公道。"

咨询完，程某情绪稍微平复。

心理分析：程某入监后，因家里贫困，很少接见，生活用品匮乏。最近因私发信件，被撤销了分监区电工职务，这是对程某的第一个打击，紧接着分监区又宣布停止程某第三季度大会表扬，加上前不久其丈夫提出离婚，程某倍受打击。平时程某对赵某非常依恋，监区内的服刑人员认为二人有同性恋倾向。分监区为了稳定改造秩序，多次研究要将赵某与程某分开，为此，李教才将程某作出调动决定。利用中国罪犯心理测试个性分析心理测验（COPA-PI）对程某进行测试，结果发现程某的情绪稳定性（PD2）61分，冲动性（PD4）61分，攻击性（PD5）65分，报复性（PD6）70分，焦虑感（PD10）71分，心理变态倾向（PD12）64分。

诊断结论：程某系由调动这个应激事件引起了认知偏差和归因错误，伴随一定的被害妄想观念，有自杀动机和危险。

矫正对策：

（1）评估：从程某到心理咨询室叙述得知，在调动当天，曾试图吞剪刀两把，后来自动终止；如果"讨说法"未果，有可能实施自杀。这说明，其一，程某尚有自制力。其二，程某主动向咨询师求助，有挽回余地。其三，程某的危机是由于主观上错误地认为李教的决定出于所谓的报复引起的。其四，程某对二监区怀有强烈恐惧感，一旦让其知道能适应这个环境，即能降低程某的心理压力。

（2）制定方案：根据上述评估，制定相应目标。其一，针对其"讨说法"心态，给她一个说法，降低其心理压力。其二，为其营造一个良好的改造氛围，消除其对二监区的恐惧。其三，消除应激源，请李教亲自向程某解释调动她的真正原因，解除误会，化解由此产生的自杀动机。其四，树立其改造信心，使其克服依附性强的缺点，让其自立自强。其五，指导其树立生活的勇气和信心，勇敢面对现实。

（3）具体实施：首先，分监区指导员谈话安抚，指导员对程某说："咨询师已将你的情况告诉我们，调动你是因为工作需要，我们这里缺电工，到时候还可以安排你从事电工岗位。你劳动积极，根据你的表现，我们将来还可以考虑你的减刑。"其次，要求二分监区及时为程某调整监号，并安排专人24小时监控，以免发生危险。指定一个老乡作为程某的知心朋友，从生活、生产等方面关心程某，并要求同监号罪犯共同为程某营造一个良好的改造氛围，用家的温暖来感化程某。最后，请监区指导员向程某解释调动原因。经过几次咨询，程某表示："谢谢咨询师的关心，这次教训是深刻的，我一定努力改造，我现在已经适应这里的改造环境，分监区民警对我都很好，请你们放心。"

从以上案例我们可以看出心理咨询与个别谈话教育的区别所在。心理咨询不求教训他人，而求开导他人；不是替人决策，而是帮人决策，心理咨询是助人自助。

第二节　罪犯心理咨询的程序

一、罪犯心理咨询的过程

（一）罪犯心理咨询环境条件的准备

罪犯心理咨询的环境条件准备，主要包括硬环境和软环境。

第一，良好的硬环境是指要有一个与罪犯顺利进行交谈而又不受干扰的场所。心理咨询场所要远离噪音源，并又良好的采光条件。温度要适宜，咨询时无关人员尽量回避。如果无关人员在场，一是易于增添或造成紧张气氛，使罪犯原本紧张的心理更加紧张不安；二是罪犯心有余悸，担心他人过多的了解于己不利，由此产生心理负担，甚至沉默或吞吞吐吐，导致咨询工作不能顺利进行。

第二，良好的软环境是指为咨询的罪犯主动自由地倾吐内心的秘密创造轻松热情的情境。创造这种情境，应该从以下三方面着手：一是创造良好的咨询关系。罪犯虽然犯罪且心理上具有缺陷，但咨询员不能像执法者、管理者角色那样板起面孔，而要与罪犯友好相处建立融洽的咨询关系，要与罪犯对等的商量问题，不能居高临下，要予以最大的支持和接受，亲切关怀，平等待人；二是冷静对待罪犯的发难。对罪犯的发难切勿急躁、激动，应该冷静灵活地对待，巧妙地把问题分解，引导罪犯进入既定的心理咨询轨道。任何不冷静的行为都会破坏良好的气氛，甚至导致咨询的失败；三是避免在比较敏感的现象或问题上纠缠。在咨询过程中有些罪犯会直率地提出某些比较敏感而且难以在短时间内给予清楚回答的问题。如比较敏感的社会问题，狱内管理中出现的某些问题，对刑罚的态度问题等。他们或者伺机表达自己的看法，或是发泄内心不满情绪，或是寄希望于心理咨询，以寻求心理平衡、解除困惑的方法。一旦提出后，就要试图与干部"探讨"清楚，在此情况下，对具体问题要给予积极的引导，回答要简明扼要，不能长时间地纠缠于一个问题，以免冲淡咨询的主题和良好气氛。

（二）建立良好的咨询关系

罪犯心理咨询活动是一种特殊的人际互动，而这种互动又建立在良好的咨询关系上，是咨询成功的基础。咨询者应该把这种关系限制在既能顺利进行工作，又不使求询罪犯形成对自己依赖的范围。咨询人员要获得求询罪犯的信任，除了自己具有专业知识、良好的职业道德外，还需要做到以下几点：

1. 充分尊重求询罪犯

由于求询罪犯的特殊身份及心理问题的影响，他们普遍存在自卑与顾虑，特别渴望获得尊重、接纳、信任。咨询员对他们的尊重会给他们创造一个安全、温暖的咨询软环境。因此，咨询员在接待求询罪犯时，首先，要完整地接纳他们。其次，咨询双方在人格上要平等，咨询关系是唯一的。最后，对求询罪犯应以礼待之，对求询罪犯不蔑视、嘲笑，保守其秘密。

2. 咨询过程充满温暖、热情

从首次接询的问候到送出的热情，让罪犯充分感受到最友好的接待，给求询罪犯留下良好的印象，消除或缓解求询罪犯的不安心理，让他们感受到自己被接纳、理解和欢迎。

3. 真诚对待求询罪犯

咨询员真诚的态度不仅可以为求询罪犯提供一个安全求询的氛围，还为求询罪犯提供了一个榜样，对求询罪犯产生积极的心理影响，使其以真实的自我与人交谈，坦然表露自己真实的心态。

（三）收集资料阶段

正所谓对症才能下药，要帮助罪犯有效的解决心理问题，必须翔实地收集和了解罪犯的资料，全面掌握罪犯的各种信息资料。包括罪犯的基本情况、基本性格特征、捕前成长的家庭背景及生活条件相关情况等。只有这样，咨询人员才能切实把握问题实质，并为求询罪犯作进一步的归因分析。

（四）解剖问题，恰当归因阶段

这一阶段的重要工作是根据收集到的有关资料，分析判断求询罪犯心理问题的类型和程度。首先，判断心理问题的类型。通常是遵循从重到轻的顺序筛选出求询罪犯存在的心理问题。如果来访罪犯的心理问题是比较严重的精神病症状，这就超出了咨询员的能力范围，应及时转接。若排除精神病，则考虑是否有可能是神经症；接下来则是一般的心理问题；再接下来是发展性心理问题。其次，判断来访罪犯心理问题的严重程度。最后，确认来访罪犯问题的性质。

（五）确立咨询目标阶段

所谓咨询目标就是双方预期的咨询效果。确立咨询目标应注意以下问题：一是咨询目标是具体的，目标不具体，就难以操作和判断，就难以见到效果；二是咨询目标的可行性，它不能脱离现实，要根据来访罪犯本身的潜力、现有水平及周围环境来确定，要达到"跳一跳，够得着"；三是咨询目标是多层统一的，咨询目标属于心理问题；四是咨询目标应是双方都能接受的。

（六）制定方案，解决问题阶段

根据求询罪犯心理问题的性质、程度，结合已确定的咨询目标，为完成改变、实现目标设计出一个具体的行动方案。方案应明确咨询期里达到的目标或结果；双方的责任、权利义务；具体咨询次数与时间的安排等，咨询方案应由双方共同商定。

二、实践应用

罪犯刘某某，男，因犯抢劫罪被判有期徒刑6年。该犯在服刑期间，情绪极不稳定，经常顶撞干部，心理极不平衡，失去生活信心。把干部对其的教育视为与他过不去，时好时坏，逐渐发展为破罐子破摔。在劳动中，出工不出力，把正常劳动看成是苦役，拈轻怕重，为逃避改造而自伤自残，但对一些冒险性、刺激性的特殊劳动项目，却表现出异常的兴趣。例如，在修葺房屋时，他不顾个人安危，在无任何人授意的情况下，主动爬上房顶，而且干得干净利落，对挖下水道这样的脏、累、苦活，其它人想逃避，他却主动揽过来。工具不合适，大冷的天，下水用手挖也不叫苦不叫累，对正常的劳动却表现出抗性，因此曾被两次关禁闭。有效积分仅2.9分，累计扣分高达137.4分。

心理咨询过程：该犯拿着一大卷子走进心理咨询室。主动求诊，寻求解决当时困境的办法。咨询人员严格遵照心理咨询的原则，给予热情接待，在平等、和谐、相互信任的情境下进行交谈，并承诺对不愿讲给他人的事给予保密。该犯对自己的现实状况及以往生活经历进行倾诉：其母有精神病史，父母长期不合，父亲教育简单粗暴；他经常逃学，11岁开始偷窃，24岁时因判刑2年而离婚，前妻携儿改嫁；30岁时又自由恋爱找了一个比自己小10岁的对象并又生了一个女儿，自己岳父家为给其儿子换亲，常逼迫其妻改嫁，独生女面临有父"无父"，有母"无母"的惨局；70多岁高龄、体弱多病的父母和瘦弱的妹妹，在农村照看孩子，生活十分拮据（谈到这些时，他禁不住眼泪汪汪）。这些都使他心烦意乱，焦躁不安。在第一次咨询时，咨询者表现出积极、理解、友好和坦诚，并请他做了卡式16种个性因素测验（16PF）。

第二次会谈时，首先结合他的成长史及改造表现，对16PF的测验结果予以耐心解释、分析，然后共同商讨，制定咨询目标：一是3个月内达到不出现负分；二是半年内争取拿到平均应得分；三是半年后争取得奖分。在完成目标的过程中，首先从浅层上控制外显冲动、易怒行为，在此基础上，进行深层次的咨询，通过合理情绪认和认知领悟，逐步改变个性上存在的问题。历时1年，经过14次咨询，该犯对自我的认识不断深入，自制力得到增强，学会了现实地分析问题和寻找解决问题的方法，经过改造有明显的转变。

第三节 罪犯心理咨询技术和方法

一、罪犯心理咨询技术

（一）会谈的技术

会谈技术是指心理咨询的基本技术，在罪犯心理咨询中，合理应用会谈技术不仅可以增强来访罪犯的谈话动机，还可以减轻来访罪犯对会谈的焦虑。应用会谈技巧应注意以下几点：一是及时对来访罪犯的谈话给以强化或鼓励，高度注意、关心来访罪犯所讲的内容，在适当时告诉罪犯讲得很好，他的谈话对你很有帮助等；二是告诉来访罪犯对会谈资料予以保密，除本人同意外，决不向任何人泄露；三是应以宽慰与接纳的态度尊重对方意见，不做其为难的事。例如：在咨询员和求询罪犯尚未熟悉，咨询关系尚未建立信任时，要特别注意尊重对方，不要求对方去谈不愿谈及的事情；四是用"是的""还有呢"等过渡性语言表示自己对对方谈话的态度；五是适时对求询罪犯的谈话内容进行概括。

（二）关注技术

关注就是指关心、重视。人都希望得到别人的关注，特别是当一个人面临各种困境时，这种需要表现得更为强烈。服刑罪犯在与社会隔离、远离亲人的环境中，常常面临挫折，倍感孤独、苦闷，非常需要他人的关心和重视。咨询人员在咨询过程中，给予求询罪犯关注，不仅能满足他们当时对关注的需要，而且体现了对他们的尊重，因而是建立互相信任关系的重要基础。如何应用关注技术，主要有以下几种形式：

1. 躯体姿态

以躯体姿态表现对求询罪犯的关注，一是保持良好的目光接触，让其时刻感到与他同在；二是咨询双方的座椅高低适当，间隔距离适中，座位保持一定高度，这样可以避免求询罪犯产生局促不安情绪和心理的不平衡感；三是表情自然、真诚，让对方感受到沟通氛围轻松自如。

2. 非言语沟通

通过必要的眼神、手势及动作向求询罪犯传递相应信息，与求询罪犯进行非言语互动。在运用非言语沟通时，一是要注意理解自己非言语沟通传递的信息，二是要随时察觉这样信息对求询罪犯的影响，从而掌握罪犯相应的心理反应。

3. 情感方式

情感方式是关注的最高境界，运用情感方式进行躯体的非言语沟通，能够给求询罪犯一个整体形象，对提高咨询效果具有重要意义。

（三）倾听技术

在心理咨询过程中，咨询者在采取任何行动之前，都要仔细地倾听求询罪犯的叙述。耐心的倾听，既是为了全面深入了解情况，也是表示对求询罪犯的关注和兴趣。它是建立良好咨询关系的重要条件，也是咨询成功的基础之一。岳晓东博士曾经说过："做好心理咨询一定要学会出租自己的耳朵。"掌握运用倾听技术，应注意把握以下几点：一是耐心听取求询者诉说，做一个忠实的听众，不因求询者的表达方式、倾诉内容、持续时间等产生急躁厌烦的情绪。更不能打断求询罪犯的诉说或让其停止倾诉；二是在倾听过程中细心观察求询者的非言语行为。从求询者倾诉过程表露出的坐姿、手势、体位变化等躯体行为以及微笑、皱（扬）眉、噘嘴等面部表情中观察；三是适当地给予求询者呼应。这种呼应既可以是言语的也可以是非言语的，诸如："哦""嗯""是的"等，以及点头、目光注视等；四是简明的重复。这种重复不仅可以验证自己对来访罪犯倾诉内容是否理解，而且可以激励罪犯，把谈话内容引向深入；五是留心与问题相关的信息。咨询员要有提问意识，在倾听过程中，提出围绕求询罪犯的问题，如"有什么问题""问题产生的原因是什么""解决问题的关键在哪里"等，并对信息进行分析和过滤。

（四）提问技术

提问是让求询罪犯澄清一些问题的最为直接的方法，提问有开放式提问和封闭式提问两类。

1. 封闭式提问

封闭式提问是指咨询员事先对罪犯的情况有一种固定的假设，而期望得到的回答只是验证假设的是或否。这类提问的特征就是可以用"是"或"不是"，"有"或者"没有"，"对"或者"不对"等回答。例如："你现在最关心的就是这件事吗？""我们还接着讨论刚才的问题，好吗？"等。封闭式提问不要使用过多，必要时才使用。因为来访罪犯总是带有希望别人分担自己的问题、理解自己情感等愿望，没有人愿意自己在谈话中总处于被动回答的地位。过多地使用封闭式提问容易压抑求询罪犯自我表达的愿望和积极性，有可能对咨询关系产生破坏性影响。

2. 开放式提问

开放式提问是指咨询人员事先没有固定假设，希望来访罪犯能对有关问题、事件给予较为详细的叙述。常常运用由"什么""怎么"等词语构成的问句进行发问。如"这是怎么回事？""能不能告诉我，这事为什么使你感到那么生气？"，以"能不能……""能……"开始的这类提问，可以说是最为开放的提问了。运用开放式提问，咨询人员需要特别注意自己的语气、表情和声调。同样的提问，不同的语气、表情、声调，有时会产生截然不同的效果。开放式提问能给来访罪犯的回答以较大的自由度，而且其目标始终是趋向于来访罪犯问题的特殊性。但要注意的是，开放式提问应以良好的咨询关系作为基础，不要用辩论式、进攻式、强硬的语气发问。否则，会使求询罪犯产生疑虑、不满或与咨询员形成对立，不利于咨询的顺利进行。

（五）鼓励技术

鼓励技术是指对求询罪犯所说的话简短的重复或仅以某些词语："嗯""讲下去""还有吗？"等，来强化求询罪犯叙述的内容并鼓励其进一步讲下去。通过鼓励，可以有效引导求询罪犯的谈话向某一方向的纵深部位进行。

（六）内容与情感反应技术

1. 内容反应技术

内容反应，是指咨询者把求询罪犯在谈话中所讲的重要内容及其思想加以综合整理后，再反馈给罪犯。运用内容反应技术可以帮助咨询者检查其对求询罪犯的问题理解的程度，把一些分散讲出来的事情联系起来，还可以给求询罪犯以重新解释自己思想的机会。

2. 情感反应技术

情感反应是指咨询者对求询罪犯情绪的反应及反馈。它与内容反应是同时进行的。比如："你说主管干警对你不好，没给你减刑，你似乎对他非常气愤"，前半句是内容反应，后半句是情感反应。

（七）内容与情感表达技术

1. 内容与情感表达技术

内容表达是指咨询者表达自己的意见，直接对求询罪犯施加影响。内容表达与内容反应的区别在于前者是反馈，忠告与信息等，是咨询者的意见；后者是反映求询罪犯的叙述，是求询者所叙述的内容。例如，求询者说："我爱我的孩子，他对于我胜过一切。如果离婚，孩子随她而去，我还有什么意思。当然，我在担心以前对她们是不是做得正确。"

内容反应：你确实关心你的孩子，希望拥有他。如果你离婚了，这就不可能了。而且，你还担心你是不是伤害过他们。

内容表达：你因为担心以前可能伤害过他们，怕离婚失去孩子，是吗？

2. 情感表达技术

情感表达是指咨询者对求询罪犯表明自己的情绪，情感。它与情感反应的区别是，情感反应是咨询者反映求询罪犯的情感内容；情感表达则是咨询者自己的情绪、情感内容。例如，求询者说："我太伤心了，我刚进监狱不久，她就提出离婚，我对她不薄，她怎么说变就变，我真是无法忍受。"

情感表达：你们一直关系很好，她突然提出离婚，确实让人难过，接受不了。

情感反应：你对妻子很好，她提出离婚你在感情上有点接受不了。

（八）共情技术

共情是指设身处地的意思，是用别人的眼睛看世界，是体验别人内心的能力。共情是心理咨询中咨询关系建立的首要因素。通过共情，咨询员才能设身处地地理解来访罪犯，才能使来访罪犯感到自己被接纳、被理解，促使其自我表达、探索。在使用共情技术时注意以下几类：一是把自己尽可能地放在来访罪犯的处境尝试感受他的情感；二是多使用尝试性、探索性语气来表达，如："听你的话，你好像对李队长很反感，但又敢怒不敢言，是不是这样？"；三是共性表达应适时适度；四是可以使用非言语行为表达共性。

（九）消除罪犯心理阻抗技术

在罪犯心理咨询中常会遇到罪犯吞吞吐吐，不愿讨论深层的心理问题。口头上十分愿意配合咨询人员的工作，而实际上又以种种原因不断推翻咨询人员的分析和结论。这是一种对心理咨询的阻抗。怎样克服罪犯的心理阻抗呢？主要技术有三种：解释、直诉和面质。

解释：就是向罪犯反复说明他心理上的幼稚性，共同讨论、分析造成这种幼稚心理的原因和条件，使他们承认并认识到病态心理其实就是一种幼稚心理的表现，是心理发育滞后的结果，从而愿意使自己迅速成长、成熟起来。

直诉：就是直接告诉罪犯已经出现明显的心理阻抗，阻抗不排除，心理咨询无法深入，更无法达到预期的目标，希望罪犯能配合咨询，放弃心理阻抗。

面质：就是对质，用生活中的事情衡量罪犯阻抗心理的表现，指出他们的想法与行为不一致；咨询的目的与自己原来的本意不一致；前后叙述的事情不一致；理想自我与现实自我不一致等。面质的最终目的是让罪犯清醒地认识到自己，撕下掩饰自我的防御面具，同时，还要指出罪犯所存在的、他未曾认识到的潜在的优势能力，建立新的自我感受和行为方式，开放咨询的心理资源，做一个面对现实，面对自我的人

以上介绍心理咨询基本技术，在实践中，影响求询罪犯的技术远非以上几种，在此不做一一叙述。

二、罪犯心理咨询的实践应用

案例一：对未成年女犯的咨询活动

基本情况：少女王某，因故意杀人罪被判处有期徒刑 15 年，当时年仅 15 岁。王某在服刑期间，经常一个人坐在角落里发呆，有时暗自流泪，说话结巴，孤独，寡言，拘谨，怕与人接触，有时有自虐行为，站在大雨中淋自己，在烈日下暴晒自己，害怕红色，看见红色的东西就紧张。

咨询过程：对王某的生活史、犯罪史进行调查，以了解王某异常表现的根源。

（1）生活经历：王某小时候是一个开朗、爱说爱笑、令人喜欢的小姑娘。小学六年级的时候，父母闹离婚，经常吵架。父母每次吵架，王某都十分害怕，特别难受。父母都很爱她，她无法设想失去一个自己将怎样生活。一天，正在上学的王某听说父母吵架后去法院办离婚，她不顾一切地跑到法院，劝说父母不要离婚，让法官叔叔不要判父母离婚。父母最终没能离婚，但是持久的离婚战在王某幼小的心灵上投下了巨大的阴影。她觉得父母闹离婚是件不光彩的事，让自己抬不起头，老师、同学瞧不起自己，自卑感使她渐渐疏远了同学，性格变得内向孤僻。

（2）犯罪经历：在上中学时，一天，王某的一个好朋友带了一些红薯放在宿舍里，让王某自己拿着吃。王某在拿红薯吃时让同宿舍的小华看见，小华以为王某在偷吃红薯，便骂王某不要脸，是小偷。王某感到很委屈，去找

老师。老师马上要上课，简单问了以下情况，答应第二天处理。王某回到宿舍后，小华仍骂个不停。王某骂不赢，在一时冲动下，拿起铁棍照小华头上连击几下，将小华打死。

（3）人格状况：在王某同意的情况下，为其应用卡式 16 种人格因素问卷（16PF）测量，各因素和标准分为乐群性（A，3）、聪慧性（B，6）、稳定性（C，1）、特强性……

初步判断：王某童年时期父母闹离婚的经历，在她心理上造成巨大创伤，使她变得自卑孤僻；一时冲动的犯罪行为，使她深感内疚和自责，并发展到自虐；入监后对监狱的恐惧，进一步加重了她的心理负担，使她逐渐形成心理障碍；惧怕红色是犯罪现场刺激而造成的。

矫正措施：

（1）充分共情，建立良好的咨询关系。营造轻松愉悦的谈话氛围，尽量选择轻松的谈话话题，在谈话中注意到对她的心理和行为表示充分理解，在学习、生活上予以关心。

（2）与其共同分析童年生活对她的影响，帮助她克服自卑心理。改变王某的不正确认知，引导王某对离婚有个正确认识。

（3）鼓励她到同龄人中去，创造交流环境。

（4）演讲脱敏，消除语言障碍。设计演讲题目，演讲现场由简单到复杂，不断强化训练。

（5）冲击脱敏，克服惧红心理。首先告诉她红色与犯罪没有关系，红色在许多时候代表的是庄严，是美丽。然后让她进行自我暗示，告诉自己：漂亮的女孩都喜欢穿红色的衣服。与此同时，有意安排她周围的人穿红色衣服；中队布置环境，让她去刷红油漆。经过一段时间的努力，她渐渐消除了对红色的恐惧，把压箱底的红衣服也拿出来穿了。

（6）挖掘其潜力，树立生活信心。王某的语文成绩比较好，比较喜欢写作，利用她的这一优势，鼓励她多写稿子、投稿。当她听到自己的稿件被播出时，异常兴奋，此时给予及时的鼓励，使王某的写作兴趣越来越浓。随后，又推荐她参加作文比赛、征文比赛等活动，通过参加比赛，经历挫折与成功，王某不仅写作积极性有了更大提高，而且能够坦然地面对生活中的困难和挫折，自信心也大大提高了。

咨询效果：经过一段的咨询及训练活动，王某已经由一个说话结巴、孤僻寡言、反应迟钝且具有较严重心理障碍的小女孩转变成一个能够站在台上主持演讲比赛的主持人。再次对王某进行卡氏 16 种人格因素问卷表测量，各因素和标准分为：乐群性（A，5）、雅慧性（B，8）、稳定性（C，3）、特强性（E，7）、兴奋性（F，4）、有恒性（G，1）、敢为性（H，8）、敏感性（I，6）、怀疑性（L，6）、幻想性（M，4）、世故性（N，7）、忧虑性（O，6）、实验性（Q1，4）、独立性（Q2，7）、自律性（Q3，3）、紧张性（Q4，6）。

从咨询前后的测量结果比较分析，经过 1 年多的矫正，王某的一些人格因素明显向积极方向变化。

案例二：心理咨询缓解入狱不适症

姓名：任犯　罪名：强奸罪。

心理矫正手段：放松疗法、合理情绪疗法。

入狱时：性格趋于内向、情绪波动易变，焦虑感、戒备心、暴力倾向较强，有较强的变态心理倾向。

心理矫正后：谈笑自如，已无入监时的紧张。

在监区的心理咨询室里，任犯面对监狱心理矫正办公室的李警官，谈笑自如，已无入监时的紧张。李警官是一位三级心理咨询师。26 岁的任犯只有小学文化，父母双亡，因强奸智障女被判强奸罪。入狱时，心理测量结果显示：任犯性格趋于内向、情绪波动易变，焦虑感、戒备心、暴力倾向较强，有较强的变态心理倾向，是自伤、自残、自杀的易感人群。李警官介绍，入监初期，任犯的心理障碍已影响到生理，出现了失眠、头痛、视力模糊等症状。李警官说："这是典型的新环境适应不良反应。"在第一阶段，引导任犯通过放松疗法稳定其情绪。接着引导任犯，观察与他同一时间入监的罪犯，让他感到自己不孤单。在此基础上，又引导他回忆自己过去打工的经历，从不熟练完成任务到熟练完成每个产品。李警官观察到任犯回忆过去打工经历时有自豪表情，立即给予肯定和鼓励。心理咨询的第二阶段，针对任犯是自伤、自残、自杀的易感人群，李警官引导任犯关注其母亲去世后他被人关心的情节，让其认识到自己还有堂哥、嫂子、侄子和朋友的关心。李警官还使用合理情绪疗法，让任认识到母亲去世这个事件不能成为其自甘堕落的原因。经过近 3 个月的心理咨询，该犯已经完全适应了见监狱的生活，积极改造。

■ **案例剖析** 焦虑罪犯心理矫正

刘某，女，29岁，判刑前和丈夫结婚1个多月，因抢劫罪，被判处有期徒刑7年，现在某女监服刑，入监不到1年。由干警介绍来到监狱心理咨询室。

主诉及咨询过程："我现在心情非常不安，经常出现心慌、胸痛、头痛失眠等现象。刚判刑时也有过这种现象，不过已经好长时间都没出现了，这几天我的心情非常的恶劣，几乎到了失去控制了，好比说今天早晨吧，一起床就很烦闷，觉得自我的存在毫无必要，也觉得人们活得太无聊。压抑、恐慌、厌世、憎恨这个世界……"

"为什么会这样呢？以前你也出现过这种现象，你不是解决了吗？"

她没有答话，却呜呜地哭了起来。过一阵，刘某平静下来，重新诉说道："我丈夫已经2个月没来接见，他是不是不要我了，前几天看了一篇文章，丈夫和女秘书好，那个女的因此自杀，因抢救及时，才没有死去，我们同监舍的一个服刑人员，结婚已经20年了，2个孩子，现在丈夫也提出离婚，那个服刑人员整天不吃不喝。我才结婚1个多月，又没有孩子，他还能要我吗？这不已经2个月没来了，家里人说他出差了，回来时又不是接见的日子。"

在与该犯进行第一次谈话后，又请她做了卡特尔人格测试（16PF）通过对谈话及测试结果分析，初步判断该犯为焦虑症。

✦ **思考题**

请你结合所学知识，详细制定对该犯的咨询目标及咨询方案。

第十四章

罪犯心理辅导 ●

重点问题 ◀

1. 罪犯心理辅导的含义。
2. 罪犯辅导的实施方法。

▣ 导入案例

24 岁的陈犯，是私生子，自幼由舅舅收养，缺乏父母关爱，性格上易激怒，易冲动。初中毕业后，陈犯结识了一些无业朋友，走上了犯罪道路。第一次犯罪刑满释放后，陈犯求职无门，自信心受挫。2011 年，其又因抢劫罪再次被判刑。陈犯进入监狱后，对前途茫然，加上"二进宫"，失去了改造、生活的信心。陈犯曾因破坏生产设备，被扣 2 分。有罪犯戏弄他说："你是累犯，敢拿扣分单找队长理论吗？"争强好胜的陈犯气愤地找执勤警察论理。警官得知实情，并未处罚陈犯，而是讲道理，让他认识错误，运用"认知疗法"和"自我调节法"等心理矫正方法，解决陈犯性格上缺陷，并反复进行教育转化和心理辅导。陈犯逐步开始信服、尊重监狱干警。警官发现，陈犯平日酷爱音乐，就鼓励陈犯参加监区街舞队，在监狱组织的大型娱乐活动上表演。监狱再次给陈犯进行心理测试，他的攻击性和报复性都降低了。陈犯自信心方面有了提高，性格变得较为开朗，与其他犯人的关系日益融洽。

第一节　罪犯心理辅导的内容

一、罪犯心理辅导概述

（一）罪犯心理辅导的含义

"辅导"一词的本意是辅助和引导，也有向需要帮助的人提供服务和帮助的意思。

心理辅导则是一个心理学应用的概念，是指在一种新型的建设性的人际关系中，由辅导人员运用其专业知识和技能，在学习、生活、工作及人际关系等各个方面，给个人以合乎其需要的协助和服务，帮助个人正确地了解自己、认识环境，作出有益于个人发展和社会进步的明智选择，调整自己的行为，增强社会适应，充分发挥自己的潜能。

罪犯心理辅导是在罪犯矫正过程中，面向全体罪犯，以罪犯的自我适应和发展为目的，针对罪犯在学习、劳动和生活等各个方面的具体问题予以心理方面的帮助和指导，使其适应监狱环境和监管改造的要求，积极主动地投入改造，转变自我、走向新生，促进罪犯重新社会化的活动。

在心理矫正过程中，心理辅导兼顾一般和特殊。当罪犯处于正常状态时，心理辅导是心理教育的个别化和具体化；在罪犯出现异常问题乃至病患状态时，心理辅导可以配合咨询或治疗的实施，进行针对性的辅导，提高咨询或治疗的效果。

心理辅导工作可以由专职人员担任，也可以由兼职人员担任。

（二）罪犯心理辅导的内容

1. 服刑辅导

服刑辅导起始于罪犯入监之初，主要针对两个方面：监狱适应及对"罪与刑"的认识。此后则伴随罪犯整个改造过程，直至回归社会，因此，针对监狱适应及"罪与刑"认识的辅导也可被视为入监辅导。

（1）监狱适应。

第一，心理和行为特征。丧失自由、服刑入监会对罪犯心理形成强烈冲击，大多数罪犯均会产生适应困难。具体表现为：

自由剥夺感和角色冲突。"失去自由，才知道自由的可贵"，罪犯对此产生刻骨铭心的剥夺感。与此同时，罪犯社会地位发生了根本的改变，作为罪犯，其自尊心、自信心也受到了沉重的打击，其心理冲突在所难免。

紧张与焦虑状态。面对严酷的现实，罪犯心理失衡，出现紧张状态。在痛苦、悲伤和惧怕的同时，有的悔恨或内疚，有的怨恨、仇视或对立，严重者还会产生焦虑状态。

顺从、无所适从或对立。一些罪犯小心翼翼、唯诺是从，表现出顺从的态度，这是迫于现实不得不为之；也有不少罪犯面临环境的巨大改变和前所未有的压力，不知所措；也有的罪犯则由于心怀不满、情绪对立而产生对抗行为。

第二，辅导内容与要点。以上所述的挫折反应，是个体的动机性行为受到阻碍，因无法克服而产生的紧张状态和情绪反应。在尚未导致心理和行为障碍时，许多反应是正常的。辅导者要做的是，在了解当事人的生活经历（包括犯罪经历）、当前的主要影响因素（紧张性生活事件）以及个性特征的基础上，配合入监教育，开展心理辅导，帮助罪犯尽快地度过不适应期，积极投入改造。

其一，引导罪犯直面现实、承认现实，认识到当前的境地是其犯罪行为的必然后果，应该为自己的行为承担起责任。其二，结合对"罪与刑"的认识，帮助罪犯分析犯罪行为的原因。其三，帮助罪犯了解、熟悉改造环境和要求。其四，帮助罪犯分析自身改造的有利条件和不利因素，在此基础上确立合理的、可以达到的短期目标提出长远的打算，制定可操作的改造计划。其五，辅导者应同时提供条件，使罪犯获得成功的机会和体验。其六，辅导个体应与辅导群体同时进行，以创设适应改造的良好环境。此时争取家人的支持和帮助也非常重要。

（2）对"罪与刑"的认识。

第一，心理和行为特征。罪犯对"罪与刑"的评判有三种：认罪服判，认罪不服判，不认罪也不服判。

一般情况下，认罪服判的，有利于表现出良好的监狱适应性行为；不认罪也不服判的，则很难表现出监狱适应性行为，甚至相反；认罪不服判的，行为反应介于以上两者之间。

调查表明，罪犯中认罪不服判的占有不小比例，而其中真的认为判错了的是极少数，多数人是由于难以接受刑罚的惩罚性所产生的抗衡心理，也是一种挫折反应。

根据的"刑罚感受度"划分的四个典型区域，处在不同区域的罪犯，有不同的心理特征和行为。如处在有效区域的罪犯，强烈感受到刑罚惩罚带来的痛苦，同时也承认刑罚的正确性并理解刑罚的意义所在，认罪、悔罪，积极改造。这是理想的区域，一般要经过矫正者的帮助和罪犯自身的努力才能达到。

第二，辅导内容与要点。其一，不回避刑罚惩罚给罪犯带来的痛苦，如引导得当，它将有利于罪犯否定和反省自己的犯罪行为，从此远离犯罪。其二，对罪犯认罪不服判要有正确分析。在客观上量刑正确的前提下，可能是罪犯的认识问题，也可能是一种挫折反应，或两种兼而有之。在辅导中，也要引导罪犯自己认识到这一点。其三，配合法律观念教育，帮助罪犯进一步认识到自己的行为已构成犯罪，承认犯罪事实并认识到对其量刑的正确性。在心理辅导中，可以通过认知改变的方法来实现这一目标。其四，引导罪犯认识犯罪行为所带来的危害（对社会、他人、家庭和自己），从情感上否定犯罪的"自我"（悔罪），在思想观念上接受法律的价值（服法），形成对法律既尊重又服从的态度体验和行为倾向。

2. 改造辅导

学习、劳动以及学习与劳动之外的生活，构成了罪犯在监狱中的整个活动内容。改造是通过罪犯的学习和劳动实施的，也体现在对罪犯生活的帮助和指导中。

（1）学习与劳动。

第一，心理和行为特征。学习和劳动是罪犯改造的主要活动。与改造的强制性相对应，罪犯产生"要我改造"的动机，这是一种外在动机，一般表现出顺从行为。但改造的内容（或方法）又能产生吸引力，从而激发罪犯"我要改造"的动机，这是一种内在动机，能够表现出积极的行为。

罪犯改造首先考虑的是自己的实际利益，具有功利性的特征，如"学到的东西是自己的，将来有用""为了学到一技之长"等，其他如"应付队长的要求""满足考核评比，减刑假释的需要"也是这一特征的反应。不少罪犯存在学习或劳动困难，从而导致动机缺乏或冲突，表现出紧张、焦虑或自暴自弃等不适应状态。

也有一些罪犯具有某方面的专长或潜能，如果得不到发挥，也会产生抑制不振等消极反应。

第二，辅导内容与要点。①"功利"是罪犯自我改造的基本需要和出发点，心理辅导应利用这一特点激发和强化罪犯的改造动机。在此基础上，逐步提升改造目标，帮助罪犯认识学习、劳动的社会价值及其对自身改造的意义。②引导罪犯自我创设"公益性"的改造目标（为他人、为集体、为社会），并使其获得成功的体验。③对学习、劳动有困难的罪犯要分析原因，是态度问题、还是能力问题，或兼而有之。在调整或适当降低目标的同时，帮助他建立信心，调节情绪，掌握方法。④鼓励、帮助罪犯认识和发挥自身的潜能或专长，教育活动必须是对罪犯有意义的。逐步提高他们的学习兴趣，以此为契机，引导罪犯成功改造并获得自我社会化发展的动力。

（2）生活。

第一，心理和行为特征。监狱生活单调，加上罪犯缺乏选择的自主性，因此很容易引起罪犯生活需求的缺失感，甚至形成心理紧张、失衡。从有关罪犯紧张性生活事件的调查可以看到这一点。近年来一些监狱在这方面作了改进，给予或增加罪犯闲暇活动的时间并提供自主选择的方便，如罪犯可以自由选择喜欢的电视节目或进监狱超市购物等，但由于选择范围较窄，罪犯又产生了兴致不高的倾向，也有的罪犯仍然显得无事可干，懒懒散散。这些问题不仅是他们犯罪的重要原因，也是妨碍他们以后顺利适应社会生活的重要因素。

第二，辅导内容与要点。①在丰富罪犯生活内容的基础上加强生活辅导。②让罪犯重新考虑他们的生活方式，特别是犯罪行为的代价，帮助罪犯树立健康的生活观念，明白生活的意义，获得必备的生活知识和技能。③学会选择安排有益的闲暇活动方式和消费方式。④引导罪犯提高科学文化素养和健康素养，形成和发展自己的兴趣爱好以及专长和个性。

3. 人际交往辅导

人的身心健康与发展是在交往活动中实现的。犯罪学研究证明，罪犯的犯罪行为与交往缺陷有关。监狱中罪犯由于他们身份和处境的巨大变化，很容易产生消极悲观的情绪，往往在人际关系方面产生很多问题。罪犯的人际关系问题涉及罪犯之间、罪犯与家庭和朋友之间、罪犯与心理矫正人员之间的关系等。

（1）罪犯与罪犯之间。

第一，心理和行为特征。罪犯与罪犯长期共处于一个有限的活动空间，相互之间的交往对罪犯心理具有重要影响。在自发状态中，这种交往是一种个人之间的利益，包括情感、兴趣和需要的相互满足，具有向消极或积极两方面发展的可能性。监狱的控制、干预和组织对罪犯之间的交往具有引导的积极意义。

在积极向上的、健康的交往中，罪犯能够体验到良好的人际氛围对自己的影响与促进，相互之间既竞争又合作，积极投入改造，对前途抱以信心并共同为之而努力。而在消极的、不健康的交往中，相互间尔虞我诈，结群成团，逞强欺弱，冲突对抗不断，个体或为适应环境而随波逐流，或因恐惧害怕而自我孤立，难以产生改造动机，对前途失去信心。

第二，辅导内容与要点。①辅导群体和辅导个体相结合。配合对罪犯群体的管理和教育，组织小组辅导活动，促进罪犯之间的积极互动，形成良好的交往关系和积极向上的群体氛围。②帮助罪犯了解、熟悉监区、监舍内罪犯相互间关系的性质、特点以及与服刑改造的联系，提出明确、简洁及可以做到的行为要求。③针对罪犯的个性特点帮助其学会如何认识、对待罪犯间的交往，如何增进积极的交往和克服消极的交往，帮助其掌握一定的人际交往方法。④将交往辅导与罪犯自我改造联系在一起，鼓励、帮助和劝导罪犯克服消极的或不良的交往倾向，关心集体、关心他人，积极主动地参与小组和其他的集体活动。

（2）罪犯与亲属之间。

第一，心理和行为特点。罪犯与亲属的交往在形式上主要是会见和通信，具有很大的局限性，但却是一种建立在血缘、婚姻关系上的交往，是自然属性（血缘、婚姻）与社会属性的交融。他们之间的交往在物质和精神上，在现实和未来各方面都有着实际的意义，因为对绝大多数罪犯来说，与亲属之间的交往是现实生活的精神支撑，并寄托着未来生活的希望。这对罪犯心理有着深刻和长远的影响。

罪犯与亲属之间的交往需求和心理沟通超越了时空限制。亲属的态度，热情、关心、帮助还是冷漠、嫌弃、拒绝，很快会反映在罪犯的情绪和行为上，或积极，或消极。罪犯牵挂着家庭的一切。家庭的变故，尤其是亲属的丧失（疾病、死亡或婚姻关系的解除）很可能引发罪犯的心理危机。

　　第二，辅导内容与要点。①辅导家庭和辅导罪犯相结合。罪犯社会化的缺陷与家庭因素有关。罪犯犯罪服刑对家庭产生重大影响，家庭亲属不一定理解或了解对罪犯的惩罚与改造，不一定懂得如何才能真正地帮助罪犯。应针对这些情况对罪犯亲属进行辅导。②在了解罪犯家庭的基础上，增进罪犯与亲属的情感联系，满足和调节罪犯的合理需求，激发和增强罪犯改造的积极性。③帮助罪犯懂得自己对家庭、对亲属应尽的责任和义务，关心家庭、理解亲属，以积极改造的实际行动回报家庭和亲属。④了解和掌握罪犯及罪犯家庭、亲属的动态尤其是重大的生活事件，及时做好罪犯心理辅导工作。

　　（3）罪犯与矫正者之间。

　　第一，心理与行为特征。矫正者与罪犯的交往主要体现在监管改造活动之中。矫正者对罪犯的影响首先是一种由职务、地位和权力构成的权力性影响，这种影响具有强制性，敬畏之中，罪犯不得不顺从之。而矫正者在监管改造活动中所体现的人格、知识、能力和情感的影响是一种非权力性影响，它对罪犯的作用是自然发生的，尊敬之余，罪犯会产生发自内心的服从并导致自身行为的改变。

　　罪犯心理矫正是一种自然的、非权力性的影响。如果矫正者是专任人员，当无问题。但如果是管教者兼任的，罪犯在接受心理教育与辅导时，就有可能对矫正者的角色产生认知冲突。罪犯在对矫正者不了解的时候，往往对矫正者心存疑虑或抱有偏见。矫正者工作不当，偏见和不信任感便会加重。

　　第二，辅导内容与要点。①矫正者自我辅导与辅导罪犯相结合。作为一个管教者，他不可能不对罪犯施以强制性影响，但如果管教者在发展自身人格、知识、能力和情感的基础上对罪犯形成非权力性影响后，就会发现即使是强制性影响罪犯，罪犯也会产生信服的态度。因此，作为管教者和作为心理矫正者的角色是可以一致和转换的。所谓矫正者自我辅导，就是矫正者自我实现这种一致和转换，以有效地作用于对罪犯的辅导。②辅导者在实施辅导时首先是建立双方彼此信任、尊重和真诚的关系。由于辅导者大都是管教者兼任的，因此这种关系的建立往往是在罪犯入监之初就开始的。③辅导者与被辅导者双方的良好关系是成功辅导的前提，也在实际上为罪犯树立了人际交往的楷模，是一种最有说服力的示范性辅导。

4. 回归辅导

(1) 社会适应。

第一，心理和行为特征。早日回归社会是罪犯最强烈的愿望，临近回归，罪犯焦急地等待着出狱时刻的来临，同时心里动荡不安，既为自己即将恢复自由而喜悦，又为自己可能面临的问题而担忧——生活无经济来源、工作没着落、受社会歧视、被家庭遗弃等。在上述心理的影响下，罪犯产生情绪波动，活动水平下降。

实际上，罪犯回归后面临的问题远不止这一些。比如，在长期的监狱生活中形成的思维定式和行为习惯会产生社会交往的困难，以往犯罪的经历和曾为罪犯的烙印会有意无意地产生心理阴影等，罪犯对此往往认识不足。

由于刑罚的惩罚和改造作用，罪犯意欲出狱后重蹈覆辙者不多，但等待观望者有之。无论何种状况，如果上述问题成为现实而不能应对，就会产生社会适应的困难。

第二，辅导内容与要点。①回归辅导应配合出监教育进行，但可前移，这一点对一些刑期长的罪犯尤其重要。②帮助罪犯理清自己所有的问题，包括罪犯自己没有意识到的问题，区分问题的主次。③引导罪犯正确认识和评价社会现实，既不回避问题，也要看到社会发展的现实及其对于个人回归的有利因素。重在正确认识和评价自己，通过自己的努力，适应社会、发展自我。④针对问题进行挫折教育与自信心训练。

(2) 就业意识。

第一，心理和行为特征。回到社会后能否及时就业是多数罪犯在出监阶段所考虑的重要问题之一。

面对市场经济的发展，劳动就业竞争的激烈，许多罪犯底气不足，自信心缺乏；也有的罪犯既想早日就业，又不愿从事活累钱少的劳动岗位；不少罪犯仅仅将就业视为生存的需要或生活的来源对就业的价值认识不足。

第二，辅导内容与要点。①结合出监教育，帮助罪犯了解就业信息，引导罪犯面对社会现实，对市场经济条件下就业机制和当前的就业形势进行理性认识。②端正罪犯的就业态度，帮助罪犯对自身条件作正确的评估，了解自己的职业倾向和潜能，选择合适自己的劳动岗位。③引导罪犯形成克服困难、敢于竞争的勇气和能力。帮助罪犯避免焦虑，急躁、怯场、犹豫、烦恼等不利于择业的心态，特别对在择业中可能遇到的困难、挫折、做好心理准备，防止负性情绪导致不良后果。④重视职业价值观的辅导，引导罪犯懂得职业在自己新的人生中的重要意义：不仅是维持生存，还在于发展自己、贡献社会。

二、实践与应用

服刑辅导实例：

罪犯情况：朱某，男，22 岁，因参与抢劫被判刑 3 年。他生长在单亲家庭，自小由母亲一人带大，性格孤僻，平素少言寡语，不善与人交往。入狱后总是躲在床角痛哭流涕，母亲来探视也拒而不见。看见监狱长及管教人员，总是把头埋得低低的或绕道而行，或装作看不见。找他谈心，从不说一句话，实在不得已才回答一句半句。

分析诊断：引发犯罪的动机很多，可能因偶然，可能被教唆、引诱或挟持，但无论何种原因，事后只要认罪态度好，愿意接受改造，都说明其品质还不很坏，犯罪者心理上产生极度的懊悔和羞愧心理，深感对不起社会，对不起家人，这都很平常。案例中的朱某，就是因觉得对不起辛辛苦苦养大自己的母亲，于是对过去反省懊悔，痛哭流涕，母亲来探视也羞于相见，甚至连旁人都不敢面对，是典型的愧悔、害怕心理。

辅导方案：首先，应让他正视现实，认真接受教育和改造。要他明白监禁不是目的，而是教育的一种手段。对违法犯罪的人来说，这种特殊的环境和生活，有利于破坏犯罪心理动型，消除犯罪心理因素。其次，帮助他克服不利于转化过程中的消极心理。①帮助他克服自卑心理，向他指出自卑会使人将前途看得黯然无光，自暴自弃，丧失前进信心；②帮助他克服怀旧心理。指出具有这种心理，一遇到适当的土壤、气候条件时，就会旧病复发；③使他消除对立情绪。指出具有这种心理，往往听不进批评和帮助，总以为别人与自己过不去，导致知错不改。最后，要以情感人，给予信任，提高其自我约束的能力。罪犯的人身自由虽受到限制。但人格依然应尊重，因此，一方面教育者要对他们动之以情，从人格上尊重他们、情感上感化他们；另一方面，要给予充分的信任，提高他们自我教育、自我约束的能力。

辅导实施：按照辅导者的指导，罪犯的母亲时常来见他，并带来具有一定积极作用的书籍、照片等，使他恢复了信心。此后家庭其他成员也相继前往探监，给他以正面的开导和关怀，使他逐渐停止了独自流涕、封闭式的忏悔。管教人员也及时在生活、学习等方面给予教育和关心，使他感受到人情的温暖。让他做一些力所能及的事情，使他觉得有一种成功感、受信任感。2个月后，罪犯已基本上能接受现实，积极投入到了改造中。

回归辅导：

罪犯王某在收工时，重重地把板凳"啪"地一放，气势汹汹地冲着警官说："我想不通！"

王某，男，46岁，因故意伤害致死被判有期徒刑15年。现余刑2年，在今年的减刑假释会上，因其是"惯窃"被否决，丧失了最后一次的减刑机会。提前出狱的希望破灭，使他陷入沮丧、不服、无奈和气愤的消极心态中。

监狱心理矫正人员对此现象称之为种社会性焦虑，发生在临释前，可称之为"临释紧张"。

监狱心理矫正人员通过谈话观察和心理测试，分析了罪犯王某的心理：

王某的家位于商业中心地带，属高消费地区。但其家所在地平民百姓居多，收入较低，与周围环境形成强烈反差。该地区是偷盗高发区和违法犯罪的多发区。王某从小走上犯罪道路。王某对犯罪及其危害结果的认识也是低层次的，他认为："只要我承认自己犯罪，对法院判决没有看法就可以了，想得太深没用场，脑子也用不够。"并认为自己改造表现就是在这种认罪服法状态下形成的，自认为有这一点足够了。

从MMPI测试分析来看，王某具有压抑、保守、被动的倾向。改造动机的积极性缺乏，兴趣狭窄，满足感明显。

王某现在存在的心理和行为的问题是：

第一，期望中的减刑没有实现，对其来说是一个重大挫折，由此产生的消极心态可能会影响他的回归心理，强化其中的不合理的因素。

第二，由于认识上的浅薄，对回归社会后的复杂性和困难程度准备不足，不能排除重操旧业的诱发因素。

第三，他一改过去表现，声称现在"要多想想保养自己了，过去加班加点不晓得多少时光了，这是自己在给自己加刑"，他还夹带香烟进监房，其行为在整体上开始"滑坡"。

心理辅导的对策和成效：

矫正人员在了解和分析罪犯王某的心理后，任其发泄心理上的一股烦恼和郁闷，然后因势利导，交代政策，肯定他的改造表现和急于回归的良好愿望，对其行为上的"滑坡"现象则在多种场合上表示这是暂时的，可以理解的。与此同时，充分借用他的年龄优势，安排其从事经验性较强的工作，提醒他年龄对个人利益的重要性，阻止或限制他的消极心态，并在其他罪犯中有目的的表示对其积极改造的信任。不多时，王某逐渐走出了心理误区，并表示对警官的感激之情，警官也有意识地在劳动中让他多学技艺，为他回归就业创造条件。他对警官说："你们确实为我好，那时我发脾气很不应该。"王某刑满释放，回归社会后，在社区的帮助下，开了一个小小的修理铺，收入颇丰，且能侍奉老母，母子俩安逸度日。

第二节　罪犯心理辅导的方法

　　监狱通过举办主题罪犯团体心理辅导活动，对罪犯进行心理疏导。活动中，心理咨询师可以采取打破个人心理防卫的"破冰"技术，帮助罪犯重拾童年回忆，反思错误行为，剖析犯罪根源，引导其正视情绪管理的作用，并组织他们在相互讨论中认识冲动情绪对个人产生的消极影响，学会处理的方法，如深呼吸、数数字、转移注意力、合理地发泄情绪等，提高行为自制力。通过一系列的游戏活动，引导参与活动的罪犯以乐观、积极的心态投入改造生活，以冷静、包容的心态对待挫折与困难，使其对改造生活充满信心和希望。

　　团体心理辅导活动是监狱拓展心理咨询工作渠道，探索心理矫正工作的一项新举措，对于促使罪犯积极开放自我，调适不良心理和冲动情绪有着积极作用。

一、心理辅导的方法

　　（一）个别辅导与小组辅导

　　个别辅导与小组辅导是心理辅导的基本方法。在心理咨询中，是个别咨询与小组咨询。所不同的是，辅导可以由辅导者主动实施，辅导者大都由监区矫正者担任，与受辅导者的关系是在日常活动中形成的，辅导的问题要比咨询的问题具体而广泛等。

　　1. 个别辅导

　　（1）个别辅导的含义。个别辅导是与罪犯面对面、一对一的辅导。个别心理辅导要求辅导者在尽可能短的时间内与罪犯建立起在心理上的相容性，形成平等、真诚的人际关系。在此基础上，辅导者运用心理学的原理和方法，对罪犯提供援助。影响辅导关系建立的主要因素包括环境、辅导者自身准备、第一印象等。因此，心理辅导者在环境布置上要让来访者感到被重视，被接纳，而且是安全，轻松的辅导环境；辅导者自身也要注意调整保持旺盛的精力投入辅导，排除杂念，集中注意力，始终保持平和心态。特别要重视初次辅导，初次辅导要把亲切、平等、自然、友善、真诚的态度通过各种方式传递给罪犯，消除其顾虑。在监狱特定环境下，由于心理辅导者的特殊身份，会无形中加大受辅导者的疑虑心理。因此，监狱心理辅导人员切忌居高临下的说教，这样很容易使罪犯掩饰真实的问题，对辅导者怀有回避、畏惧的心理，甚至是反感，导致口服心不服。面对面进行个别心理辅导，面对的是存在各种各样心理问题和个性的罪犯，因此，个别心理辅导要弄清各个罪犯不同的心理问题与个性特点，只有这样，才能针对性实施辅导。

（2）个别辅导的实施。①营造良好的交谈气氛。首先，可以通过日常生活谈话以消除紧张和拘束情绪；其次，要通过解释和表态消除罪犯对心理辅导的顾虑和戒备心理，让罪犯了解辅导对其个人的意义；最后，辅导者要以平等、和蔼的态度，亲切的语言表达对受辅导罪犯的尊重与关怀，取得受辅导罪犯的信任。②了解与倾听。辅导者应在日常活动中熟悉和掌握受辅导者的基本情况、心理面貌与个性特征。并在辅导之前对受辅导者的心理问题有充分的了解，对辅导的实施有充分的准备。但在辅导开始时，仍然要倾听罪犯的陈述和诉说，不仅要用耳听，还要用心去听。此时倾听的意义有两点：进一步了解受辅导者的心路历程，探索他对现实问题的当前态度，寻找"切入点"和切入的机会；用倾听来向受辅导者表示辅导者的态度——关注、关心和接纳。③探讨与共识。辅导不是说教，而是启发帮助。这就要求与受辅导的罪犯共同进行探讨，以求得对问题的共识。求得共识的目的是要引导受辅导罪犯认识问题。不宜同罪犯进行辩论，更不宜强加于人，要解决罪犯心理上的问题，只能通过心理上的疏通和引导。④制定进一步解决问题的方案。罪犯受辅导的心理问题，有一些通过交谈疏导后就可以获得解决，有一些却不是一次交谈可以解决的，而是需要通过多次交谈和实践的练习才能解决，这就需要根据问题性质和对象的特点制定下一步解决心理问题的方案。例如对监狱环境适应不良的新收罪犯，主要是提供情感上的关怀与生活上的照顾，允许罪犯有个心理、体力上的适应过程，使其感受到监狱改造罪犯的实质，促使其顺利适应改造生活。对突然遭受生活事件打击的罪犯，主要进行认知上的疏导，重建认知结构，使他认识到生离死别等生活事件都是人生常有的变故，学会以平常心加以对待。对不良行为习惯者，则主要采用行为矫正的方法加以辅导。⑤实践的反馈与再研讨。个别心理辅导方案经过实施以后，要对反馈的信息进行集中分析和研究，以检验心理辅导工作的效果，然后再根据情况，研究下一步心理辅导的要求和方法。

2. 小组辅导

（1）小组辅导的含义。小组辅导主要是针对群体中具有共性心理问题的罪犯进行的辅导，诸如：罪犯人际关系适应问题，改造环境适应问题，自卑、自弃心理问题等的辅导；或者，在必要和可能的情况下，将受辅导的个体置于小组的环境，通过人际互动来解决其个人的问题。在辅导者指导下，通过小组成员互相交谈，启发和在实践上互相帮助等形式，能够比较有效地解决共性或个别的问题。小组辅导与个别辅导的不同之处主要表现在：首先辅导情境不同。小组辅导的最大特点是为辅导对象提供了一个由多人组成的可以构成群体的辅导情境，在这一情境中，会出现许多不同于个别辅导时的特点，小组成员的角色可以更换，成员间可以就某问题展开讨论，可以给每个成员提供参与活动的机会，从中可以获得更多的支持，同时也可以给他人提供帮助。其次沟通方式不同。在小组辅导中，沟通对象不是个人对个人，而是个人对多人，出现了多向沟通和多角度沟通。最后是影响因素较多。在小组辅导中，群体气氛、舆论和活动等因素都会对小组成员产生影响作用，从众现象、榜样效应、期望效应等社会心理现象也可以对小组成员发生作用。因而小组辅导具有感染力强，影响深刻，效率高，效果明显等特点。但是由于小组辅导中，小组成员之间在个人经历、思想观念、性格特征、服刑心理等方面存在普遍差异，使得辅导者在组织辅导活动时面对十分复杂的局面，这就对辅导者提出了更高的要求。

（2）小组辅导活动的组织与实施。辅导者在小组辅导活动中的角色。在小组辅导中，辅导者扮演着多种角色。如指导者、管理者、执法者、教育者、医生、朋友、调解员及小组成员的角色等，根据罪犯辅导中辅导者所发挥的作用，可将扮演角色概括如下：

指导者角色。指导者必须利用自己的知识和技巧使小组成员发挥他们的能力，实现他们的个人目标。为此，他要设计一套小组辅导的计划，提供适当的机会，控制整个情境，为罪犯建立行为模式，促进罪犯间的交流。在小组辅导过程中，指导者始终是个舵手，掌握着方向，包括活动前的动员，活动中的启发，鼓励和引导活动结束时的总结，以及以后的效果追踪等。

调解员的角色。在小组辅导中，小组成员在沟通上可能会产生矛盾，引发冲突。也可能出现个别成员不遵守团体规范的现象。这时，指导者就要做一个调解人，去协调这些矛盾与纷争，以促进团体的发展。

教育者的角色。在小组辅导中，要像教育者一样为小组成员讲解有关知识、道理，为他们提供有关信息。同时他还要以身作则、言传身教，以良好的行为为小组成员提供仿效的榜样。

治疗师的角色。在小组辅导中，指导者常常要利用澄清、移情、共鸣、阐释等心理治疗的方法来帮助罪犯矫正偏常的认识与行为。

总之，在小组辅导中，辅导者要扮演多种角色，辅导者应根据辅导小组构成的性质，因时、因地作出灵活的选择。同时，在身兼多种角色时，应正确处理好各种角色之间的矛盾，促进团体的发展。

辅导者在小组辅导中的作用。在小组辅导中，辅导者主要的任务：一是注意调动成员参与的积极性。辅导者应关注团体内每一位成员，认真观察他们的心态变化，激发他们大胆表露自己的意见、看法，鼓励成员相互交流开放自我，激发起他们参与团体活动的兴趣。二是适度参与并引导。辅导者应根据团体的实际情况，把握自己的角色，发挥辅导者的作用，当引导罪犯开始讨论共同关心的问题时，辅导者应注意谈话的中心及方向，随时、适当引导，对于不善于表达、性格内向的成员应给予适当的鼓励，始终把握、引导团体成员朝着辅导目标方向发展。三是提供恰当的解释。在小组辅导中，当罪犯对某些现象难以把握或对某个问题分歧过大而影响活动的顺利进行时，辅导者需要及时提供意见，并予以解释。在提供解释时，应注意表达要简洁，通俗易懂，联系罪犯实际，深入浅出，避免长篇大论，更要避免空洞说教。四是创造融洽的气氛。在小组辅导中，辅导者最重要的职责之一是创造团体融洽的气氛，使罪犯之间互相尊重、关心，使团体充满温暖、理解、同情和安全感。

（二）专项活动的组织

心理辅导专项活动是以活动为中介的团体辅导形式。它以罪犯不同服刑阶段心理发展为依据，以提高罪犯良好心理品质为目标，使罪犯在活动中接受训练和启示，获得感受和体验。

1. 心理辅导专项活动设计原则

（1）辅导活动要符合罪犯的个性特点。活动内容要有现实性和趣味性，要让罪犯愿意主动参加，这样可以让罪犯有意无意接受良好心理品质教育，使他们感到不是别人要我这样做，而是我自己要这样做。

（2）辅导活动要使每一个罪犯都能参与。在设计中，要考虑到不同罪犯群体中的个别差异，要难易适中，尽量使每一个罪犯都能进入角色并活动起来，达到真情流露，解除自己的心理防卫机制，自觉地接受教育的要求。

（3）辅导活动的设计要与罪犯真实生活相结合，让罪犯在实践活动中接受训练。如服刑生活适应，人际交往，释放后的社会适应，再就业等辅导活动，完全可以在真实生活中以活动的方式辅导罪犯。

2. 专项辅导活动的内容与形式

对服刑罪犯进行专项心理辅导，其内容相当广泛，可划分为服刑辅导、学习辅导、生活辅导、人际交往辅导、回归辅导等等。专项辅导活动大多采用讨论的方式，但有时也可采用心理剧、角色扮演、演讲、表演、录音等其他方式。具体活动中究竟应用哪种方式，需要综合考虑活动内容的性质、监狱现有的设施、条件、时间、地点以及辅导者的精力等各方面的因素。

（1）心理剧。心理剧（psychodrama）是通过让罪犯在舞台情境中扮演不同的角色来发泄内心的压抑情绪，体验角色的思想情感，从而产生新的领悟和建立起恰当的行为模式的矫正方法。

监狱系统中使用的心理剧，是由维也纳出生的美国精神病学家雅各布·莫雷诺于20世纪20年代创立并在罪犯身上的应用。目前，心理剧方法已经成为一种比较常用的罪犯心理矫正方法。在国外，心理剧方法已经被应用于矫正多种类型的犯罪人，特别是矫正少年犯、性犯罪人、恋童癖者、某些惯犯、精神病态犯罪人等。心理剧也被用于即将被假释的罪犯，用来训练罪犯为假释做准备。

在罪犯心理矫正中，利用心理剧方法扮演的内容主要有下列种类：①重新扮演过去的场景或者情境；②扮演目前在罪犯治疗集体中存在的某种问题；③扮演罪犯在未来可能遇到的某种情境或者问题。这种心理剧叫作"未来投射"（future prjection）。

在使用心理剧方法进行治疗时，矫正人员既是心理剧的监制人、导演，也是社会分析者。

在监狱系统中使用这种矫正方法时，矫正人员可以把罪犯中存在的、带有普遍性的问题作为剧情内容，让罪犯自编自演，一部分罪犯充当演员，一部分罪犯充当观众。矫正人员在旁边担任指导，鼓励罪犯尽可能把自己的问题投射到所扮演的角色中。通过这种活动，不但使充当演员的罪犯有机会发泄被压抑的消极情绪，控制可能由类似情境引起的焦虑，学会将来能够在类似情境中采用的新的行为模式，而且也可以启发、教育充当观众的罪犯，使他们在观看剧情的过程中，进行类似的心理和情绪体验。

有时候，矫正人员可以让充当演员的罪犯和充当观众的罪犯互换角色。例如让扮演主角的罪犯扮演配角，使其能够像别人那样观察自己，作出相应的反应；或者让充当观众的罪犯充当演员，让充当演员的罪犯充当观众，使他们能够从不同角度体验剧情，感受不同的情绪。演出结束后，演员和观众一起讨论，交流感受，宣泄情绪，抒发感想，寻求在与剧情类似的生活情境中，应当采取什么样的行为反应，以便恢复心理平衡，学会新的行为模式，提高使用社会生活环境的能力。

在使用心理剧方法时，矫正人员首先要选择合适的主角，整个剧情都要围绕主角而展开。要求主角把自己呈现在舞台上，所扮演的剧情要涉及自己的过去、现在，并且要展望未来。主角选择的剧情要涉及他与别人的关系。在选择了主要的剧情之后，要放手让主角进行表演，不要施加其他的限制。

（2）角色扮演。角色扮演（role playing）有时候也称为"角色训练"（role training），它是通过让罪犯扮演现实生活中的不同角色，体验角色的感情，明确角色期待的内容，从而产生领悟和变化的一种心理矫正方法。

角色扮演实际上是一种结构比较松散的心理剧。让罪犯进行角色扮演或者角色训练的目的，就是让罪犯重现现实生活中的不同社会角色，体验不同社会角色的感情，明确人们对不同社会角色的期待（包括行为模式、态度等方面），并且把这种体验和认识与自己以前的情况相比较，从而领悟到自己应当进行什么样的行为、持有什么样的态度等，学会新的行为模式和态度，达到改善自己的目的。这种活动可以促使罪犯学会在一定的社会和生活情境中，由社会准许的行为方式做事情，有助于提高罪犯的行为适应能力。

在许多情况下，角色扮演和角色训练的含意大致是相同的。如果要说它们之间有区别的话，那么，可以说，角色扮演比较多地应用于解决罪犯现在正在面临的问题，而角色训练主要着眼于罪犯的未来，更多地应用于让罪犯对未来的生活做准备方面。

犯罪学家哈斯克尔（Martin R. Haskell）等人认为，角色训练的目标是：①在行动中区分那些不适当的行为模式，让矫正人员、个人和角色训练小组都能够认识到这些行为模式的不适当性。②鼓励采取其他的行为模式，帮助角色训练小组的成员探讨其他的行为模式，使每个成员都能够扩展行为模式。小组的每个成员都有机会客观地评价他在别人身上观察到的不适当的行为模式。这样，个人就能够学会进行批判性地思考这些不适当性，从而能够更好地认识自己行为中的这些不适当性。③由于角色训练小组的每个成员都学会了其他的行为模式及批判性地思考这些不适当的行为模式，所以，他就能够学会抛弃某种行为模式，而不是抛弃作为个人的他自己。一旦个人能够将这样的思维方式内化，个人就会在生活中较少遇到失败，他会把某个角色的不适当行为的失败，归结于该角色缺乏技能。

角色扮演或角色训练既可以采用比较简单的形式，也可以采取比较复杂的形式。在采取比较简单的角色扮演形式时，可以让罪犯扮演比较简单或单一的角色，体验这种角色的感情和人们对这种角色的期望，从而产生心理领悟和新的认识，使其原有的不恰当思想和不良行为方式发生转变。

例如，让罪犯扮演犯罪被害人的角色，让犯罪人设想，如果他的被害人，在遭受犯罪行为的侵害时，会有什么样的心理，对犯罪行为会采取什么样的态度，对犯罪人会采取什么样的行为。又如，让罪犯扮演被害人的兄弟姐妹、亲戚朋友，设想如果他是被害人的兄弟姐妹、亲戚朋友，会对犯罪行为有什么样的感受，对犯罪人有什么样的态度。再如，让罪犯扮演一名警察，让他表演警察对犯罪行为的反应和态度，等等。这样，就能够诱发罪犯对自己的犯罪行为的否定评价和厌恶态度，改变他们原有的不正确态度和行为。

同时，也可以让罪犯扮演一些与犯罪行为本身关系不大的普通社会角色，体验他们的感情、角色期待和行为方式，启发罪犯反省自己，促使对未来产生渴望心理，加快转变的进程，增强矫正的效果。例如，让罪犯扮演一名父亲或者母亲，体验父亲或母亲对犯了罪的儿子或女儿的期望，表演作为父亲或母亲应当具有的态度和行为，再与自己目前的情况进行比较，从而在比较中确定自己应当采取什么样的态度和行为；让罪犯扮演自己的配偶，设想配偶会对自己的犯罪行为有什么态度，会对自己的现在和未来有什么期望，表演自己的配偶可能会对自己进行的行为等，使罪犯在角色扮演中产生新的认识。发生新的变化。

罪犯所扮演的角色，既可以是过去曾经有过的或者曾经接触过的角色，也可以是新的、未曾接触过的角色。通过扮演新的社会角色，可以使罪犯对自己未来的情况产生一定的认识，进行一定的心理和行为准备。在国外，往往使用这种角色扮演方法训练罪犯对出狱之后的适应能力，使他们能够掌握出狱之后可能使用的恰当行为方式，顺利应付出狱之后可能遇到的生活情境。例如，让罪犯扮演刚刚被释放出狱的人，表演与其家人初次见面时的行为；让罪犯扮演被释放出狱之后求职的人，表演在求职过程中的行为等。这类角色扮演有助于罪犯为释放之后的生活做准备。

角色扮演也可以采取比较复杂的形式。在这种情况下，往往有多人参加，有一定的情节，有一定的准备和对话、讨论等。

从国外对罪犯使用角色扮演或角色训练的情况来看，使用这种方法矫正罪犯时，通常包括这样三个环节：

准备阶段：在这一阶段，矫正人员要明确罪犯遇到的问题，或者在罪犯中存在的问题，考虑使用什么样的角色扮演或角色训练内容来帮助罪犯解决这些问题。在明确要解决的问题之后，选择合适的进行角色扮演的罪犯，并且根据每个罪犯的不同情况和需要解决的不同问题，让他们扮演的不同角色；还要考虑在角色扮演或角色训练过程中可能出现的问题和相应的指导办法、解决方案等，做到心中有数，避免在角色扮演或角色训练过程中出现意外情况时，无法进行及时处理的现象。

行动阶段：在这个阶段，根据事先确定的问题和罪犯，首先指导让一名问题比较突出、也有比较好的表演能力的罪犯进行角色扮演。如果需要的话，也可以让其他罪犯参与角色扮演，或者轮流进行角色扮演。

讨论阶段：在角色扮演或角色训练之后，要组织罪犯进行讨论，讨论的内容主要是：首先，罪犯的角色扮演是否符合生活中的实际情况？如果不符合实际情况，那么，生活中的实际情况究竟是什么样的？其次，罪犯在角色扮演中处理问题的行为方式是否恰当？如果罪犯在角色扮演中处理问题的行为方式不恰当，那么，恰当的处理方式是什么？最后，在实际生活中，是否还会有其他的情况？如果遇到这些情况，应当怎样恰当地应付和处理？

3. 心理辅导专项活动的设计要领

心理辅导活动目标一旦确定，接下来便是设计活动方案。活动方案是开展好心理辅导专项活动的非常重要的一个环节。就具体设计活动方案而言。辅导者要注意以下几点：

第一，活动方案要密切结合罪犯的实际特点。在设计辅导方案时，要以罪犯在不同服刑时期的特点，结合罪犯个性差异状况为依据，不能闭门造车或想当然，这样设计的活动才具有针对性的，内容才容易为罪犯理解和接受，才能解决罪犯在服刑中出现的问题。因此，在设计活动之前，应当进行调查，发现问题，然后再根据此问题设计方案，这样就提高了心理辅导活动的针对性和实效性。

第二，活动的内容与目标要一致。心理辅导活动的目的是让罪犯通过活动达到心理辅导的目标，这是心理辅导活动设计的一个非常重要的环节。如果离开了目标去设计活动，那么活动就成了无的之矢。

第三，设置活动情境，促进罪犯体验。心理辅导专项活动的一大特点是通过罪犯亲自参与到活动中，自身体验活动中的情境，进而解决自己存在的心理问题。心理辅导专项活动贵在体验，只有经过体验，参与者的内心才会产生经验，才会有更深的感悟，因此，如何设置情景，促使罪犯体验，就成为心理辅导活动的一个非常重要的因素。

第四，组成活动系列达到活动目标。有时为了解决一个问题，一个活动不行，可以设计系列的专项辅导活动，通过多个活动组合成专题系列，从多个方面认识 自我，从而达到心理辅导专项活动的目标。

二、实践与应用

心理辅导活动设计——关于"罪与刑"的自我认识：

1. 活动设计

通过这样几个方面提高罪犯关于"罪与刑"的自我认识：一是通过自我反省和检查来认识自己，二是通过别人的态度和评价来了解自己，三是通过各种心理测验来了解自己，四是借助教育活动的成果来认识自己。

2. 活动目标

（1）通过对"罪与刑"的反思，重新认识自我。

（2）知道"认识自我"的途径和方法。

3. 活动方式

（1）讲述与讨论。

（2）心理测试。

（3）反馈策略。

（4）心理剧扮演。

4. 准备

（1）辅导者事先选择有关实例。

（2）设计心理问卷题目内容。

（3）心理剧目的内容设计。

5. 辅导时间与场地

（1）辅导时间：2 小时。

（2）辅导场地：团体辅导室。

6. 辅导步骤

（1）辅导者讲述活动的重要性。

（2）问卷调查。

（3）开展活动。

（4）自我小结。

■ 案例剖析

罪犯情况：杨某，女性，22 岁，未婚，犯偷窃罪。

自我陈述：性格很内向，不爱说话。入狱之后，为了服从管理提前释放，对自己的生活更是硬性规定许多过高要求和标准，哪怕做一件细小事情都要按照规定的刻板方式去完成。近段时间以来，老是想着被子、床单一定要叠好铺平，总是极认真地、反复地去叠。后来发展到老是想着见到了干警该不该说话，该说些什么；盆里的衣服是洗了几遍才能干净；见到电灯就要反复检查电灯开关；穿衣服后一定要反复地扣纽扣；做值日反复检查是否干净等。不容许自己有一点差错，记忆力下降，没精神干活，逻辑分析能力下降，紧张。办事效率极低，生怕出差错而遭人讥笑。否则便焦躁不安、悲观消极，甚至失眠。另外，害怕见人，与别人交往时总害怕别人笑话，变得不愿与人交往。食欲下降，身体也比以前瘦了。虽然有的时候认为这样做是没有必要的，但就是控制不住。有时会非常的紧张和焦虑。自己感到很苦恼，希望能够得到心理咨询师的帮助。

思考题

如何有针对性地对杨某开展心理辅导工作？

第十五章

罪犯心理健康教育

1. 罪犯心理健康教育的意义。
2. 罪犯心理健康教育的内容。
3. 罪犯心理健康教育的方法。

■ 导入案例

罪犯情况：罪犯李某，20岁，伤害罪入监一年。该犯自入监以来一直是抵抗改造，面对管教人员的各种教育采取的是不闻也不做，情绪一直很低落，不与任何人交流心里话，是属于重点改造对象。经过调查分析，管教人员一致认为该犯人是在心理年龄很不成熟期间犯下罪行的，入监以来该犯在各个方面都表现出了较低的心理素质。能否帮助其提高心理素质的，直接关系到他的改造质量，甚至整个人生。

帮助措施：针对目前收监的罪犯年龄趋于年轻化，都存在许多心理问题，监狱为与他有相同心理特征的罪犯进行了系统的心理健康教育。通过监狱进行的认知教育、人格教育和社会性教育等内容的心理健康教育活动使他们认识到自己以前在人格上存在明显的缺欠，他说："以前的我，人格上极其偏执，总认为自己是正确的，对于父母和师长的劝说总是有抵触情绪。同时在人格中总是有一种反社会意识，总是认为社会对待自己不公正，之所以走上犯罪的道路也正是这些不健康心理在作怪。"

第一节　罪犯心理健康教育概述

心理健康教育以实现心理学自身的意义和价值为目标，以培养和完善人格、提高人们的心理素质、提高人们的生活质量为目的。在一般的意义上，它可以包括心理咨询与辅导，但是以主动的心理预防为主，治病于未病，防患于未然。"心理素质"对于一个人的生活也有着重要的意义。心理素质将在很大程度上决定一个人心理健康的状况，而心理健康的状况又会决定与影响一个人整体的健康状况，心理素质将在很大程度上决定一个人对生活的感受，这种感受又会决定和影响一个人的生活质量。

目前我国监狱管理有两大任务：一是保障罪犯人权，二是提高改造质量。如何提高罪犯改造质量？对罪犯实施素质教育无疑是一条重要途径。心理健康本身既是健康素质的重要组成部分，又是心理素质的基础，提高心理健康水平也是提高心理素质的重要手段。所以说，罪犯心理健康教育既是罪犯心理矫正工作中一项至关重要的内容又是罪犯教育改造的组成部分。

一、心理健康教育的含义、内容

（一）心理健康教育

《简明不列颠百科全书》对心理健康的定义是"心理健康是指个体心理在本身或环境条件许可范围内所能达到的最佳功能状态，不是指绝对的十全十美的状态。"国外学者玻肯（W. W. Bochm）认为："心理健康就是合乎某一水准的社会行为，一方面为社会所接受，另一方面能为自身带来快乐。"我国台湾学者则将心理健康区分为狭义和广义，广义的也是指积极意义上的定义，是指"心理健康的保持与增进"；而狭义的定义，则是指"没有精神疾病症状或心理不健康的预防及复健"。

在人们的日常生活中，每个人的内心深处都存在着两种基本的需求：一是要解决心理与行为上的种种冲突、障碍和困惑；二是要充实与完善自我，维护心理健康，提高生活质量。人们的这种内在需求，也正是心理健康教育本身所包含的意义和价值之所在。因此，为了适应社会的需要和心理学自身的发展，心理健康教育便应运而生。

心理健康教育，是根据个体生理、心理发展特点，有目的、有计划地运用有关心理学的方法和手段，对受教育者的心理施加影响，培养其良好的心理素质，促进其身—心全面和谐发展的教育活动有助于受教育者潜能的开发和各种优秀心理品质的培养与发展，有利于提高心理健康水平、全面发展个性，同时预防和消除各种异常心理和心理问题。上海师范大学的燕国材教授认为："心理健康教育应包括积极的和消极的两个方面，积极方面是培养心理素质，促进全面发展；消极方面是防治心理疾病，保持心理健康。"

（二）心理健康教育的内容

（1）就心理健康教育概念而言，其形式是"教育"，目的是促进心理健康，主要包括两个方面：①对心理素质的培养；②对心理健康的维护。

（2）就心理健康教育本身所包含的意义而言，应该是一种以心理发展为主的普及教育，它应该像基本的道德教育或健康教育那样，是一种基本的文化教育和生活训练。

（3）从心理健康教育的性质来说，包括两大任务：①发展性教育（或者积极方面）：开展预防性和发展性的心理健康教育，使受教育者正确认识自我，增强调控自我、承受挫折、适应环境的能力，培养健全的人格和良好的个性心理品质，努力提高心理素质和心理健康水平。②补救性教育（或者消极方面）：面向少数有心理困扰和心理障碍的个体，开展补救性和矫正性的心理咨询与辅导，帮助其尽快摆脱障碍，调节自我，恢复和提高心理健康水平，增强发展自我的能力；对于极少数有严重心理疾患的个体，要及时识别，并转介到专业心理治疗机构，予以密切配合，尽快治愈，帮助其重返社会正常生活。这其中包括对心理危机的干预和对自杀的预防等应急工作。由此可见，我们所持的心理健康教育的理念是从一个较宽广的视角而言的，它涵盖心理危机的干预、心理疾病的矫正、心理问题的咨询和辅导、心理素质的培养这一系列由消极逐步走向积极的心理干预过程。

二、罪犯心理健康教育的含义

罪犯心理健康是指罪犯心理在自身与监狱环境许可的范围内所能达到的、为改造所能接受的较好功能状态，是不健康心理或人格缺陷的复健及预防。对这一定义可以从以下三个方面理解：一是这种心理状态是在监狱和罪犯个体条件许可的情况下的良好心理状态，而非罪犯个体在正常社会情形下，所能达到的最佳心理状态。二是这种心理状态是监狱改造所允许的，而非罪犯个体自身的最佳心理状态。三是罪犯不健康心理或人格障碍的康复和预防主要是指两个方面：一方面是康复罪犯与其犯罪行为有着较高相关的不健康心理和人格障碍，如报复心理、反社会人格障碍、攻击型人格障碍等，而非罪犯全部的不健康心理；另一方面是防止罪犯在监禁环境中，可能产生的可诱发其重新犯罪的不健康心理和人格障碍等。

罪犯心理健康教育是在罪犯矫正过程中，面向全体罪犯，通过知识传授、行为训练和实践指导等途径，提高心理素质，促进罪犯心理的健康发展，实现罪犯重新社会化的一种教育活动。只有心理健康，才能远离心理障碍，这是罪犯心理矫正的基本出发点。

作为一种教育活动，心理健康教育是有目的、有计划、有步骤地进行的。教育者以心理素质的提高为目的，针对罪犯的特点，制定一系列包括心理课程和心理训练在内的教育计划，与其他教育活动一起，落实在罪犯改造过程中。心理教育有知识传授、行为训练等多种途径和方法，但是他十分强调心理教育和日常生活的紧密联系，指导罪犯通过实践活动获得认知的发展、情感的体验和行为习惯的养成。因此，单纯的心理健康教育是不成立的，它融合于罪犯的整个矫正过程中。

三、罪犯心理健康教育的意义

对罪犯心理健康的促进，是对教育改造质量的一种提升。相对于心理辅导、心理咨询和心理治疗，心理健康教育可以直接纳入罪犯教育的范畴，可以与思想教育、文化教育以及职业教育一起，成为罪犯教育的内容。因此，罪犯心理健康教育既是心理矫正的组成部分，也是罪犯教育的组成部分。罪犯心理健康教育加强了罪犯教育和罪犯心理矫正的有机联系，有利于罪犯改造工作的有效进行。

1. 有利于罪犯认识自身心理，培养健康人格

进行心理健康教育，能够帮助罪犯了解自身心理特点及其发展规律，帮助他们正确认识自己，指导他们发挥自身的优势，消除不利于人格健康发展的因素，从而自觉完善个性品质，培养健康人格。

2. 有利于提高罪犯综合素质

心理健康是一种良好的持续的心理状态，表现为个人具有生命的活力，积极的内心体验，良好的社会适应，能够有效地发挥个人的身心潜能和积极

的社会功能。

（1）能够促进罪犯良好品德的形成。其一，个体心理只有处于健康状态之下，才容易顺应社会，倾向于与社会保持一致，接受来自社会的各种要求，包括社会道德规范，形成符合社会要求的品德。同时某些优秀道德品质要以某些心理素质为基础才能形成，如人的"利他"品德要在"移情"的个性品质上才能形成。其二，从反面来看，个体如果处于心理不平衡状态，则容易形成不良的品德或者发生不道德的行为。心理处于痛、沮丧和不满等状态的罪犯，往往倾向于接受与主流社会规范、价值观念相悖的东西，对不良规范失去抵抗力，形成不良的品德。

（2）保证罪犯正常健康地生活与改造。一般说来，罪犯处于心理不平衡状态尤其是出现心理问题时，容易出现损害社会与他人的不良行为，或者出现损害自我的异常行为，给自我和社会造成不良影响。即使不发生外部的不适应行为，处在不良心态之下的个体，也会因长期处于情绪的困扰中形成不良的品德或导致低劣的心理素质。无论哪种情形，对他们的正常发展都是不利的。而心理健康教育可以帮助罪犯保持心理健康状态，保持良好的精神状态，从而能顺应社会、接受他人，自我得到充分发展并获得改造的进步。

（3）有利于防止各种心理危机和突发事件，维护监管工作的安定和谐。如果罪犯自身不能正确认识由于服刑而不可避免的种种问题，总是十分畏惧自己在现实和今后的人生历程中必然会经受的各种生活事件，面对环境与生活的变化总是无所适从、无力应付，总是怨天尤人甚至与之对立，就可能发生异常行为。这些突发性的极端事件，不仅不利于罪法自身的改造，同时还影响了整个监狱管理工作的正常进行。注重对罪犯的心理健康教育，及时对心理危机进行干预和疏导，使其尽早恢复到正常状态，就可以减少甚至避免这些问题的出现。

四、实践与应用

根据案由、刑期、改造表现、自然状况等一系列项目选出若干名罪犯进行心理教育实验。教育方式以授课形式为主。通过各种有针对性地讲授进行知、情、意教育，健康人格教育，个性心理教育等有针对性的教育。授课内容如下：

（1）概述篇。①什么叫心理健康？②心理健康的目的和意义。③心理健康教育的基本内容和特点。④服刑人员应该如何对待心理健康教育？

（2）知、情、意篇。①知、情、意及其相互关系。②环境认知与环境适应及其重要性。③情绪的调节与控制。④意志品质特征。

（3）个性心理篇。①个性与个性心理。②个性心理对人际关系的影响。③个性品质及其修养。

（4）人格篇。①什么是人格？人格的发展与完善。②人格障碍。

第二节　罪犯心理健康教育的内容

一、心理健康教育的基本内容

（一）心理健康教育的基本内容层次

1. 心理卫生的四级预防模式

心理卫生的三级预防模式较好地把对心理及精神疾病的防和治结合起来，对心理卫生工作实践起到了积极的指导作用，但其重点依然放在防治心理及精神疾病上。从心理健康教育的角度出发，着眼于心理健康水平的发展和提高，我们提出四级心理卫生模式（如图 15-1），其要点如下：

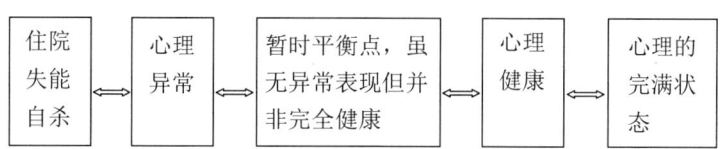

图 15-1　四极心理卫生模式

这一心理卫生模式将人们的心理健康视为一个动态的连续体，即在自杀及心理失能至心理完满状态之间，每个人随时都在发生有益或有害的变化，而心理卫生工作正是在这一过程中促进人们的心理向健康的方向发展。初级心理卫生作用于从心理大致健康向心理的完满状态过渡的阶段。二级心理卫生主要在心理的暂时平衡点与心理大体健康之间发挥作用。三级心理卫生作用于心理暂时平衡点至发生心理疾患之间。四级心理卫生在心理疾患与心理失能、住院及自杀之间发挥作用。

2. 心理健康教育的基本内容层次

借助于四级心理卫生模式，我们可以把心理健康教育的基本内容分为四个层次：

（1）促进潜能的发挥。通过采用积极主动的促进方式，如举办专题辅导讲座，使罪犯充分认识自身的弱点和潜力，并进行专项能力训练，促进自我的发展和完善，增强他们的自信心，培养一种积极向上的意识：提高其的自主意识与能动性，使其在理论与实践的结合上充分发挥个人的潜能，力求达到一种心理上的完满状态。

（2）增强心理调节能力，促进心理健康。在罪犯中广泛开展心理卫生知识教育及社会适应训练，促进其心理上的发育和成熟，提高心理承受能力及对环境变化的适应能力，学会基本的心理调适技术，提高学习能力、人际关系处理技巧、情感表达能力等。同时对一些轻度的心理问题能进行自我处理，具有必要的心理自我调节能力。

（3）消除心理问题，恢复正常心理。包括通过各种方法和技术对罪犯心理健康状况进行动态监测，如：为他们进行定期心理健康测查及建立心理健康档案等。力求做到对心理问题的早发现、早处理，并加强心理咨询，为其提供必要的帮助与支持，使其消除心理困扰，恢复正常心理。

（4）进行危机干预，恰当处理心理急症。由于对心理疾病的矫正主要由医疗机构等专业心理治疗机构进行，所以，针对四级心理卫生而言，监狱心理健康教育的重点主要是对各种心理急症（如重大生活应激、自杀倾向等）进行积极有效的干预，及时进行支持、疏导和转介，防止恶性事件的发生。同时和专业心理治疗机构保持良性互动，帮助那些患有严重心理障碍或精神疾病的罪犯尽快回到正常的学习改造和生活中来

（二）罪犯心理健康教育的内容

根据罪犯教育改造的实际工作需要，我们通常把罪犯健康教育的内容分为：

1. 认知教育

监狱环境下对罪法的认知教育以罪法的矫正为前提，以解决罪犯面临的首要问题为原则。

（1）对生理和心理关系的认知；

（2）对自己和他人的察觉；

（3）对生理与情绪表达之间关系的察觉；

（4）有关价值观的思维；

（5）什么是人的合理化的需要；

（6）对个人或他人优点和缺点的认知；

（7）典型的认知错误。

2. 意志力教育

意志力是个体克服困难忍受挫折的能力。意志力的教育旨在使罪犯了解意志的心理特点，了解挫折的心理规律，使他们能够正确面对挫折，自觉运用挫折原理，理智地采用积极的挫折应付方式。以意志为主体的心理教育应该包括：

（1）什么是良好的意志品质；

（2）如何培养自己意志品质；

（3）挫折的基本原理；

（4）如何培养挫折耐受力；

（5）什么是积极的挫折反应，什么是消极的挫折反应；

（6）如何避免消极的挫折反应。

3. 情感教育

情感教育是心理教育的关键。因为人的行为与其当时的情绪和情感有着很直接的关系，要控制个体的行为，必须首先能够控制自己的情绪；心理的问题和心理障碍都会以不同的情绪作为外在的表现；一些人格障碍者表现为情感、情绪的异常。情感教育的内容有：

（1）对自己与他人情绪的观察；

（2）情感的适当表达方式；

（3）如何对待自己和他人的消极情绪；

（4）愤怒的自我控制训练；

（5）情绪的自我管理。

4. 人格教育

对罪犯的人格的大量研究中，艾克森的研究非常突出，他认为人格与犯罪行为有一定的关系。国内的许多研究也发现罪犯的人格与常人有显著差异。国外的许多调查都发现犯罪与某些人格障碍有着非常紧密的关系，如反社会人格几乎就是犯罪的同义语。日常生活中，人格缺陷也是诸多认知情绪等心理问题的来源。人格教育的内容包括：

（1）对人格的含义和形成过程的了解；

（2）了解什么是健康的人格，什么是不良的人格；

（3）了解什么是人格障碍；

（4）通过人格测量师罪犯了解自己人格的优点和缺陷；

（5）如何改变自己的人格。

5. 社会性教育

社会性教育是心理教育中的重要内容，它是以实现人的社会适应为目的的心理教育。社会性教育包括：

（1）不良人际关系的分析和认知；

（2）对自己犯罪行为、犯罪受害者的正确态度；

（3）良好人际关系的建立；

（4）生活技能的获得和提高；

（5）恰当的社会认知；

（6）社会支持的获得。

6. 心理健康教育

对心理健康教育的理解有两种模式，其一，社会、心理、生理综合理论模式，这一模式几乎囊括了心理教育所有内容；其二，身心医学模式，这一模式将视线集中于生理与心理的交互作用对于心理健康的影响。身心医学的研究表明，人的生理反应与心理活动是协同发展的，不良的心理反应持续过久，就可能导致身体器官功能的紊乱，器质性病理变化；反过来，身体的疾病也会使人的心理健康受到影响，引发心理疾病。这两个过程是生理与心理交互作用的结果。近年来大量的犯罪心理健康的测量都发现，犯罪群体的心理健康状况明显低于常人，在"自评量表"上各因子上的阳性检出率大约在50%。因此，应该采取有效措施提高罪犯心理健康状况，从而达到稳定监狱环境、提高犯罪矫正效率的效果。

罪犯心理健康教育的主要内容有：

（1）心理与生理关系的基本知识；

（2）身心健康的含义和标准；

（3）心理的自我测试；

（4）心理压力的疏解和释放；

（5）焦虑心理的排除；

（6）常见心理障碍的特征；

（7）如何通过心理辅导、心理咨询和心理治疗解除心理痛苦。

二、实践与应用

自我认知训练：不同的自我

活动目的：通过本活动促使罪犯对自我的全面认知，了解自己的人格缺陷。

活动时间：约60分钟。

活动方式：小组。

活动所需材料：每人一张表格和一支笔。

活动过程：给每人发一张表格，要求认真填写，然后大家一起讨论。从填写的内容中可以看出罪犯的不同的心态。对于某些人格缺陷的罪犯会反映出极端的自我为中心，他们很少从他人的角度去考虑自己，因此在填写表格的时候总是表现出难以区别出不同人心目中的自我。应该引导他们学会从周围人对他的评价中学会从他人的角度自我审视，纠正人格缺陷。对于受训练者出现的不同人格评价应该引导他们从多个角度看待自我，学会客观看待自我。

表 15-1

父亲眼中的自我	兄弟姐妹眼中的自我	朋友眼中的自我	自己眼中的自我
母亲眼中的自我	同事同学眼中的自我	爱人眼中的自我	自己理想中的自我

第三节 罪犯心理健康教育原则与方法

一、罪犯心理健康教育的基本原则

1. 科学性、教育性原则

罪犯心理健康教育的科学教育原则就是要坚持科学态度，依据罪犯心理学的理论和方法，针对罪犯的客观心理特点进行教育。心理健康教育在发达国家是很受重视的一门科学，通常把对罪犯的心理健康教育视为一种职业、一个专业，强调专业人员在诸多方面发挥基专业作用。心理健康教育成为一种非常专业化的职业，已经具有了专业的全部特征：完整的知识体系，独立的文献积累，已获得认证的、可提供专业培养的大学院系，从业执照，认证和颁发执照的专业组织与机构，工作机会，道德准则，继续教育体系等。这些都说明心理健康教育的专业性。监狱心理健康教育，从内容、形式、途径上，除了应具有应用科学性以外，还必须本着促进罪犯心理素质提高、培养其健康人格的宗旨，孕育丰富的教育内涵：在教育内容的选择上以及教育在形式上，应是有助于罪犯健康发展的；使他们在接受教育的过程中耳濡目染、潜移默化并是愿意参与的，能充分调动罪犯的积极主动性。总之，监狱心理健康教育的每个环节，都应富于教育意义，而非流于形式。

2. 防治与发展并重

罪犯心理健康教育不能只着眼于矫正的层面，只为少数有问题和适应困难的罪犯提供服务，只注重补救性工作而忽视对绝大多数正常学生的帮助。目前，矫正性工作仍是心理健康教育不可缺少的一部分，但强调提高罪犯心理素质水平，发掘其心理潜能的发展性工作日益受到重视。应坚持防治与发展并重的原则。

3. 以罪犯为主体

罪犯心理健康教育主要着眼于帮助罪犯掌握应对和处理心理问题的方法和能力，让他们能够自由自主地解决问题，发挥自己的巨大潜能。心理工作者所起的作用仅仅是外部因素，罪犯心理的调整，最终依赖于他们自身的内在因素和自我认识。这样既体现了对罪犯人格的尊重和信任，又有利于调动罪犯自我的力量，发挥自我教育的作用，从而实现教育与自我教育相结合，处理好自身的心理发展与调节问题。

4. 普及教育与个别咨询相结合

在罪犯心理健康教育中，要灵活地坚持普及教育和个别咨询相结合的原则。作为教育的一部分，心理健康教育应该面向全体罪犯，进行普及性的日常心理健康教育，使每个罪犯的心理潜能得到充分发展，并预防各种心理异常和心理问题的发生。同时，根据不同情况，对已经发生心理行为问题的个别罪犯做好心理辅导和咨询工作。在个别咨询中，应该针对每个罪犯的个性特点和个别差异，采取相应措施。

5. 协同性原则

任何人的心理素质的培养，不能孤立地进行，不能把它与家庭、社会等环境因素割裂开来。一是要注重家庭与社会力量的参与。罪犯心理发展受到各种社会因素的制约，在各种社会因素中，家庭对罪犯心理健康的发展影响最大。所以，开展罪犯心理健康教育工作，要特别重视社会力量的参与。此外，各种社会现象、舆论、影视文化等因素也会对罪犯心理产生积极的或消极的影响，所以要注重借助社会力量优化整体环境。二是心理健康教育应渗透到罪犯整体教育之中，使心理健康教育要求与监狱管理工作的其它方面有机结合起来。把心理健康教育应寓于监狱的教育改造和管理之中；三是要培养罪犯心理全面和谐地发展，为完善罪犯的人格奠定基础。

6. 针对性原则

实施心理健康教育，必须针对罪犯的特点，因材施教。心理工作者既要注意罪犯的共同表现和一般规律，遵循心理健康教育的一般特点和规律，又要重视罪犯的个别差异，因人而异，尽可能使教育适合罪犯的个别特点。

二、罪犯心理健康教育的途径

罪犯心理健康教育途径可依其性质和形式的不同，划分成不同类型。

1. 按照其性质的不同，罪犯心理健康教育的途径可以分为如下几种：

（1）知识的传授和技能的训练。主要有课堂教学、专题讲座、专家报告、阅读相关书籍，收看教学节目、收听广播、团体训练等形式进行。重在从"知"和"行"的层面影响罪犯的心理发展，加强对罪犯心理意识的正确引导和人格教育，传授心理卫生知识，使他们学会运用心理学知识进行自我调适，保持心理平衡，促进心理健康。

（2）心理辅导。心理辅导是监狱心理工作者根据罪犯心理发展的特点与规律，在一种新型的建设性的人际关系中，有关专业人员运用心理学等专业知识技能，设计与组织各种教育性活动，以帮助罪犯形成良好的心理素质，充分发挥个人潜能，进一步提高心理健康水平的过程。

（3）心理咨询。心理咨询是运用心理咨询的理论和技术，主要以语言为媒介，与咨询对象建立良好的人际关系，帮助来访者消除心理问题与障碍，恢复健康心理，有效适应社会生活环境的过程。监狱心理咨询是补救性心理健康教育，其对象主要是遇到心理困惑或有强烈心理冲突与矛盾的罪犯，心理干预的重点是恢复与发展，关注罪犯的现在，根本目标是改善罪犯个体的心理机能，提高心理健康水平。

（4）危机干预与心理治疗。危机干预技术是从短期心理治疗的基础上发展起来的，以解决问题为主要目标，并不涉及当事人的人格矫正。它主要是帮助因突发重大生活事件而陷入心理混乱的罪犯渡过危机期。危机干预与心理治疗的不同之处主要表现为：①评估。与心理治疗前完整、详细的诊断相比，危机干预前的评估更强调迅速地对危机以及个体对危机的反应作出判断。②技术与方法。心理治疗通常采用多种技术以取得长期的治疗效果；而危机干预由于受时间限制，必须采用简便的技术来立即控制和消除危机创伤。③目标。危机干预的目的是使求助者的行为表现恢复到危机前的心理平衡水平；而心理治疗更重视求助者情感、思维和行动等总的功能状态。④预防问题。危机干预中预防比治疗更重要。在实施干预的各阶段都要尽可能使用预防措施，以保证求助者的安全。

知识传授、技能训练、心理辅导、心理咨询、危机干预几者之间存在密切的相互关系。从服务对象上看，知识传授、技能训练和心理辅导是以正常罪犯为主，一直延伸到轻度的不健康的罪犯，它重在发展和预防，而心理咨询和危机干预则主要是面对存在心理问题的罪犯，它重在治疗和矫正。知识的传授、技能的训练、心理辅导、心理咨询、危机干预在连续体的分布上存在着部分重叠和交叉。

2. 根据心理健康教育的形式，可分为以下几种途径：

（1）团体发展性教育：指有目的、有计划地对罪犯实施系列的教育方案，以促使罪犯形成适应社会、适应生活的心理素质。这是罪犯心理健康教育的主要部分，是日常监狱管理工作的主要组成部分

（2）团体补救性教育：是根据罪犯值得注意或普遍存在的心理问题设计教育方案。通过各种措施使罪犯能获得正确的观念，改变不良的心理健康状态或行为方式。

（3）个别发展性教育：是有目的、有计划地根据某个罪犯的心理素质实际需要，设计适合该罪犯心理健康发展的、系统的培养方案，然后再进行个别实施，使其能健康发展。

（4）个别补救性教育：是根据个别罪犯心理健康方面存在的明显问题，结合其特点，有针对性地设计适合该罪犯改善心理健康问题的专门培养方案，

使罪犯能获得正确的认识和观念，改善不良的心理健康状态。

三、实践与应用

实践：亲社会行为训练

戈尔茨坦等人曾经对攻击性罪犯进行了亲社会行为训练，并且将这种训练归纳为50课，据此，我们在实践中也训练如下内容：

（1）倾听和了解别人谈话的能力。训练罪犯学会耐心地倾听别人的谈话，理解别人的意思，是矫正其动辄使用攻击、打架、伤害等行为的重要基础。

（2）谈话的技巧。训练罪犯与别人接触时，首先主动向别人说一些无关紧要的话，带感情相互协调时，再谈论比较严肃的话题或者比建交重要的话题，从而避免产生冲突。

（3）交谈的技巧。训练罪犯能够与别人交谈双方感兴趣的话题，以便建立比较融洽的人际关系。

（4）询问问题的技巧。训练罪犯掌握能够随时明确自己的问题，以适当的方式向人提出问题的技巧，使罪犯能够通过询问获得自己所需要的信息

（5）表示感谢的技巧。训练罪犯在获得别人的帮助或者服务时，如何向对方表明自己的谢意。

（6）自我介绍的技巧。训练罪犯在不熟悉的人面前怎样进行恰当的、有礼貌的自我介绍。

（7）介绍他人的技巧。训练罪犯怎样以适当的方式和言语将某人介绍给他人，使大家相互熟悉起来，进行相互交往。

（8）表达赞扬的技巧。训练罪犯正确表达赞扬或者称赞别人高尚品德与行为的技能。

（9）请求帮助的技巧。训练罪放在遇到困难时，如何以适当、礼貌的方式请求和获得别人的帮助。

（10）参加社会活动的技巧。训练罪犯如何以正当的方式参加一些有意义的社会活动的能力。

（11）解说能力。训练罪犯如何以简洁、准确的言词向别人解说某件事情的能力。

（12）接受教诲的能力。训练罪犯理解、听取别人的解说、劝导的能力。

（13）表达歉意的技巧。训练罪犯在做错事情的时候，如何向别人表达

歉意。

（14）说服能力。训练罪犯如何向别人阐述自己的想法，论证自己的想法比别人更优越，从而说服别人接受自己的想法的技能。

（15）和理解自己的感情变化的能力。训练罪犯如何知道和把握自己的感情变化，了解自己的情绪状态的能力。

（16）表达感情的能力。训练罪犯如何恰当的想别人表达自己的感情，或者如何宣泄消极情绪的能力。

（17）理解他人情感的能力。训练罪犯如何理解和想象他人情感变化的能力。

（18）理解和正确对待他人的愤怒情绪的能力。训练罪犯如何知道别人是否产生愤怒情绪、愤怒情绪的强度，以及用何等强度对待别人的愤怒情绪的能力。

（19）表达对别人关心的技巧。训练罪犯如何通过适当的言语和行为表达对别人的关心。

（20）理解和正确对待自己的恐惧情绪的技巧。训练罪犯了解自己产生恐惧情绪的原因、了解自己的恐惧情绪的主要表现，并学会正确对待自己的恐惧情绪的技巧。

（21）自我鼓励的技巧。训练罪犯在做了好事之后，如何鼓励自己继续这样的努力。

（22）请求允许的技巧。让罪犯明白，许多许多事情必须得到别人的认可之后才能进行能够进行。训练罪犯如何以适当的方式请求别人的润许，获得别人同意。

（23）分享快乐的技巧。训练罪犯在遇到好事情的时候，如何与别人分享快乐与喜悦的心情。

（24）助人为乐的精神。培养罪犯形成助人为乐的精神，在别人需要帮助时能主动地给别人与帮助。

（25）商谈与调解的技巧。训练罪犯基本的商谈与调解的技巧，并摆如何通过适当的商谈与调解活动而兼顾双方的利益。

（26）自治能力。训练罪犯控制自己情绪与行为的能力。

（27）捍卫自己正当权利的能力。训练罪犯如何让别人了解自己对某种事情的观点、态度和立场，从而保护自己的合法权利不受别人的控制和支配。

（28）适当对待别人对待自己开玩笑的技巧。训练罪犯适当对待别人对自己开玩笑的活动，控制自己在遇到不恰当的开玩笑活动是能够不发脾气，不进行攻击行为。

（29）避免与他人发生纠纷的技巧。训练罪犯应如何尽量避免与别人发生矛盾，避免发生麻烦和人际冲突。

（30）避免殴斗的技巧。训练罪犯在发生人际冲突时，如何以恰当的方式解决冲突，避免发生殴斗行为。

（31）倾诉苦衷的技巧。训练罪犯如何向别人诉说自己的苦恼和困难，告诉别人自己准备如何解决这些烦恼与困难，从而宣泄自己的苦衷。

（32）对待别人牢骚的技巧。训练罪犯如何恰当对待别人发牢骚，如何工作横对待别人的态度的技巧。

（33）培养运动和游戏的道德。教育罪犯掌握良好的运动和游戏的自准则，以忠实的态度参加体育和游戏活动。

（34）解除窘态的技巧。交给罪犯在遇到窘态时，通过进行其它的事情等方法摆脱窘态。

（35）正确对待被抛弃的情境。教育罪犯在遇到被别人抛弃时，如何正确对待这种情景，通过进行有意义的事情等方式适应这种环境。

（36）帮助朋友伸张正义。教育罪犯学会辨别是非和伸张正义，在朋友遇到不公时，能够帮助朋友解决不公的事情。

（37）自我劝解。训练罪犯在产生愤怒情绪而要使用武力解决时，能够进行自我劝诫，设身处地地为对方着想，尽可能谅解对方，平息自己的愤怒情绪。

（38）学会如何面对失败。教育罪犯在遇到失败时能够不灰心、不泄气，以适当的态度和行为对待失败。

（39）正确对待受骗。教育罪犯能够正确对待别人言行部、欺骗自己的行为。

（40）正确对待自己遇到的责难。训练罪犯在自己遇到别人的责难时能够合理地分析责难产生的原因，正确对待责难自己的人。

（41）准备解决争端的谈判。训练罪犯如何在进行一场解决争端的谈判之前，进行恰当的准备工作。

（42）正确对待别人的阻挠。训练罪犯如何恰当处理在进行某种事情时遇到别人的阻挠。

（43）摆脱无聊的状态。训练罪犯如何从事有趣的、建设性的事情，以摆脱无聊的状态。

（44）考虑后果。训练罪犯在进行一件事情之前，考虑和估计自己的行为可能产生的后果，从而适当约束自己的行为。

（45）提出目标。训练罪犯能够为自己提出现实的、建设性的目标，从而使自己进行有目的的工作或学习。

（46）正确估计自己的力量。训练罪犯恰当评价和准确估计自己的力量和能力，明确自己是否能够进行一定的工作或者完成一定的认识。

（47）收集信息。训练罪犯如何判定信息的价值，掌握收集有用信息的方法。

（48）根据重要性安排工作的方法。训练罪犯能够正确按照事情的严重性安排进行活动的先后顺序，以便罪犯学会全盘考虑事情的处理。

（49）决策能力。训练罪犯能够全面考虑解决为题的各种可能性，从而作出最佳决策的技能。

（50）就业准备。训练罪犯集中精力掌握一门职业技能或者专长。

应用：愤怒的可知控制

1. 背景

侵犯、发怒和暴力事件是最受关注的问题之一。愤怒控制被监狱心理学家广泛采用。愤怒控制常常采用放松疗法，社会技能训练、问题解决方法和认知控制。

2. 训练对象

青年罪犯180名，刑期从几个月到十年，包括暴力犯罪多种罪行，愤怒行为从辱骂、污秽的言语，到对抗、损毁监舍和攻击监狱官员。

3. 训练实施者

心理学家和监狱官员。

4. 训练时间

每天90分钟，连续6周。

5. 训练过程

（1）采用日记形式的自我监控。

（2）教育内容——明白愤怒的原因。

（3）教授在预感发怒情境，愤怒持续情境和愤怒后情境下的自我陈述方法的运用。

（4）教授应用放松的方法应付身体的紧张。

6. 训练结果

训练起 3 个月后：

表 15-2

增加	减少	无变化	训前次数	训后次数
训练组 2	9	7	21	11
对照组 5	8	5	23	27

思考题

罪犯李某，因伤害罪，被判 15 年，3 月 6 日入监，系新犯。该犯入监后，多次扬言身体有病，预谋寻衅滋事，并多次和他犯发生口角以致动手，4 月 6 日早 6 时因分饭时说分的饭食少，并动手殴打饭勤王某，致使王犯左脸青肿、头昏恶心，在场犯人及时拉开李犯没有造成严重后果，现已隔离审查。针对李某的心理状态，请分析如何对其进行心理健康教育？

参考文献

1. 马立骥主编：《罪犯心理与矫正》，中国政法大学出版社 2009 年版。

2. 杨威主编：《罪犯心理学》，中国民主法制出版社 2009 年版。

3. 章恩友编著：《罪犯心理矫治》，中国民主法制出版社 2007 年版。

4. 黄兴瑞主编：《罪犯心理学》，金城出版社 2003 年版。

5. 吴宗宪主编：《中国服刑人员心理矫治》，法律出版社 2004 年版。

6. 何为民主编：《罪犯改造心理学》，法律出版社 2002 年版。

7. 章恩友主编：《罪犯心理矫治技术》，中国物价出版社 2002 年版。

8. 张雅凤主编：《罪犯改造心理学新编》，群众出版社 2007 年版。

9. 阮浩主编：《罪犯心理矫治》，金城出版社 2003 年版。

10. 章恩友、姜祖桢主编：《矫正心理学》，教育科学出版社 2008 年版。

11. 吴宗宪编著：《国外罪犯心理矫治》，中国轻工业出版社 2004 年版。

12. 武玉红主编：《监狱管理经典案例》，中国法制出版社 2011 年版。

13. 狄小华：《罪犯心理矫治导论》，群众出版社 2004 年版。

14. 范辉清主编：《罪犯心理分析与治疗》，法律出版社 2015 年版。

15. 樊富珉、何瑾：《团体心理辅导》，华东师范大学出版社 2010 年版。

16. 司法部监狱管理局：《心理咨询师：犯罪心理学 罪犯心理学 罪犯心理矫治》，天津科学技术出版社 2008 年版。

17. 曹中友等编著：《罪犯改造心理学》，中国政法大学出版社 1989 年版。

18. 宋胜尊：《罪犯心理评估理论方法工具》，群众出版社 2005 年版。

19. 时奇文、李秋香："暴力型罪犯心理矫治对策探析"，载《法制与社会》2008 年第 5 期。

20. 范文勇、张志娟、白筱萌："新型毒品成瘾人员戒断初期躯体化症状的心理矫治初探"，载《中国药物依赖性杂志》2013 年第 6 期。

21. 王成德等："甘肃省 204 例强制隔离戒毒人员调查分析与对策探微"，载《心理技术与应用》2015 年第 5 期。

22. 汤万文："邪教信众心理特征及其矫治"，载《西南交通大学学报（社会科学版）》2009 年第 2 期。

23. 缪文海："罪犯刑满释放前的心理特征及心理矫治策略"，载《贵州警官职业学院学报》2010 年第 3 期。

24. 马艳："罪犯刑释前的心理状态与矫治策略"，载《法制与经济》2014 年第 9 期。

25. 李玉成："罪犯改造后期的自我意识偏差与调控"，载《河南司法警官职业学院学报》2005 年第 4 期。

26. 周勇："构建罪犯改造质量评估体系的几个基本理论问题"，载《中国司法》2015 年第 11 期。

27. 刘晓温："异常心理的识别与判断"，载《护理实践与研究》2009 年第 7 期。

28. 倪莉："心理矫治在罪犯教育改造中的意义"，载《法制与社会》2014 年第 4 期。

29. 张坤："我国罪犯心理矫治研究述评"，载《青少年研究》2011 年第 6 期。

30. 马立骥等："团体心理咨询在青年罪犯心理矫治中的应用初探"，载《青少年犯罪问题》2007 年第 4 期。